XQuadrat

MATHEMATIK 9 M
BADEN-WÜRTTEMBERG

Herausgeber
Hannes Klein – *Karlsruhe* • Thilo Schmid – *Winnenden*
Dieter Baum – *Karlsruhe*

Autorinnen und Autoren
Judith Abb – *Mannheim* • Dieter Baum – *Karlsruhe*
Christopher Heck – *Karlsruhe* • Kerstin Hoppe – *Ettlingen*
Hannes Klein – *Karlsruhe* • Elke Kopp – *Winnenden*
Sabine Kowalk – *Freiburg* • Lisa Polzer – *Karlsruhe*
Thilo Schmid – *Winnenden* • Nicola Steinkamp – *Ladenburg*

Herausgeber
Hannes Klein, Thilo Schmid, Dieter Baum

Autorinnen und Autoren
Judith Abb, Dieter Baum, Christopher Heck, Kerstin Hoppe, Hannes Klein, Elke Kopp,
Sabine Kowalk, Lisa Polzer, Thilo Schmid, Nicola Steinkamp

Unter Verwendung der Materialien von
Dieter Baum, Hannes Klein, Marina Engel, Reiner Mecherlein,
Mathias Nimmrichter, Joachim Poloczek, Susanne Schlegel, Thilo Schmid

Redaktion:	Dr. Hans-Peter Waschi, Wolnzach
Illustration:	Cleo-Petra Kurze, Berlin
Grafik:	Detlef Seidensticker, München;
	Kapiteleingangsbilder: Elke Rohleder/floxdesign, Berlin
Umschlaggestaltung:	SOFAROBOTNIK GbR, Augsburg & München
Layoutentwurf:	Elke Rohleder/floxdesign, Berlin
Technische Umsetzung:	PER MEDIEN & MARKETING GmbH, Braunschweig

Begleitmaterial zum Lehrwerk für Lehrerinnen und Lehrer

E-Book	ISBN 978-3-06-004896-0
Lösungen zum Schülerbuch	ISBN 978-3-06-004894-6
Handreichungen für den Unterricht mit CD-ROM	ISBN 978-3-06-004879-3
Kopiervorlagen für eine Lerntheke	ISBN 978-3-06-004885-4

www.cornelsen.de

1. Auflage, 3. Druck 2019

Alle Drucke dieser Auflage sind inhaltlich unverändert
und können im Unterricht nebeneinander verwendet werden.

Druck: Mohn Media Mohndruck, Gütersloh

ISBN 978-3-06-004873-1

PEFC zertifiziert
Dieses Produkt stammt aus nachhaltig
bewirtschafteten Wäldern und kontrollierten
Quellen.

www.pefc.de

PEFC/04-31-1033

Inhalt

1   Mit Wurzeln umgehen

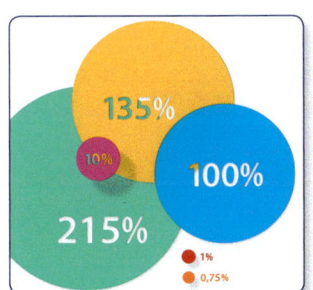

2   Prozent- und Zinsrechnung

3   Daten und Diagramme

Inhalt

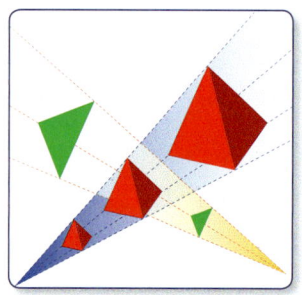

Zeichenerklärung

$=$	… gleich …	$\overline{AB}$	Strecke AB
$\approx$	… ungefähr gleich …	AB	Gerade AB
$\neq$	… nicht gleich …	$h \perp g$	h senkrecht auf g
$>$	… größer als …	$h \parallel g$	zueinander parallele Geraden g und h
$<$	… kleiner als …	$k(M; r)$	Kreis um M mit Radius r
$\geq$	… größer oder gleich …	$\sphericalangle$	Winkel
$\leq$	… kleiner oder gleich …	$\llcorner$	rechter Winkel
$\hat{=}$	entspricht	$\Rightarrow$	daraus folgt
$\mathbb{N}_0$	Menge der natürlichen Zahlen	∞	unendlich
$\mathbb{Z}$	Menge der ganzen Zahlen	$\overline{x}$	arithmetisches Mittel
$\mathbb{Q}$	Menge der rationalen Zahlen	$P(E)$	Wahrscheinlichkeit des Ereignisses E
$\mathbb{R}$	Menge der reellen Zahlen	$P(\overline{E})$	Wahrscheinlichkeit des Gegenereignisses $\overline{E}$
G	Grundmenge	$|a|$	Betrag von a
D	Definitionsmenge	a^n	Potenzschreibweise; der Faktor a wird
L	Lösungsmenge		n-Mal mit sich selbst multipliert.
$\{\}$	leere Menge	$\sqrt{}$	Quadratwurzel
$\in$	… Element von …	Σ	Summe
$\notin$	… nicht Element von …	$P(a|b)$	Komponentendarstellung eines Punktes P
$\backslash$	ohne		im Koordinatensystem mit x-Wert a und
$\{a; b; c\}$	Menge mit den Elementen a, b, c		y-Wert b
$\{x|x = …\}$	Menge aller x, für die gilt: $x = …$		

Vorwort

Liebe Schülerin, lieber Schüler,

wir haben dein neues Schulbuch so gestaltet, dass du dich leicht in den einzelnen Kapiteln zurecht findest und dass du möglichst viel Freude daran hast, dich mit Mathematik zu beschäftigen.

- Am Anfang des Buches halten wir **Rückschau** auf die Klassenstufen 5, 7 und 8. Die Aufgaben der Rückschau solltest du alle lösen können, dann bist du gut gerüstet für das neue Schuljahr!

- Jedes Teilkapitel beginnt mit einer **Einstiegssituation**. Mithilfe von hinführenden Aufgaben, die du an ihrer grauen Nummer erkennst, sollst du dich in das Thema eindenken. Oft kannst du dabei zusammen mit deinen Mitschülerinnen und Mitschülern etwas entdecken.

- Das Wichtigste zu einem Thema, das du dir unbedingt merken solltest, wird in einem **Merkkasten** zusammengefasst.

> **M** Ein Produkt ist null, wenn ein Faktor null ist.

- Manchmal gibt es auch noch einen hilfreichen **Tipp**.

> **T** 1 Jahr = 360 Zinstage, 1 Monat = 30 Zinstage

- Die **Strategieseiten** und die Kästen in gleicher Farbe beschreiben, wie du bestimmte Aufgabentypen lösen kannst.

> ① **Umfrage planen**
> - Was soll erfragt werden?
>   Welche Informationen interessieren uns?

- Die **Übungsaufgaben** haben blaue Nummern. Sie sind unterschiedlich schwierig, was du an der Anzahl der Punkte unter der Aufgabennummer leicht erkennen kannst, zum Beispiel: 6, 14, 19 Manche Aufgaben haben keine Punkte. Hier ist auch deine Fantasie gefordert, denn es gibt ganz unterschiedliche Wege, wie man solche Aufgaben lösen kann.

- Auf die Teilkapitel, in denen du Neues gelernt hast, folgt der Abschnitt **„Grundlagen festigen"**. Dort findest du einfache und anschauliche Aufgaben zum Üben und Festigen des neu Erlernten.

- Danach kommt der Abschnitt **„Mach dich fit!"**. Er bietet dir viele Aufgaben in unterschiedlichen Schwierigkeitsgraden, mit denen du selbstständig wiederholen und dich auf die Klassenarbeit vorbereiten kannst.

- Das **Grundwissen** ist eine Sammlung der wichtigsten Begriffe und Regeln.

- Ganz am Ende eines Kapitels steht die Seite **„Mehr zum Thema"**. Hier wird Erstaunliches, Witziges, Interessantes oder auch mal ein Spiel aus dem Reich der Mathematik geboten. Vielleicht gefällt es dir so gut, dass du dich sogar nach der Schule damit beschäftigst!

- Am Ende des Buches findest du die **Lösungen** zu „Grundlagen festigen", zu „Mach dich fit" und zu „Mehr zum Thema".

Und jetzt viel Erfolg!

Autoren und Verlag

Rückschau

Diagrammformen

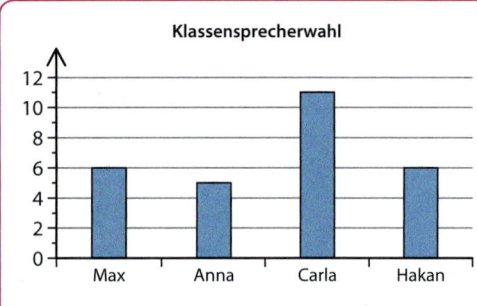

Das Ergebnis der Klassensprecherwahl ist in einem **Säulendiagramm** dargestellt. So sieht man sofort, wer die Wahl gewonnen hat.

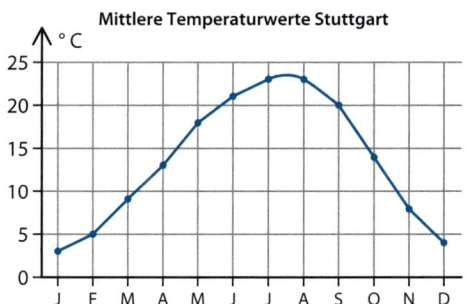

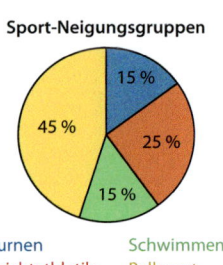

Die Verteilung der Sport-Neigungsgruppen ist in einem **Kreisdiagramm** dargestellt. Man erkennt auf einen Blick die Anteile der Sportarten.

Die Temperaturwerte sind in einem **Liniendiagramm** dargestellt. Dadurch wird der Temperaturverlauf gut sichtbar.

1 Ein **Balkendiagramm** entsteht, wenn man die Säulen eines Säulendiagramms waagerecht anordnet.

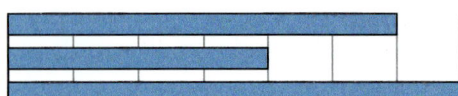

Übertrage die *Klassensprecherwahl* von oben in ein Balkendiagramm.

T Die Größe der einzelnen Mittelpunktswinkel im Kreisdiagramm kann mithilfe des Dreisatzes bestimmt werden.

Beispiel

100 %	360°
1 %	360° : 100 = 3,6°
20 %	3,6° · 20 = 72°

2 Ein **Streifendiagramm** eignet sich, um Teile eines Ganzen darzustellen, vergleichbar mit einem Kreisdiagramm.

Übertrage die *Sport-Neigungsgruppen* von oben in ein Streifendiagramm.

3 Zeichne ein Kreisdiagramm, das die Zusammensetzung der verschiedenen Gase in der Luft darstellt:

Stickstoff	Sauerstoff	Sonstige
78 %	21 %	1 %

4 Die Tabelle zeigt die Verteilung der registrierten Unfälle von 15–17-Jährigen im Straßenverkehr im Jahr 2016 in Deutschland.

Verkehrsbeteiligung	Anzahl
Fußgänger	1 473
Fahrräder	4 673
Krafträder	7 924
Personenkraftwagen	4 893
Sonstige	401

a Stelle die Unfallverteilung in einem Säulen- und in einem Kreisdiagramm dar.
b Vergleiche die Diagramme und notiere je zwei Aussagen dazu. Was kannst du aus den einzelnen Diagrammen gut ablesen?

Termumformungen und Binome

Ausmultiplizieren

Klammern auflösen (Verteilungsgesetz):

$4x \cdot (3 + 5x) = 4x \cdot 3 + 4x \cdot 5x = 12x + 20x^2$

Ausklammern

Gemeinsame Faktoren ausklammern:

$2ab - 10ac = 2a(b - 5c)$

Multiplikation von Summen

$(a + b) \cdot (c + d) = a \cdot c + a \cdot d + b \cdot c + b \cdot d$

$(4 + 3x) \cdot (2y + 3z)$
$= 4 \cdot 2y + 4 \cdot 3z + 3x \cdot 2y + 3x \cdot 3z$
$= 8y + 12z + 6xy + 9xz$

Binomische Formeln

1. binomische Formel: $(a + b)^2 = a^2 + 2ab + b^2$

2. binomische Formel: $(a - b)^2 = a^2 - 2ab + b^2$

3. binomische Formel: $(a + b) \cdot (a - b) = a^2 - b^2$

Produkte berechnen: $(3z - 2)^2 = 9z^2 - 12z + 4$

Durch Faktorisieren in Produkte umformen: $25x^2 + 60xy + 36y^2 = (5x + 6y)^2$

---

1 Löse die Klammer auf.

a $5(x + 2y)$

b $2a(10b - 1)$

c $(7 + 3x) \cdot x$

d $4(a + 5b - \frac{1}{2}c)$

e $(18 + 12e) : 6$

f $(8a^2 - 4a) : 4a$

2 Klammere den angegebenen bzw. den größtmöglichen ganzen Faktor aus.

a **3:** $9x + 6y$

b **e:** $10e - ef + e$

c **7a:** $14a + 7a^2$

d $33ab + 22ac + 11ad$

e $3s^2 + 15rs$

f $24x^2yz - 12xyz^2$

3 Multipliziere die Summen.

a $(a + 8)(3 + b)$

b $(2x + y)(5z + 6)$

c $(1,5m + n)(4n + m)$

d $(1 - 8k)(k^2 + 8)$

e $\left(\frac{1}{2}c + d\right)\left(6d + \frac{1}{4}\right)$

f $(1 - 2a)(3ab - 4abc)$

4 Forme mithilfe der binomischen Formeln um.

a $(v - w)^2$

b $(h + 12)^2$

c $(9a + b)(9a - b)$

d $(3x + 11y)^2$

e $(10n + 7m)(10n - 7m)$

f $\left(\frac{1}{2} - 5p\right)^2$

g $(15e - 2f)^2$

1., 2. oder 3.?

5 *Binomische Formeln mit Wörtern*

Beispiel $(\text{Tip} - \text{Top})^2 = \text{Tip}^2 - 2\text{TipTop} + \text{Top}^2$

a $(\text{Pille} + \text{Palle})^2$

b $(\text{Heck} - \text{Meck})^2$

c $(\text{Ramba} + \text{Zamba})(\text{Ramba} - \text{Zamba})$

d Denke dir drei eigene Beispiele aus.

6 Vier der sechs Terme lassen sich mithilfe einer binomischen Formel in ein Produkt umformen. Finde sie und forme um.

$x^2 - 2x + 1$

$49x^2 + 16y^2$

$16a^2 + 48ab + 36b^2$

$169s^2 - t^2$

$9c^2 - 3cd + d^2$

$0,25g^2 + 5gh + 25h^2$

7 Ausklammern, Summen multiplizieren, binomische Formeln!

Fülle die Lücken im Heft.

a $\square \cdot (2x + 5) = 6xy + 15y$

b $e^2 + \square + 16 = (e + \square)^2$

c $(4a + \square)(3a - 5bc) = 12a^2 + 3ab - \square - 5b^2c$

d $64n^2 - 32n + \square) = (\square - 2)^2$

e $7(\square - 4z) = 21 - \square$

f $400 - \square = (\square + 8p)(\square - \square)$

Gleichungen

Gleichungen lösen

1. Klammern auflösen.
2. Terme zusammenfassen.
3. Variable auf eine Seite bringen.
4. Zahlen auf die andere Seite bringen.
5. Durch den Faktor vor der Variablen dividieren.

$$2(6 - x) - 8 = x + 19$$
$$12 - 2x - 8 = x + 19$$
$$4 - 2x = x + 19 \qquad | - x$$
$$4 - 3x = 19 \qquad | - 4$$
$$-3x = 15 \qquad | : (-3)$$
$$x = -5 \ \Rightarrow \ L = \{-5\}$$

Bruchgleichungen

Der Nenner darf nicht null werden. Deswegen gibt die Definitionsmenge D an, welche Zahlen aus der Grundmenge G in einen Term eingesetzt werden dürfen.

Bruchgleichung: $\frac{7}{2x} = 9 \ \Rightarrow \ D = G \setminus \{0\}$

Verhältnisgleichungen

$$\frac{Zucker}{Zimt} = \frac{4}{1} = 4 : 1$$

lies: *Die Mischung von Zucker und Zimt entspricht einem Verhältnis von 4 zu 1.*

1 Löse die Gleichungen.

a $4(x - 8) = 12$

b $23 + x = 2(5x + 7) - 18$

c $1 - (x + 14) = 2x + (11 + 3x)$

d $4\left(\frac{1}{4}x - 5\right) = \frac{1}{2}(x - 12)$

2 Gleichungen mit binomischen Formeln

a $(x + 7)(x - 7) = x^2 + 10x$

b $(5 + x)^2 - 8 - x^2 = 4(x + 3) - 1$

c $(x - 2)^2 - 13 = -4 + (x + 11)(x - 11) - 5(x - 25)$

-1 9 $-4,9$

3 Erstelle erst eine Gleichung und finde dann die Lösung.

a Alina und ihr Opa sind zusammen 78 Jahre alt. Der Opa ist zwölfmal so alt wie Alina. Wie alt sind die beiden?

b Bei einer Drachenfigur sind die kurzen Seiten jeweils 3 cm kürzer als die langen Seiten. Der Drachen hat einen Umfang von 26 cm. Gib alle Seitenlängen an.

c Die Summe des Doppelten einer Zahl und 10 ergibt das Gleiche wie das Fünffache der Zahl vermindert um 11. Wie heißt die Zahl?

4 Löse die Gleichungen und gib die Definitionsmenge an. $G = \mathbb{Q}$

a $\frac{75}{x} = 5$ c $\frac{111}{x} = 3$ e $\frac{48}{2x} = 3$

b $\frac{52}{x} = 13$ d $\frac{10}{x} = 4$ f $\frac{136}{4x} = 2$

5 Stelle zu jedem Satz eine Verhältnisgleichung auf. Denke auch ans Kürzen.

Beispiel $\frac{Saft}{Sirup} = \frac{120}{20} = \frac{6}{1}$

a Für den Sommercocktail mischt man 10 ml Grenadinesirup mit 150 ml Orangensaft.

b Der Helloweencocktail besteht aus 50 ml Zitronensaft und 25 ml Waldmeistersirup.

c Für den Fitnesscocktail rührt man 15 ml Grapefruitsirup in 200 ml Multivitaminsaft ein.

6 Löse die Verhältnisgleichungen.

a $\frac{x}{3} = \frac{16}{24}$ c $\frac{x}{100} = \frac{1}{5}$ e $\frac{520}{480} = \frac{x}{12}$

b $\frac{x}{225} = \frac{1}{5}$ d $\frac{7}{12} = \frac{x}{96}$ f $\frac{x}{1\,000} = \frac{1}{8}$

7 Die Bäckerei Schopp bietet ein Mischbrot an, bei dem das Verhältnis von Weizenmehl zu Roggenmehl 3 zu 7 ist. Wie viel Roggenmehl muss jeweils zugefügt werden?

a 225 g Weizenmehl   b 600 g Weizenmehl

Prozent- und Zinsrechnung

Prozentrechnung

Prozentsatz berechnen $\quad p\,\% = \frac{P}{G}$

Prozentwert berechnen $\quad P = G \cdot p\,\%$

Grundwert berechnen $\quad G = \frac{P}{p\,\%}$

Zinsrechnung

Zinssatz berechnen $\quad p\,\% = \frac{Z}{K}$

Zinsen berechnen $\quad Z = K \cdot p\,\%$

Kapital berechnen $\quad K = \frac{Z}{p\,\%}$

Vermehrter und verminderter Grundwert

$G^+ = G \cdot q$ mit $q = 100\,\% + p\,\%$
 Erhöhung um 25 %: $G^+ = G \cdot 1{,}25$

$G^- = G \cdot q$ mit $q = 100\,\% - p\,\%$
 Rabatt von 15 %: $G^- = G \cdot 0{,}85$

Zinsen für Zeitspannen unter 1 Jahr

Zinsen = Jahreszinsen · Zeitfaktor

Anteil der Zeitspanne am vollen Jahr

Zeitfaktor:
7 Monate $\rightarrow \frac{7}{12}$ 55 Tage $\rightarrow \frac{55}{360}$

1 Umfrage: *Worüber streitest du mit deinen Eltern?*
Ausschnitt der Umfrageergebnisse (14–17 J.)

Streitpunkte	Anzahl	%
Einstellung zu Schule	408	24
Zeit am Computer/Smartphone	969	…
Piercings und Tattoos	…	19
→ Befragt wurden … Jugendliche.		

Fülle die Lücken der Tabelle im Heft.

2 Die Mitgliederzahlen des SV Stallheim:

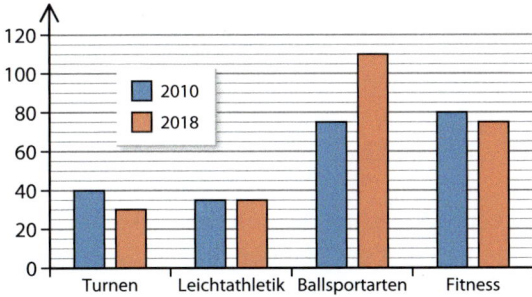

a Um wieviel Prozent ist die Mitgliederzahl des Vereins von 2010 bis 2018 gestiegen?

b „2010 waren fast ein Drittel der Mitglieder Ballsportler. 2018 waren es genau 44 %."
Überprüfe diese Aussage durch Rechnung.

c Erstelle ein Kreisdiagramm für die Verteilung der Mitgliedszahlen im Jahr 2018.

3 *Zaster und Zinsen*

a Millionär Maxi legt seine acht Millionen zu einem Zinssatz von 0,15 % an. Wie viele Euro Jahreszinsen bekommt er?

b Pleite-Pitt muss für ein Darlehen von 12 000 €
nach einem Jahr 432 € Zinsen zahlen. Wie hoch ist der Zinssatz?

c Tobi Taler erhält bei einem Zinssatz von 0,2 %
15 € Jahreszinsen. Wie hoch war sein Kapital?

4 Nach welcher Zeit wurden die Darlehen zurückgezahlt? Ordne zu.

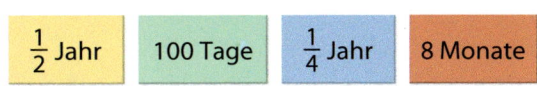

a 5 000 € mit 2,2 % verzinst $\Rightarrow$ 73,33 € Zinsen

b 10 000 € mit 2,8 % verzinst $\Rightarrow$ 140,00 € Zinsen

c 20 000 € mit 1,9 % verzinst $\Rightarrow$ 105,56 € Zinsen

5 *Vermehrter und verminderter Grundwert*
Berechne die fehlende Größe in einem Schritt.

a Justin hat eine Taschengelderhöhung von 20 %
ausgehandelt. Bisher bekam er 25 € monatlich.
Wie viel erhält er jetzt?

b Amelie ist sauer. Wegen schlechter Noten kürzen ihre Eltern ihr Taschengeld von 40 Euro monatlich um 15 %. Wie viel bekommt sie nun?

Funktionale Zusammenhänge

Funktionen

Funktionen kann man **mit Worten**, **als Gleichung**, **als Tabelle** und **als Graph** beschreiben.

Ein Liter Kirschsaft kostet zwei Euro.

$$y = 2 \cdot x$$

Menge (l)	Preis (€)
0,5	1,00
1	2,00
1,5	3,00
2	4,00

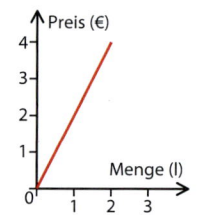

Lineare Funktion

Funktionsgleichung: $y = m \cdot x + c$ Graph: Gerade

m: Steigung der Geraden

c: y-Achsenabschnitt

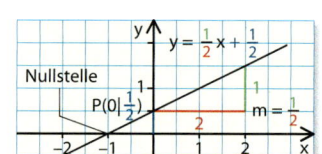

Nullstelle berechnen

Die Nullstelle einer Funktion ist die Stelle, an der die Gerade die x-Achse schneidet.

$$y = \tfrac{1}{2}x + 1 \;\rightarrow\; 0 = \tfrac{1}{2}x + 1$$
$$x = -2 \;\Rightarrow\; N(-2 \,|\, 0)$$

Steigung m berechnen

Die Gerade, auf der die Punkte $P_1(x_1|y_1)$ und $P_2(x_2|y_2)$ liegen, hat die Steigung $m = \frac{y_2 - y_1}{x_2 - x_1}$.

Beispiel $P_1(3|-2)$; $P_2(7|1)$ $\rightarrow$ $m = \frac{1-(-2)}{7-3} = \frac{3}{4}$

1 Erstelle eine Wertetabelle für jede Funktion und zeichne die Graphen.

a g_1: $y = -2x + 1$ **b** g_2: $y = 0,5x - 1,5$

x	−3	−2	−1	0	1	2	3
g_1: y	7	…	…	1	…	−3	…

2 Ordne den Graphen ihre Funktionsgleichung zu. Welche Gleichungen bleiben übrig?

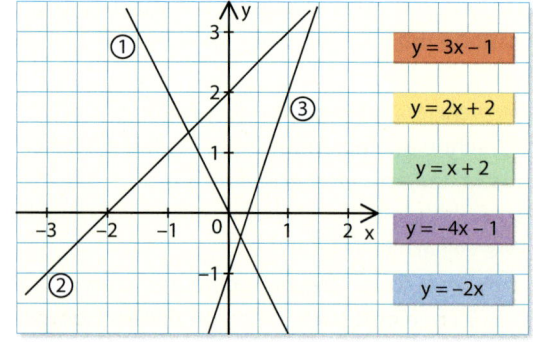

$y = 3x - 1$

$y = 2x + 2$

$y = x + 2$

$y = -4x - 1$

$y = -2x$

3 Berechne die Nullstelle der Funktion.

a g_1: $y = -2,5x + 5$ **c** g_3: $y = 6x - 3$

b g_2: $y = \tfrac{1}{2}x + 3$ **d** g_4: $y = \tfrac{1}{3}x + 1$

4 Die Punkte liegen auf einer Geraden. Bestimme die Steigung m, den y-Achsenabschnitt c und die Funktionsgleichung.

a A(1|1); B(2|4)   **c** E(−2|−2); F(−4|−3)

b C(−6|0); D(0|2)   **d** G(−3|5); H(1|4)

5 Überprüfe rechnerisch, ob die Punkte P(7|3) und Q(−4|−5) auf der Geraden mit der Funktionsgleichung $y = \tfrac{3}{4}x - 2$ liegen.

6 Eddi will seinen Geburtstag im Bowlingcenter feiern. Ab wie vielen Gästen lohnt sich welches Angebot? Löse mit einer Tabelle oder grafisch.

Bowlingcenter Rimmele
13 € pro Person

Megabowl
Geburtstagspaket 30 €
+ pro Person 9 €

Lineare Gleichungssysteme

Gleichsetzungsverfahren

(I) $y = 2x + 3$ (II) $y = x + 5$

(I) = (II): $2x + 3 = x + 5$

$\qquad\qquad x = 2$

x in (II): $\qquad y = 2 + 5$ $L = \{(2;\ 7)\}$

$\qquad\qquad y = 7$

Additions- oder Subtraktionsverfahren

(I) $2x + 7 = 2y$ (II) $-2x + 9 = 6y$

(I) + (II): $16 = 8y \quad | : 8$

$\qquad\qquad y = 2$

y in (I): $2x + 7 = 2 \cdot 2$ $L = \{(-1{,}5;\ 2)\}$

$\qquad\qquad x = -1{,}5$

Einsetzungsverfahren

(I) $10y = 4x + 2$ (II) $x = 2y + 1$

(II) in (I): $10y = 4 \cdot (2y + 1) + 2$

$\qquad\qquad y = 3$

y in (II): $\qquad x = 2 \cdot 3 + 1$ $L = \{(7;\ 3)\}$

$\qquad\qquad x = 7$

grafisches Lösungsverfahren

(I) $y = -x + 3$

(II) $y = x + 1$

$L = \{(1;\ 2)\}$

1 Löse die Gleichungssysteme zeichnerisch.

a (I) $y = \frac{1}{3}x - 2$ **b** (I) $y = 2x + 5$

   (II) $y = -\frac{1}{2}x + 3$ (II) $y = \frac{5}{4}x + 2$

2 Nutze das Gleichsetzungsverfahren zum Lösen. Eine Lösung bleibt übrig.

a (I) $y = 1{,}5x - 20$ **b** (I) $2x = -5y + 4$

   (II) $y = 5 - x$ (II) $-6y = 2x$

$(12|-4)$ $(-5|2)$ $(10|-5)$

3 Löse, indem du das Einsetzungsverfahren benutzt. Eine Lösung bleibt übrig.

a (I) $6y = x - 6$ **b** (I) $x = 5 + y$

   (II) $x = 3y + 7$ (II) $3x + y = 3$

$(-6|10)$ $\left(8\left|\frac{1}{3}\right.\right)$ $(2|-3)$

4 Löse mithilfe des Additions- oder Subtraktionsverfahrens. Eine Lösung bleibt übrig.

a (I) $4y + 2x = 14$ **b** (I) $32 + 2{,}5x = 2y$

   (II) $-4y + 3x = 1$ (II) $-5y - 2{,}5x = -45$

$(3|2)$ $(-4|11)$ $(-1|-7)$

5 Löse das Gleichungssystem mit dem Verfahren, das dir am geeignetsten erscheint.

a (I) $2x + y = 16$ **c** (I) $1{,}5x + 9y = 0$

   (II) $x = 5y - 3$ (II) $\frac{3}{2}x = 13 + 4y$

b (I) $-3x + y = 9$ **d** (I) $50 = x + y$

   (II) $44 - y = 4x$ (II) $y - 1 = 3x - 3$

6 Auf dem Bauernhof

a

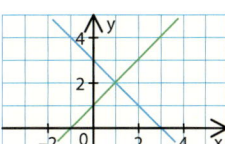

Reitstall Johanneshof

Pferdverleih pro Stunde … €
Reitbegleitung pauschal … €

Letzte Woche bezahlte Tina für zwei Stunden Ausritt im Gelände 46 €, heute für drei Stunden 64 €.

b Onkel Hans hält Hühner und Schafe. Er besitzt 20 Tiere. Sein Neffe zählt insgesamt 54 Beine.

c Beim Hoffest von Bauer Beierle gibt es Fleisch aus eigener Herstellung. Frau Pitt zahlt für vier Würstchen und ein Steak 12,60 €, Herr Röhm für drei Steaks und zwei Würstchen 15,80 €.

Flächen berechnen

Dreieck

$$A = \frac{a \cdot h_a}{2}$$

$$A = \frac{b \cdot h_b}{2}$$

$$A = \frac{c \cdot h_c}{2}$$

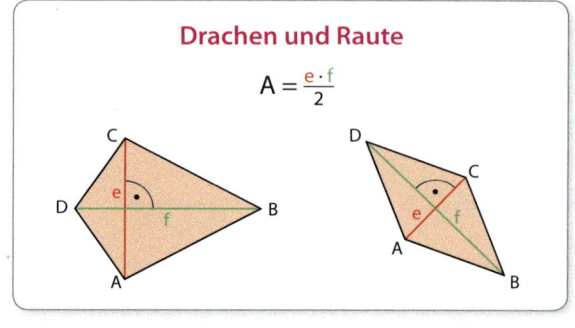

Drachen und Raute

$$A = \frac{e \cdot f}{2}$$

Parallelogramm

$$A = a \cdot h_a$$

$$A = b \cdot h_b$$

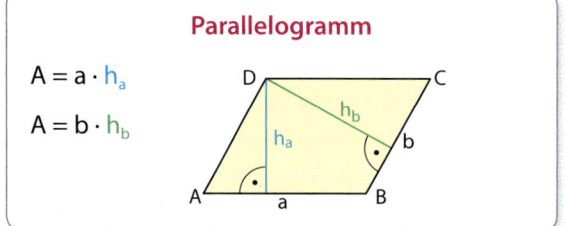

Trapez

$$A = \frac{1}{2} \cdot (a + c) \cdot h$$

$$A = m \cdot h$$

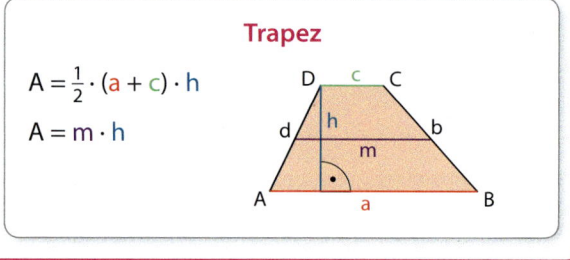

1 Übertrage die Vielecke in dein Heft, benenne sie und berechne den Flächeninhalt.

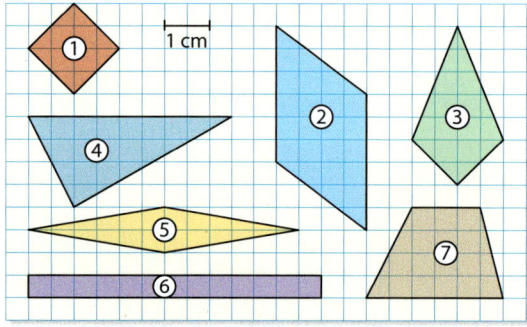

2 Trage die Punkte A(−3|−1) und B(4|−1) in ein Koordinatensystem ein und verbinde sie.

a Markiere die Punkte $C_1(6|2)$, $C_2(0,5|2,5)$, $C_3(−1|3)$ und $C_4(−3|2,5)$. Ergänze die Strecke AB zu vier verschieden farbigen Dreiecken.

b Ordne die Bezeichnungen *gleichschenklig*, *stumpfwinklig* und *rechtwinklig* den passenden Dreiecken zu.

c Nachdenken ohne rechnen: Sortiere die Flächeninhalte der Dreiecke von klein nach groß.

d Prüfe dein Ergebnis für **c** durch Rechnung.

3 Fertige für jede Figur eine Skizze an und berechne dann.

a Gegeben ist eine Raute mit A = 80,5 cm² und f = 14 cm. Berechne e.

b Das Dreieck ABC hat einen Flächeninhalt von 16,8 cm². Wie lang ist die Seite $\overline{BC}$, wenn die zugehörige Höhe 3,5 cm beträgt?

c Ein Parallelogramm und ein Rechteck haben den gleichen Flächeninhalt. Für das Parallelogramm gilt: a = 7 cm, b = 5,3 cm und $h_a = 4$ cm. Das Rechteck ist 2,5 cm breit. Wie lang ist es?

d Ein gleichseitiges Dreieck hat eine Seitenlänge von 12 cm und eine Höhe von 10,4 cm. Gib den Flächeninhalt, den Umfang und alle Winkelgrößen an.

4 Übertrage die Figur als Skizze in dein Heft. Bestimme den Flächeninhalt der zusammengesetzten Figur.

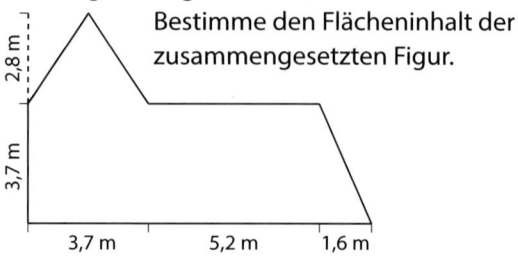

Berechnungen am Kreis

Flächeninhalt und Umfang des Kreises

Für den Flächeninhalt
eines Kreises gilt:

$$A = \pi \cdot r^2$$
$$\text{oder} \quad A = \pi \cdot \frac{d^2}{4}$$

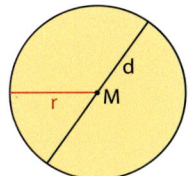

Für den Umfang
eines Kreises gilt:

$$u = \pi \cdot 2r$$
$$\text{oder} \quad u = \pi \cdot d$$

Kreisring

Für den Flächeninhalt
eines Kreisrings gilt:

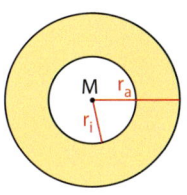

$$A_{\text{Kreisring}} = \pi \cdot r_a^2 - \pi \cdot r_i^2 = \pi \cdot (r_a^2 - r_i^2)$$

Kreisausschnitt

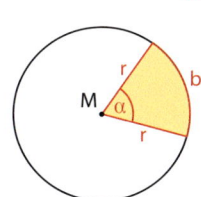

Für den Flächeninhalt und
die Länge des Kreisbogens
eines Kreisausschnitts gilt:

$$A = \frac{\alpha}{360} \cdot \pi r^2$$
$$b = \frac{\alpha}{180} \cdot \pi r$$

1 Berechne Umfang und Flächeninhalt der Kreise.
a Edelstein: $r = 3\,\text{mm}$
b Fallschirmtuch: $r = 4,50\,\text{m}$
c Bierdeckel: $d = 10,7\,\text{cm}$
d Braccianosee (Italien): $d = 9\,\text{km}$

2 Fülle die Lücken der Tabelle im Heft.

	1-ct-Münze	Teller	Trampolin	Cookie
r	…	…	…	…
d	…	…	…	…
u	51,05 mm	…	…	22 cm
A	…	314,16 cm²	12,57 m²	…

3

Pepes
Pizza-Dienst

		normal Ø 32	Party 60×40
200	Margarita	6,50 €	19,50 €
201	Salami	7,00 €	21,00 €

a Sollen Ben, Tom und Paul sich drei normale Pizzen oder eine Party-Pizza kaufen? Bei welcher
Wahl bekommen sie mehr Pizza für ihr Geld?
b Die drei Freunde essen nicht gerne den Rand.
Was wäre dann die bessere Wahl?

4 Ringermatten haben um die gelbe Kampffläche
($d = 7\,\text{m}$) eine 1 m breite rote Passivitätszone.
Rudi behauptet: *Die Kampffläche ist ca. dreimal so
groß wie die rote Zone.* Stimmt das?

5 Gib für jeden Kreisausschnitt r, α, b und A an.

a
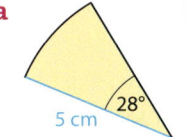

b
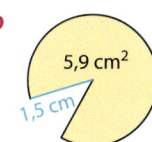

c
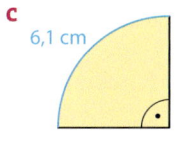

6 Bestimme den Flächeninhalt der Figur.

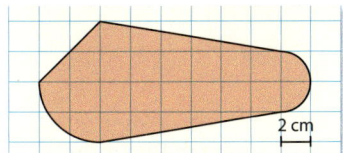

Körper berechnen

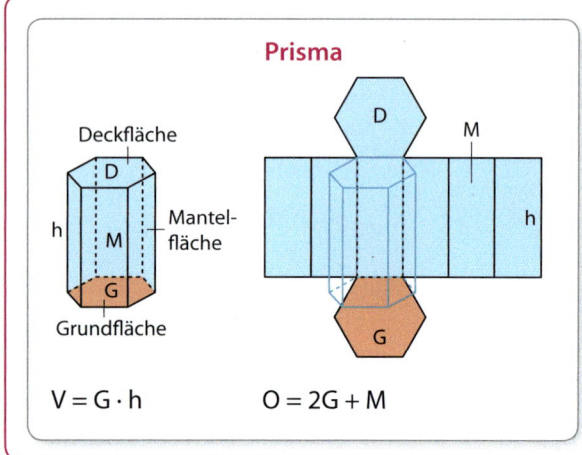

Prisma

$V = G \cdot h$ $O = 2G + M$

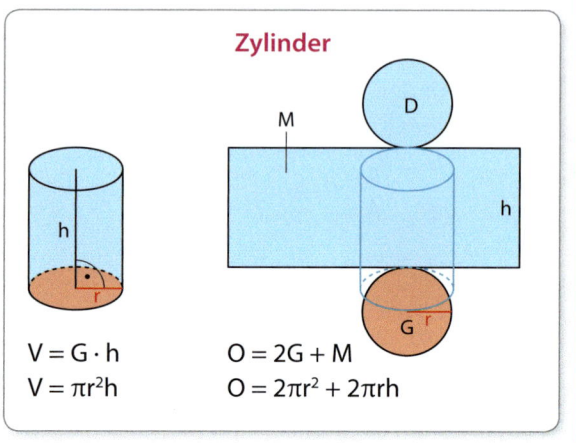

Zylinder

$V = G \cdot h$ $O = 2G + M$
$V = \pi r^2 h$ $O = 2\pi r^2 + 2\pi rh$

1 Skizziere im Heft einen Zylinder und drei Prismen (Dreieckprisma, Quader, Würfel) als Schrägbild.

a Ordne jeder Zeichnung zwei Formeln zu.

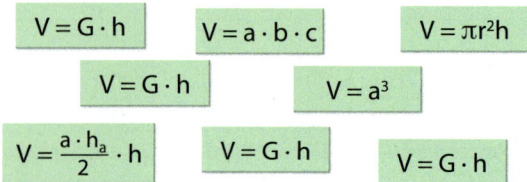

$V = G \cdot h$ $V = a \cdot b \cdot c$ $V = \pi r^2 h$

$V = G \cdot h$ $V = a^3$

$V = \frac{a \cdot h_a}{2} \cdot h$ $V = G \cdot h$ $V = G \cdot h$

b Markiere in deinen Zeichnungen die entsprechenden Strecken/Flächen mit den Variablen aus den Formeln.

2 Bestimme Oberfläche und Volumen.

a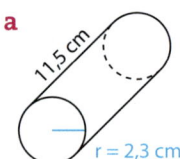

b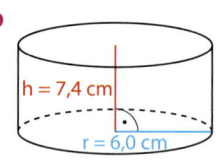

3 Berechne Oberfläche und Volumen der Prismen mit diesen Grundflächen. h = 9,1 cm.

a 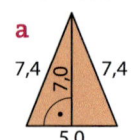 **b** 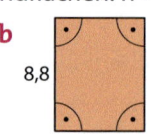 **c**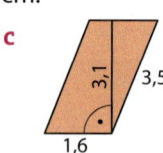

4 Drei Dosenformen stehen für das neue Erfrischungsgetränk *Cool Summer* zur Auswahl.

a Wie hoch müssen die Dosen sein, wenn sie mit 250 ml gefüllt werden sollen?

b Für welche Verpackung wird am wenigsten Material verbraucht?

5 Ein Dreieckprisma und ein Zylinder haben das gleiche Volumen. Der Zylinder ist halb so hoch wie das Prisma. Das Prisma hat eine Grundfläche von 25,1 cm² und eine Höhe von 12 cm.

a Erstelle eine Skizze von beiden Körpern und markiere wichtige Strecken.

b Wie groß ist der Radius des Zylinders?

6 Leo stellt große, 7 cm dicke Holzbuchstaben her. Hier siehst du seine Skizze (Angaben in cm).

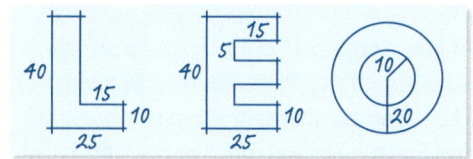

Aus wie viel Holz (cm³) besteht sein Name?

1

Mit Wurzeln umgehen

1.1 Potenzen

1 Amöben sind Einzeller, also Kleinstlebewesen, die aus nur einer Zelle bestehen. Die Art *Amoeba proteus* vermehrt sich durch Teilung dieser Zelle, wenn sie eine gewisse Größe erreicht hat.
Bei jeder Zellteilung entstehen aus einer Zelle zwei Tochterzellen.

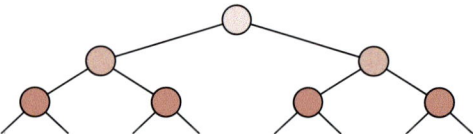

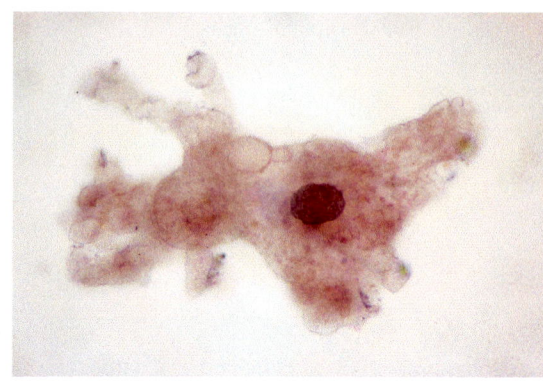

a Wie vermehren die Amöben sich bei den weiteren Teilungen?
Stelle die Zellteilung für vier Teilungen als Stammbaumzeichnung dar und ergänze dazu im Heft die Tabelle.

b Erkläre den Zusammenhang zwischen dem Stammbaum und der Tabelle.

c Wie viele Amöben kann man nach zehn Teilungsschritten, bei denen sich jeweils alle Amöben geteilt haben, zählen?

		Schreibweise als			
Teilung	Zahl der Amöben		Zweierprodukt		Zweierpotenz
0	1	=			2^0
1	2	=	$2 \cdot 1$	=	2^1
2	4	=	$2 \cdot 2$	=	2^2
3	…	=	…	=	…

Der Faktor 2 ist die Basis der Potenz. Die Anzahl der Zellteilungen wird im Exponenten angegeben. Die Beispielgleichung rechts beschreibt also die Zahl der Amöben nach der vierten Zellteilung.

Beispiel   Schreibweise für 2 hoch 4

Potenz   Exponent
$$2^4 = 16$$
Basis   Wert der Potenz

M Ein Produkt, das aus n gleichen Faktoren a besteht, kann in Kurzform als **Potenz** a^n geschrieben werden.

$$\underbrace{a \cdot a \cdot a \cdot \ldots \cdot a}_{} = a^n$$

n ist die Anzahl der Faktoren.

Besondere Exponenten
- Potenzen mit dem Exponenten 2 heißen **Quadratzahlen**.
- Potenzen mit dem Exponenten 3 heißen **Kubikzahlen**.
- Alle Potenzen mit dem Exponenten 0 haben den Wert 1.
  $a^0 = 1$

$3^4 = 3 \cdot 3 \cdot 3 \cdot 3 = 81$

$0,2^3 = 0,2 \cdot 0,2 \cdot 0,2 = 0,008$

$\left(\frac{3}{4}\right)^3 = \frac{3}{4} \cdot \frac{3}{4} \cdot \frac{3}{4} = \frac{3 \cdot 3 \cdot 3}{4 \cdot 4 \cdot 4} = \frac{27}{64}$

$2^0 = 1$

$2^1 = 2$

Übungsaufgaben

1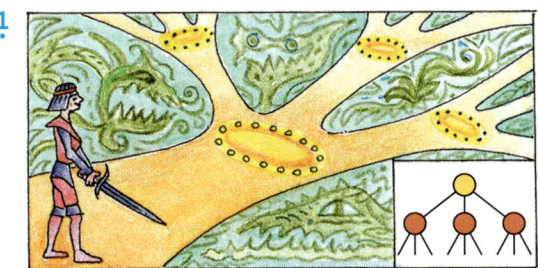

Bei Evas aktuellem Lieblingscomputerspiel muss man nach und nach eine Welt erforschen. In jeder neuen Ebene gibt es immer drei Wege, die neue Herausforderungen beinhalten. Das Lösen jeder einzelnen Aufgabe vergrößert wiederum die Spielwelt um drei weitere Ebenen.

a Führe das Baumdiagramm für die ersten vier vollständig gelösten Ebenen fort.

b Stelle die Schritte auch als Potenzen dar und berechne die Potenzwerte.

2 Berechne die Potenzwerte im Heft.
a $4^3 = \square$; $4^2 = \square$; $4^1 = \square$; $4^0 = \square$
b $5^3 = \square$; $5^2 = \square$; $5^1 = \square$; $5^0 = \square$

3 Berechne die Potenzen im Kopf.
a 3^2 **c** 3^3 **e** 5^3 **g** 2^6
b 2^3 **d** 9^0 **f** 7^2 **h** 0^6

4 Schreibe als Produkt und berechne den Wert.
a 4^4 **b** 2^9 **c** $1{,}3^3$ **d** $\left(\frac{1}{3}\right)^4$

5 Schreibe als Potenz und berechne den Wert.
a $3 \cdot 3 \cdot 3 \cdot 3 \cdot 3$ **c** $0{,}2 \cdot 0{,}2 \cdot 0{,}2 \cdot 0{,}2 \cdot 0{,}2$
b $1{,}6 \cdot 1{,}6 \cdot 1{,}6$ **d** $\frac{1}{5} \cdot \frac{1}{5} \cdot \frac{1}{5} \cdot \frac{1}{5} \cdot \frac{1}{5} \cdot \frac{1}{5}$

6 Es gibt verschiedene Möglichkeiten, diese Zahlen als Potenz zu schreiben.
Beispiel $16 = 4^2 = 2^4$
a 64 **b** 81 **c** 625 **d** 1 024

7 Schreibe als Produkt und berechne den Wert.
Beispiel $(-5)^2 = (-5) \cdot (-5) = +25$
a $(-5)^4$ **b** $(-4)^5$ **c** $(-0{,}2)^2$ **d** $\left(-\frac{3}{4}\right)^3$

T Bei einer negativen Basis a ist der Wert der Potenz a^n bei geraden Exponenten positiv, bei ungeraden Exponenten negativ.

8 Zeige mithilfe eigener Beispiele, was der Tippkasten aussagt.

9 Schreibe als Produkt und berechne seinen Wert. Erkläre den Unterschied zu den beiden vorangegangenen Aufgaben.
Beispiel $-5^2 = -5 \cdot 5 = -25$
a -5^4 **b** -4^5 **c** $-0{,}2^2$

10 Weise diese Aufgaben zwei verschiedenen Gruppen zu und berechne anschließend.

$(-2)^4$ $(-4)^2$ 2^4 -16^1

-4^2 16^1 -2^4 4^2

11 Hier ist einiges schief gelaufen. Finde, beschreibe und korrigiere die Fehler.
a $-8^2 = 64$ **b** $(-6)^3 = 216$ **c** $5^5 = 25$ **d** $0{,}1^5 = 0{,}1$

T $9^6 = 9 \cdot 9 \cdot 9 \cdot 9 \cdot 9 \cdot 9 = 531\,441$
Taschenrechner: $\boxed{9}$ $\boxed{y^x}$ $\boxed{6}$ $\boxed{=}$

12 Berechne die Potenzwerte mit dem Taschenrechner.
a 23^2 **b** 2^{17} **c** $(-93)^5$ **d** $-0{,}8^9$ **e** $(-2{,}3)^7$

13 Das Schachspiel wurde um 300 n. Chr. in Indien erfunden. Der Legende nach war der König so begeistert, dass er versprach, dem Erfinder jeden Wunsch zu erfüllen. Dieser wünschte sich: „Lege auf das erste Feld ein Weizenkorn, auf das zweite zwei, auf das dritte vier und auf jedes weitere Feld die doppelte Anzahl des vorherigen Feldes." Wie viele Weizenkörner muss der König auf das 8. (16.; 32.; 48.; 64.) Feld legen?

Die wissenschaftliche Schreibweise von Zahlen

14 Dinge, die wir nicht mit dem Auge erfassen können, sind für uns unvorstellbar groß oder klein:
- Abstand der Erde zur Sonne: 150 000 000 km
- Durchmesser des Hepatitis-Virus: 0,00000005 m

a Wie oft musst du 1,5 mit 10 multiplizieren, um den Abstand der Erde von der Sonne zu erhalten?

b Wie oft musst du 5 durch 10 teilen, um den Durchmesser des Hepatitis-Virus zu erhalten?

Zur Darstellung von großen und kleinen Zahlen kann man die **wissenschaftliche Schreibweise** verwenden. Sie besteht aus dem Produkt eines Zahlfaktors und einer Zehnerpotenz, daher nennt man sie auch Zehnerpotenzschreibweise.

Dabei gibt der Exponent an, um wie viele Stellen das Komma beim Zahlfaktor nach links oder rechts verschoben werden muss.

große Zahlen	kleine Zahlen
$150\,000\,000 = 1{,}5 \cdot 100\,000\,000 = 1{,}5 \cdot 10^8$	$0{,}00000005 = 5 \cdot \frac{1}{100\,000\,000} = 5 \cdot 10^{-8}$

M Um große und kleine Zahlen schnell erfassen zu können, wird in Wissenschaft und Technik die **wissenschaftliche Schreibweise** verwendet. Dabei wird eine Zahl als Produkt aus dem **Zahlfaktor** (mit einer Stelle vor dem Komma) und einer **Zehnerpotenz** ausgedrückt.

15 Führe die Zehnerpotenzreihe mit positiven und negativen Exponenten für die nächsten vier Schritte fort.

$$\begin{array}{rcl} 1\,000 & = & 10^3 \\ 100 & = & 10^2 \\ 10 & = & 10^1 \\ 1 & = & 10^0 \\ 0{,}1 & = & 10^{-1} \\ \dots & = & \dots \end{array}$$

(: 10 und – 1 jeweils zwischen den Zeilen)

16 Schreibe als Zehnerpotenz.

a 1 000

b 100 000

c 10 000

d 0,000001

e 0,00000001

f 0,000000000001

17 Verwende die wissenschaftliche Schreibweise.

Beispiel $2\,350\,000 = 2{,}35 \cdot 10^6$

a 8 000

b 7 000 000

c 35 000 000

d 50 700 000 000

e 4 704 000 000

f 3 925 000 000

18 Verwende die wissenschaftliche Schreibweise für kleine Zahlen.

Beispiel $0{,}0000000054 = 5{,}4 \cdot 10^{-9}$

a 0,0008

b 0,000071

c 0,000000076

d 0,0000000507

e 0,00000002

f 0,00004078

19 Was bedeuten diese Taschenrechner-anzeigen? Schreibe die Zahlen ohne Zehnerpotenzen.

$$3{,}7 \times 10^{12}$$

$$9{,}1 \times 10^{-10}$$

$$4{,}5769 \times 10^{15}$$

20 Gib die Größen ausführlich oder in der wissenschaftlichen Schreibweise an.

Gib das Ergebnis auch in einer sinnvollen Einheit an.

a Durchmesser Saturn: 120 536 km

b Durchmesser Erde: 12 765 280 m

c Masse eines Elektrons: $9{,}1 \cdot 10^{-31}$ kg

d Wellenlänge Röntgenstrahlen: bis $5 \cdot 10^{-12}$ m

e Wellenlänge von blauem Licht: $4{,}2 \cdot 10^{-10}$ km

1.2 Quadratwurzeln

1

Alle vier Jahre tagt der der Internationale Mathematiker-Kongress in einer anderen Stadt. Er ist mit rund 4 000 Mathematikern die größte und wichtigste mathematische Tagung weltweit. 1998 fand die Tagung in Berlin statt. Zu diesem Anlass erschien die Briefmarke.

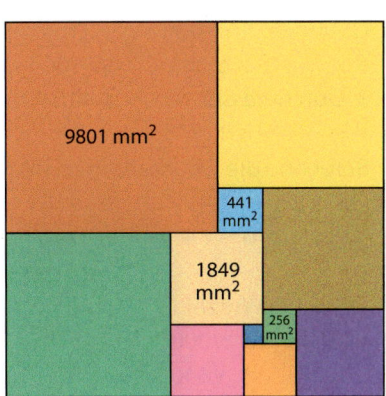

a Bestimme die Seitenlänge des kleinsten Quadrates, das einen Flächeninhalt von 81 mm² hat.
b Bestimme ausschließlich mithilfe der Angaben aus dem Bild die Seitenlänge der einzelnen Quadrate. Erkläre dein Vorgehen.
c Berechne mithilfe der in **b** berechneten Seitenlängen die Flächeninhalte der einzelnen Quadrate.

Quadriert man die Seitenlänge eines Quadrates, erhält man seinen Flächeninhalt. Der Flächeninhalt ist eine **Quadratzahl**.
Umgekehrt findet man die Seitenlänge eines Quadrates, dessen Flächeninhalt bekannt ist, durch **Wurzelziehen** bzw. **Radizieren** (lat. *radix*: Wurzel). Das Ergebnis ist die **Quadratwurzel**.

$$\text{(Quadratwurzel aus 4)} \quad 2 \underset{\text{Wurzel ziehen}}{\overset{\text{quadrieren}}{\rightleftharpoons}} 4 \quad \text{(Quadratzahl)}$$

Für die Quadratwurzel aus 4 schreibt man zum Beispiel:

Wurzelzeichen
$$\sqrt{4} = 2$$
Radikand ——┘ └—— Quadratwurzel aus 4

Das Symbol $\sqrt{}$ für Quadratwurzeln ist aus einem „r" entstanden, das für *radix* steht.

Man sagt: *Die Quadratwurzel aus 4 ist 2.* oder kurz: *Die Wurzel aus 4 ist 2.*

Multipliziert man die Quadratwurzel mit sich selbst, so erhält man den **Radikanden**: $2 \cdot 2 = 4$
Umgekehrt gilt: $\sqrt{4} = \sqrt{2 \cdot 2} = 2$

> **M** Die **Quadratwurzel** x ist die nicht negative Zahl, die mit sich selbst multipliziert die Zahl unter dem Wurzelzeichen (den Radikanden) ergibt.
> $$x^2 = a \quad \Rightarrow \quad x = \sqrt{a} \quad \text{mit } a \geq 0$$

Beispiele
a $\sqrt{16} = 4$, weil $4 \cdot 4 = 4^2 = 16$
b $\sqrt{0,25} = 0,5$, weil $0,5 \cdot 0,5 = 0,5^2 = 0,25$
c $\sqrt{1} = 1$, weil $1 \cdot 1 = 1$

d $\sqrt{\frac{1}{9}} = \frac{1}{3}$, weil $\frac{1}{3} \cdot \frac{1}{3} = \left(\frac{1}{3}\right)^2 = \frac{1}{9}$
e $\sqrt{0} = 0$, weil $0 \cdot 0 = 0$

Übungsaufgaben

1 Quadriere im Kopf.

a 5 c 9 e 100 g 1,1

b 8 d 12 f 0,5 h $\frac{1}{3}$

2 Berechne die Quadratwurzel im Kopf.

a $\sqrt{4}$ c $\sqrt{49}$ e $\sqrt{169}$ g $\sqrt{256}$

b $\sqrt{25}$ d $\sqrt{64}$ f $\sqrt{121}$ h $\sqrt{10000}$

3 Ziehe die Wurzel.

a $\sqrt{225}$ c $\sqrt{900}$ e $\sqrt{625}$ g $\sqrt{0,25}$

b $\sqrt{361}$ d $\sqrt{6400}$ f $\sqrt{0,04}$ h $\sqrt{0,01}$

4 Quadratwurzeln von Brüchen

a $\sqrt{\frac{1}{4}}$ c $\sqrt{\frac{1}{25}}$ e $\sqrt{\frac{4}{25}}$ g $\sqrt{\frac{16}{81}}$

b $\sqrt{\frac{1}{9}}$ d $\sqrt{\frac{1}{49}}$ f $\sqrt{\frac{25}{36}}$ h $\sqrt{\frac{121}{256}}$

5 Berechne die Quadratwurzel mit dem Taschenrechner. Erkläre dein Vorgehen bei der Eingabe.

a $\sqrt{1089}$ c $\sqrt{3844}$ e $\sqrt{9801}$ g $\sqrt{77284}$

b $\sqrt{729}$ d $\sqrt{441}$ f $\sqrt{44,89}$ h $\sqrt{480249}$

6 Hat Samy Recht? Begründe deine Meinung.

Der Radikand einer Quadratwurzel kann keine negative Zahl sein.

7 Setze die richtigen Ziffern ein.

a $\sqrt{1\square\square} = 13$ c $\sqrt{21 + \square\square} = 9$

b $\sqrt{1\square\square} = \square 2$ d $\sqrt{\square\square 1} = 2\square$

8 Je zwei Kärtchen gehören zusammen. Finde
sie ohne zu rechnen.
Überprüfe anschließend dein Ergebnis mit dem
Taschenrechner.

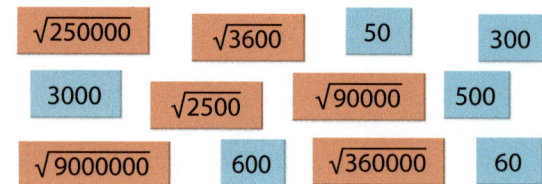

9 Erkennst du die Quadratzahlen und kannst die
Wurzeln im Kopf berechnen?
Kontrolliere dich mithilfe des Taschenrechners.

a $\sqrt{324}$ c $\sqrt{14400}$ e $\sqrt{62500}$

b $\sqrt{484}$ d $\sqrt{\frac{8100}{10000}}$ f $\sqrt{\frac{1600}{16900}}$

10 Wie lang ist die Seite des jeweiligen Quadrates
mit dem gegebenen Flächeninhalt?

a 400 m² c 10000 km² e 6,25 mm²

b 361 m² d 6400 m² f 1,44 cm²

11 Berechne aus dem angegebenen Flächeninhalt
den Radius r des Kreises.
Runde dein Ergebnis sinnvoll.

T $A_{Kreis} = \pi \cdot r^2$

a 50,265 cm² d 254,469 m²

b 201,062 mm² e 153,938 mm²

c 12,566 km² f 380,133 cm²

12 Die Figuren bestehen aus gleich großen Quadraten. Der Gesamtflächeninhalt ist angegeben.
Berechne die Seitenlänge a eines Quadrates.

a A = 108 cm² c A = 405 cm²

b A = 576 cm²

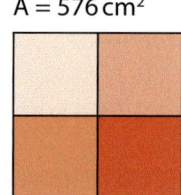

13 Ein Rechteck hat die Seitenlängen a und b.
Berechne aus den Seitenlängen des Rechtecks
die Seitenlänge des flächengleichen Quadrates.

a a = 3 cm; b = 12 cm

b a = 24 cm; b = 6 cm

c a = 12,5 cm; b = 50 cm

d a = 100 mm; b = 156,25 mm

14 Die Oberfläche des Würfels ist gegeben.
Berechne die Kantenlänge a.

a 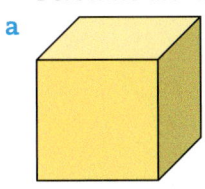 b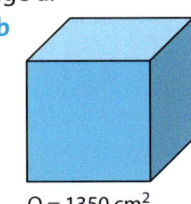

O = 864 cm²   O = 1350 cm²

15 Berechne die Kantenlänge eines Würfels.
Überlege zuerst, bevor du mit dem Rechnen
beginnst.

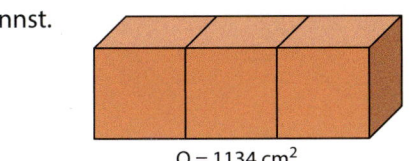

O = 1134 cm²

16 Um ein 3 969 m² großes quadratisches Grundstück soll ein Zaun gezogen werden. Für die
beiden Einfahrten bleiben je 5 m ausgespart.
Erstelle eine Planfigur und berechne anschließend, wie viele Meter Zaun benötigt werden.

17 Tina möchte einen alten Gartentisch verschö-
nern und die Tischplatte mit quadratischen
Mosaiksteinchen bekleben. Die Tischplatte ist
quadratisch und 1 m² groß.
Berechne die Kantenlänge eines Mosaikstein-
chens, wenn sie insgesamt 2 500 Steine ohne
Fugen verwendet.

18 Die spätbarocke Stadtanlage von Neustrelitz ist
europaweit einmalig: Acht Straßen führen vom
annähernd 11 449 m² großen quadratischen
Marktplatz aus sternförmig in alle Himmelsrich-
tungen.
Mike läuft einmal um den Platz.

19 In der Architektur wird ein kreisrundes verglastes
Fenster als *Rosette* bezeichnet. Die Glasfenster
der Kathedrale Notre Dame in Paris gehören zu
den ältesten und am besten erhaltenen über-
haupt. Mit einer Fläche von ungefähr 113 m² ist
die Rosette im Querschiff zudem eine der größten Europas.
Wie groß ist ihr Radius?

20 *Ottavia*, die größte kreisrunde Pizza der Welt,
wurde in Rom gebacken. Fünf Köche haben
innerhalb von 48 Stunden aus 9 t Mehl, 4 t To-
matensoße, 680 kg Margarine, 250 kg Salz,
191 kg Öl und 23 kg Essig eine 1 200 m² große
Pizza Margherita gebacken.
Berechne den Durchmesser der Pizza.

1.3 Reelle Zahlen

1 Der griechische Philosoph Sokrates unterhält sich
mit dem Sklaven Menon.
Sokrates: *Nehmen wir einmal an, die Seite eines
Quadrates ist ein Fuß lang. Wie viele Quadratfuß groß
wäre die ganze Fläche des Quadrates?*
Menon: *Ein Quadratfuß, mein Sokrates.*
Sokrates: *Würde man die Fläche dieses Quadrates nun
verdoppeln, so sage mir, wie lang wäre dann eine Seite
des Quadrates?*

a Was würdest du an Menons Stelle antworten?
Schreibe deine erste Vermutung auf einen Zettel
und vergleiche anschließend mit deinen Klassen-
kameraden.

b Menon antwortet: *Offenbar doppelt so groß. Zwei Fuß also.*
Berechne den Flächeninhalt des Quadrates, wenn eine Seitenlänge zwei Fuß beträgt.

Du kennst den exakten Wert von Quadratwurzeln nur für die Wurzel aus Quadratzahlen. Für die
Wurzel aus allen anderen natürlichen Zahlen, zum Beispiel $\sqrt{2}$, kannst du den Wert rechnerisch
nur mithilfe von Näherungsverfahren ermitteln.

Ein **Intervall** ist ein zusammenhängender Zahlenbereich. Auf einer Zahlengeraden markiert man
diesen Bereich mit eckigen Klammern. Zwischen diesen Klammern liegen alle Zahlen aus dem Intervall.
Über eine **Intervallschachtelung** soll der Wert von $\sqrt{2}$ nun näherungsweise bestimmt werden:

Schritt 1: ganze Zahlen
$\sqrt{2}$ liegt im Intervall [1; 2],
da $1 < 2 < 4 \ \Rightarrow \ 1 < \sqrt{2} < 2$

Schritt 2: Zehntel
$\sqrt{2}$ liegt im Intervall [1,4; 1,5],
da $1,96 < 2 < 2,25 \ \Rightarrow \ 1,4 < \sqrt{2} < 1,5$

Schritt 3: Hundertstel
$\sqrt{2}$ liegt im Intervall [1,41; 1,42],
da $1,9881 < 2 < 2,0164 \ \Rightarrow \ 1,41 < \sqrt{2} < 1,42$

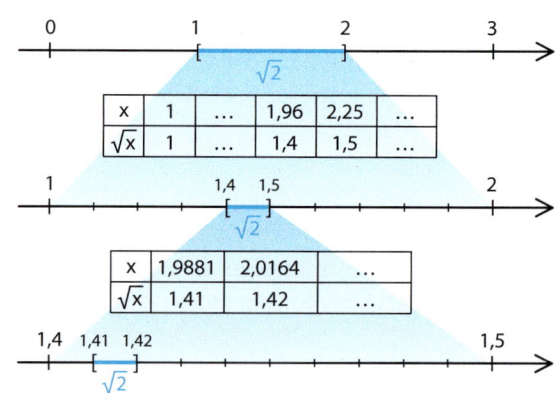

Verfährt man so weiter, bestimmt man $\sqrt{2}$ immer genauer, man erreicht aber nie den tatsächlichen
Wert. Es entsteht eine nicht abbrechende und nicht periodische Dezimalzahl. Sie lässt sich nicht als
Bruch darstellen und ist daher keine rationale Zahl. Solche Zahlen heißen **irrationale Zahlen.**

> **M** **Irrationale Zahlen** sind nicht abbrechende und nicht periodische Dezimalzahlen. Man kann
> sie nicht als Bruch schreiben. **Rationale Zahlen** kann man immer als Bruch schreiben.
> In der **Menge der reellen Zahlen** $\mathbb{R}$ sind alle rationalen und irrationalen Zahlen enthalten.

Übungsaufgaben

1 Rational oder irrational? Gib eine Begründung!

a 0,25   **c** 0,143526574…   **e** 0,3333…

b 0,1845   **d** 3,75   **f** 1,4142135…

2 Welche Quadratwurzeln sind irrational, welche rational? Erkläre deine Zuweisung.

 $\sqrt{2}$ $\sqrt{\frac{2}{3}}$ $\sqrt{25}$ $\sqrt{2,25}$

$\sqrt{7}$ $\sqrt{13}$ $\sqrt{\frac{9}{15}}$ $\sqrt{4}$

3 Ordne die Zahlen der Größe nach.

a $\sqrt{5}$; $\sqrt{6}$; 2,5; $2\frac{2}{5}$; $2\frac{1}{4}$; 2,361; 2,4495

b $\sqrt{\frac{1}{4}}$; 0,3; 0,49; $\sqrt{\frac{4}{9}}$; $\frac{1}{4}$; $\frac{3}{8}$; 0,3334

4 Zwischen welchen natürlichen Zahlen liegt die Quadratwurzel? Stelle eine Vermutung auf und begründe sie.

Beispiel $2 < \sqrt{7} < 3$, da $4 < 7 < 9$

a $\sqrt{3}$ **c** $\sqrt{10}$ **e** $\sqrt{31}$ **g** $\sqrt{133}$

b $\sqrt{5}$ **d** $\sqrt{20}$ **f** $\sqrt{99}$ **h** $\sqrt{153}$

5 Welche Wurzel aus einer natürlichen Zahl liegt im Intervall?

Manchmal gibt es mehrere Lösungen.

a [3; 4]   **c** [1,7; 1,8]

b [4,1; 4,3]   **d** [2,2; 2,3]

6 Zilan hat vier gleich große Dreiecke. Damit legt sie zuerst zwei Quadrate, die beide den Flächeninhalt 16 cm² haben. Dann möchte sie aus den Dreiecken ein großes Quadrat legen.

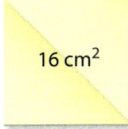 16 cm²   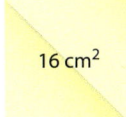 16 cm²

a Stelle dir die vier Dreiecke her und lege das große Quadrat. Miss seine Seitenlänge und überprüfe rechnerisch. Was fällt dir auf?

b Erkläre, warum der Zahlbereich der rationalen Zahlen hier nicht mehr ausreicht.

7 Die Zahlen werden in Zahlbereiche eingeteilt.

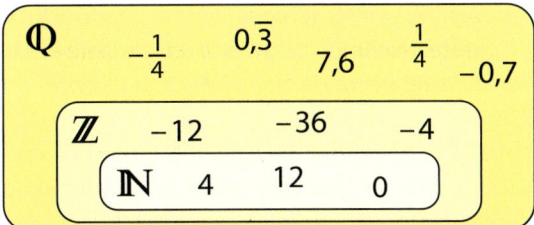

Aus den früheren Schuljahren kennst du bereits die natürlichen, ganzen und rationalen Zahlen. Vervollständige im Heft die Darstellung um den Zahlbereich der reellen Zahlen und ergänze mindestens drei Beispiele.

> **T** Die Kreiszahl π ist eine irrationale Zahl.

8 Setze die richtigen Ziffern ein.
Bei manchen Aufgaben gibt es mehrere Lösungen.

a $8 < \sqrt{\square 5} < 9$ **c** $1,2 < \sqrt{\square,\square 2} < 1,3$

b $13 < \sqrt{1\square 0} < 14$ **d** $2,5 < \sqrt{\square,32} < 2,6$

9 Der *Orloj* am Prager Rathausturm wurde über Jahrhunderte hinweg ausgebaut. Das Zifferblatt dieser berühmtesten astronomischen Uhr der Welt hat eine Größe von ungefähr 7,07 m². Berechne den Durchmesser.

10 Richtig oder falsch? Begründe deine Antwort.

a Die Quadratwurzel aus einer Zahl ist stets kleiner als die Zahl.

b Jede irrationale Zahl ist auch eine reelle Zahl.

c Die ganzen Zahlen sind auch reelle Zahlen.

1.4 Rechnen mit Quadratwurzeln

1 Der Mathelehrer hat Lea und Lukas folgende Aufgabe gestellt:
In einer Kleingartenanlage sind zwei Grundstücke frei geworden.
Familie Köhler möchte gerne eines der beiden Grundstücke pachten.
Da Frau Köhler gerne das größere Grundstück haben möchte, lässt
sie sich die Grundrisse zuschicken.

a Lea schaut sich den Plan an und sagt nach kurzem Rechnen:
„Es ist vollkommen egal, welches Grundstück die Köhlers nehmen.
Beide Grundflächen sind gleich groß."
Stimmt Leas Behauptung? Schreibe deine Rechnung auf!

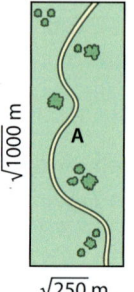
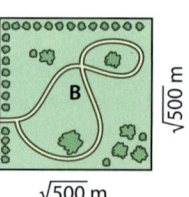

b Lukas hat ebenfalls gerechnet. Trotz Taschenrechner hat er allerdings doppelt so lange
wie seine Schwester gebraucht.
Was stellst du beim Vergleichen der beiden Berechnungen fest?

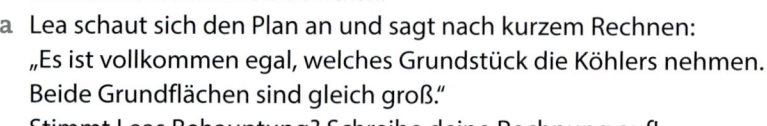

Lea

A: $\sqrt{1000 \cdot 250} = \sqrt{250000} =$

B: $\sqrt{500 \cdot 500} = \sqrt{250000} =$

Lukas

A: $\sqrt{1000} \cdot \sqrt{250} = 31{,}62277\ldots \cdot 15{,}81138\ldots =$

B: $\sqrt{500} \cdot \sqrt{500} = 22{,}36067\ldots \cdot 22{,}36067\ldots =$

2

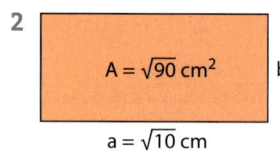

Ein Rechteck hat die Seitenlänge $a = \sqrt{10}$ cm und den Flächeninhalt
$A = \sqrt{90}$ cm².
Can behauptet: „Die Seite b kann ich im Kopf ausrechnen!"
Wie hat er gerechnet?

Man zieht die Rechnung unter eine Wurzel, das heißt: Zuerst dividiert bzw. multipliziert man und
danach zieht man die Wurzel aus dem Ergebnis der Rechnung.

Beispiel   Multiplikation

$\sqrt{12} \cdot \sqrt{3} = \sqrt{12 \cdot 3} = \sqrt{36} = 6$

Beispiel   Division

$\sqrt{45} : \sqrt{5} = \sqrt{45 : 5} = \sqrt{9} = 3$

M Quadratwurzeln kann man **multiplizieren** oder **dividieren**, indem man zuerst die Radikanden multipliziert oder
dividiert und dann aus dem Ergebnis die Wurzel zieht.

Produktregel: $\sqrt{a} \cdot \sqrt{b} = \sqrt{a \cdot b}$

Quotientenregel: $\frac{\sqrt{a}}{\sqrt{b}} = \sqrt{\frac{a}{b}}$ für $b \neq 0$ und $\frac{a}{b} \geq 0$

T Die beiden Regeln sagen auch:
Bei einer Wurzel aus einem
Produkt kann man aus jedem
Faktor getrennt die Wurzel
ziehen. Das gilt auch für Zähler
und Nenner von Brüchen.

Beispiele

a $\sqrt{8} \cdot \sqrt{32} = \sqrt{8 \cdot 32} = \sqrt{256} = 16$

b $\sqrt{49 \cdot 16} = \sqrt{49} \cdot \sqrt{16} = 7 \cdot 4 = 28$

c $\frac{\sqrt{48}}{\sqrt{3}} = \sqrt{\frac{48}{3}} = \sqrt{16} = 4$

d $\sqrt{\frac{81}{100}} = \frac{\sqrt{81}}{\sqrt{100}} = \frac{9}{10}$

Übungsaufgaben

1 Berechne im Kopf und erkläre, wie du vorgehst.

a $\sqrt{5} \cdot \sqrt{5}$ d $\sqrt{6} \cdot \sqrt{24}$ g $\frac{\sqrt{12}}{\sqrt{3}}$

b $\sqrt{2} \cdot \sqrt{32}$ e $\sqrt{0,1} \cdot \sqrt{490}$ h $\frac{\sqrt{32}}{\sqrt{2}}$

c $\sqrt{12} \cdot \sqrt{3}$ f $\sqrt{49} \cdot \sqrt{9}$ i $\frac{\sqrt{24}}{\sqrt{6}}$

2 Rechne ohne Taschenrechner.

a $\sqrt{25 \cdot 49}$ d $\sqrt{75} : \sqrt{3}$ g $\sqrt{112} : \sqrt{7}$

b $\sqrt{45} : \sqrt{5}$ e $\sqrt{216} : \sqrt{6}$ h $\sqrt{0,64 \cdot 0,04}$

c $\sqrt{81 \cdot 100}$ f $\sqrt{121 \cdot 0,01}$ i $\frac{\sqrt{147}}{\sqrt{3}}$

3 Ein Rechteck hat den angegebenen Flächeninhalt.
Wie lang könnten die Seiten a und b sein?

a $\sqrt{36}$ m²   b $\sqrt{144}$ cm²   c $\sqrt{400}$ mm²

4 Haben Maike und Mario Recht?
Unterstütze deine Meinung mit geeigneten Beispielen.

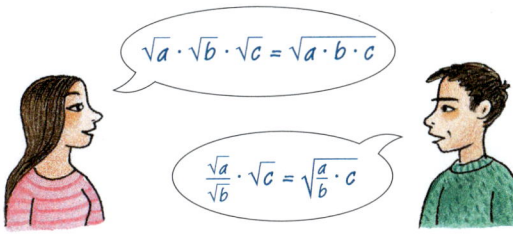

$\sqrt{a} \cdot \sqrt{b} \cdot \sqrt{c} = \sqrt{a \cdot b \cdot c}$

$\frac{\sqrt{a}}{\sqrt{b}} \cdot \sqrt{c} = \sqrt{\frac{a}{b} \cdot c}$

5 Berechne ohne Taschenrechner.
Kontrolliere dich mit den Kärtchen selbst.

a $\frac{\sqrt{10}}{\sqrt{2}} \cdot \sqrt{5}$ c $\frac{\sqrt{6} \cdot \sqrt{12}}{\sqrt{2}}$ e $\frac{\sqrt{75}}{\sqrt{7,5}} \cdot \sqrt{10}$

b $\frac{\sqrt{18}}{\sqrt{6}} \cdot \sqrt{3}$ d $\frac{\sqrt{288}}{\sqrt{9}} : \sqrt{2}$ f $\frac{\sqrt{432}}{\sqrt{12} \cdot \sqrt{9}}$

 5 S    6 P    10 R

2 !   4 E   3 U

6 Berechne.
Beispiel $\quad 5\sqrt{2} \cdot 3\sqrt{8} = 5 \cdot 3 \cdot \sqrt{2} \cdot \sqrt{8}$
$\qquad\qquad\qquad = 15 \cdot \sqrt{16} = 60$

a $3\sqrt{5} \cdot 4\sqrt{20}$ c $\frac{1}{5}\sqrt{25} \cdot \frac{1}{4}\sqrt{100}$

b $3,5\sqrt{3} \cdot 2\sqrt{12}$ d $0,5\sqrt{30} \cdot 4\sqrt{\frac{10}{3}}$

7 Ziehe die Wurzel.

a $\sqrt{4a^2b^2}$ c $\sqrt{28a \cdot 7ab^2}$

b $\sqrt{1,69x^2y^4}$ d $\sqrt{0,04x^2y^4z^8}$

T $y^2 \cdot y^2 = y^{2+2} = y^4 \qquad | \qquad \frac{y^5}{y^2} = y^{5-2} = y^3$

8 Vereinfache und berechne dann.

a $\sqrt{2x} \cdot \sqrt{8xy^4}$ c $\frac{\sqrt{28x^5}}{\sqrt{7x^3}}$

b $\sqrt{72a^5} : \sqrt{2ab^2}$ d $\sqrt{\frac{15w^3}{2,7v^2}} \cdot \sqrt{\frac{2,4w}{30v^2}}$

9 Du liegst am Strand im Schatten einer Palme. Plötzlich siehst du, wie sich eine Kokosnuss löst und aus 20 m Höhe auf dich herunter fällt.

a Schätze, wie lange du Zeit hast, dich in Sicherheit zu bringen.

b Die Falldauer t der Kokosnuss kannst du mit der Formel $t = \sqrt{\frac{2 \cdot h}{g}}$ berechnen.

h ist die Höhe, g ist die Erdbeschleunigung von annähernd $10 \frac{m}{s^2}$.

Addition und Subtraktion von Quadratwurzeln

10 Bestimme ohne Taschenrechner, bei welchen Kärtchen beide Terme denselben Wert haben. Kannst du daraus eine Regel zur Addition und Subtraktion ableiten?

① $\sqrt{25} - \sqrt{16}$
$\sqrt{25 - 16}$

② $\sqrt{144} + \sqrt{25}$
$\sqrt{144 + 25}$

③ $11\sqrt{25} - 7\sqrt{25}$
$4\sqrt{25}$

④ $2\sqrt{4} + 3\sqrt{4}$
$5\sqrt{4}$

11 Bestimme die Länge a.

a

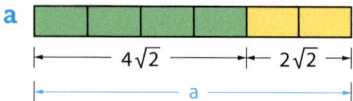

b

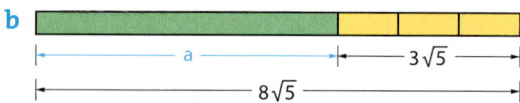

12 Fasse zusammen.

a $\sqrt{3} + \sqrt{3} + \sqrt{3} - \sqrt{3}$

b $\sqrt{7} + 3\sqrt{7} + \sqrt{7} - \sqrt{7} - 2\sqrt{7}$

c $\sqrt{5} + \sqrt{5} + \sqrt{8} - \sqrt{5} + 4\sqrt{5}$

> **M** Das Verteilungsgesetz gilt für alle Zahlen, also auch für Wurzeln:
> Gleiche Radikanden können beim Addieren oder Subtrahieren zusammengefasst werden.
> $$a\sqrt{x} + b\sqrt{x} = (a + b)\sqrt{x}$$
> Unterschiedliche Radikanden können nicht zusammengefasst werden!

Beispiel $3\sqrt{2} + 2\sqrt{2} = (3 + 2)\sqrt{2} = 5\sqrt{2}$

13 Fasse zusammen.

a $7\sqrt{3} + 8\sqrt{3}$

b $16\sqrt{7} - 7\sqrt{7}$

c $1{,}2\sqrt{8} + 1{,}23\sqrt{8}$

d $7\sqrt{10} - \frac{1}{4}\sqrt{10}$

14 Vereinfache die Terme wie im Beispiel.
$$(\sqrt{4} + \sqrt{9}) \cdot \sqrt{4} = \sqrt{4} \cdot \sqrt{4} + \sqrt{9} \cdot \sqrt{4}$$
$$= \sqrt{16} + \sqrt{36} = 4 + 6 = 10$$

a $(\sqrt{2} + \sqrt{8}) \cdot \sqrt{2}$

b $\sqrt{5} \cdot (\sqrt{20} - \sqrt{5})$

c $(\sqrt{48} + \sqrt{3}) : \sqrt{3}$

d $(\sqrt{18} - \sqrt{8}) : \sqrt{2}$

15 Vereinfache so weit wie möglich.

a $\sqrt{x} \cdot (\sqrt{y} + \sqrt{z})$

b $(\sqrt{s} - \sqrt{t}) \cdot \sqrt{t}$

c $(\sqrt{ab} + \sqrt{ac}) : \sqrt{a}$

d $(\sqrt{xy} - \sqrt{x}) : \sqrt{y}$

16 Der Offshore-Windpark *West of Duddon Sands* befindet sich etwa 14 km südwestlich der Insel Walney vor England. Insgesamt stehen dort auf einer Fläche von rund 67 km² 108 Windkraftanlagen mit einer Gesamt-Winderntefläche von ca. 1 221 372 m².
Berechne den Durchmesser des dreiflügeligen Rotors einer Windkraftanlage.

17 Herr Pavlovic besitzt ein quadratisches, 3 025 m² großes Grundstück. Er soll einen Teil des Grundstückes für ein Straßenbauprojekt hergeben.

Die Gemeinde möchte von zwei aneinanderliegenden Seiten jeweils einen gleich großen Randstreifen abtrennen, wobei das Restgrundstück quadratisch bleiben soll. Zudem soll Herr Pavlovic mindestens die Hälfte seiner Grundstücksfläche behalten.

a Wie breit dürfen die Streifen höchstens sein?

b Die Gemeinde möchte einen Streifen, der 33 m breit ist. Wie groß ist die verbleibende Grundstücksfläche?

1.5 Umformen von Quadratwurzeln

1 Lucas war kurz abgelenkt, deswegen hat er die Erklärung der
Lehrerin zum Tafelanschrieb nicht mitbekommen. Nun muss er
sich den Zusammenhang selbst herleiten.

a Erkennst du einen Zusammenhang und kannst Lucas helfen?
Schreibe deine Erklärung auf und vervollständige das Tafelbild.

b Berechne wie beim Beispiel an der Tafel $\sqrt{200}$.

c Formuliere einen Merksatz, wie man teilweise Wurzelziehen kann.

teilweises Wurzelziehen

$\sqrt{18} = \sqrt{9 \cdot 2} = \sqrt{9} \cdot \sqrt{2} = 3\sqrt{2}$

$\sqrt{27} = \sqrt{9 \cdot 3} = \ldots$

$\sqrt{45} =$

Die Beispiele an der Tafel kann man als Produkt schreiben und einer der Faktoren ist eine Quadratzahl.
Auch der Radikand 12 von $\sqrt{12}$ lässt sich in das Produkt $4 \cdot 3$ umwandeln. Damit kann man nun $\sqrt{4 \cdot 3}$
als Produkt $\sqrt{4} \cdot \sqrt{3}$ schreiben und aus der Quadratzahl 4 die Wurzel ziehen:

$$\sqrt{12} = \sqrt{4 \cdot 3} = \sqrt{4} \cdot \sqrt{3} = 2\sqrt{3}$$

Man nennt dieses Vorgehen **teilweises Wurzelziehen**.

> **M** Man kann **teilweise Wurzelziehen**, wenn man den Radikanden einer Quadratwurzel
> in ein Produkt aus einem Faktor und einer oder mehreren Quadratzahlen zerlegt.

Umgekehrt kann man auch einen Faktor vor einer Wurzel unter die Wurzel bringen, indem man
den Faktor als Wurzel seiner Quadratzahl schreibt. Dann können die beiden Wurzeln wie gewohnt
multipliziert werden: $5\sqrt{3} = \sqrt{25} \cdot \sqrt{3} = \sqrt{25 \cdot 3} = \sqrt{75}$

Übungsaufgaben

1 Schreibe als Produkt und ziehe dann teilweise
die Wurzel.

a $\sqrt{8}$ **c** $\sqrt{24}$ **e** $\sqrt{180}$ **g** $\sqrt{98}$

b $\sqrt{20}$ **d** $\sqrt{40}$ **f** $\sqrt{108}$ **h** $\sqrt{192}$

2 Ziehe teilweise die Wurzel.

a $\sqrt{500}$ **c** $\sqrt{54}$ **e** $\sqrt{0{,}08}$ **g** $\sqrt{0{,}27}$

b $\sqrt{700}$ **d** $\sqrt{48}$ **f** $\sqrt{0{,}05}$ **h** $\sqrt{1{,}25}$

3 Bring den Faktor unter die Wurzel.

a $5\sqrt{3}$ **c** $3\sqrt{3}$ **e** $7\sqrt{5}$

b $6\sqrt{2}$ **d** $2\sqrt{7}$ **f** $11\sqrt{3}$

4 Ziehe teilweise die Wurzel und vereinfache.

a $\sqrt{27} + \sqrt{12}$ **c** $\sqrt{75} - \sqrt{48}$

b $\sqrt{32} + \sqrt{50}$ **d** $\sqrt{125} - \sqrt{45}$

5 Teilweises Wurzelziehen aus Brüchen

Beispiel $\sqrt{\frac{3}{4}} = \sqrt{\frac{1}{4} \cdot 3} = \sqrt{\frac{1}{4}} \cdot \sqrt{3} = \frac{1}{2}\sqrt{3}$

a $\sqrt{\frac{2}{9}}$ **c** $\sqrt{\frac{4}{5}}$ **e** $\sqrt{\frac{70}{144}}$ **g** $\sqrt{\frac{3}{100}}$

b $\sqrt{\frac{5}{16}}$ **d** $\sqrt{\frac{10}{25}}$ **f** $\sqrt{\frac{49}{50}}$ **h** $\sqrt{\frac{121}{80}}$

6 Welche Terme haben den gleichen Wert?

$3\sqrt{2x}$	$\sqrt{45x^3}$	$x\sqrt{48x^3}$	$4x\sqrt{2x}$
$4x^2\sqrt{3x}$	$\sqrt{18x}$	$\sqrt{32x^3}$	$3\sqrt{5x^3}$

7 Ziehe teilweise die Wurzel.

a $\sqrt{3x^2}$ **c** $\sqrt{ab^2}$ **e** $\sqrt{8x}$ **g** $\sqrt{0{,}04x^2y}$

b $\sqrt{a^3}$ **d** $\sqrt{25x}$ **f** $\sqrt{18y^3}$ **h** $\sqrt{125y^5}$

Den Nenner rational machen

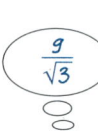

Ich habe einen tollen Tipp für dich! Durch Erweitern des Bruchs mit der Quadratwurzel im Nenner kannst du den Nenner rational machen.

$$\frac{9}{\sqrt{3}} = \frac{9 \cdot \sqrt{3}}{\sqrt{3} \cdot \sqrt{3}} = \frac{9 \cdot \sqrt{3}}{\sqrt{9}}$$
$$= \frac{9 \cdot \sqrt{3}}{3} = 3\sqrt{3}$$
$$\approx 3 \cdot 1{,}7 = \underline{\underline{5{,}2}}$$

$$\frac{3}{\sqrt{7}} = \frac{3 \cdot \sqrt{7}}{\sqrt{7} \cdot \sqrt{7}} = \frac{3 \cdot \sqrt{7}}{\sqrt{49}}$$
$$= \frac{3 \cdot \sqrt{7}}{7}$$
$$= \frac{3}{7}\sqrt{7}$$

Wurzeln im Nenner machen eine Überschlagsrechnung schwierig!

Um unübersichtliche Dezimalstellen im Ergebnis zu vermeiden, lässt man häufig die Wurzel stehen.

8 Schau dir den Rechentipp von Svetlana und Alex an und mach den Nenner rational.

a $\frac{6}{\sqrt{2}}$ c $\frac{12}{\sqrt{6}}$ e $\frac{5}{\sqrt{20}}$ g $\frac{48}{\sqrt{8}}$

b $\frac{21}{\sqrt{3}}$ d $\frac{5}{\sqrt{10}}$ f $\frac{8}{\sqrt{14}}$ h $\frac{52}{\sqrt{13}}$

M Steht im Nenner eines Bruchs eine Quadratwurzel, so kann man den Nenner **durch Erweitern** des Bruchs mit derselben Quadratwurzel **rational** machen.

9 Entferne die Wurzel im Nenner und kürze.

Beispiel
$$\frac{3}{2\sqrt{6}} = \frac{3 \cdot \sqrt{6}}{2\sqrt{6} \cdot \sqrt{6}} = \frac{3 \cdot \sqrt{6}}{2 \cdot 6} = \frac{3}{12}\sqrt{6} = \frac{1}{4}\sqrt{6}$$

a $\frac{8}{4\sqrt{6}}$ c $\frac{72}{10\sqrt{8}}$ e $\frac{2\sqrt{3}}{\sqrt{27}}$ g $\frac{9\sqrt{6}}{4\sqrt{36}}$

b $\frac{4}{3\sqrt{12}}$ d $\frac{8}{5\sqrt{4}}$ f $\frac{3\sqrt{5}}{\sqrt{15}}$ h $\frac{5\sqrt{2}}{3\sqrt{5}}$

10 Es gibt mehrere Möglichkeiten, um ans Ziel zu kommen.

a $\frac{\sqrt{8}}{\sqrt{2}}$ c $\frac{\sqrt{125}}{\sqrt{5}}$ e $\frac{\sqrt{8}}{\sqrt{32}}$ g $\frac{\sqrt{75}}{\sqrt{48}}$

b $\frac{\sqrt{27}}{\sqrt{3}}$ d $\frac{\sqrt{96}}{\sqrt{6}}$ f $\frac{\sqrt{18}}{\sqrt{8}}$ h $\frac{\sqrt{80}}{\sqrt{125}}$

11 Beachte: Im Zähler wird eine Summe erweitert.

$$\frac{2+\sqrt{3}}{\sqrt{3}} = \frac{(2+\sqrt{3}) \cdot \sqrt{3}}{\sqrt{3} \cdot \sqrt{3}} = \frac{2 \cdot \sqrt{3} + \sqrt{3} \cdot \sqrt{3}}{\sqrt{9}} = \frac{2\sqrt{3}+3}{3}$$

a $\frac{1+\sqrt{2}}{\sqrt{2}}$ c $\frac{\sqrt{5}-3}{\sqrt{3}}$ e $\frac{\sqrt{3}+4}{\sqrt{3}}$ g $\frac{\sqrt{3}+\sqrt{5}}{\sqrt{5}}$

b $\frac{\sqrt{3}+5}{\sqrt{3}}$ d $\frac{2-\sqrt{7}}{\sqrt{7}}$ f $\frac{8-\sqrt{11}}{\sqrt{11}}$ h $\frac{\sqrt{6}+\sqrt{12}}{\sqrt{6}}$

12

Ich quadriere Zähler und Nenner, dann fällt die Wurzel weg und der Nenner ist rational.
$$\frac{2}{\sqrt{3}} \rightarrow \frac{2^2}{(\sqrt{3})^2} \rightarrow \frac{4}{3}$$

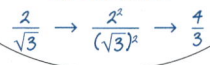

Erkläre, warum man nicht so rechnen darf, wie Klaus es beschreibt.
Wenn du nicht gleich dahinter kommst, dann veranschauliche dir seine Vorgehensweise anhand eines einfachen Bruches wie $\frac{1}{4}$.

13 Erweitere so, dass im Nenner keine Wurzel steht.

a $\frac{3}{\sqrt{a}}$ c $\frac{3}{4\sqrt{b}}$ e $\frac{a}{\sqrt{a}}$ g $\frac{\sqrt{p}}{\sqrt{q}}$

b $\frac{2}{\sqrt{x}}$ d $\frac{3}{\sqrt{2y}}$ f $\frac{2z}{\sqrt{z}}$ h $\frac{3\sqrt{g}}{\sqrt{3g}}$

14 Erweitere so, dass der Nenner rational wird.

a $\frac{4+x}{\sqrt{x}}$ b $\frac{7-g}{\sqrt{g}}$ c $\frac{\sqrt{xy}+\sqrt{yz}}{\sqrt{y}}$

1.6 Kubikwurzeln

1 Der grüne Würfel hat eine Kantenlänge von drei Teilwürfeln. Er besteht demnach aus $3 \cdot 3 \cdot 3 = 3^3 = 27$ Teilwürfeln.
Der blaue Würfel besteht aus insgesamt 64 Teilwürfeln. Wie viele Teilwürfel liegen bei ihm nebeneinander entlang einer Kante?
Erkläre dein Vorgehen.

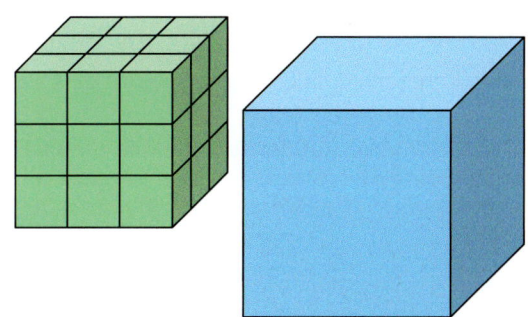

Multipliziert man die Kantenlänge eines Würfels dreimal mit sich selbst, erhält man sein Volumen. Potenzen mit dem Exponenten 3 nennt man **Kubikzahlen**, nach dem lateinischen *cubus* (Würfel).

Umgekehrt findet man die Kantenlänge eines Würfels, für den das Volumen angegeben ist, durch das Ziehen der **dritten Wurzel.** Das Ergebnis ist die **Kubikwurzel**.

(Kubikwurzel aus 125) **5** ⟷ **125** (Kubikzahl)

mit 3 potenzieren

dritte Wurzel ziehen

Für Kubikwurzeln verwendet man das Symbol $\sqrt[3]{}$.

Wurzelexponent
$$\sqrt[3]{64} = 4 \leftarrow \text{Kubikwurzel aus 64}$$
Radikand

Man sagt: *Die Kubikwurzel aus 64 ist 4.* Oder: *Die dritte Wurzel aus 64 ist 4.*

Multipliziert man die **Kubikwurzel** dreimal mit sich selbst, so erhält man den Radikanden.
Wegen $4 \cdot 4 \cdot 4 = 4^3 = 64$ gilt umgekehrt:
$$\sqrt[3]{64} = \sqrt[3]{4 \cdot 4 \cdot 4} = 4$$

M Die **Kubikwurzel** ist die Zahl, die dreimal mit sich selbst multipliziert die Zahl unter dem Wurzelzeichen (den Radikanden) ergibt.
$$\sqrt[3]{a} = x \quad \Leftrightarrow \quad x^3 = a$$
mit $a \geq 0$ und $x \geq 0$

T So kannst du Kubikwurzeln leichter finden:

Kubikzahl mit Endziffer	Endziffer der Kubikwurzel	Kubikzahl mit Endziffer	Endziffer der Kubikwurzel
…0	0	…5	5
…1	1	…6	6
…8	2	…3	7
…7	3	…2	8
…4	4	…9	9

Übungsaufgaben

1 Bestimme die Kubikwurzeln im Kopf. Das Ergebnis liegt zwischen 1 und 10.
Der Tippkasten auf der Vorseite hilft dir weiter!

a $\sqrt[3]{8}$ **c** $\sqrt[3]{64}$ **e** $\sqrt[3]{216}$

b $\sqrt[3]{27}$ **d** $\sqrt[3]{125}$ **f** $\sqrt[3]{343}$

2 Bestimme die Wurzel ohne Taschenrechner.

a $\sqrt[3]{0{,}001}$ **c** $\sqrt[3]{0{,}008}$ **e** $\sqrt[3]{\frac{1}{64}}$

b $\sqrt[3]{0{,}125}$ **d** $\sqrt[3]{\frac{1}{27}}$ **f** $\sqrt[3]{\frac{8}{125}}$

3 Bestimme die Kubikwurzel.

a $\sqrt[3]{1331}$ **c** $\sqrt[3]{15625}$ **e** $\sqrt[3]{\frac{343}{2197}}$

b $\sqrt[3]{2197}$ **d** $\sqrt[3]{\frac{27}{729}}$ **f** $\sqrt[3]{\frac{125}{12167}}$

4 Setze die richtigen Ziffern ein.

a $\sqrt[3]{\square\square} = 3$ **c** $\sqrt[3]{1\square\square1} = 11$ **e** $\sqrt[3]{1\square\square} = \square$

b $\sqrt[3]{\square 12} = 8$ **d** $\sqrt[3]{1\square\square\square} = 10$ **f** $\sqrt[3]{\square\square} = \square$

5 Ist die Kubikwurzel eine natürliche Zahl?
Kontrolliere dich mithilfe des Taschenrechners.

a $\sqrt[3]{20}$ **c** $\sqrt[3]{512}$ **e** $\sqrt[3]{4096}$

b $\sqrt[3]{300}$ **d** $\sqrt[3]{725}$ **f** $\sqrt[3]{2744}$

6 Berechne die Kantenlänge a eines Teilwürfels und den Oberflächeninhalt des Körpers.

a $V = 125\,\text{cm}^3$ **b** $V = 1\,842{,}375\,\text{cm}^3$

 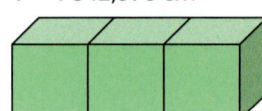

c $V = 3\,456\,\text{cm}^3$

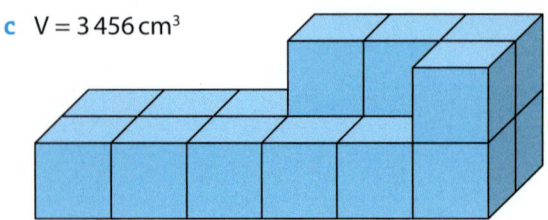

7 Auch bei Kubikwurzeln kannst du die Wurzel teilweise ziehen.

Beispiel $\sqrt[3]{24} = \sqrt[3]{3 \cdot 8} = 2\sqrt[3]{3}$

a $\sqrt[3]{16}$ **b** $\sqrt[3]{40}$ **c** $\sqrt[3]{54}$ **d** $\sqrt[3]{375}$

8 Eine Taucherflasche hat ein Volumen von 10 Litern. Der Druck in der Flasche beträgt 200 bar, die Luft ist also um das 200-Fache komprimiert. Beim normalen Luftdruck von 1 bar würde die Pressluft sich auf ein Volumen von 2 000 Litern ausdehnen.
Klaus bläst mithilfe einer Taucherflasche einen großen Luftballon auf. Berechne den Radius.

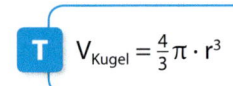

$V_{\text{Kugel}} = \frac{4}{3}\pi \cdot r^3$

9

Wenn ich 3^3 berechne, kann ich dies durch das Ziehen der dritten Wurzel rückgängig machen. Aber was passiert, wenn ich 3^4 oder 3^5 gerechnet habe?

Kannst du Helena helfen?
Erkläre deine Vorgehensweise bei der Eingabe in den Taschenrechner.

M Die n-te Wurzel ist die nicht negative Zahl, die n-mal mit sich selbst multipliziert den Radikanden ergibt.

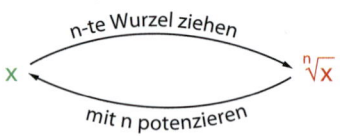

n-te Wurzel ziehen

x $\sqrt[n]{x}$

mit n potenzieren

Beispiele $\sqrt[4]{16} = \sqrt[4]{2 \cdot 2 \cdot 2 \cdot 2} = 2$
$\sqrt[6]{729} = \sqrt[6]{3 \cdot 3 \cdot 3 \cdot 3 \cdot 3 \cdot 3} = 3$

10 Bestimme die Wurzel.

a $\sqrt[4]{16}$ **c** $\sqrt[4]{81}$ **e** $\sqrt[6]{1000000}$

b $\sqrt[5]{32}$ **d** $\sqrt[4]{625}$ **f** $\sqrt[7]{78125}$

1.7 Grundlagen festigen

Potenzen

1 Schreibe als Produkt und berechne seinen Wert.

a 3^4 **b** 5^6 **c** $2{,}5^3$ **d** $\left(\frac{1}{4}\right)^6$

2 Schreibe als Potenz und berechne den Wert.

a $3 \cdot 3 \cdot 3 \cdot 3 \cdot 3$ **c** $\frac{1}{2} \cdot \frac{1}{2} \cdot \frac{1}{2} \cdot \frac{1}{2} \cdot \frac{1}{2} \cdot \frac{1}{2}$

b $(-5) \cdot (-5) \cdot (-5)$ **d** $0{,}2 \cdot 0{,}2 \cdot 0{,}2 \cdot 0{,}2$

3 Schreibe als Zehnerpotenzen.

a 100 **c** 100 000 **e** 0,000001

b 10 000 **d** 0,001 **f** 0,0000000001

4 Bei dem Darmbakterium *Escherichia coli* teilen sich die Zellen unter günstigen Verhältnissen alle 30 min.

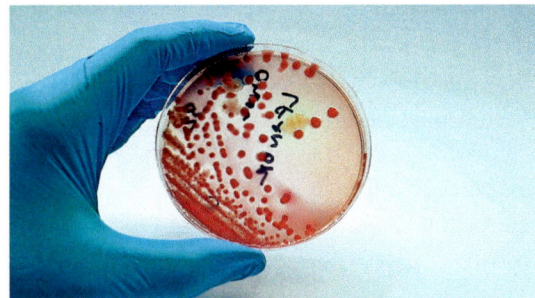

a Bei Versuchsbeginn befindet sich eine Zelle im Reagenzglas. Wie hoch ist die Bakterienanzahl nach 60 min, 90 min und 120 min?

b Gib die Anzahl der Bakterien im Reagenzglas nach 5,5 Stunden an.

5 Die Rekord-Atomuhr *Strontium-Gitteruhr* geht pro Jahr um $2 \cdot 10^{-16}$ Sekunden falsch. Wie viele Jahre dauert es, bis die Uhr um eine Sekunde falsch geht?

Quadratwurzeln

6 Quadriere im Kopf.

a 4 **c** 11 **e** 0,3 **g** 1,2

b 6 **d** 1 000 **f** 0,7 **h** $\frac{2}{5}$

7 Welche Zahl wurde quadriert? Schreibe wie im Beispiel.

Beispiel $\sqrt{16} = 4$, denn $4 \cdot 4 = 4^2 = 16$

a 64 **c** 225 **e** 1,96 **g** $\frac{1}{25}$

b 121 **d** 2,89 **f** 0,36 **h** $\frac{4}{49}$

8 Berechne die Quadratwurzel im Kopf.

a $\sqrt{9}$ **c** $\sqrt{81}$ **e** $\sqrt{0{,}36}$ **g** $\sqrt{2{,}56}$

b $\sqrt{36}$ **d** $\sqrt{144}$ **f** $\sqrt{1{,}21}$ **h** $\sqrt{0{,}0025}$

9 Schreibe mit Wurzelzeichen.

Beispiel $9 = \sqrt{81}$

a 7 **c** 13 **e** 20 **g** 3,5

b 6 **d** 16 **f** 1,2 **h** 0,04

10 Berechne die blaue Größe.

a

A, $a = 5$ cm

b

a, $A = 64$ cm^2

c Gesamtfläche der Quadratreihe:

$A_{ges} = 180$ cm^2

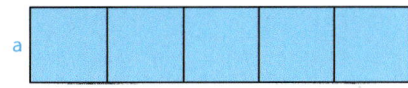

11 Quadratwurzeln von Brüchen

a $\sqrt{\frac{1}{16}}$ **c** $\sqrt{\frac{1}{81}}$ **e** $\sqrt{\frac{9}{49}}$ **g** $\sqrt{\frac{625}{676}}$

b $\sqrt{\frac{1}{36}}$ **d** $\sqrt{\frac{4}{9}}$ **f** $\sqrt{\frac{121}{256}}$ **h** $\sqrt{\frac{289}{729}}$

12 Schätze zuerst den Wert der Quadratwurzel und überprüfe anschließend mit dem Taschenrechner.

a $\sqrt{8100}$ **c** $\sqrt{12100}$ **e** $\sqrt{160000}$

b $\sqrt{44100}$ **d** $\sqrt{62500}$ **f** $\sqrt{250000}$

13 Berechne die Kantenlänge a des Würfels mit der Oberfläche $O = 96$ cm^2.

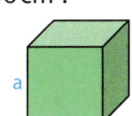

Rechnen mit Quadratwurzeln

14 Berechne und beschreibe, wie du vorgehst.
  a $\sqrt{3} \cdot \sqrt{12}$ **c** $\sqrt{4} \cdot \sqrt{16}$ **e** $\sqrt{0,1} \cdot \sqrt{360}$
  b $\sqrt{2} \cdot \sqrt{8}$ **d** $\sqrt{6} \cdot \sqrt{24}$ **f** $\sqrt{5} \cdot \sqrt{45}$

15 Fasse zusammen.
  a $3\sqrt{5} + 11\sqrt{5}$ **c** $2,5\sqrt{2} + 3,35\sqrt{2}$
  b $21\sqrt{11} - 6\sqrt{7}$ **d** $9\sqrt{7} - \frac{3}{4}\sqrt{7}$

16 Jeweils zwei Kärtchen gehören zusammen.

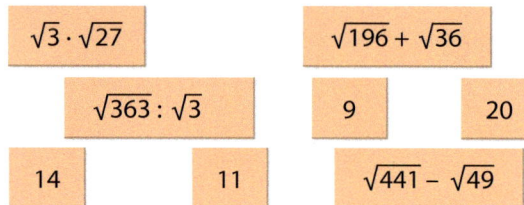

$\sqrt{3} \cdot \sqrt{27}$ $\sqrt{196} + \sqrt{36}$

$\sqrt{363} : \sqrt{3}$ 9   20

14   11 $\sqrt{441} - \sqrt{49}$

17 Berechne die Flächen.

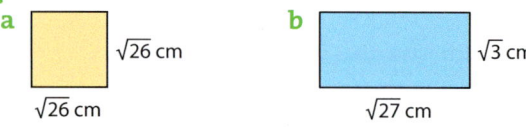

a $\sqrt{26}$ cm, $\sqrt{26}$ cm

b $\sqrt{3}$ cm, $\sqrt{27}$ cm

18 Berechne die Gesamtfläche der Quadratreihe.

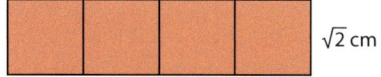

$\sqrt{2}$ cm

19 Vereinfache die Terme.
  a $(\sqrt{3} + \sqrt{12}) \cdot \sqrt{3}$ **c** $(\sqrt{125} + \sqrt{500}) : \sqrt{5}$
  b $\sqrt{2} \cdot (\sqrt{8} - \sqrt{2})$ **d** $(\sqrt{9,8} - \sqrt{7,2}) : \sqrt{0,2}$

20 Den Bremsweg s (in m) eines Autos kann man mit der Faustregel $s = \frac{v^2}{100}$ abschätzen. v ist die Geschwindigkeit in $\frac{km}{h}$.
  a Schätze zunächst, wie lang der Bremsweg im Stadtverkehr bei 50 km/h, in einer Tempo-30-Zone und im Fußgängerbereich bei Schritttempo (4 bis 7 km/h) ist. Berechne anschließend und vergleiche mit deiner Schätzung.
  b Auf Landstraßen darf man 100 km/h fahren. Ein Auto hatte einen Bremsweg von 95 m. Ist der Fahrer zu schnell gefahren?

Kubikwurzeln

21 Erkennst du die Kubikwurzel? Überprüfe deine Vermutung mithilfe des Taschenrechners.
  a $\sqrt[3]{1000}$ **c** $\sqrt[3]{216}$ **e** $\sqrt[3]{0,008}$
  b $\sqrt[3]{125}$ **d** $\sqrt[3]{0,343}$ **f** $\sqrt[3]{1000000}$

22 Berechne mit dem Taschenrechner. Runde, wenn nötig, auf zwei Stellen nach dem Komma.
  a $\sqrt[3]{5,9}$ **c** $\sqrt[3]{0,216}$ **e** $\sqrt[3]{0,125}$
  b $\sqrt[3]{0,0343}$ **d** $\sqrt[3]{0,08}$ **f** $\sqrt[3]{10000}$

23 Berechne die Kantenlänge a des Würfels mit dem angegebenen Volumen.
  a $V = 27\ cm^3$
  b $V = 216\ m^3$
  c $V = 729\ cm^3$
  d $V = 15,625\ m^3$

a

24 Der Architekt Piet Blom hat 1982 *Kubushäuser* (Würfelhäuser) entworfen und sie in Rotterdam in den Niederlanden bauen lassen. Die Häuser haben ein Volumen von 421,875 m³.
  a Berechne die Kantenlänge eines Würfelhauses.
  b Vergleiche das Volumen mit dem deines Klassenzimmers.

1.8 Mach dich fit!

Potenzen

1 Schreibe als Produkt und berechne seinen Wert.
a 4^2 **c** 19^4 **e** $0,3^8$ **g** $1,1^2$
b 10^6 **d** $0,5^3$ **f** $\left(\frac{2}{5}\right)^3$ **h** $\left(\frac{1}{2}\right)^4$

2 Schreibe die Zahlen als Zehnerpotenz.
a 100   **c** 10 000 000   **e** 0,000001
b 100 000   **d** 0,001   **f** 0,00000001

3 Berechne mit dem Taschenrechner. Wie musst du vorgehen?
a $(-28)^2$ **c** $-0,12^2$ **e** -57^4 **g** $(-0,6)^9$
b -19^4 **d** $(-3)^5$ **f** $\left(-\frac{5}{12}\right)^5$ **h** $-\left(\frac{3}{7}\right)^7$

4 Schreibe in der wissenschaftlichen Schreibweise.
a 350 000   **c** 0,000021   **e** 5 670 000 000
b 459 000 000   **d** 0,000017   **f** 0,00000987

5 Das Künstlerpaar *Christo und Jeanne-Claude* errichtete 1976 in Kalifornien ein Landschafts-projekt: den 39,5 km langen und 5,5 m hohen Zaun *Running fence*. Der aus 200 000 m² Stoffbah-nen, 145 km Stahlseilen, 2 060 Pfosten und 14 000 Bodenverankerungen bestehende Zaun erstreckte sich vom Norden San Franciscos bis zur Bodega Bay am Pazifischen Ozean. Besucher konnten das Projekt zwei Wochen lang besichti-gen, bevor es wieder abgebaut wurde.

a Der Rhein ist $1,233 \cdot 10^3$ km lang. Vergleiche seine Länge mit der des Zauns.
b Der Alexanderplatz in Berlin ist ca. $2 \cdot 10^5$ m² groß. Vergleiche ihn mit der Fläche der Stoff-bahnen.

6 Licht hat im Vakuum eine Geschwindigkeit von 300 000 km pro Sekunde.
a Wie lange braucht das Sonnenlicht zur Erde, wenn die Entfernung zwischen Sonne und Erde $1,5 \cdot 10^8$ km beträgt?
b Wie lange wäre ein Jet mit einer Geschwindigkeit von 2 000 km pro Stunde zur Sonne unterwegs?

Quadratwurzeln

7 Berechne die Quadratwurzeln ohne Taschen-rechner. Überprüfe dein Ergebnis, indem du es quadrierst.
a $\sqrt{9}$ **d** $\sqrt{121}$ **g** $\sqrt{1,44}$ **j** $\sqrt{\frac{4}{16}}$
b $\sqrt{25}$ **e** $\sqrt{144}$ **h** $\sqrt{0,64}$ **k** $\sqrt{\frac{121}{225}}$
c $\sqrt{81}$ **f** $\sqrt{196}$ **i** $\sqrt{0,04}$ **l** $\sqrt{\frac{256}{441}}$

8 Erkennst du die Quadratzahlen und kannst die Wurzeln im Kopf berechnen? Kontrolliere dich anschließend mithilfe des Taschenrechners.
a $\sqrt{400}$ **d** $\sqrt{360000}$ **g** $\sqrt{0,09}$
b $\sqrt{40000}$ **e** $\sqrt{8100}$ **h** $\sqrt{0,0009}$
c $\sqrt{3600}$ **f** $\sqrt{0,81}$ **i** $\sqrt{0,0004}$

9 Der Flächeninhalt der Figuren ist angegeben. Berechne die gesuchte Länge.
a $A = 81\,m^2$

c $A_{gesamt} = 72\,cm^2$

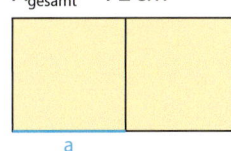

b $A = 78,54\,cm^2$

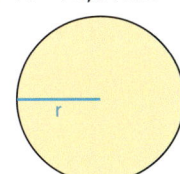

d $A_{gesamt} = 200\,cm^2$

10 Anlässlich ihres zehnjährigen Jubiläums hat die Firma *Grand Candy* aus Armenien die größte Tafel Schokolade hergestellt. Die rechteckige Tafel wog 4 410 kg, war 5,6 m lang und 2,75 m breit. Die Firma erhielt damit einen Eintrag ins Guinness-Buch der Rekorde.
Berechne die Seitenlänge einer quadratischen Tafel mit derselben Grundfläche.

Reelle Zahlen

11 Maja möchte die Seitenlänge dieser Quadrate möglichst genau berechnen.

a Bestimme die jeweilige Seitenlänge.

b Rational oder irrational?
Ordne die Seitenlängen und Flächeninhalte den entsprechenden Zahlbereichen zu und begründe die Zuordnung.

c Finde eigene Beispiele für rationale und irrationale Zahlen.

40 cm²
20 cm²
12,25 cm²

12 Jasin untersucht die Wurzeln $\sqrt{2}$, $\sqrt{12}$, $\sqrt{25}$ und $\sqrt{-81}$.

a Für welche Zahlen kann er die Quadratwurzel exakt bestimmen?

b Zwischen welchen natürlichen Zahlen liegt die Quadratwurzel aus $\sqrt{11}$?

c Untersuche weitere Quadratwurzeln und ordne sie in die entsprechende Spalte der Tabelle.

Wurzeln, die man ...		
... genau bestimmen kann	... nur ungefähr bestimmen kann	... nicht bestimmen kann
...	...	...

13 Welche Wurzel aus einer natürlichen Zahl liegt im Intervall?
Manchmal gibt es mehrere Lösungen.

a [2; 3] **c** [3,8; 3,9]
b [3,4; 3,5] **d** [4,2; 4,3]

14 Die größte Uhr der Welt befindet sich in Saudi-Arabien am Turm des *Mecca Royal Clock Tower Hotels*. Das Ziffernblatt hat einen Flächeninhalt von 1 452,2 m².
Berechne seinen Durchmesser.

Rechnen mit Quadratwurzeln

15 Berechne geschickt. Wie bist du vorgegangen?

a $\sqrt{2} \cdot \sqrt{50}$ **d** $0{,}8\sqrt{9} + 3{,}2\sqrt{9}$ **g** $\sqrt{16} + \sqrt{16}$

b $3\sqrt{4} - 1\sqrt{4}$ **e** $\sqrt{3} \cdot \sqrt{75}$ **h** $\sqrt{0{,}72} \cdot \sqrt{2}$

c $\dfrac{\sqrt{16}}{\sqrt{4}}$ **f** $\dfrac{\sqrt{48}}{\sqrt{3}}$ **i** $\dfrac{\sqrt{484}}{\sqrt{4}}$

16 Fasse zusammen.

a $4\sqrt{2} + 5\sqrt{2}$ **c** $2{,}7\sqrt{11} + 0{,}3\sqrt{11}$
b $22\sqrt{5} - 6\sqrt{5}$ **d** $8\sqrt{15} - \frac{3}{4}\sqrt{15}$

17 Vereinfache so weit wie möglich.

a $\sqrt{5vw} \cdot \sqrt{5vx}$ **d** $\sqrt{x} + \sqrt{y} + \sqrt{x} - \sqrt{y}$

b $\dfrac{\sqrt{256x}}{\sqrt{x}}$ **e** $2\sqrt{d} \cdot 6\sqrt{e} \cdot \sqrt{4de}$

c $\dfrac{\sqrt{25x^2y}}{\sqrt{36y} \cdot \sqrt{16x}}$ **f** $\frac{3}{4}\sqrt{a+b} - \frac{2}{8}\sqrt{a+b}$

18 Ein Quadrat mit der Seitenlänge a und dem Flächeninhalt 121 cm² wurde in zwei Quadrate und zwei Rechtecke zerlegt.
Berechne die fehlenden Flächeninhalte und Seitenlängen der vier Teilflächen.

b 16 cm²

c

19 Heute ist in Physik der *waagrechte Wurf* dran und Hannah und Erich führen das Experiment durch! Eine Stahlkugel wird von einer auf dem Tisch stehenden Wurfvorrichtung waagrecht abgeworfen. Wenn man die Geschwindigkeit v beim Aufprall berechnen will, muss man wissen, mit welcher Anfangsgeschwindigkeit (v_0) die Kugel geworfen wurde und wie lang ihre Falldauer t vom Abwurf bis zum Aufprall ist.

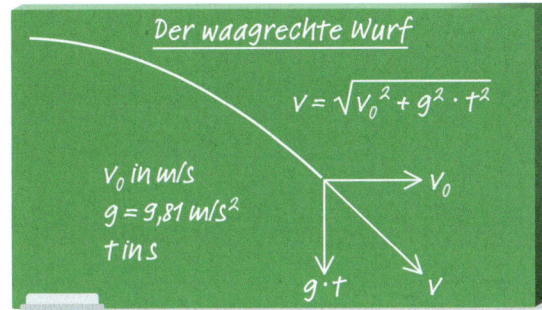

Umformen von Quadratwurzeln

20 Schreibe den Radikanden als Produkt und ziehe, wenn möglich, teilweise die Wurzel.

a $\sqrt{18}$ c $\sqrt{32}$ e $\sqrt{98}$ g $\sqrt{0{,}45}$
b $\sqrt{54}$ d $\sqrt{75}$ f $\sqrt{0{,}12}$ h $\sqrt{4{,}5}$

21 Mach den Nenner rational.

a $\frac{1}{\sqrt{3}}$ b $\frac{3}{\sqrt{5}}$ c $\frac{8}{\sqrt{4}}$ d $\frac{6}{2\sqrt{3}}$ e $\frac{28}{4\sqrt{7}}$ f $\frac{12}{5\sqrt{3}}$

22 Ziehe teilweise die Wurzel und vereinfache.

a $\sqrt{20} + \sqrt{45}$ c $\sqrt{63} - \sqrt{28}$
b $\sqrt{12} + \sqrt{36}$ d $\sqrt{500} - \sqrt{20}$

23 Beachte, dass im Zähler eine Summe erweitert wird.

a $\frac{3 + \sqrt{2}}{\sqrt{2}}$ c $\frac{\sqrt{5} - 2}{\sqrt{3}}$ e $\frac{\sqrt{6} + 4}{\sqrt{6}}$
b $\frac{\sqrt{2} + 7}{\sqrt{2}}$ d $\frac{4 - \sqrt{8}}{\sqrt{8}}$ f $\frac{11 - \sqrt{13}}{\sqrt{13}}$

24 Vereinfache durch teilweises Wurzelziehen.

a $\sqrt{5y^2}$ d $\sqrt{36a}$ g $\sqrt{0{,}09a^2b}$
b $\sqrt{b^5}$ e $\sqrt{16x^2z}$ h $\sqrt{121d^5e^2}$
c $\sqrt{xy^4}$ f $\sqrt{18w^2}$ i $\sqrt{144a^9b^4}$

25 Erweitere so, dass keine Wurzel im Nenner steht.

a $\frac{4}{\sqrt{b}}$ c $\frac{4}{5\sqrt{x}}$ e $\frac{x}{\sqrt{x}}$
b $\frac{3}{\sqrt{y}}$ d $\frac{2}{\sqrt{3a}}$ f $\frac{3a}{\sqrt{a}}$

Kubikwurzeln

26 Bestimme die Wurzeln ohne Taschenrechner.

a $\sqrt[3]{512}$ c $\sqrt[3]{0{,}216}$ e $\sqrt[3]{\frac{1}{125}}$
b $\sqrt[3]{1000}$ d $\sqrt[3]{\frac{8}{27}}$ f $\sqrt[3]{\frac{64}{729}}$

27 Berechne die Kantenlänge der Würfel.

a $V = 4913\,m^3$ c $V = 17576\,cm^3$

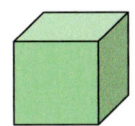

b $V = 500\,cm^3$ d $V = 3{,}645\,l$

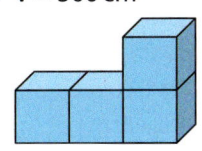
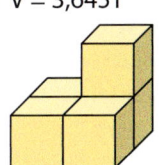

28 Leonie möchte ein Kantenmodell eines Würfels aus Draht herstellen. Um die einzelnen Drahtstücke zu verbinden, verwendet sie kleine Knetkugeln. Der Würfel soll ein Volumen von $64\,cm^3$ haben.
Sie hat eine Rolle mit 1 m Draht besorgt.

Potenzen

Ein Produkt, das aus n gleichen Faktoren a besteht, kann in Kurzform als **Potenz** a^n geschrieben werden.

$$\underbrace{a \cdot a \cdot a \cdot \ldots \cdot a}_{} = a^n$$

n ist die Anzahl der Faktoren.

- Potenzen mit dem Exponenten 2 heißen **Quadratzahlen**.
- Potenzen mit dem Exponenten 3 heißen **Kubikzahlen**.
- Alle Potenzen mit dem Exponenten 0 haben den Wert 1. $\Rightarrow$ $a^0 = 1$

$\Downarrow$

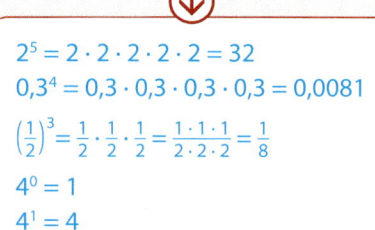

$2^5 = 2 \cdot 2 \cdot 2 \cdot 2 \cdot 2 = 32$

$0,3^4 = 0,3 \cdot 0,3 \cdot 0,3 \cdot 0,3 = 0,0081$

$\left(\frac{1}{2}\right)^3 = \frac{1}{2} \cdot \frac{1}{2} \cdot \frac{1}{2} = \frac{1 \cdot 1 \cdot 1}{2 \cdot 2 \cdot 2} = \frac{1}{8}$

$4^0 = 1$

$4^1 = 4$

Wissenschaftliche Schreibweise

Um große und kleine Zahlen schnell erfassen zu können, wird in Wissenschaft und Technik die **wissenschaftliche Schreibweise** verwendet. Dabei wird eine Zahl als Produkt aus dem **Zahlfaktor** (mit einer Stelle vor dem Komma) und einer **Zehnerpotenz** ausgedrückt.

$\Downarrow$

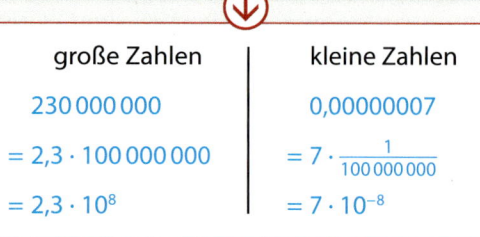

große Zahlen	kleine Zahlen
$230\,000\,000$	$0,00000007$
$= 2,3 \cdot 100\,000\,000$	$= 7 \cdot \frac{1}{100\,000\,000}$
$= 2,3 \cdot 10^8$	$= 7 \cdot 10^{-8}$

Quadratwurzeln

Die **Quadratwurzel** x ist die nicht negative Zahl, die mit sich selbst multipliziert die Zahl unter dem Wurzelzeichen (den Radikanden) ergibt.

$$x^2 = a \quad \Rightarrow \quad x = \sqrt{a} \ \text{ mit } a \geq 0$$

$\Downarrow$

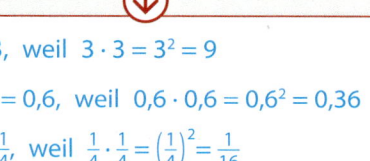

$\sqrt{9} = 3,\ \text{weil}\ 3 \cdot 3 = 3^2 = 9$

$\sqrt{0,36} = 0,6,\ \text{weil}\ 0,6 \cdot 0,6 = 0,6^2 = 0,36$

$\sqrt{\frac{1}{16}} = \frac{1}{4},\ \text{weil}\ \frac{1}{4} \cdot \frac{1}{4} = \left(\frac{1}{4}\right)^2 = \frac{1}{16}$

$\sqrt{0} = 0,\ \text{weil}\ 0 \cdot 0 = 0$

Reelle Zahlen

Irrationale Zahlen sind nicht abbrechende und nicht periodische Dezimalzahlen. Man kann sie nicht als Bruch schreiben. **Rationale Zahlen** kann man immer als Bruch schreiben.
In der **Menge der reellen Zahlen** $\mathbb{R}$ sind alle rationalen und irrationalen Zahlen enthalten.

$\Downarrow$

$\sqrt{3}$ liegt im Intervall [1; 2], da $1 < 3 < 4 \Rightarrow 1 < \sqrt{3} < 2$

$\sqrt{3}$ liegt im Intervall [1,7; 1,8], da $2,89 < 3 < 3,24 \Rightarrow 1,7 < \sqrt{3} < 1,8$

…

$\sqrt{3} = 1,73205080756887729352 7\ldots$

Rechnen mit Quadratwurzeln

Quadratwurzeln kann man **multiplizieren** oder **dividieren**, indem man zuerst die Radikanden multipliziert oder dividiert und dann aus dem Ergebnis die Wurzel zieht.

Produktregel
$$\sqrt{a} \cdot \sqrt{b} = \sqrt{a \cdot b}$$

Quotientenregel
$$\frac{\sqrt{a}}{\sqrt{b}} = \sqrt{\frac{a}{b}} \quad \text{für } b \neq 0 \ \text{ und } \frac{a}{b} \geq 0$$

Bei einer Wurzel aus einem Produkt kann man aus jedem Faktor getrennt die Wurzel ziehen. Das gilt auch für Zähler und Nenner von Brüchen.

$$\downarrow$$

$\sqrt{12} \cdot \sqrt{3}$	$\sqrt{75} : \sqrt{3}$
$= \sqrt{12 \cdot 3}$	$= \sqrt{75 : 3}$
$= \sqrt{36}$	$= \sqrt{25}$
$= 6$	$= 5$

Gleiche Radikanden können beim Addieren oder Subtrahieren zusammengefasst werden.

$$a\sqrt{x} + b\sqrt{x} = (a + b)\sqrt{x}$$

Unterschiedliche Radikanden können nicht zusammengefasst werden!

$$\downarrow$$

$$\sqrt{2} + \sqrt{2} + \sqrt{2} + \sqrt{2} = 4\sqrt{2}$$
$$3\sqrt{2} + 4\sqrt{2} = (3 + 4) \cdot \sqrt{2} = 7\sqrt{2}$$
$$5\sqrt{5} - 2\sqrt{5} = (5 - 2) \cdot \sqrt{5} = 3\sqrt{5}$$

Umformen von Quadratwurzeln

Man kann **teilweise Wurzelziehen**, wenn man den Radikanden einer Quadratwurzel in ein Produkt aus einem Faktor und einer oder mehreren Quadratzahlen zerlegt. Umgekehrt kann man auch einen Faktor vor einer Wurzel unter die Wurzel bringen, indem man den Faktor als Wurzel seiner Quadratzahl schreibt.

$$\downarrow$$

$$\sqrt{20} = \sqrt{4 \cdot 5} = \sqrt{4} \cdot \sqrt{5} = 2\sqrt{5}$$
$$\sqrt{x^3} = \sqrt{x^2 \cdot x} = \sqrt{x^2} \cdot \sqrt{x} = x\sqrt{x}$$
$$3\sqrt{10} = \sqrt{9} \cdot \sqrt{10} = \sqrt{9 \cdot 10} = \sqrt{90}$$

Höhere Wurzeln

Die **Kubikwurzel** ist die nicht negative Zahl, die dreimal mit sich selbst multipliziert die Zahl unter dem Wurzelzeichen ergibt.

$$\sqrt[3]{a} = x \quad \Leftrightarrow \quad x^3 = a \quad \text{mit } a \geq 0 \text{ und } x \geq 0$$

$$\downarrow$$

$$\sqrt[3]{125} = \sqrt[3]{5 \cdot 5 \cdot 5} = 5$$
$$\sqrt[3]{0{,}125} = \sqrt[3]{0{,}5 \cdot 0{,}5 \cdot 0{,}5} = 0{,}5$$
$$\sqrt[3]{\frac{8}{125}} = \sqrt[3]{\frac{2 \cdot 2 \cdot 2}{5 \cdot 5 \cdot 5}} = \frac{2}{5}$$

Die **n-te Wurzel** ist die Zahl, die n-mal mit sich selbst multipliziert den Radikanden ergibt.

$$\sqrt[n]{a} = x \quad \Leftrightarrow \quad x^n = a \quad \text{mit } a \geq 0 \text{ und } x \geq 0$$

Das Bild zeigt den griechischen Mathematiker und Ingenieur *Heron von Alexandria*, der vermutlich um 60 n. Chr. im ägyptischen Alexandria lebte. Er erfand zum Beispiel mit Dampf betriebene Apparate und er hat in seinen Werken einige Verfahren zur Berechnung von Wurzeln überliefert. Darunter auch das nach ihm benannte Heron-Verfahren.
Bei diesem von Heron beschriebenen Näherungsverfahren zur Bestimmung der Quadratwurzel sucht man die Seitenlänge eines Quadrates mit bekanntem Flächeninhalt.

Du weißt, dass ein Quadrat mit dem Flächeninhalt $A = 16 \, cm^2$ die Seitenlänge $\sqrt{16} \, cm = 4 \, cm$ hat.
Die Seitenlänge eines anderen Quadrats mit dem Flächeninhalt $A = 24 \, cm^2$ beträgt $\sqrt{24} \, cm$.
$\sqrt{24}$ ist eine reelle Zahl. Um sie zu bestimmen, wählt man ein flächengleiches Rechteck und nähert die Seitenlängen schrittweise der Seitenlänge des gesuchten Quadrates an.

Dabei gehst du so vor:

1. Finde ein Rechteck mit dem Flächeninhalt $24 \, cm^2$.	$A = a_1 \cdot b_1$	$A = 6 \, cm \cdot 4 \, cm$	$a_1 = 6 \, cm$, $A = 24 \, cm^2$, $b_1 = 4 \, cm$
2. Bestimme a_2 eines neuen Rechtecks, indem du den Mittelwert aus a_1 und b_1 bildest.	$a_2 = \frac{a_1 + b_1}{2}$	$a_2 = \frac{6 + 4}{2} \, cm$ $a_2 = 5 \, cm$	$a_2 = 5 \, cm$, $A = 24 \, cm^2$, $b_2 = 4{,}8 \, cm$
3. Berechne nun b_2.	$b_2 = \frac{A}{a_2}$	$b_2 = \frac{24}{5} \, cm = 4{,}8 \, cm$	
4. Bestimme a_3 und b_3 auf die gleiche Weise.	$a_3 = \frac{a_2 + b_2}{2}$ $b_3 = \frac{A}{a_3}$	$a_3 = \frac{5 + 4{,}8}{2} \, cm = 4{,}9 \, cm$ $b_3 = \frac{24}{4{,}9} \, cm \approx 4{,}898 \, cm$	$a_3 = 4{,}9 \, cm$, $A = 24 \, cm^2$, $b_3 = 4{,}898 \, cm$

Der Wert von $\sqrt{24}$ liegt also im Intervall [4,898; 4,9].
Das ist schon eine sehr genaue Näherung, denn der Taschenrechner liefert den Wert $\sqrt{24} = 4,89897\dots$
Wenn du das Verfahren beliebig oft wiederholst, wird die Näherung beliebig genau.

Probiere das Heron-Verfahren aus, indem du die Wurzel von 40 auf zwei Dezimalstellen bestimmst.

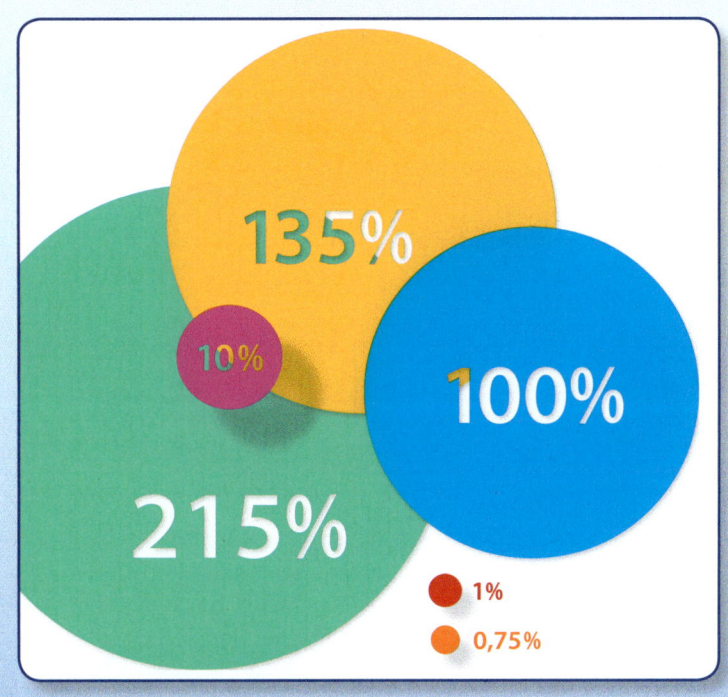

Prozent- und Zinsrechnung

2.1 Prozente und Zinsen

1 Last-Minute-Angebote bei *Pep-Reisen*!
Überlege zuerst, welche Größe gesucht ist, und berechne sie anschließend.

a Auf die Mallorca-Reise für 599 € erhält man 30 % Rabatt.

b Die Gardasee-Rundfahrt hat 695 € gekostet. Man muss nun 139 € weniger bezahlen.

c Eine Woche auf die Insel Kreta wird durch den Preisnachlass von 30 % um 267 € günstiger.

In einer Jugendfußballabteilung mit insgesamt 180 Mitgliedern sind 45 Mädchen. Alle zusammen bilden den **Grundwert G**. Die Mädchen sind ein Teil davon, der als **Prozentwert P** bezeichnet wird.
Um den Anteil der Mädchen in der Abteilung zu ermitteln, wird der **Prozentsatz p %** bestimmt.
Dieser kann durch Anwenden der Formel oder über den Dreisatz berechnet werden.

p % = ?	100 %
P = 45	G = 180

Lösung mithilfe der Formel

45 Mädchen bei 180 Mitgliedern $\rightarrow \frac{45}{180}$

$p \% = \frac{45}{180} = 0{,}25 = 25 \%$

$\Rightarrow$ 25 % der Mitglieder sind Mädchen.

Lösung mithilfe des Dreisatzes

Mitglieder	Anteil
180	100 %
9	5 %
45	25 %

: 20 ⟵ ⟶ : 20
· 5 ⟵ ⟶ · 5

 Berechnung des Prozentsatzes

$\text{Prozentsatz} = \frac{\text{Prozentwert}}{\text{Grundwert}}$ oder $p \% = \frac{P}{G}$

Durch Umstellen der Formel können auch die anderen Größen berechnet werden.

Beispiele

Berechnung des Prozentwertes

75 Schüler besuchen die 9. Klassenstufe.
80 % davon besitzen ein Smartphone.

$\text{Prozentwert} = \text{Grundwert} \cdot \text{Prozentsatz}$
$\qquad\qquad = 75 \cdot 0{,}80$
$\qquad\qquad = 60$

$\Rightarrow$ 60 Schüler besitzen ein Smartphone.

Berechnung des Grundwertes

32 % der Klasse 9b haben Französisch als Fach.
Das sind acht Schüler.

$\text{Grundwert} = \frac{\text{Prozentwert}}{\text{Prozentsatz}} = \frac{8}{0{,}32} = 25$

$\Rightarrow$ Es sind 25 Schüler in der Klasse 9b.

Übungsaufgaben

1 Benenne und berechne die fehlende Größe.
Du kannst auch einen Prozentstreifen zur Veranschaulichung nutzen.

a 75 % von 5 000 km   **d** 0,02 von 1

b 65 m von 195 m   **e** 142 sind 71 %.

c 80 l sind 25 %.   **f** 0,5 % von 80 t

2 Frau Müller verkauft selbst hergestellten Honig.
Ein Glas verkauft sie zum Preis von 4,80 € und macht dabei 15 % Gewinn.
Wie viel Gewinn macht Frau Müller pro Glas?

3 Frau Weber ärgert sich: *40 Seiten von 128 Seiten in meiner Kochzeitschrift sind Werbung! Das muss ich alles mitbezahlen!*
Wie viel Prozent sind das? Wie bewertest du Frau Webers Ärger?

4 Bei einer Onlinebefragung haben 273 Personen den Fragebogen ausgefüllt. Das sind 35 % der Befragten. Wie viele Personen wurden insgesamt angesprochen?

5 Das Smartphone *Hintu X7* kostet neu 592 €. Das Vorgängermodell *Hintu X6* kann man im Internet für 449,92 € erwerben.
Wie viel kann man sparen und um wie viel Prozent ist das ältere Modell günstiger?

6 Bei der Auszählung der Bundestagswahl 2017 hatte sich folgende Sitzverteilung ergeben:

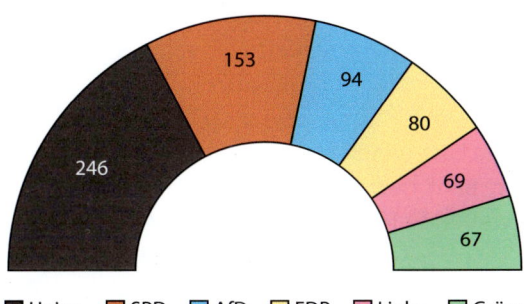

Legende: ■ Union ■ SPD ■ AfD □ FDP ■ Linke ■ Grüne

Werte: 246, 153, 94, 80, 69, 67

Bestimme den prozentualen Anteil der Sitze der einzelnen Parteien.

T Die Zinsrechnung ist ein Sonderfall der Prozentrechnung mit anderen Begriffen:

Prozentrechnung		Zinsrechnung
Grundwert G	→	Kapital K
Prozentwert P	→	Zinsen Z
Prozentsatz p %	→	Zinssatz p %

7 Erkläre an einem Beispiel die Bedeutung der Begriffe *Kapital*, *Zinsen* und *Zinssatz*.

8 Ergänze die fehlenden Werte im Heft.

	Kapital K	Zinssatz p %	Zinsen Z
a	560 €	…	6,72 €
b	785 €	1,45	…
c	…	1,5	8,70 €
d	35 700 €	1,7	…
e	150 800 €	2,1	…

9 Benenne die fehlende Größe und berechne sie.

a Ein Kapital von 3 000 € wird ein Jahr lang zu 0,5 % verzinst.

b Frau Lenz erhält bei einem Kapital von 1 000 € 20 € Jahreszinsen.

c Bei einem Zinssatz von 1,1 % erhält Frau Lange am Jahresende 16,50 € Zinsen.

10

Wie viel Zinsen erhält Frau Ott?

> **T** Im Bankwesen gilt oft diese Vereinbarung:
> 1 Jahr = 360 Zinstage,
> 1 Monat = 30 Zinstage

11 Berechne die Zinsen.
a 10 000 € werden ein Vierteljahr lang zu 1,9 % p. a. (*pro anno* – pro Jahr) angelegt.
b Herr Marx legt 5 000 € vier Monate lang zu 0,8 % p. a. an.
c Es werden 25 000 € für 30 Tage zu einem Zinssatz von 0,75 % p. a. angelegt.

12 Herr Polat hat 15 000 € zu einem Zinssatz von 2,2 % bei seiner Bank angelegt.
Wie viel Zinsen würde er nach drei Monaten, vier Monaten oder elf Monaten bekommen?

13 Wende die Prozentrechnung an.
a Marius hat bei einem Test 15 von 22 Punkten erreicht. Ab 80 % der Punkte erhält man die Note *gut*.
b Lena streitet sich mit ihrem Bruder. Sie behauptet, dass er täglich fünf Stunden das Smartphone benutzt. Er ist der Meinung, dass es nur 20 % des Tages sind.
c Ein Schraubenhersteller produziert seine 30-mm-Messingschrauben mit 0,02 % Ausschuss. Das entspricht 62 Schrauben. Werden mehr als 300 000 Schrauben hergestellt?

14 In vielen Ländern der Welt kann man Hamburger kaufen, die alle nach der gleichen Rezeptur gebraten wurden. Die Preise unterscheiden sich jedoch deutlich:

| Deutschland | 3,88 € | Ägypten | 1,40 € |
| Schweiz | 6,07 € | Polen | 2,20 € |

Überprüfe die Aussagen zum Preisvergleich:
a In Ägypten muss man nur ein Drittel des Schweizer Preises bezahlen.
b In Polen ist ein Burger 40 % günstiger als in Deutschland.

15 Ein Veranstaltungspublikum kann je nach Tageszeit ganz unterschiedlich sein! Die Diagramme zeigen die Besuchergruppen in der Mittags- und der Abendvorstellung des Sommerzirkus.

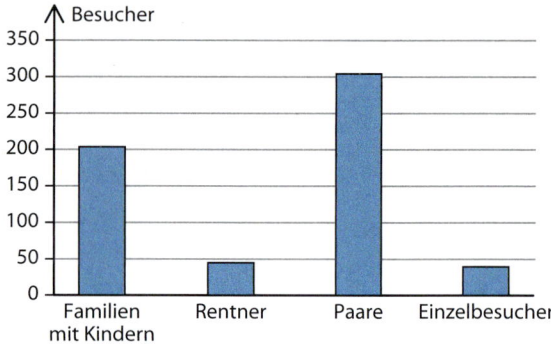

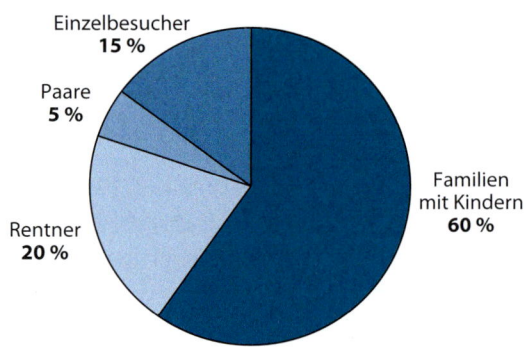

a Welches Diagramm passt zur Abendvorstellung? Begründe deine Zuordnung!
b Mittags waren es 680 Besucher. Bestimme die Anzahl jeder Personengruppe und veranschauliche sie in einem Balkendiagramm.

16 Wie verändern sich die Zinsen, wenn man …
a … die Zinstage verdoppelt?
b … den Zinssatz halbiert?
c … das Kapital verdreifacht?

17 Frau Lutz erhielt nach einem Jahr 80 € Zinsen. Die Bank gewährte einen Zinssatz von 1,3 %. Wie viel Geld hatte Frau Lutz angelegt?

18 Herr Klein möchte sich in einem Jahr einen Roller für 1 800 € kaufen, den er von seinen Zinsen bezahlen will. Welches Kapital bräuchte er, um sich seinen Wunsch bei einem Zinssatz von 2,4 % erfüllen zu können?

19 Das Ehepaar Donner hat noch 970 € auf dem Girokonto. Um eine fällige Rechnung in Höhe von 1 850 € begleichen zu können, muss das Konto der Familie für 14 Tage überzogen werden. Für das Überziehen des Kontos wird ein Zinssatz von 9,5 % fällig.

20 Wie hoch muss der Zinssatz einer Bank sein, damit ein Kapital von 2 500 € bei einer Verzinsung über 250 Tage 50 € Zinsen abwirft?

21 Herr Jensen benötigt dringend einen Kredit, um einen Monat überbrücken zu können. Vergleiche seine Angebote.

Nur **30 Euro** Zinsen pro Monat! Und das bei einem Kreditbetrag von **10000 Euro**!

10000 € sofort auf dem Konto! Zinssatz nur 1,25 % pro Monat!

22 In der letzten Gemeinderatswahl hat die *Partei für alle (PFA)* 24 % der Stimmen eingeholt. Vor vier Jahren hatte sie 2 232 von 12 400 Stimmen.

a Das Tagesblatt erscheint nach der Wahl mit der Überschrift: *Die PFA hat um sechs Prozentpunkte zugelegt.* Überprüfe das!

b Ein Bürger der Gemeinde äußert sich sehr verwundert darüber, dass die PFA trotz einer geringeren Stimmenanzahl an prozentualem Anteil gewonnen hat. Erkläre, wie es dazu kam.

23 In Deutschland werden jährlich 610,4 Milliarden Kilowattstunden Strom produziert. Der Anteil erneuerbarer Energien beträgt 30 %. Davon werden 3,0 % durch Wasserkraft erzeugt. Welche Strommenge wird jährlich durch Wasserkraft erzeugt?

24 Berufsunfähigkeit kann viele Ursachen haben:

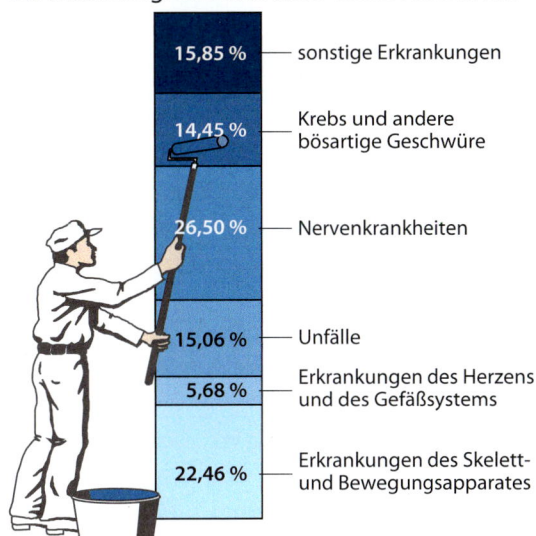

15,85 % — sonstige Erkrankungen
14,45 % — Krebs und andere bösartige Geschwüre
26,50 % — Nervenkrankheiten
15,06 % — Unfälle
5,68 % — Erkrankungen des Herzens und des Gefäßsystems
22,46 % — Erkrankungen des Skelett- und Bewegungsapparates

a Stelle die Werte gerundet in einem Kreisdiagramm dar.

b Im Jahr 2014 lag in ca. 42 000 Fällen eine Berufsunfähigkeit vor. Ermittle die Anzahl der jeweiligen Ursachen. Runde sinnvoll.

25

Frau Enz möchte ein neues Auto für 21 500 € kaufen. Dazu muss sie einen Kredit aufnehmen. Die Stadtbank bietet ihr einen Kredit über den vollen Kaufbetrag zu folgenden Rückzahlbedingungen an:
Am Ende jedes Jahres wird die Restschuld mit 3,6 % verzinst. Direkt danach zahlt Frau Enz eine Rate von 6 000 € zurück. Am Ende des vierten Jahres zahlt sie den Restbetrag an die Bank zurück.
Wie hoch ist diese letzte Rate?

2.2 Veränderte Grundwerte

1 Herr Lorenz hat ein kleines Bekleidungsgeschäft.

a Um einzelne Restposten loszuwerden, senkt er die Preise um 15 %. Kannst du den neuen Preis der Hose und den der Jacke jeweils in einem Schritt berechnen?

b Der Schuhlieferant hat momentan Lieferschwierigkeiten. Herr Lorenz erhöht die Preise für alle Schuhe um 8 %.
Wie viel kosten dann die Sneakers für ursprünglich 59,50 €? Beschreibe deine Vorgehensweise!

Im Handel kommt es häufig vor, dass Preise um einen prozentualen Anteil erhöht oder reduziert werden. Der ursprüngliche Grundwert verändert sich dadurch. Man spricht dann von einem **vermehrten** oder **verminderten Grundwert**.

vermehrter Grundwert G⁺	**verminderter Grundwert G⁻**

Beispiel
Der Mietpreis einer Wohnung beträgt 430 €.
Die Miete wird um 7 % erhöht.

Mithilfe des erhöhten Prozentsatzes (**Veränderungsfaktor q**) kann man den neuen Preis in einem Schritt berechnen:

$G^+ = G \cdot q$ mit $q = 100\,\% + 7\,\% = 107\,\%$
$\qquad\qquad\quad q = \quad 1 \quad + 0,07 = 1,07$

$G^+ = 430\,€ \cdot 1,07 = 460,10\,€$

⇒ Der neue Mietpreis beträgt 460,10 €.

Beispiel
Ein Skianzug kostet 235 €. Im Ausverkauf wird er um 35 % reduziert.

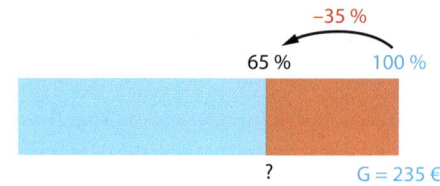

Mithilfe des verminderten Prozentsatzes (**Veränderungsfaktor q**) kann man den neuen Preis in einem Schritt berechnen:

$G^- = G \cdot q$ mit $q = 100\,\% - 35\,\% = 65\,\%$
$\qquad\qquad\quad q = \quad 1 \quad - 0,35 = 0,65$

$G^- = 235\,€ \cdot 0,65 = 152,75\,€$

⇒ Der Skianzug kostet noch 152,75 €.

M Der **vermehrte Grundwert G⁺** ist das Produkt aus dem Grundwert G und dem **Veränderungsfaktor q**.
$G^+ = G \cdot q$ mit $q = 100\,\% + p\,\%$
$\qquad\qquad\quad q = 1 + p\,\%$

Der **verminderte Grundwert G⁻** ist das Produkt aus dem Grundwert G und dem **Veränderungsfaktor q**.
$G^- = G \cdot q$ mit $q = 100\,\% - p\,\%$
$\qquad\qquad\quad q = 1 - p\,\%$

Übungsaufgaben

1 Bestimme den Veränderungsfaktor q.
a Preisreduzierung um 5 %
b Treuerabatt von 12 %
c Preiserhöhung um 8 %
d 2,5 % Skonto
e Nachlass um ein Fünftel

> **T** **Rabatt** und **Skonto** sind Preisnachlässe. Skonto wird oft für eine Zahlung innerhalb einer bestimmten Frist gewährt.

2 Ordne jeder Teilaufgabe einen passenden Veränderungsfaktor zu. Zwei bleiben übrig.

① q = 0,99   ③ q = 1,01   ⑤ q = 0,91
② q = 0,9   ④ q = 1,09   ⑥ q = 1,1

a Alle Waren gibt es 10 % günstiger.
b Frau Maier erhält eine Lohnerhöhung von 1 %.
c Der Mietpreis ist um 10 % gestiegen.
d Familie Müller hat 9 % an Stromkosten eingespart.

3 Berechne den vermehrten oder verminderten Grundwert.
a Eine Jeans für 120 € wird um 20 % reduziert.
b Beim Kauf eines Autos gibt es auf den Kaufpreis von 24 500 € noch 3 % Skonto.
c Der Benzinpreis von 1,29 €/l wird um 2 % erhöht.

4 Verena Winter möchte ihre Boutique umbauen. Für zwei Wochen gibt es auf alles einen Sonderrabatt von 15 %.
Überprüfe, ob richtig gerechnet wurde.

15 €
12,75 €

29,90 €
25,42 €

87,50 €
75,38 €

> **T** Auf alle Waren und Dienstleistungen wird in Deutschland eine **Mehrwertsteuer (MwSt.)** erhoben. Diese beträgt aktuell 19 %, für Lebensmittel und Presseerzeugnisse sind es 7 %.
> Preise ohne MwSt. nennt man **Nettopreise**. Preise mit MwSt. heißen **Bruttopreise**.

5 Ein Fahrrad kostet mit Mehrwertsteuer 535,50 €. Berechne den Preis ohne Mehrwertsteuer. Die Pfeildarstellung kann dir dabei helfen.

Nettopreis	· 1,19 → ← : 1,19	Preis mit 19 % MwSt.

6 Berechne den Grundwert. Überlege zunächst, ob es sich um einen vermehrten oder verminderten Grundwert handelt. Bestimme anschließend den Veränderungsfaktor q und rechne dann rückwärts.
a Nach einer Preiserhöhung um 4 % wird eine Skihose für 119,60 € verkauft.
b Der Bruttopreis für eine Einbauküche beträgt 15 800 €.

7 Bestimme jeweils die prozentuale Veränderung.
a Nach Abzug des Rabatts bezahlt Frau Klenk für die Schuhe noch 76,79 € statt 79,99 €.
b Das Skateboard zum Preis von 49,50 € erhält Hannes beim Ausverkauf für 29,70 €.
c In der Werbung wird ein Fernseher für 679,99 € angeboten. Zuvor hat er 799,99 € gekostet.

8 Nina wollte den Nettopreis eines Autos berechnen, das für 22 500 € verkauft wird. Beschreibe und korrigiere ihren Fehler.

22500 €	100 %
225 €	1 %
4275 €	19 %

22500 €
− 4275 €
18225 €

9 Frau Maier möchte sich einen neuen Roller kaufen und nimmt bei ihrer Bank einen Kredit über 8 500 € auf, der zu 3,5 % verzinst wird.
Mit welchem Gesamtbetrag muss Frau Maier den Kredit nach einem Jahr tilgen?

10 Herr Frank möchte sich neue Ski kaufen. Im ersten Geschäft erhält er 3 % Skonto auf den Preis von 870 €. Im zweiten Geschäft kann er durch ein Skonto von 2 % insgesamt 16,50 € sparen.
Wo soll Herr Frank die Ski kaufen?

11 In den Ländern der EU gelten unterschiedliche Mehrwertsteuersätze:

Österreich	20 %
Italien	22 %
Luxemburg	17 %
Griechenland	23 %
Finnland	24 %

In Italien kostet ein Schultaschenrechner mit Mehrwertsteuer 21,95 €.
a Was würde man in Luxemburg für diesen Taschenrechner bezahlen?
b Um wie viele Euro wäre der Taschenrechner in Finnland teurer als in Italien?
c Wie viele Euro würde man bei einem Kauf des Taschenrechners in Österreich im Vergleich zu Griechenland sparen?

12 Bei beiden Angeboten spart man 50 €. Wie hoch war jeweils der Rabatt in Prozent?

69,99 € statt 119,99 €

119 € statt 169 €

13 Der Preis für das Nationalmannschaftstrikot wurde wegen hoher Nachfrage um 15 % erhöht. Bei einem Ausverkauf gibt es nun 15 % Rabatt auf alle Produkte. Die Verkäuferin zeichnet diese Trikots wieder mit dem alten Preis von 89,99 € aus. Prüfe das nach!

14 Peters Bruder Max stellt seine Videos auf einem Videoportal ein. Im Dezember hatte er 1 518 Abonnenten, das waren 15 % mehr als im Vormonat. Für Januar vermutet Max einen weiteren Anstieg um etwa 25 %, da sein Videokanal dann auf Internetseiten verlinkt sein wird.
a Wie viele Abonnenten hatte Max im November?
b Mit wie vielen Abonnenten kann er im Januar rechnen?
c Um wie viel Prozent ist die Anzahl der Abonnenten insgesamt angestiegen?

15 Die Preisempfehlung für eine Spielkonsole wurde vor Weihnachten um 6 % erhöht. Nach Weihnachten wurde sie um 8 % gesenkt.

Wie hoch war die ursprüngliche Preisempfehlung für die Spielkonsole, wenn sie am Ende bei 243,80 € lag?

16 Die Preise für Bahntickets sind in den letzten Jahren ständig gestiegen. In der Grafik sind die durchschnittlichen Preissteigerungen für Fahrten im Fernverkehr in Prozent dargestellt.

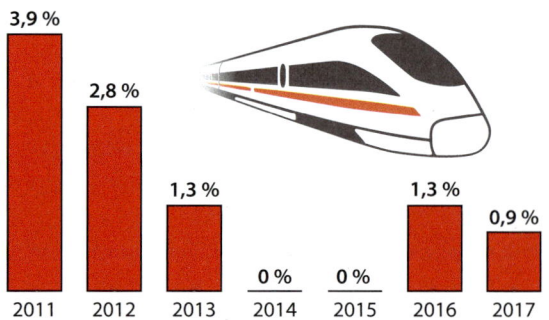

3,9 % — 2011
2,8 % — 2012
1,3 % — 2013
0 % — 2014
0 % — 2015
1,3 % — 2016
0,9 % — 2017

a Im Jahr 2015 hat ein Ticket für die Strecke Hamburg-Berlin 68 € gekostet.
Was kostete es am Ende des Jahres 2017?
b Berechne den Preis eines Tickets von Hamburg nach Berlin für den Beginn des Jahres 2013.
c Vergleiche die Ticketpreise von 2011 und 2017; jeweils zu Jahresbeginn. Um wie viel Prozent ist der Fahrpreis insgesamt gestiegen?

2.3 Mehrere Prozentsätze

Fritz Schlaudrauf, der Fahrradhändler aus Münchenhofen, möchte für seine Tourenräder den Nettopreis von 495 € um 10 % erhöhen. Anschließend kommt noch die Mehrwertsteuer von 19 % dazu.
Sein Sohn Paule ist der Meinung, dass man gleich 29 % auf den Nettopreis aufschlagen kann.

495 €

Auf den Grundwert G wirkt zunächst die Preiserhöhung um 10 %. Den vermehrten Grundwert G_1 berechnet man mithilfe des Veränderungsfaktors $q_1 = 1{,}10$:

$$G_1 = 495\,€ \cdot 1{,}10 = 544{,}50\,€$$

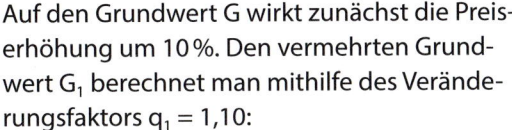

Preiserhöhung

+10 %
100 % 110 %
G = 495 € G_1 = 544,50 €

Im zweiten Rechenschritt stellt der vermehrte Grundwert G_1 den neuen Grundwert dar. Auf diesen wird nun die Mehrwertsteuer von 19 % mithilfe von $q_2 = 1{,}19$ dazugerechnet:

$$G_2 = 544{,}50\,€ \cdot 1{,}19 = 647{,}96\,€$$

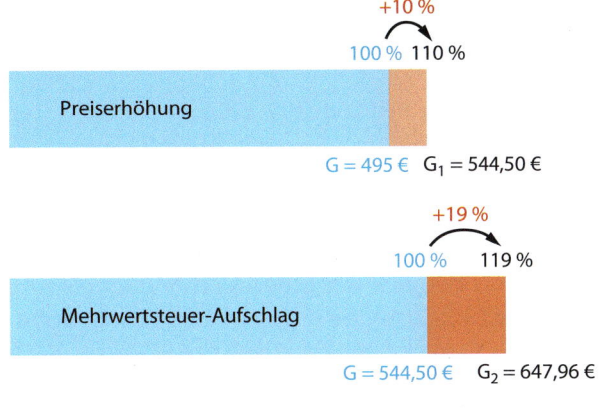

Mehrwertsteuer-Aufschlag

+19 %
100 % 119 %
G = 544,50 € G_2 = 647,96 €

Den Endpreis kann man auch in einem Schritt berechnen, indem man den Grundwert G mit q_1 und q_2 multipliziert:

$$G_2 = 495\,€ \cdot 1{,}10 \cdot 1{,}19 = 647{,}96\,€$$

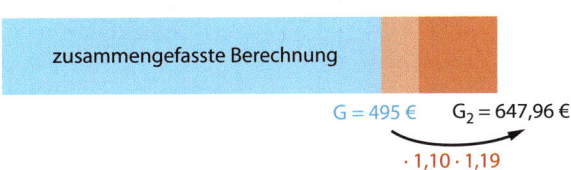

zusammengefasste Berechnung

G = 495 € G_2 = 647,96 €
$\cdot\, 1{,}10 \cdot 1{,}19$

Der Grundwert G wurde insgesamt mit dem Faktor $q_{ges} = 1{,}10 \cdot 1{,}19 = 1{,}309$ multipliziert und somit um 30,9 % erhöht. Paules Überlegung, dass man 29 % aufschlägt, ist also falsch!

> **M** Wird ein Grundwert G vermehrt oder vermindert und dieser dann ein weiteres Mal vermehrt beziehungsweise vermindert, so wird G **mit allen Veränderungsfaktoren** $q_1, q_2, q_3, \ldots$ **multipliziert**.
> $$G_n = G \cdot q_1 \cdot q_2 \cdot q_3$$

Beispiel

Ein Großhandel verkauft einen großen Karton mit 120 Honiggläsern zu einem Nettopreis von 295 €. Hinzu kommen 19 % Mehrwertsteuer. Bei Sofortzahlung erhalten Kunden 3 % Skonto.
$G_2 = G \cdot q_1 \cdot q_2$ mit $q_1 = 1 + 0{,}19 = 1{,}19$; $q_2 = 1 - 0{,}03 = 0{,}97$
$G_2 = 295\,€ \cdot 1{,}19 \cdot 0{,}97$
$G_2 = 340{,}52\,€ \Rightarrow$ Der Karton Honig kostet 340,52 €.

Übungsaufgaben

1 Berechne den neuen Preis.

a Auf den Nettopreis von 980 € müssen noch 19 % Mehrwertsteuer aufgeschlagen werden. Bei Barzahlung gibt es 2 % Skonto.

b Eine Aktie für 119,12 € ist in ihrem Wert um 5 % und dann um weitere 3 % gestiegen.

c In Deutschland gab es 2015 circa 2 757 800 Studenten. Ein Jahr später war die Zahl um 1,7 % angestiegen, 2017 nochmals um 1,4 %.

2 Herr Meier verdient aktuell 3 120 €. Im Januar wird sein Gehalt um 1,6 % erhöht und im Juli nochmals um 1,2 %.
Welchen Lohn erhält Herr Meier im August?

3 Frau Notz betreibt eine Lederwarenboutique. Auf alle Einkaufspreise rechnet sie für Kosten und Gewinn 52 % und anschließend 19 % für die Mehrwertsteuer hinzu.

421 €

53 €

218 €

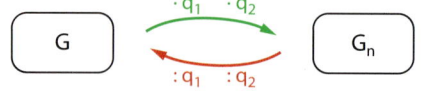

Den Grundwert berechnen

Bestimme die Veränderungsfaktoren und rechne dann rückwärts.

$$G \xrightarrow[: q_1 \quad : q_2]{\cdot q_1 \quad \cdot q_2} G_n$$

4 Herr Luik hat lange mit dem Küchenverkäufer verhandelt. Auf den Listenpreis hat er 35 % Rabatt und 2 % Skonto erhalten. Die Küche kostet dann noch 12 733,63 €.
Wie hoch war der ursprüngliche Preis?

5 Berechne den ursprünglichen Preis.

a Ein Holztisch kostet nach einer Preisreduzierung um 7 % und mit 3 % Skonto noch 1 503,80 €.

b Ein neuer Fernseher kostet mit 10 % Aktionsrabatt und Mehrwertsteuer 899,10 €.
Wie viel kostete der Fernseher zuvor netto?

6 Herr Volker will bei seiner Bank sein Kapital von 12 500 € für drei Jahre anlegen. Die Bank bietet ihm ihr Standard-Sparmodell an:

Bei der	
Claußen-Bank	
zahlt sich länger Sparen aus!	
1. Jahr	1,5 % Zinsen
2. Jahr	2,0 % Zinsen
3. Jahr	2,5 % Zinsen

7 Frau Cem eröffnet ihr *Paradies* mit einem Sonderrabatt von 5 % und beim Anlegen einer Kundenkarte gibt sie weitere 3 %. Sie überlegt, in welcher Reihenfolge sie die Rabatte in die Kasse eingeben muss.

8 Eine Aktie fällt um 3,9 % auf 89,18 € und steigt dann wieder auf 95,50 € an.

a Welchen Wert hatte die Aktie ursprünglich?

b Um wie viel Prozent hat sich der Kurs der Aktie insgesamt verändert?

9 Laut Statistik der Autozeitschrift *Rad und Rat* verliert das aktuelle Geländewagenmodell *SUVx* von Mysler im ersten Jahr 22 % seines Neuwerts. Im zweiten Jahr verliert es weitere 16 %. Herr Sahin kauft sich einen Neuwagen zu 33 280 €.

a Mit welchem Wiederverkaufspreis kann Herr Sahin nach zwei Jahren rechnen?

b Wie viel Prozent Verlust macht er im Vergleich zum Neupreis insgesamt?

10 Herr Klöpfer benötigt für sein Unternehmen einen neuen Kopierer. Für das Gerät seiner Wahl findet er drei verschiedene Angebote. Für welches Angebot soll er sich entscheiden?

Büro
Klahmer
1945,90 €
(inkl. MwSt.)
3 % Skonto
29,95 €
Versandkosten

Papier-Stabel
1859,99 €
(inkl. MwSt. und Versand)

Elektro ⚡ Strecker
1769,99 €
(zzgl. MwSt.)
10 % Sonderrabatt
und 3 % Skonto
kostenlose Lieferung!

11 Bei Familie Heck ist im vorletzten Jahr der Ölverbrauch wegen des strengen Winters um 12 % gestiegen. Im darauf folgenden Jahr wurde das Hausdach isoliert und der Verbrauch konnte um 12 % auf 4 242 Liter gesenkt werden.
Wie hoch war der Verbrauch vor zwei Jahren?

12 Die Weltbevölkerung nimmt weiter zu. Für jedes Land gibt es eine Kennziffer, die die Zunahme beschreibt. Im Jahr 2017 wohnten 17 Millionen Menschen in den Niederlanden. Pro Jahr wächst die Einwohnerzahl um 0,3 %. Mit wie vielen Einwohnern muss im Jahr 2020 gerechnet werden?

13 Die Benzinpreise schwanken wieder stark!

Aktueller Bote

15. 06. 2018
Benzin ist günstiger geworden. Der Durchschnittspreis ist von 1,39 €/l im April auf Mai um 1,4 % gesunken. Gegenüber dem Vorjahresmonat war im April allerdings ein Anstieg von 5 Cent zu verzeichnen.

a Was kostete ein Liter Benzin im Mai 2018?
b Berechne den prozentualen Unterschied der Benzinpreise von April 2017 zu April 2018.

14 Drei Händler erhöhen den bisherigen Verkaufspreis von 459 € eines Smartphones, um sich den veränderten Herstellerpreisen anzupassen. Elektrohändler Heinz erhöht zunächst um 3 % und anschließend nochmals um 4 %. Der kleine Handyladen um die Ecke erhöht im ersten Schritt um 2 % und im zweiten Schritt um 6 %. Der Onlinehändler erhöht einmalig um 8 %. Vergleiche die Endpreise.

a Bei wem ist der Preisanstieg am höchsten?
b Frau Hinz versteht die Welt nicht mehr! Sowohl der Handyladen als auch der Onlinehändler erhöhen ihrer Meinung nach die Preise um insgesamt 8 %. Also müssten beide Geräte den gleichen Endpreis haben.
Erkläre Frau Hinz die unterschiedlichen Endpreise!

15 Fahrradhändler *Einrad & mehr* bezieht vom Großhändler mehrere Fahrräder. Auf den Einkaufsnettopreis schlägt er 35 % Geschäftskosten auf und weitere 21,5 % Gewinnspanne. Zudem kommt noch die Mehrwertsteuer hinzu.

a Zu welchem Preis wird ein Fahrrad, das im Großhandel für 496,80 € erworben wird, verkauft?
b Eines der Räder verkauft er für 587 €. Wie viel hat er dafür beim Großhändler bezahlt?
c Wie groß ist der prozentuale Unterschied zwischen Einkaufspreis und Verkaufspreis bei einem Rad, das für 780 € angeboten wird?
d Für ein Sportfahrrad der Marke *Tornado* beträgt der Gewinn 111 €.
Wie hoch sind Einkaufs- und Verkaufspreis?

2.4 Zinseszinsen

1 Sabrina hat am 2. Januar Geburtstag. Ihr
Großvater hat an ihrem 12. Geburtstag
1 800 € für sie angelegt. Die Bank gewährte
damals einen Zinssatz von 1,5 %.

a Welcher Betrag stand nach einem Jahr auf
Sabrinas Konto?

b Welcher Betrag hat sich zu ihrem 15. Geburtstag auf dem Konto angesammelt?

c Für ihren Führerschein rechnet Sabrina mit
Kosten von etwa 2 000 €. Ist ihr Kontogut-
haben bis zu ihrem 18. Geburtstag weit
genug angewachsen?

Legt man Geldbeträge länger als ein Jahr an, so werden die Zinsen am Jahresende in der Regel
nicht ausbezahlt, sondern gutgeschrieben. Der Zinsertrag wird im folgenden Jahr mitverzinst.
Diese Verzinsung von Zinsen nennt man **Zinseszins**.

Mit Zinseszins wächst ein Kapital von 1 000 €, das zu einem Zinssatz von 4 % angelegt wird, in
drei Jahren so an:

Anfangskapital K_0	1 000,00 €
Zinsen für das 1. Jahr	+ 40,00 €
Kapital nach 1 Jahr: K_1	1 040,00 €
Zinsen für das 2. Jahr	+ 41,60 €
Kapital nach 2 Jahren: K_2	1 081,60 €
Zinsen für das 3. Jahr	+ 43,26 €
Kapital nach 3 Jahren: K_3	1 124,86 €

· 1,04

· 1,04

· 1,04

$\cdot 1,04^3$

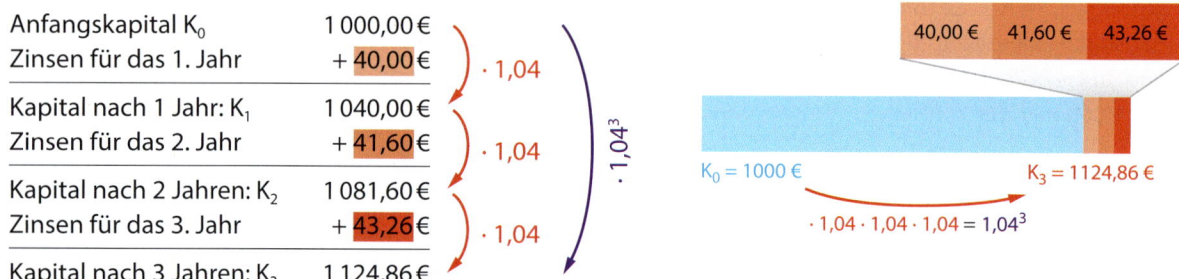

$K_0 = 1000$ € $K_3 = 1124,86$ €

$\cdot 1,04 \cdot 1,04 \cdot 1,04 = 1,04^3$

Den **Veränderungsfaktor** q nennt man in der Zinsrechnung **Zinsfaktor**. Bleibt er über **n** Jahre
unverändert, dann kann man das Kapital nach n Jahren in einem Schritt berechnen.

> **M** Ein **Anfangskapital** K_0, das mit einem **Zinssatz** von p % verzinst wird, wächst bei einer Laufzeit
> von n Jahren auf das **Endkapital** K_n.
> Mithilfe des **Zinsfaktors** q kann die Berechnung von K_n in nur einem Schritt erfolgen:
> $$K_n = K_0 \cdot q^n \qquad q = 1 + p \%; \ n \in \mathbb{N}$$

Beispiel   3 000 € werden für vier Jahre zu einem Zinssatz von 1,8 % angelegt. Die Zinsen werden
mitverzinst. Wie groß ist das Kapital nach vier Jahren?
$K_0 = 3 000$ €; $q = 1 + 0,018 = 1,018$; Laufzeit $n = 4$
$K_n = K_0 \cdot q^n$
$K_4 = 3 000 \cdot 1,018^4 = 3 221,90$
Nach vier Jahren ist das Kapital auf 3 221,90 € angewachsen.

Übungsaufgaben

1 Beschreibe, weshalb der blaue Balken von Jahr zu Jahr dicker wird.

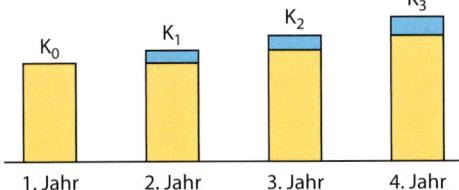

2 Worin besteht Laras Denkfehler?

Wenn ich 100 Euro auf dem Sparkonto habe, dann erhalte ich bei einem Zinssatz von 1 % jedes Jahr 1 Euro Zinsen, habe nach zwei Jahren also 102 Euro auf dem Konto.

3 Auf welchen Betrag wächst ein Guthaben von 20 000 € in sieben Jahren, wenn es zu einem Zinssatz von 1,2 % angelegt ist? Zinsen werden mitverzinst.

4 Berechne jeweils das Endkapital.

	Anfangskapital	Zinssatz	Laufzeit
a	250 €	1,3 %	4 Jahre
b	3 650 €	1,9 %	12 Jahre
c	7 800 €	1,6 %	9 Jahre

5 Schätze zuerst und berechne dann.
Du legst 100 € auf einem Konto an, bei dem die Zinsen jährlich mitverzinst werden.
Welchen Betrag hast du …

a … nach 10 Jahren auf deinem Konto stehen, wenn der Zinssatz 1 % beträgt?

b … nach 10 Jahren auf deinem Konto stehen, wenn der Zinssatz 5 % beträgt?

c … nach 10 Jahren auf deinem Konto stehen, wenn der Zinssatz 10 % beträgt?

d … nach 20 Jahren auf deinem Konto stehen, wenn der Zinssatz 1 % beträgt?

e … nach 20 Jahren auf deinem Konto stehen, wenn der Zinssatz 5 % beträgt?

6 300 € wurden zwei Jahre lang zu 1 % und zwei weitere Jahre lang zu 2 % Zinsen angelegt. Wer hat in seiner Rechnung einen Denkfehler gemacht? Beschreibe und korrigiere alle Fehler.

Ich rechne:
$300 \text{ Euro} \cdot 1,01 \cdot 1,01 \cdot 1,02 \cdot 1,02$
$= 318,39 \text{ Euro}$

Das geht einfacher:
$1\% + 1\% + 2\% + 2\% = 6\%$
$300 \text{ Euro} \cdot 1,06 = 318 \text{ Euro}$

Im Durchschnitt sind das 1,5 % Zinsen pro Jahr:
$300 \text{ Euro} \cdot 1,015^4 = 318,41 \text{ Euro}$

$300 \text{ Euro} \cdot 1,01^2 \cdot 1,02^2 = 318,39 \text{ Euro}$
Schneller geht's nicht!

7 Ein Sparbetrag hat sich im Laufe der Jahre bei einem gleichbleibenden Zinssatz von 1,7 % auf 845,16 € vermehrt. Ermittle den Kontostand der vergangenen fünf Jahre mithilfe einer Tabelle:

Kontostand 1. Januar	845,16 €
vor einem Jahr	831,03 €
vor zwei Jahren	…
…	…

 : 1,017

8 Die Großeltern legen bei der Geburt ihres Enkelkindes einen bestimmten Betrag zu einem festen Zinssatz von 1,5 % an. Am 18. Geburtstag soll das Guthaben 10 000 € betragen.

9 Herr Schloder hat bei der Bank Geld zu einem Zinssatz von 2,1 % angelegt. Nach genau vier Jahren ist sein Guthaben auf 2 716,71 € gestiegen. Wie hoch war sein Startkapital?

10 Stefan ist neun Jahre alt. Er hat zu seiner Erstkommunion insgesamt 500 € geschenkt bekommen. Seine Eltern entscheiden, dass das Geld angelegt wird, bis er 18 Jahre alt wird. Sie haben dazu zwei Angebote:

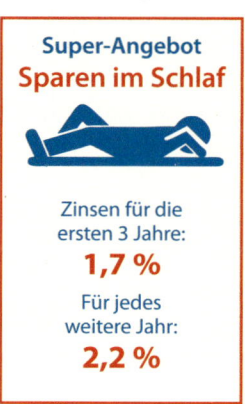

**Super-Angebot
Sparen im Schlaf**

Zinsen für die ersten 3 Jahre:
1,7 %
Für jedes weitere Jahr:
2,2 %

**Sparen mit der
GünstigerBank**

Unsere Zinsen:
1. Jahr: **1,6 %**
2. Jahr: **1,8 %**
3. Jahr: **2,0 %**
Jedes weitere Jahr:
2,1 %

11 Florian Gugau möchte 4 000 € für fünf Jahre anlegen. Die Spar-Bank bietet ihm einen festen Zinssatz von 2 % pro Jahr. Die Gewinn-Bank bietet für das erste Jahr 1 % Zinsen, im zweiten Jahr 1,5 %, im dritten Jahr 2 %, im vierten Jahr 2,5 % und im fünften Jahr 3 %.
Welches Angebot sollte Herr Gugau annehmen?

12 Wie lange dauert es, bis sich ein Kapital von 3 000 € bei einem Zinssatz von 4 % (8 %; 10 %) verdoppelt? Schätze zuerst!

13 Frau Binder gefällt die Sparidee *Sparen mit Ziel*. Sie gibt an, dass sie nach sechs Jahren gerne einen Betrag von 2 200 € auf ihrem Konto hätte. Die Bahama-Bank bietet einen gleichbleibenden Zinssatz von 1,6 %, die Croco-Bank bietet 1,5 % für die ersten fünf Jahre und 2 % Zinsen für das letzte Sparjahr. Bei welcher Bank müsste Frau Binder den höheren Betrag einzahlen, um ihr Sparziel zu erreichen?

14 Herr Aslan hat einen Betrag unkündbar für 1,8 % Zinsen p. a. angelegt. Er wird dafür nach fünf Jahren 3 826,55 € erhalten. Kurze Zeit später gibt es bei dieser Bank das gleiche Angebot mit 2 % Zinsen. Er überlegt nun, wie viel Geld verloren ging, weil er nicht abgewartet hatte.

15 Frau Gruber hat 6 500 € für vier Jahre zu 2,3 % angelegt. Danach lässt sie den Betrag noch vier Monate lang zu einem Zinssatz von 1,5 % auf ihrem Sparkonto. Berechne schrittweise.

16 Lauritz hat die letzten Jahre nichts mehr auf sein Sparkonto eingezahlt. Seine letzten Kontoauszüge:

01.01.2017	286,00 €
01.01.2018	290,29 €
01.01.2019	294,64 €

a Wie hoch war der Zinssatz?
b Welchen Betrag hätte Lauritz bei unverändertem Zinssatz im Jahr 2026 auf seinem Konto?

Zinssatz aus dem Kapitelertrag berechnen

$K_0 = 400 €$; $K_5 = 441,63 €$
① Gleichung aufstellen: $K_5 = K_0 \cdot q^5$
② Werte einsetzen;
   nach der Variablen auflösen:
   $441,63 = 400 \cdot q^5$ $| : 400$
③ n-te Wurzel ziehen (hier n = 5)
   $q^5 = 1,104075$ $| \sqrt[5]{\ }$
④ Zinssatz bestimmen:
   $q = 1,02$ $\Rightarrow$ Zinssatz p % = 2 %

---

17 Ein Guthaben von 8 700 € wächst bei gleichbleibendem Zinssatz in vier Jahren auf 9 053,25 € an.

18 Der Wert einer Aktie von 145 € ist innerhalb von sechs Jahren um 27,13 € gestiegen.
Wie hoch ist die durchschnittliche jährliche prozentuale Wertsteigerung?

19 Wie hoch muss der Zinssatz sein, damit sich ein Kapital in sechs Jahren um 20 % erhöht?

Zinseszinsaufgaben mithilfe der Tabellenkalkulation lösen

Mithilfe eines Tabellenkalkulationsprogramms kann man die Kapitalentwicklung
von Geldanlagen schnell berechnen und vergleichen:

	A	B	C	D
1		**Zinseszinsen**		
2				
3		**Anfangskapital:**	3.000,00 €	
4		**Zinssatz (p. a.):**	1,5%	
5				
6	**Jahr**	**Kapital Jahresanfang**	**Zinsen**	**Kapital Jahresende**
7	1	3.000,00 €	45,00 €	3.045,00 €
8	2	3.045,00 €	45,68 €	3.090,68 €
9	3	3.090,68 €	46,36 €	3.137,04 €
10	4	3.137,04 €	47,06 €	3.184,09 €

Diese Darstellung der Tabelle zeigt die Formeln:

	A	B	C	D
6	**Jahr**	**Kapital Jahresanfang**	**Zinsen**	**Kapital Jahresende**
7	1	=C3	=B7*$C$4	=B7+C7
8	2	=D7	=B8*$C$4	=B8+C8
9	3	=D8	=B9*$C$4	=B9+C9

Ab dem zweiten Jahr (Zeile 8) haben die Formeln das
gleiche Schema und können nach unten kopiert
werden.

Formeln eingeben
Mithilfe von Formeln können Zellinhalte ver-
knüpft werden. Jede Formel beginnt mit „=".

relativer Zellbezug
Wenn Formeln kopiert werden, so passen sich die
Zellbezüge der kopierten Zeilen an.
Beispiel
In der kopierten Zeile 9 wird das Kapital am
Jahresende als Summe von Anfangskapital und
Zinsen der Zeile 9 gebildet.

absoluter Zellbezug
Soll in den kopierten Formeln immer auf eine be-
stimmte Zelle Bezug genommen werden, wird sie
mit einem „$"-Zeichen fixiert.
Beispiel Die Zinsen werden immer mithilfe des
Zinssatzes in Zelle C4 berechnet.

---

20 Frau Zimmer legt bei ihrer Hausbank 3 000 € zu
einem Zinssatz von 1,5 % an.

a Wie hoch ist ihr Kapital nach sechs Jahren?

b Nach wie vielen Jahren ist ihr Anfangskapital um
mehr als ein Viertel angewachsen?

c Wie viele Jahre müsste sie das Geld auf ihrem
Konto lassen, damit sich ihre Einlage verdoppelt?

21 Im ersten Jahr erhält Kira bei ihrer Bank 1,6 % Zinsen. Sie steigen pro Jahr um 0,05 Prozentpunkte.
Mit einer weiteren Spalte im Tabellenblatt kannst
du auch mit jährlich unterschiedlichen Zinssät-
zen rechnen:

	A	B	C	D	E
1	**Jahr**	**Kapital Jahresanfang**	**Zinssatz**	**Zinsen**	**Kapital Jahresende**
2	1	1.200,00 €	0,0160	19,20 €	1.219,20 €
3	2	1.219,20 €	0,0165	20,12 €	1.239,32 €
4	3	1.239,32 €	0,0170	21,07 €	1.260,39 €

Erstelle eine Tabelle, in der du Kiras Sparguthaben nach fünf Jahren ablesen kannst.

22

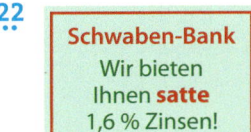

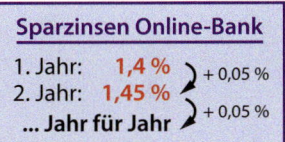

Wie lange muss ein Kapital angelegt werden,
damit sich das Angebot der Online-Bank lohnt?

23 Mit einer veränderten Tabelle kannst du auch
das benötigte Anfangskapital berechnen, wenn
das gewünschte Endkapital vorgegeben ist:

	A	B	C	D	E	F
1	**Jahr**	**Kapital Jahresanfang**	**Zinssatz**	**Zinsfaktor**	**Zinsen**	**Kapital Jahresende**
2	1	471,16 €	0,0200	1,020	9,42 €	480,58 €
3	2	480,58 €	0,0200	1,020	9,61 €	490,20 €
4	3	490,20 €	0,0200	1,020	9,80 €	500,00 €

	A	B	C	D	E	F
3	2	=F3/D3	0,0200	=1+C3	=B3*C3	=B4
4	3	=F4/D4	0,0200	=1+C4	=B4*C4	500,00 €

Mit welchem Anfangskapital hätte man bei
einem Zinssatz von 1,75 % (1,5 %) in drei Jahren
500 € angespart?

2.5 Sparpläne in der Tabellenkalkulation erstellen

1 Selina hat bereits mit zwölf Jahren davon geträumt, sich mit sechzehn einen Motorroller zu kaufen. *Wenn ich es schaffen würde, zu Anfang jeden Jahres 500 € auf ein Sparbuch einzuzahlen und am Ende des Jahres immer 5 % Zinsen bekäme …*

a Welchen Betrag hätte Selina nach vier Jahren zur Verfügung?

b Wie groß wäre der Betrag in Selinas Traum, wenn sie noch zwei weitere Jahre so weitersparen würde?

Herr Hutter hat einen Ratensparvertrag bei seiner Hausbank abgeschlossen. Er zahlt am Anfang jedes Jahres 300 € ein und erhält am Ende des Jahres 1,5 % Zinsen gutgeschrieben. Die Zinsen werden in den kommenden Jahren mitverzinst.
Um die Übersicht zu behalten, wie sich sein Kapital entwickelt, hält Herr Hutter alles in einer Kalkulationstabelle fest:

	A	B	C	D	E
1	**Ratensparplan**				
2					
3	jährliche Rate:	300,00 €			
4	Zinssatz (p. a.):	1,50%			
5					
6	**Jahr**	**Einzahlungsbetrag**	**Kapital Jahresanfang**	**Zinsen**	**Kapital Jahresende**
7	1	300,00 €	300,00 €	4,50 €	304,50 €
8	2	300,00 €	604,50 €	9,07 €	613,57 €
9	3	300,00 €	913,57 €	13,70 €	927,27 €
10	4	300,00 €	1.227,27 €	18,41 €	1.245,68 €
11	5	300,00 €	1.545,68 €	23,19 €	1.568,87 €

Die Formeln unten braucht man zur Erstellung des Sparplans.
Lediglich Zelle C7 unterscheidet sich von den Folgezeilen.
Ab Zeile 8 können die Formeln nach unten kopiert werden, da sich die (relativen und absoluten) Zellbezüge in den Zeilen danach nicht ändern.

> *Markiere die Zellen B8 bis E8 und ziehe das Kreuz am rechten unteren Rand der Markierung nach unten.*

6	**Jahr**	**Einzahlungsbetrag**	**Kapital Jahresanfang**	**Zinsen**	**Kapital Jahresende**
7	1	=$B$3	=B7	=C7*$B$4	=C7+D7
8	2	=$B$3	=E7+B8	=C8*$B$4	=C8+D8
9	3	=$B$3	=E8+B9	=C9*$B$4	=C9+D9

M Wird in regelmäßigen Abständen ein bestimmter Betrag auf ein Konto eingezahlt, so spricht man von einem **Ratensparvertrag**.
Meistens ist dabei der Zinssatz für die Dauer des Vertrages festgelegt.

Übungsaufgaben

1 Erstelle Herrn Hutters Ratensparplan aus dem Einstiegsbeispiel mithilfe deines TK-Programms und verändere ihn wie unten angegeben. Gehe jedes Mal von den ursprünglichen Daten aus.

a Verändere die jährliche Sparrate auf 400 € und lies das Endkapital ab.

b Wie groß wäre das Endkapital bei einem Zinssatz von 1,6 %?
Beobachte die Veränderung des Endkapitals, wenn du in 0,1-%-Schritten auf 2,5 % steigerst.

c Erweitere die Tabelle bis auf zehn Jahre.
Über welchen Betrag kann Herr Hutter nach dieser Zeit verfügen?

d Gib eine Sparrate an, mit der Herrn Hutters Kapital nach fünf Jahren auf etwas mehr als 2 000 € anwachsen würde.

2

Maya zahlt zu Beginn jeden Jahres 250 € auf einen Sparvertrag ein. Am Ende des Jahres werden ihr regelmäßig 1,75 % Zinsen gutgeschrieben.

a Welchen Betrag hat Maya nach vier Jahren angespart?

b Wie hoch sind die Zinsen, die sie nach fünf Jahren erhalten hat?

c Nach wie vielen Jahren sind die Gesamtzinsen höher als ihr jährlicher Sparbetrag?

3 Frau Huber spart nach einem Ratensparvertrag. Sie zahlt jährlich 800 € ein und erhält 1,35 % Zinsen gutgeschrieben.

a Auf welchen Betrag ist Frau Hubers Konto nach sieben Jahren angewachsen?

b Wie viel Zinsen hat sie im Laufe der sieben Jahre erhalten?
Wie viel Prozent der bis dahin eingezahlten Summe sind das?

4 Zoltan hat bei 1,45 % Zinsen p. a. nach vier Jahren 995,31 € gespart.

a Wie hoch war seine jährliche Sparrate?
Erstelle eine Tabelle und probiere systematisch aus.

b Welchen Betrag hat Zoltan im Laufe der Jahre eingezahlt? Um wie viel Prozent ist dieser Betrag inzwischen angewachsen?

c Hätte sich dieser prozentuale Zuwachs geändert, wenn Zoltan 400 € jährlich eingezahlt hätte?

5 Die Geiz-Bank hat Herrn Özil einen Ratensparvertrag mit steigendem Zinssatz angeboten. Herr Özil hat sich den Verlauf in einer Tabelle dargestellt:

	A	B	C	D	E	F
1	Jahr	Einzahlungs-betrag	Kapital Jahresanfang	Zinssatz	Zinsen	Kapital Jahresende
2	1	1.200,00 €	1.200,00 €	1,30%	15,60 €	1.215,60 €
3	2	1.200,00 €	2.415,60 €	1,35%	32,61 €	2.448,21 €
4	3	1.200,00 €	3.648,21 €	1,40%	51,07 €	3.699,29 €

a Erstelle eine solche Tabelle, in der die Werte in den Spalten C, E und F automatisch berechnet werden. Verwende dazu als Grundlage die Ratensparplantabelle des Einstiegsbeispiels und füge eine Spalte D *Zinssatz* ein.

b Die Billig-Bank bietet einen Ratensparvertrag mit einem festen Zinssatz von 1,55 % an.
Ist dieser Vertrag günstiger, wenn Herr Özil eine Laufzeit von zehn Jahren anstrebt?

c Bei welchem Zinssatz der Billig-Bank wären die beiden Angebote bei zehn Jahren Laufzeit nahezu gleich?

6 Die Ratensparangebote der Hamster-Bank:
A: gleichbleibender Zinssatz von 1,4 %
B: Ein anfänglicher Zinssatz von 1,3 %, der sich alle drei Jahre um 0,1 Prozentpunkte (1,4 %, 1,5 % …) erhöht.

a Ab welcher Laufzeit ist Angebot B besser?

b Um wie viel Prozent sind die eingezahlten Sparbeträge dann jeweils angewachsen?

Rückzahlung eines Darlehens

Eine Darlehensrückzahlung kann man als umgekehrtes Ratensparen verstehen. Der Unterschied: Man beginnt mit der Aufnahme eines Darlehens, das dann zur Schuldentilgung in regelmäßigen Abständen mit einem festgelegten Betrag zurückgezahlt wird. Zum Jahresende werden Schuldzinsen auf die Restschuld aufgeschlagen.

Herr und Frau Hummel haben sich eine Wohnung gekauft. Da ihre Ersparnisse nicht ausreichen, müssen sie ein Darlehen in Höhe von 60 000 € aufnehmen. Es wurde vereinbart, dass sie jährlich 10 000 € zurückzahlen und dass die Restschulden am Ende des Jahres mit 3,5 % verzinst werden. Die Tabelle zeigt, wie die Schulden im Laufe der Jahre getilgt werden:

	A	B	C	D	E
1	**Darlehens-Rückzahlung (Tilgungsplan)**				
2					
3	**Höhe des Darlehens:**	60.000,00 €			
4	**jährliche Rate:**	10.000,00 €			
5	**Zinssatz (p. a.):**	3,5%			
6					
7	**Jahr**	**Tilgung**	**Schulden Jahresanfang**	**Zinsen**	**Schulden Jahresende**
8	1		60.000,00 €	2.100,00 €	62.100,00 €
9	2	10.000,00 €	52.100,00 €	1.823,50 €	53.923,50 €
10	3	10.000,00 €	43.923,50 €	1.537,32 €	45.460,82 €
11	4	10.000,00 €	35.460,82 €	1.241,13 €	36.701,95 €
12	5	10.000,00 €	26.701,95 €	934,57 €	27.636,52 €
13	6	10.000,00 €	17.636,52 €	617,28 €	18.253,80 €
14	7	10.000,00 €	8.253,80 €	288,88 €	8.542,68 €

Am Ende des siebten Jahres hat das Ehepaar nur noch 8 542,68 € Schulden (Zelle E14). Da dieser Betrag unter der Tilgungsrate liegt, entspricht dies der letzten Ratenzahlung Anfang des achten Jahres.

In der nächsten Tabelle sind die Formeln dargestellt, die man eintragen muss, um den Tilgungsplan zu erhalten. Ab Zeile 9 kann man die Formeln nach unten kopieren.

7	**Jahr**	**Tilgung**	**Schulden Jahresanfang**	**Zinsen**	**Schulden Jahresende**
8	1		=B3	=C8*$B$5	=C8+D8
9	2	=$B$4	=E8-B9	=C9*$B$5	=C9+D9
10	3	=$B$4	=E9-B10	=C10*$B$5	=C10+D10

> **M** Bei einem größeren Kredit mit mehreren Jahren Laufzeit spricht man von einem **Darlehen**. Es wird in der Regel in jährlich gleichbleibenden Raten zurückgezahlt (**getilgt**). Zinsen werden jeweils auf die noch ausstehende Restschuld erhoben.
> Ein **Tilgungsplan** kann sehr übersichtlich mithilfe einer Kalkulationstabelle dargestellt werden.

7 Erstelle den Tilgungsplan der Hummels im Einstiegsbeispiel mithilfe deines TK-Programms und verändere ihn wie unten angegeben. Gehe jedes Mal von den ursprünglichen Daten aus.

a Wann wäre das Darlehen zurückgezahlt, wenn die jährliche Tilgungsrate nur 7 500 € betragen würde?
Wie viel Zinsen müssten die Hummels dann mehr bezahlen?

b Wie viel Zinsen hätten Herr und Frau Hummel am Ende mehr bezahlen müssen, wenn der Zinssatz bei 3,8 % gelegen hätte?

c Gib eine Tilgungsrate an, bei der das Darlehen nach genau zwölf Jahren getilgt wäre.

> **T** Um zu vermeiden, dass in der Tabelle negative Werte erscheinen, kann man die Formel in Zelle B9 verändern und nach unten kopieren:
>
> | 7 | Jahr | Tilgung |
> |---|------|---------|
> | 8 | 1 | |
> | 9 | 2 | =WENN(E8<$B$4;E8;$B$4) |

8 Dr. Fidibus übernimmt eine Zahnarztpraxis und muss dazu ein Darlehen in Höhe von 125 000 € aufnehmen. Die Bank bietet einen festen Zinssatz von 3,6 % p. a. bei 20 Jahren Laufzeit oder 3,3 % für die ersten 10 Jahre. Beide Angebote mit 9 600 € Tilgung pro Jahr.
Lohnte sich das zweite Angebot, wenn die Zinsen nach zehn Jahren auf 4 % steigen würden?

9 Autohaus Breitner nimmt ein Darlehen in Höhe von 120 000 € auf, um einen Anbau des Ausstellungsraums zu finanzieren. Die Bank bietet einen Zinssatz von 2,9 % bei einer jährlichen Tilgung von 16 000 €.

a Wie hoch ist der verbliebene Schuldenbetrag am Ende des dritten Jahres?

b Wie viel Prozent der Gesamtschuld sind nach fünf Jahren bezahlt?

c In welchem Jahr beträgt die Restschuld weniger als die Hälfte des Darlehensbetrags?

d Nach wie vielen Jahren sind die Schulden komplett getilgt?

10 Die Schreinerei Holzer nimmt ein Darlehen in Höhe von 90 000 € auf, um eine neue Werkstatt zu errichten. Die Bank bietet einen Zinssatz von 3,9 % bei einer jährlichen Tilgungsrate von $\frac{2}{15}$ des Anfangsdarlehens an.

a Berechne die Gesamtzinsen, die im Laufe der Jahre zurückgezahlt werden müssen.

b Um wie viel Prozent liegt der gesamte Rückzahlungsbetrag über dem Kreditbetrag?

11 Herr und Frau Dippert möchten ein altes Bauernhaus sanieren und benötigen dazu einen Kredit in Höhe von 75 000 €. Sie vergleichen zwei Angebote:

Leih-Bank
nur 3,6 % Zinsen
Tilgung 8400 € p. a.

+ Plus-Bank +
3,8 % Zinsen
Tilgung 9600 € p. a.

a Erstelle jeweils einen Tilgungsplan und vergleiche die beiden Angebote. Stelle die Vor- und Nachteile gegenüber. Vergleiche dabei unter anderem die gesamten Rückzahlungsbeträge.

b Ehepaar Dippert entscheidet sich für das Angebot der Leih-Bank und handelt mit ihr aus, dass jedes Jahr eine Sondertilgung bis zu 1 000 € möglich ist. Das heißt, um diesen Betrag darf der Rückzahlungsbetrag jedes Jahr maximal erhöht werden.
Wie fällt nun der Vergleich aus?

2.6 Grundlagen festigen

Prozente und Zinsen

1 Bestimme und berechne die fehlende Größe.
a 24 % von 1 680 kg
b 15 € von 375 €
c 3 km sind 5 %.
d 71,4 von 420
e 65 % von 150 g
f 2,87 t sind 35 %.

2 Für die Neuinszenierung von *Don Canillo & Peppome* konnten seit Monatsbeginn Karten erworben werden.
a Nach einer Woche sind von 1 850 Karten bereits 1 221 Karten verkauft.
b Karten fürs Parkett kosten an der Abendkasse 22,50 €. Im Vorverkauf sind sie um 14 % günstiger.
c Es gibt auch Premiumkarten für eine Galaveranstaltung. Ein Drittel davon, das sind 15 Plätze, ist frei verkäuflich.

3 Lisa entdeckt auf ihrer Limonadenflasche folgendes Etikett:

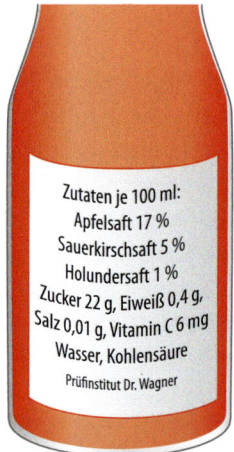

Zutaten je 100 ml:
Apfelsaft 17 %
Sauerkirschsaft 5 %
Holundersaft 1 %
Zucker 22 g, Eiweiß 0,4 g,
Salz 0,01 g, Vitamin C 6 mg
Wasser, Kohlensäure
Prüfinstitut Dr. Wagner

a Wie viel Zucker enthält eine Dreiviertelliterflasche?
Wie viel Eiweiß, Salz und Vitamin C beinhaltet sie?
b Berechne die Saftmengen für ein Glas Limonade mit 250 ml.

4 Insgesamt wurden 2 400 Jugendliche nach ihrem europäischen Wunschurlaubsziel außerhalb Deutschlands befragt:

Wunschurlaubsziele von Jugendlichen

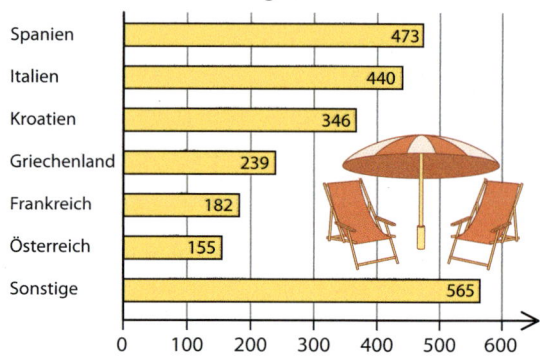

Spanien	473
Italien	440
Kroatien	346
Griechenland	239
Frankreich	182
Österreich	155
Sonstige	565

Überprüfe die Aussagen.
① Etwa 20 % haben für Spanien gestimmt.
② Mehr als 14 % haben Kroatien angegeben.
③ Drei von zehn Jugendlichen haben ein „sonstiges" Urlaubsziel genannt.
④ Mindestens 12 % der Jugendlichen haben ein Nachbarland von Deutschland genannt.
⑤ Ungefähr jeder Zehnte hat für Griechenland gestimmt.

5 Es wurden 1 010 Personen befragt, wo sie ihre Weihnachtsgeschenke einkaufen.

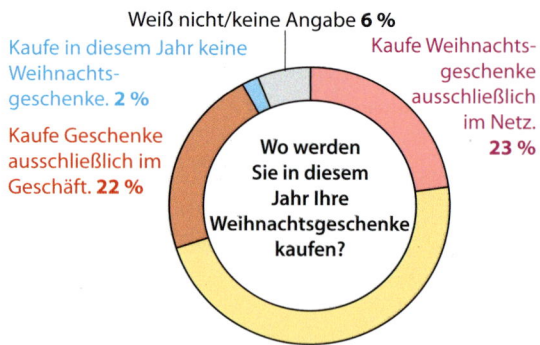

Weiß nicht/keine Angabe **6 %**
Kaufe in diesem Jahr keine Weihnachtsgeschenke. **2 %**
Kaufe Weihnachtsgeschenke ausschließlich im Netz. **23 %**
Kaufe Geschenke ausschließlich im Geschäft. **22 %**
Wo werden Sie in diesem Jahr Ihre Weihnachtsgeschenke kaufen?
Kaufe einige, aber nicht alle Geschenke im Netz. **47 %**

a Berechne die Anzahl der Personen.
b Verfasse einen Zeitungsartikel mit den wesentlichen Daten und einem Säulendiagramm.

6 Ergänze die fehlenden Werte. Beachte, dass für Nahrungsmittel und Bücher nur 7 % Mehrwertsteuer zu bezahlen sind.

	Preis ohne MwSt.	Preis mit MwSt.
Sachbuch	7,49 €	…
Füller	…	10,49 €
Smartphone	489,19 €	…
Butter	…	1,19 €
Pkw	…	25 859 €

7 Bestimme und berechne jeweils die fehlende Größe.

① Frau Ulmenschneider erhält für 3000 € 45 € Zinsen.

② Herr Eichelhäher erhält 2 % Zinsen auf 1600 €.

③ Die Bank bietet Frau Lott für ihre Kapitalanlage 1,3 % Zinsen, das sind 19,50 €.

8 Vervollständige die Tabelle.

	Kapital K	Zinssatz p %	Zinsen Z
a	4 500 €	…	94,50 €
b	1 320 €	1,75	…
c	…	2,1	60,90 €
d	725 €	…	14,50 €

9 Herr Gürek möchte 2 500 € Kapital anlegen. Seine Hausbank bietet ihm 37,40 € Zinsen an. Eine Onlinebank wirbt mit 1,6 % Zinsen. Wie soll Herr Gürek sich entscheiden?

10 Berechne die Zinsen.

a 15 000 € werden acht Monate lang zu 1,2 % angelegt.

b Frau Otto legt 8 000 € ein halbes Jahr lang zu 1,1 % bei der Bank an.

c Für 280 Tage legt Herr Lenz 11 500 € zu einem Zinssatz von 2,2 % an.

Veränderte Grundwerte

11 Bestimme den Veränderungsfaktor q.

a Preissteigerung um 8 %

b Mengenrabatt von 5 %

c 3 % Skonto

d 1,5 % Zinsen

e Wertsteigerung um 6,8 %

12 Überlege zunächst, ob es sich um einen vermehrten oder verminderten Grundwert handelt, und berechne dann.

a Die Miete von 740 € erhöht sich um 7 %.

b Eine Jacke kostet nach einer Preisreduzierung statt 79,99 € noch 40 €.

c Nach einer Lohnerhöhung von 1,2 % erhält Frau Bauer 1 447,16 €.

d Der Benzinpreis lag letzte Woche mit 1,49 €/l noch um 5 ct höher.

13 Berechne den neuen Wert!

a Herrn Trunks Lohn von 2 845,50 € steigt zunächst um 2 % und dann um weitere 1,8 %.

b Auf ein Sofa zum Katalogpreis von 1 459 € gewährt ein Kaufhaus 15 % Aktionsrabatt und weitere 3 % Skonto.

c Im Jahr 2015 konnten 3 152 Aufträge registriert werden. Die Anzahl ist im Jahr darauf um 5 % gestiegen und 2017 um 4 % zurückgegangen.

d Die Festplatte kostete 99 €. Im Januar sank der Preis um 9,1 %, im März dann um weiter 5 %.

14 Herr Jeck hat seinen Arbeitgeber gewechselt. Er erhält auf seiner neuen Stelle einen Bruttolohn von 2 335 €. Er listet alle Abzüge auf und berechnet, wie viel ihm von seinem Lohn am Ende des Monats tatsächlich ausbezahlt wird.

Bruttolohn	*2335 €*
Lohnsteuer	*−11,7 %*
Krankenversicherung	*−8,3 %*
Rentenversicherung	*−9,3 %*
Pflegeversicherung	*−1,6 %*
Arbeitslosenversicherung	*−1,5 %*
Kirchensteuer	*−0,8%*
Nettolohn	*… €*

a Wie groß ist der prozentuale Unterscheid zwischen Brutto- und Nettolohn?

b Welchen Nettolohn erhält Herr Jeck?

Zinseszinsen

15 Herr Mager legt einen Betrag von 30 000 € für sieben Jahre zu einem Zinssatz von 1,3 % an. Zinsen werden mitverzinst.
Wie viel Geld hat er am Ende auf seinem Konto?

16 Berechne jeweils das Endkapital.

	Anfangskapital	Zinssatz	Laufzeit
a	6 000 €	1,2 %	5 Jahre
b	990 €	1,8 %	10 Jahre
c	7 500 €	1,8 %	8 Jahre
d	10 800 €	1,7 %	3 Jahre

17 Ein Sparbetrag hat sich im Laufe der Jahre bei einem gleichbleibenden Zinssatz von 1,9 % auf 1 000,23 € vermehrt. Ermittle den Kontostand der letzten vier Jahre mithilfe einer Tabelle:

Sparbetrag heute	1 000,23 €
vor einem Jahr	981,58 €
vor zwei Jahren	…
…	…

18 Frau Meut hat bei der Spar-Bank einen bestimmten Betrag angelegt. Nach genau vier Jahren ist ihr Guthaben auf 3 912,06 € gestiegen. Wie hoch war ihre Starteinlage?

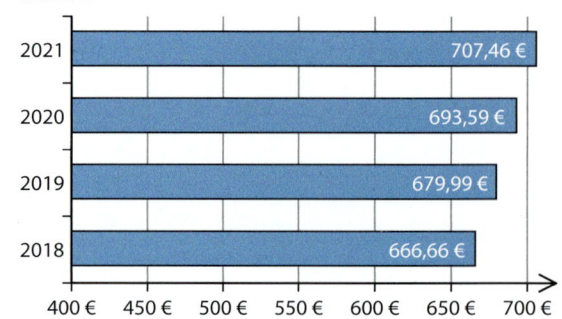

SPAR-BANK
4 Jahre anlegen
2,1 % Zinsen p. a.

19 Welchen Sparbetrag hat Lina im Jahr 2022 auf ihrem Konto, wenn der Zinssatz weiterhin gleich bleibt?

Jahr	Betrag
2021	707,46 €
2020	693,59 €
2019	679,99 €
2018	666,66 €

2.7 Mach dich fit!

Prozente und Zinsen

1 Berechne.
a 24 % aller Zoobesucher waren Kinder unter 10 Jahren. Es wurden 950 Besucher gezählt.
b Von 366 Tagen sind 53 Tage Sonntage.
c In der Klasse 9c kommen vier Schüler mit der Bahn. Das sind 16 % der Klasse.

2 Das Diagramm zeigt die Inhaltsstoffe von 100 g Milch.

100 g Milch enthalten:

- Kohlenhydrate (4,7 g)
- Fett (3,6 g)
- Eiweiße (3,4 g)
- Mineralstoffe und Spurenelemente (0,51 g)
- Vitamine (< 0,01 g)

Im Diagramm nicht enthalten: 87 % Wasser

a Berechne die prozentuale Zusammensetzung ohne den Wasseranteil.
b Fertige ein Kreisdiagramm der Milchzusammensetzung für 100 g ohne den Wasseranteil an.

3 Frau Zeyneb benötigt kurzfristig Geld von der Bank. Die Bank bietet ihr 4 500 € zu einem Zinssatz von 7,25 % an.
a Berechne die anfallenden Zinsen.
b Wie hoch sind die Zinsen, wenn Frau Zeyneb den Kredit bereits nach 5 (8; 11) Monaten begleicht?

4 Herr Cem kauft sich wöchentlich eine Fachzeitschrift für 4,80 €. Ein Jahresabonnement mit 52 Ausgaben wäre um 16 % günstiger. Unterschreibt er den Vertrag für zwei Jahre, kann er weitere 15 € sparen.
a Wie viel Euro kann Herr Cem vierteljährlich durch ein Jahresabonnement sparen?
b Wie viel Prozent spart er insgesamt bei einem Zweijahresabonnement gegenüber den Einzelausgaben?

5 Die Preiszusammensetzung eines Turnschuhs

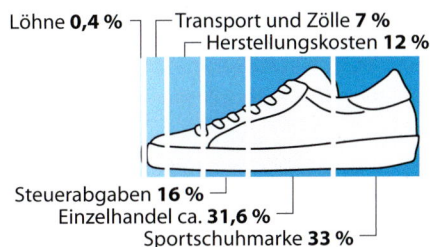

Löhne **0,4 %** — Transport und Zölle **7 %** — Herstellungskosten **12 %**
Steuerabgaben **16 %**
Einzelhandel ca. **31,6 %**
Sportschuhmarke **33 %**

a Übertrage die Anteile in ein Streifendiagramm. Was spricht für welchen Diagrammtyp?
b Berechne die Anteile für Turnschuhe, die 59,99 € und 79,99 € kosten.

6 Herr Schirmer hat 25 % von seinem Lottogewinn sofort ausgegeben. Den Rest legt er bei der Bank zu einem Zinssatz von 2,1 % an. Nach einem Jahr erhält er 315 € Zinsen.
Wie viel Geld hat Herr Schirmer gewonnen?

7 Die Waschmaschine von Herr Göhler ist am 20. 05. 2017 kaputt gegangen. Die neue Waschmaschine kostet 749 €. Auf seinem Konto hat er noch 415,50 €. Für Lebensmittel möchte er vorab noch 150 € abheben und anschließend sein Konto bis zum Monatsende zu einem Zinssatz von 9,5 % p. a. überziehen.
Wie viel Zinsen bezahlt Herr Göhler?

8 Im Jahr 2014 sind in Deutschland pro Person 456 kg Haushaltsmüll angefallen.
a Die Gesamtabfallmenge ist im Jahr 2015 um 0,3 % gestiegen. Berechne die neue Menge.
b Im Jahr 2016 waren es insgesamt 462 kg Müll pro Person. Berechne die prozentuale Veränderung zum Jahr 2014.
c Berechne den prozentualen Anteil der Abfälle von 2014 und stelle die Daten in einem Kreisdiagramm dar. Vergleiche die Darstellungen.

Haus-/Sperrmüll Wertstoffe Garten/Biotonne Sonstige

193 kg   148 kg   113 kg   2 kg

9 Architekt Knödler benötigt für sein Planungsbüro einen neuen 3-D-Drucker. Die Anschaffungskosten in Höhe von 3 915,95 € muss er finanzieren. Dafür hat er drei Möglichkeiten:

① Das Girokonto für 21 Tage zu einem Zinssatz von 11,95 % p. a. überziehen

② Kurzzeitkredit einer Bank mit einem Zinssatz von 5,6 % p. a. und 3 Monaten Laufzeit

③ Zwölf Monate Ratenzahlung an den Hersteller in Höhe von 332 €/Monat

Zu welcher Finanzierung würdest du Herrn Knödler raten?

Veränderte Grundwerte

10 Bestimme den Veränderungsfaktor q und berechne den neuen Preis.
a Eine Hose für 49,99 € wird im Ausverkauf 25 % günstiger.
b Der Benzinpreis von 1,32 €/l steigt um 7 %.
c Auf eine Stereoanlage für 439,99 € gibt es einen Aktionsrabatt von 15 %.
d Die Internetgebühren von monatlich 24,99 € steigen um 3,5 % an.

11 Berechne die fehlenden Werte. Achte auf unterschiedliche Mehrwertsteuersätze.

Ware	Nettopreis	Bruttopreis
Wanderkarte	7,49 €	…
Waschmaschine	668,07 €	…
Bergkäse	…	4,99 €
Motorroller	…	2 490 €

12 Herr Janik muss nach Rom fliegen. Donnerstags findet er einen Flug für 143 €. Als er freitags buchen möchte, ist der Preis um 15 % gestiegen. Er bucht nicht. Montags ist das Ticket um 18 % günstiger als freitags.
a Was kostet das Flugticket?
b Berechne die prozentuale Gesamtänderung.

13 Das Unternehmen von Herrn Klein muss neue Werbegeschenk-Kugelschreiber bestellen.

Werbemittel – Kugelschreiber

	Preise
10 Kugelschreiber	69,00 €
25 Kugelschreiber	129,00 €
50 Kugelschreiber	189,00 €
100 Kugelschreiber	249,00 €
200 Kugelschreiber	399,00 €
500 Kugelschreiber	789,00 €

Alle Preise bei gelieferter digitaler Druckvorlage zzgl. MwSt. sowie 3,90 € Versandkosten

a Berechne den Preis für 200 Kugelschreiber. Es fallen noch 19 % Mehrwertsteuer an.
b Um wie viel Prozent ist ein Kugelschreiber bei einer Bestellung von 500 Stück günstiger als bei 200 Stück?
c Herr Klein benötigt 150 Stück. Zu welchem Angebot würdest du ihm raten? Begründe deine Antwort.

14 Die Mietpreise für Wohnungen steigen seit Jahren an. Im Diagramm sind die Berliner Mietpreise pro Quadratmeter in Euro dargestellt.

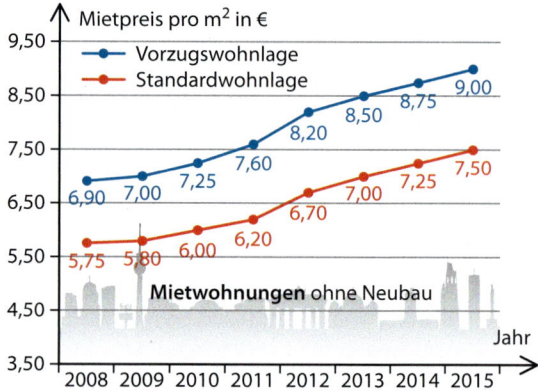

a Bestimme die jährliche prozentuale Veränderung der Mietpreise von 2010 bis 2013 für eine Standardwohnlage.
b Im Jahr 2008 war die Miete für eine Vorzugswohnlage 20 % teurer als für eine Standardwohnlage. Wie sieht das Verhältnis 2015 aus?
c In den zwei Jahren von 2015 bis 2017 sind die Mietpreise für die Vorzugswohnlage um jährlich 1,8 % gestiegen.
Wie hoch war der Mietpreis 2017?

Zinseszinsen

15 Berechne jeweils das Endkapital.

	Anfangskapital	Zinssatz	Laufzeit
a	8 000 €	1,5 %	10 Jahre
b	8 000 €	1,4 %	8 Jahre
c	8 000 €	1,3 %	6 Jahre
d	8 000 €	1,2 %	4 Jahre

16 Nach einer Erbschaft schenkt Herr Bayer seinen beiden Kindern Nora und Paul jeweils einen Geldbetrag von 1 200 €. Für beide legt er das Geld bis zu ihrem 18. Geburtstag fest an.

a Für Nora kann er den Betrag vier Jahre lang zu einem Zinssatz von 1,3 % anlegen.

b Für Paul legt er das Geld sechs Jahre an und erhält dafür einen Zinssatz von 1,4 %.

17 Der Zinssatz beträgt jeweils 1,2 %. Berechne den fehlenden Betrag.

	Anfangskapital	Endkapital	Laufzeit
a	4 400 €	…	3 Jahre
b	…	7 642,49 €	5 Jahre
c	2 500 €	…	7 Jahre
d	…	9 576,88 €	10 Jahre

18

> ### Sparbrief No 2018-398/7
>
> Laufzeit: 5 Jahre
>
> Zinssatz: 1,8 % p. a.
>
> Auszahlungsbetrag: 7000 €
>
> Einzahlungsbetrag: …

Wie hoch war der Einzahlungsbetrag?

19 Frau Kopp möchte 6 000 € für sechs Jahre anlegen. Die Lulu-Bank bietet für das 1. Jahr 1,1 % Zinsen. Der Zinssatz steigt jedes Jahr um 0,2 %. Die Nana-Bank bietet ihr einen festen Zinssatz von 1,5 % pro Jahr.

a Welches Angebot ist günstiger?

b Gilt das auch für fünf Jahre Laufzeit?

20 Herr Kimmich plant, in fünf Jahren seinen Garten neu anzulegen. Bis dahin möchte er 7 500 € gespart haben.

a Bei welchem der beiden Angebote muss Herr Kimmich jetzt weniger anlegen, um sein Sparziel zu erreichen?

b Würde er die gleiche Wahl treffen, wenn er sein Geld sechs Jahre lang anlegen würde?

21 Welchen Betrag hatte Antonia im Jahr 2018 auf dem Konto, wenn sich der Zinssatz nicht geändert hat?

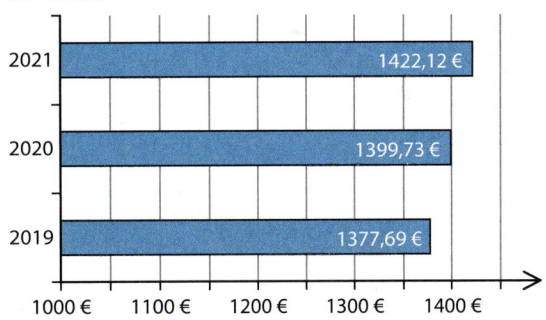

22 Marthas Mutter hat ihren alten Kleinwagen verkauft und den Erlös von 2 800 € auf die Bank gebracht, wo er mit 1,2 % pro Jahr verzinst wurde. Auf welchen Betrag ist das Geld nach vier Jahren und zwei Monaten angewachsen?

23 Jaschas Sparguthaben von 900 € ist mit Zins und Zinseszins in drei Jahren auf 957,90 € angewachsen.
Wie hoch war der gleichbleibende Zinssatz?

Prozentrechnung

Das Ganze wird als **Grundwert** G bezeichnet. Ein bestimmter Teil des Grundwerts wird **Prozentwert** P genannt. Sein Anteil am Ganzen kann als **Prozentsatz p %** angegeben werden.

Prozentsatz

Der Prozentsatz wird berechnet, indem man den Prozentwert durch den Grundwert dividiert.

$$\text{Prozentsatz} = \frac{\text{Prozentwert}}{\text{Grundwert}} \quad \text{oder} \quad p\,\% = \frac{P}{G}$$

352 von 640 Mitgliedern des Vereins sind in der Fußballabteilung.

$$p\,\% = \frac{352}{640} = 0,55 = 55\,\%$$

Durch Umstellen der Formel können die anderen Größen berechnet werden.

Prozentwert

$$\text{Prozentwert} = \text{Grundwert} \cdot \text{Prozentsatz}$$
$$\text{oder} \qquad P = G \cdot p\,\%$$

25 % der 640 Mitglieder spielen Tennis.
$$P = 640 \cdot 0,25 = 160$$

Grundwert

$$\text{Grundwert} = \frac{\text{Prozentwert}}{\text{Prozentsatz}} \quad \text{oder} \quad G = \frac{P}{p\,\%}$$

Die 32 Sportler in der Judoabteilung stellen 5 % der Vereinsmitglieder.

$$G = \frac{32}{0,05} = 640$$

veränderte Grundwerte

Wird ein Grundwert um einen prozentualen Anteil erhöht oder reduziert, verändert sich der ursprüngliche Grundwert. Man spricht dann von einem **vermehrten** oder **verminderten Grundwert**.

Berechnen des vermehrten oder verminderten Grundwertes

Die veränderten Grundwerte G^+ bzw. G^- werden berechnet, indem man den Grundwert G mit dem Veränderungsfaktor q multipliziert.

$$G^+ = G \cdot q \quad \text{bzw.} \quad G^- = G \cdot q$$
$$\text{mit} \quad q = 1 \pm p\,\%$$

Zum Nettopreis eines E-Bikes von 2 500 € kommt die Mehrwertsteuer hinzu.
$$G^+ = 2\,500\,\text{€} \cdot 1,19 = 2\,975\,\text{€}$$

Der Händler gewährt 20 % Rabatt.
$$G^- = 2\,975\,\text{€} \cdot 0,8 = 2\,380\,\text{€}$$

Mehrere Prozentsätze

Wird ein Grundwert G vermehrt oder vermindert und dieser dann ein weiteres Mal vermehrt bzw. vermindert, so wird der Grundwert mit allen Veränderungsfaktoren $q_1, q_2, q_3, \ldots$ multipliziert.

$$G_n = G \cdot q_1 \cdot q_2 \cdot q_3 \cdot \ldots$$

Der Wert einer Aktie von 120 € steigt zuerst um 3 % und dann um 2,5 %.
$$G_2 = 120\,\text{€} \cdot 1,03 \cdot 1,025 = 126,69\,\text{€}$$

Zinsrechnung

Beim Zinsrechnen wendet man das Prozentrechnen mit anderen Bezeichnungen an:

Grundwert G $\rightarrow$ Kapital K
Prozentwert P $\rightarrow$ Zinsen Z
Prozentsatz p % $\rightarrow$ Zinssatz p %

Jahreszinsen

Die Zinsen für ein Jahr werden berechnet, indem man das Kapital mit dem Zinssatz multipliziert.

$$\text{Zinsen} = \text{Kapital} \cdot \text{Zinssatz}$$
oder $\qquad Z = K \cdot p\,\%$

Ein Kapital von 15 000 € wird ein Jahr lang angelegt. Der Zinssatz beträgt 2,1 %.

$$Z = 15\,000\,€ \cdot 0{,}021 = 315\,€$$

Zinsen für kürzere Zeitspannen

Zinsen für Teile eines Jahres werden so berechnet:

$$\text{Zinsen} = \text{Jahreszinsen} \cdot \underbrace{\text{Zeitfaktor}}$$

Anteil der Zeitspanne
am vollen Jahr

Im Bankwesen gilt oft diese Vereinbarung:

1 Jahr = 360 Zinstage
1 Monat = 30 Zinstage

Ein Kapital von 30 000 € wird 150 Tage lang angelegt. Der Zinssatz beträgt 1,9 %.

$$Z = 30\,000\,€ \cdot 0{,}019 \cdot \frac{150}{360} = 237{,}50\,€$$

Zinseszinsen

Wird ein Kapital mehrere Jahre lang mit demselben Zinssatz verzinst, so werden die Zinsen mitverzinst. Diese zusätzliche Verzinsung von Zinsen nennt man **Zinseszins**.

Berechnen des Endkapitals

Das Endkapital K_n nach n Jahren wird berechnet, indem man das Anfangskapital K_0 n-mal mit dem Zinsfaktor q multipliziert.

$$K_n = K_0 \cdot q^n \quad \text{mit} \quad q = 1 + p\,\%$$

Ein Kapital von 5 000 € wird für drei Jahre zu einem Zinssatz von 1,6 % angelegt.

$$K_3 = 5\,000\,€ \cdot 1{,}016^3 = 5\,243{,}86\,€$$

Spar- und Tilgungspläne

Ratensparen

Wird in regelmäßigen Abständen ein bestimmter Betrag auf ein Konto eingezahlt, so spricht man von einem **Ratensparvertrag**.

Tilgungsplan

Ein **Darlehen** wird in der Regel in jährlich gleich bleibenden Raten zurückgezahlt (getilgt). Zinsen werden jeweils auf die noch ausstehende Restschuld erhoben.

Die Bezeichnung Promille (‰) stammt aus dem Lateinischen und steht für **ein Tausendstel**. Promille wird verwendet, um Verhältnisse oder Angaben im Bezug zu Tausend auszudrücken.

$$\frac{1}{1000} = 0,001 = 1\text{‰}$$

Geburtenrate nach Staaten

Auf der Karte ist die **Geburtenrate** in verschiedenen Staaten in Promille angegeben. Sie bezieht sich auf die Anzahl der Lebendgeborenen pro Jahr bezogen auf 1 000 Einwohner.

Deutschland
Geburtenrate: 8,6 ‰
Einwohner: 82 Mio.

Algerien
Geburtenrate: 24,0 ‰
Einwohner: 41 Mio.

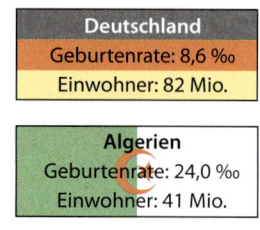

Berechne die Anzahl an Geburten für Deutschland und Algerien im Jahr 2014.

Die Karte zeigt große Unterschiede bei den Geburtenraten. Was könnten Ursachen dafür sein?

Blutalkoholwert

Auch der Alkoholgehalt im Blut wird in Promille angegeben. Schon ab 0,5 ‰ wirkt Alkohol auf die Zellen des Körpers als Gift. Eine Beeinträchtigung der Konzentration und Reaktion findet bereits bei geringerer Alkoholkonzentration statt.

Der Promille-Wert gibt das Verhältnis der in Gramm pro Liter Blut gemessenen Alkoholmenge zu einem Kilogramm Blut an. Mithilfe der sogenannten *Widmark-Formel* kann man daraus die *Blutalkoholkonzentration* (BAK) berechnen:

$$\text{BAK} = \frac{\text{Alkoholmenge (g)}}{\text{Körpergewicht (kg)} \cdot \text{Anteil an Körperflüssigkeit}}$$

Der Anteil an Körperflüssigkeit beträgt bei Männern etwa 68 % und bei Frauen circa 55 %.

Alkoholgehalt in Getränken (Angaben in Gramm)

Bier	Bier-Mix	Sekt	Wein	Longdrink	Wodka
0,5 Liter	0,33 Liter	0,1 Liter	0,2 Liter	0,2 Liter	4 cl

Welche Blutalkoholkonzentration haben eine Frau, die 65 kg wiegt, und ein Mann mit 75 kg nach einem Bier?

Wähle zwei weitere Getränke aus und berechne den BAK-Wert für eine Frau und einen Mann mit jeweils 70 kg.

3

Daten und Diagramme

3.1 Häufigkeiten veranschaulichen

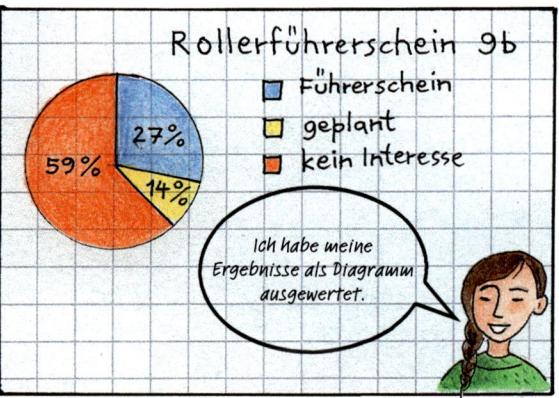

1 Christina und Sabrina haben jeweils in ihrer neunten Klasse eine Umfrage durchgeführt.
a Welche Informationen kannst du den Diagrammen entnehmen?
b Vergleiche das Interesse am Rollerführerschein in den beiden Klassen. Was fällt dir auf?
c Wie könntest du die Darstellung der Umfragen ändern, damit du die beiden Klassen
  besser vergleichen kannst? Welche der beiden Diagrammformen eignet sich dazu besser?
d Drücke die Anteile in der Klasse 9a ebenfalls in Prozentsätzen aus.

Carlos und Max treffen sich zum Körbewerfen auf dem Schulhof. Carlos wirft zehnmal
mit dem Basketball und landet acht Treffer. Bei Max sind zehn von 15 Bällen im Korb.
Sie streiten sich mal wieder, wer der bessere Werfer ist.

absolute Häufigkeit	Carlos:	8 Treffer
	Max:	10 Treffer
relative Häufigkeit	Carlos:	8 von 10 = $\frac{8}{10}$ = 80 %
	Max:	10 von 15 = $\frac{10}{15}$ = 66,67 %

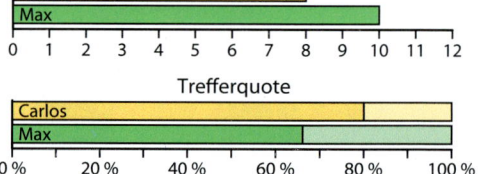

Obwohl Max mehr Körbe geworfen hat als Carlos (absolute Häufigkeit), ist Carlos der bessere Werfer
(relative Häufigkeit), da er den größeren Trefferanteil aufweisen kann.

Um Ereignisse mit unterschiedlicher Gesamtzahl aller Werte miteinander vergleichen zu können,
muss man die **relativen Häufigkeiten** vergleichen.
Als Diagrammformen für relative Häufigkeiten eignen sich **Kreisdiagramme** oder **Streifendiagramme**.
Absolute Häufigkeiten kann man besser im **Säulendiagramm** oder **Balkendiagramm** ablesen.

> **M** Die **absolute Häufigkeit** gibt an, wie oft ein bestimmter Wert ermittelt wurde.
> Die **relative Häufigkeit** gibt den zugehörigen Anteil an der Gesamtzahl aller Werte an.
>
> relative Häufigkeit = $\frac{\text{absolute Häufigkeit}}{\text{Gesamtzahl aller Werte}}$ Sie wird häufig in Prozent angegeben.

Übungsaufgaben

1 In der Klasse 9c wurde ebenfalls eine Umfrage durchgeführt. Charlottes Fragestellung lautete: *Wie viele Geschwister habt ihr?*

Anzahl Geschwister	absolute Häufigkeit
keine	5
1	8
2	12
3	2
mehr als 3	1

a Erstelle ein Balkendiagramm.

b Übertrage die Tabelle in dein Heft und ergänze dort die Spalte „relative Häufigkeit".

c Zeichne ein Streifendiagramm mit den relativen Häufigkeiten.

T **Diagramme digital erstellen**

Die Diagramme für die folgenden Aufgaben kannst du selbst zeichnen oder sehr einfach am Computer erstellen.

So erstellst du mithilfe deines Tabellenkalkulationsprogramms ein Kreisdiagramm:

	A	B
1	Hauptschulabschluss oder gleichwertig	41,5%
2	Realschulabschluss oder gleichwertig	23,8%
3	(Fach-)Hochschulreife oder gleichwertig	30,9%
4	ohne allgemeinen Schulabschluss	3,9%

① Markiere die Tabelle wie oben.

② Wähle im Menü *Einfügen – Diagramme* das Kreisdiagramm aus.

③ Füge eine Diagrammbeschriftung und einen Diagrammtitel ein:

2 Die Deutsche Gesellschaft für Ernährung empfiehlt als Nährstoffverteilung für Erwachsene:

Kohlenhydrate	55 %
Fett	30 %
Eiweiß	15 %

Zeichne ein Kreisdiagramm, das diesen Sachverhalt darstellt.

3 In Deutschland sind die Anteile der Blutgruppen A, B, AB und 0 unterschiedlich hoch. Hier siehst du die Verteilung auf Millionen gerundet. Zeichne ein Kreisdiagramm mit den relativen Häufigkeiten.

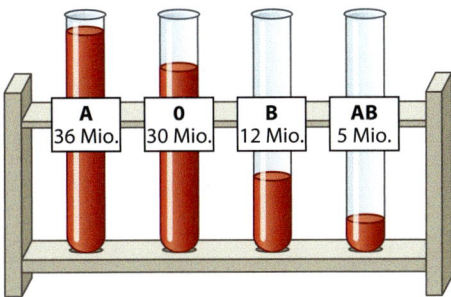

4 Das Statistische Bundesamt teilt mit: *Das Bruttoeinkommen in Deutschland ist von 2011 bis 2016 um fast 400 € angestiegen.*

2011	3 311 €
2012	3 391 €
2013	3 449 €
2014	3 527 €
2015	3 612 €
2016	3 703 €

a Übertrage die Werte aus der Tabelle in ein geeignetes Diagramm.

b Um wie viel Prozent ist das Bruttoeinkommen von 2011 bis 2016 angestiegen?

c Wie groß war der prozentuale Anstieg von Jahr zu Jahr?

d Bilde die Summe der prozentualen Zunahmen und vergleiche sie mit dem Anstieg über die Gesamtzeit. Weshalb sind die beiden Werte nicht gleich groß?

5 Bei einer Mathematikarbeit wurden folgende Punktewerte erreicht:

2; 29; 23; 24; 27; 3; 7; 0; 14; 18; 12; 19; 26; 17; 19; 13; 8; 28; 3; 26; 4; 13; 15; 6; 30; 25; 22; 7; 11; 1; 14

Den Punkten wurden die Noten so zugeordnet:

Punkte	29–30	26–28	23–25	20–22	17–19
Note	1	1–2	2	2–3	3
Punkte	14–16	11–13	8–10	5–7	0–4
Note	3–4	4	4–5	5	6

a Wie oft gab es die Note 3?

b Wie viele Arbeiten wurden besser als mit der Note 2 bewertet?
Berechne ihren prozentualen Anteil.

c Kim, die Klassensprecherin, behauptet: *Jede dritte Arbeit war schlechter als 3.*
Stimmt diese Aussage?

d Stelle die Noten der Arbeit in einem Balkendiagramm dar.

6 Wohin im Sommer? Nach Mallorca oder nach Sylt?
Auf beiden Inseln scheint oft die Sonne. Die Tabelle zeigt die durchschnittliche Sonnenscheindauer in den Hauptreisemonaten:

	Apr	Mai	Jun	Jul	Aug	Sep
Mallorca	6	9	10	11	9	7
Sylt	6	8	8	7,5	7,5	5

a Erstelle ein zum Vergleich der beiden Inseln geeignetes Diagramm.

b Was hältst du von diesem Vergleich?

7 Hier siehst du ein Streifendiagramm. Trage im Heft die relativen Anteile in Prozent ein und finde mindestens drei Möglichkeiten für Häufigkeitsverteilungen.

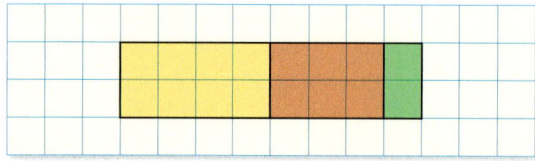

8 Im Jahr 2015 wurden in Deutschland 24 579 Todesopfer durch Unfälle registriert:

Unfallkategorie	gesamt	♂	♀
Arbeitsunfall	354	332	22
Verkehrsunfall	3 578	2 650	928
häuslicher Unfall	9 818	4 420	5 398
Sport-/Spielunfall	234	176	58
sonstige Unfälle	10 595	5 523	5 072

a Stelle die Unfallkategorien geschlechtsunabhängig in einem Kreisdiagramm dar.

b Wähle eine geeignete Diagrammform, um die Unfälle nach Geschlecht zu vergleichen.

c Formuliere mindestens zwei Aussagen zum Diagramm aus **b** und stelle jeweils eine Vermutung dazu an.

9 Ein Start-up-Unternehmen entwickelt Spielesoftware und präsentiert die Zahlen der ersten beiden Verkaufsjahre:

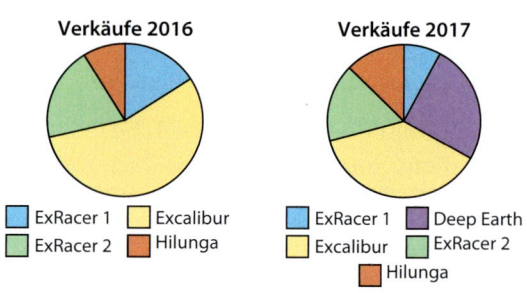

a Schätze die Anteile der farbigen Kreissegmente in Prozent.

b Berechne mithilfe der Tabellen die Anteile exakt und übertrage sie jeweils in ein Säulendiagramm.

Verkäufe 2016	
ExRacer 1	3611
Excalibur	12 723
ExRacer 2	4498
Hilunga	2015

Verkäufe 2017	
ExRacer 1	2897
Deep Earth	9120
Excalibur	13 563
ExRacer 2	5876
Hilunga	4601

c Beim Blick in die Tabellen fällt auf, *dass ExRacer 2* im Jahr 2017 häufiger verkauft wurde als 2016. Dennoch ist der Kreisausschnitt für dieses Spiel im linken Diagramm größer als im rechten. Kannst du das erklären?

3.2 Statistische Kennwerte

1 Das Einkommen von Autoverkäufern ist umsatzabhängig. Im September lagen die vom *Autosalon Bachtler* ausgezahlten Provisionen weit auseinander:
Frau Aumann: 2 460 €, Herr Bechtel: 5 810 €, Herr Dold: 4 920 €,
Herr Haller: 1 790 €, Frau Kolb: 3 040 €, Herr Schad: 3 310 €,
Herr Stoffel: 2 960 €

a Wer hat am meisten, wer am wenigsten verdient?
b Wie groß ist der Einkommensunterschied zwischen diesen beiden Verkäufern?
c Was verdienten die Verkäufer des Autosalons durchschnittlich?

Die Redaktion der Schülerzeitung der Marie-Curie-Schule möchte eine Statistik über die Dauer der Schulwege erstellen. Philipp aus der Klasse 9a notiert dazu drei Wochen lang, wie lang er mit dem Bus nach Hause braucht. Er ordnet die Werte der Größe nach. Da er einmal umsteigen muss, sind seine Zeiten sehr unterschiedlich.

16	17	18	18	18	18	19	20	25	26	26	27	27	27	28

Die kürzeste Heimfahrt dauert 16 Minuten. Das entspricht dem **Minimum**.
Die längste dauert 28 Minuten. Das entspricht dem **Maximum**.
Die Differenz zwischen kürzester und längster Fahrzeit beträgt 12 Minuten.
Dies nennt man die **Spannweite** einer Datenreihe.
Am häufigsten benötigt Philipp 18 Minuten. Man spricht vom **Modalwert**.

Philipps Durchschnittswert berechnet man, indem man alle Werte addiert und die Summe durch die Anzahl der Werte dividiert. So erhält man das **arithmetische Mittel**, kurz: den Mittelwert $\overline{x}$.

$$\overline{x} = \frac{16 + 17 + 18 + 18 + 18 + 18 + 19 + 20 + 25 + 26 + 26 + 27 + 27 + 27 + 28}{15} = 22$$

Philipps Heimweg dauert im Durchschnitt 22 Minuten.

M   **Statistische Kennwerte**

Maximum und **Minimum** bezeichnet man auch als **Extremwerte**.
Die Differenz zwischen Minimum und Maximum nennt man **Spannweite** w.
Wenn man die Summe aller Werte durch die Anzahl aller Werte (**Umfang**) dividiert, erhält man das **arithmetische Mittel** (den Mittelwert).

$$\overline{x} = \frac{\text{Summe aller Werte}}{\text{Anzahl aller Werte}} = \frac{\text{Summe aller Werte}}{\text{Umfang}}$$

Den am häufigsten vorkommenden Wert nennt man **Modalwert** m.

Beispiel 5; 6; 6; 10; 18 ⇒ Minimum min = 5; Maximum max = 18; Spannweite w = 13
arithmetisches Mittel $\overline{x} = \frac{5 + 6 + 6 + 10 + 18}{5} = 9$
Modalwert m = 6

Übungsaufgaben

1 Ordne zuerst die Datenreihe.
Berechne den Mittelwert. Die Spannweite kannst du im Kopf berechnen.

a 4,5; 3,5; 4; 3,5; 2; 2,5

b 8; 17; 24; 72; 13; 18; 16; 9; 11; 12

c 25,5; 18,5; 14,5; 11,5; 45; 55; 17,5; 12,5

2 Übertrage die Abbildungen ins Heft. Fülle dort die freien Felder so aus, dass in den rot umrandeten Quadraten jeweils der Mittelwert der vier umgebenden Felder steht.

a 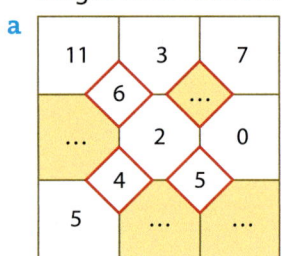 **b**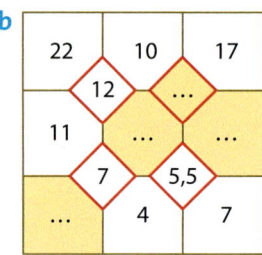

3 Für die Auswahl der Teilnehmer an den Stadtschulmeisterschaften wird beim Kugelstoßen der Durchschnitt der fünf Weiten gebildet:

| Max | 8,45 m | 8,33 m | 8,56 m | 6,85 m | 8,31 m |
| Finn | 8,23 m | 8,35 m | 8,20 m | 8,24 m | 8,48 m |

a Berechne jeweils das arithmetische Mittel.

b Ali hat 8,57 m, 8,53 m, 8,66 m, 8,64 m und einen Fehlversuch vorzuweisen.

c Der Sportlehrer schlägt der Klasse vor, dass er nur die vier besten Ergebnisse in die Rechnung einbezieht. Wie wirkt sich dies für die drei Sportler aus? Begründe deine Antwort.

4 Das arithmetische Mittel beträgt in allen Datenreihen 10. Bestimme die fehlende Zahl und die Spannweite.

a 2; 4; 6; 8; ☐

b 17; 5; 0; 19; ☐

c 15,5; 14,4; 3; 12,2; 13,3; ☐

Der gewichtete Mittelwert

Frau Polzer gewichtet die schriftlichen Mathematiknoten unterschiedlich.
Ein kurzer Test zählt einfach, ein normaler Test doppelt und eine Klassenarbeit vierfach:

	1. KA	2. KA	Test	1. kl. Test	2. kl. Test
Sascha	3	2,5	4	5	4
Sina	3	2	4	1	2,5
Gewichtung	×4	×4	×2	×1	×1

So berechnet Frau Polzer Saschas schriftliche Gesamtnote:

$$\frac{3 \cdot 4 + 2,5 \cdot 4 + 4 \cdot 2 + 5 \cdot 1 + 4 \cdot 1}{4 + 4 + 2 + 1 + 1} = 3,25$$

M Wenn die unterschiedlichen Gewichtungen der Werte beim Berechnen des Mittelwertes berücksichtigt werden müssen, sprechen wir von einem **gewichteten Mittelwert**. Jeder einzelne Wert wird mit seiner **Gewichtung** multipliziert und anschließend wird die Summe der gewichteten Werte durch die **Summe der Gewichtungen** dividiert.

$$\text{gewichteter Mittelwert} = \frac{\text{Summe aller gewichteten Werte}}{\text{Summe der Gewichtungen}}$$

5 Berechne Sinas schriftliche Gesamtnote so wie Frau Polzer.

6 Silas hat in den Klassenarbeiten die Noten 1 und 1,5, in den kurzen Tests 1,5 und 2,5 geschrieben. Den normalen Test hat er versäumt.

7 Die Endnote für das Fach Technik wird aus den schriftlichen, mündlichen und praktischen Leistungen ermittelt. Der schriftliche Durchschnitt zählt dabei dreifach, der praktische doppelt und der mündliche einfach.

a Berechne Magdas Endnote bei folgenden Durchschnittsnoten:
schriftlich 2,2, praktisch 2,8, mündlich 1

b Natalie steht schriftlich auf 3,9, praktisch auf 3,5 und mündlich auf 2,7. Auf welchen Schnitt im Praktischen müsste sie kommen, um noch eine 3 in der Gesamtnote zu erhalten?

8 Herr Schulz berechnet den Benzinverbrauch seines Fahrzeugs sehr gewissenhaft. Er hat festgestellt, dass sein Auto auf Kurzstrecken durchschnittlich 8,3 l/100 km verbraucht. Auf Autobahnen kommt er mit 7,2 l/100 km aus. Für Landstraßen hat er einen durchschnittlichen Verbrauch von 6,4 l/100 km ermittelt.

a Berechne den durchschnittlichen Verbrauch, wenn er 380 km auf der Autobahn, 185 km in der Stadt und 269 km auf Landstraßen unterwegs war.

b Berechne den durchschnittlichen Jahresverbrauch pro 100 km, wenn er 7000 km auf Landstraßen, 3500 km in der Stadt und 4500 km auf Autobahnen unterwegs war.

c Nach dem Volltanken ermittelt Herr Schulz einen Durchschnittsverbrauch von genau 7 l/100 km. Er weiß, dass er 420 km auf der Autobahn und 270 km auf Landstraßen unterwegs war. Kannst du herausfinden, wie viele Kilometer Kurzstrecke er gefahren ist?

Der Zentralwert

Die Basketball-Jungs der Albert-Einstein-Schule nach Größe geordnet:
1,47 m; 1,48 m; 1,48 m; 1,49 m; 1,50 m; 1,51 m; 1,85 m

Der Wert 1,49 m liegt genau in der Mitte der **geordneten** Datenreihe und wird **Zentralwert** genannt. Der Maximalwert von 1,85 m weicht stark von den anderen Werten ab. Man nennt solche Werte **Ausreißer**.
Der Trainer überlegt: „Sollen wir als Körpergröße den Mittelwert nehmen und die Gegner schocken, oder sollen wir sie in Sicherheit wiegen und den Wert in der Mitte angeben?"

> **M** Der **Zentralwert** z oder **Median** ist der Wert, der in einer **geordneten** Datenreihe genau in der Mitte der Reihe liegt.
> Falls der Umfang, also die Anzahl n der Werte, gerade ist, ist z kein Wert aus der Datenreihe. Er muss dann als arithmetisches Mittel der beiden Werte in der Mitte berechnet werden.

Beispiel 1

Umfang Basketballteam: n = 7

Position des Medians: $\frac{n+1}{2} = \frac{7+1}{2} = 4$

⇒ z liegt auf Rangplatz ④. → z = 1,49 m

Beispiel 2

Datenreihe: 2; 3; 6; 9; 11; 15   Umfang: n = 6

Position des Medians: $\frac{n+1}{2} = \frac{6+1}{2} = 3{,}5$

⇒ z liegt zwischen Rangplatz 3 und 4. → $z = \frac{6+9}{2} = 7{,}5$

9 Vergleiche arithmetisches Mittel und Zentralwert. Weshalb unterscheiden sich die beiden Werte ziemlich stark?

0; 4; 6; 6; 7; 12; 17; 18; 20

10 Bestimme den Zentralwert und den Mittelwert.

a 67,5; 68,2; 70; 72,5; 85; 64,5; 65,4; 67,5

b 4; 3; 3; 4; 2; 1; 5; 6; 2; 2; 2; 1; 3; 3; 3; 1; 2

11

Philippa sollte für ihre Hausaufgaben im Durchschnitt eigentlich nicht länger als 25 Minuten pro Fach benötigen, meinte ihre Lehrerin. Sie hat sich für Mathematik diese Minutenwerte notiert:

27; 30; 0; 25; 22; 35; 0; 22; 27; 20; 40; 36

a Wie lange braucht Philippa im Durchschnitt?

b Vanessa meint, dass man die Tage, an denen es keine Hausaufgaben gibt, nicht mitrechnen darf. Welcher Wert ergibt sich dann?

c Was meinst du zu Vanessas Einwand?

12 Beim letzten Mathematik-Test haben Mädchen und Jungen bei 20 möglichen Punkten folgende Ergebnisse erreicht:

2	12	15	7	10	10	8	10
8	4	17	17	15	9	14	12
9	14	12	16	19	14	12	16

a Bestimme die Kennwerte und mache mindestens zwei Aussagen zu dem Test.
*Beispiel Das Maximum liegt bei 19 Punkten.
Ein Junge hat das beste Testergebnis.*

b Erstelle für die Geschlechter jeweils eigene Datenreihen und Kennwerte. Vergleiche sie miteinander und komme zu mindestens drei Aussagen.

c Auf wie viele Punkte muss Jan im Nachschreibe-Test kommen, damit der Median bei den Jungen auf 14 steigt?

13

Das Durchschnittgehalt in meiner Firma beträgt satte 4 000 Euro.

Vier Angestellte erhalten monatlich 1 800 €, sechs Angestellte 2 400 €.

a Was verdient der Geschäftsführer im Monat?

b Begründe, weshalb die Angabe des Zentralwertes hier aussagekräftiger wäre.

14 Die Umsätze zweier Gaststätten in einer ganz normalen Woche (Angaben in €):

Zum Blauen Bock						
Mo	Di	Mi	Do	Fr	Sa	So
0	417	328	455	612	973	743

Gittis Riesen-Burger						
Mo	Di	Mi	Do	Fr	Sa	So
602	476	398	522	589	460	362

a Bestimme die statistischen Kennwerte zu den Einnahmen der beiden Gaststätten. Schreibe jeweils mindestens zwei Aussagen auf.

b Vergleiche die Einnahmen der Gaststätten an den einzelnen Tagen. Wie kannst du dir die Unterschiede erklären?

c

Um die Umsätze der beiden Gaststätten vergleichen zu können, dürfte man den Montag nicht mitrechnen.

Ich finde eher, man müsste jeweils den größten und kleinsten Wert weglassen.

Was meinst du zu den Meinungen von Gernot und Maren?

15 Herr Baumann bereitet sich auf den Halbmarathon (21,1 km) in seiner Heimatstadt vor. Seine wöchentlichen Laufleistungen hat er genau aufgeschrieben:

39,9 km; 42 km; 36,5 km; 38,2 km; 40,1 km; 46,4 km; 39,8 km; 30,6 km; 37,5 km

a Wie viele Kilometer lief er durchschnittlich pro Woche?

b Hat der Zentralwert eine größere Aussagekraft als der Mittelwert?

c Ergänze zwei mögliche Werte so, dass sich der Mittelwert nicht ändert.
Was musst du beachten?

d Ergänze zwei Angaben so, dass sich der Zentralwert nicht ändert.
Welche Eigenschaften müssen diese beiden Werte haben?

e Herr Baumann möchte nach 1 Stunde und 45 Minuten im Ziel sein.
Welche Durchschnittszeit pro Kilometer muss er dafür laufen?

16

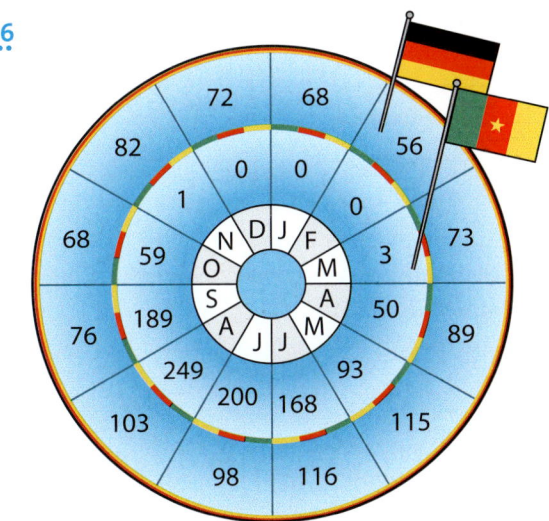

In Freiburg und in Garoua (in Kamerun) gibt es im Jahresmittel ziemlich genau gleich viel Niederschlag.

a Berechne den durchschnittlichen monatlichen Niederschlag in Millimetern.

b Vergleiche weitere Kennwerte der beiden Städte.

c Zeichne für beide Städte ein Säulendiagramm der Niederschlagsmengen und vergleiche.
Was fällt dir auf? Finde eine Erklärung dafür!

17 Die Tabelle zeigt das Durchschnittsgehalt von Industriekaufleuten im Jahr 2016:

Bundesland	Durchschnittsgehalt
Baden-Württemberg	2 998 €
Bayern	2 908 €
Berlin	2 580 €
Brandenburg	2 125 €
Bremen	2 642 €
Hamburg	2 882 €
Hessen	3 142 €
Mecklenburg-Vorpommern	2 066 €
Niedersachsen	2 518 €
Nordrhein-Westfalen	2 735 €
Rheinland-Pfalz	2 705 €
Saarland	2 566 €
Sachsen	2 149 €
Sachsen-Anhalt	2 103 €
Schleswig-Holstein	2 428 €
Thüringen	2 183 €

a Übertrage die Daten in eine geeignete Diagrammform.

b Stelle mithilfe geeigneter Kennwerte einen Vergleich zwischen den neuen und den alten Bundesländern an. Formuliere dazu mindestens drei treffende Aussagen.

18 Anhand einer Umfrage in der Klasse 9c zum Fernsehverhalten seiner Mitschüler hat Florian folgendes Diagramm erstellt:

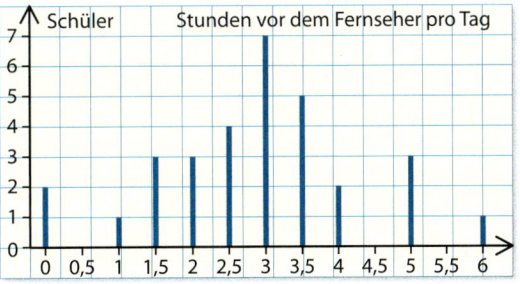

a Welche Kennwerte kannst du dem Diagramm direkt entnehmen, welche nur, wenn du die Daten anders darstellst?

b Schreibe mindestens zwei Aussagen zum Fernsehverhalten der Schüler aus Klasse 9c auf.

c Bestimme den Mittel- und den Zentralwert.

3.3 Boxplots erstellen und interpretieren

1

5	8	9	9	10	12	12	14	14	14	15	15	16	17	17	18	18	19	19	20

Der letzte Vokabeltest in der Klasse 9b ist gut ausgefallen. Tayfun war mit 19 von 20 Punkten wie immer im besten Viertel der Klasse vertreten. Beschreibe, wie die Leistungen von Devin, Sophia und Athena innerhalb der Klasse einzuordnen sind.

Für Elektroarbeiten verlangen die meisten Betriebe recht hohe Stundensätze, da viele Arbeiten von einem Elektromeister überwacht sein müssen. Wie in der Datenreihe unten zu sehen ist, liegt der Stundensatz rund um Stuttgart zwischen 40 € und 55 €.

Zum Vergleichen **geordneter Datenreihen** ist es in der Statistik üblich, sie in **vier Gruppen** zu gliedern.

Stichprobe der Stundensätze	40 €	42 €	45 €	46 €	48 €	49 €	49 €	50 €	51 €	51 €	53 €	55 €	55 €
	1	2	3	4	5	6	7	8	9	10	11	12	13

Halbiert man den unteren Teil der Datenreihe zwischen Minimum und Zentralwert z, so erhält man in der Mitte dieser Reihe das untere Quartil q_u.

Durch Halbierung des oberen Teils zwischen Zentralwert z und Maximum erhält man in der Mitte dieser Reihe das obere Quartil q_o.

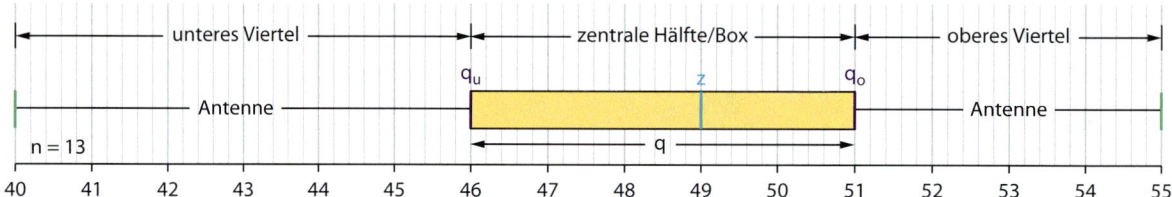

Fasst man die beiden mittleren Viertel zwischen den Werten q_u und q_o zu einer zentralen Hälfte zusammen, dann erhält man die sogenannte *Box*. Diese verbindet man über *Antennen* zu Minimum und Maximum und erhält eine neue Diagrammform mit dem Namen **Boxplot**.

Die Breite der Box bezeichnet man als **Quartilsabstand** q; im Beispiel oben:

$$q = q_o - q_u$$
$$q = 51 - 46 = 5$$

Je kleiner der Quartilsabstand q ist, desto enger liegen 50 % aller Daten**punkte** beieinander. Die Box macht den mittleren Bereich von 46 € bis 51 € Stundensatz für Elektroarbeiten deutlich. Die **Spannweite** w ergibt sich aus dem Abstand zwischen dem kleinsten und dem größten Wert:

$$w = x_{max} - x_{min}$$
$$w = 55 - 40 = 15$$

Es gibt unterschiedliche Verfahren zur Berechnung der Quartile eines Boxplots. Da Boxplots in der Regel zur Darstellung großer Datenmengen angewendet werden, spielt es bei mehreren hundert Datenpunkten keine Rolle, ob die Quartile einen Datenpunkt weiter links oder rechts liegen. Bei kleinen Datenmengen dagegen können sich die Kennwerte von Boxplots bereits aufgrund kleiner Unterschiede bei den Daten durchaus voneinander unterscheiden.

Mit dem Kasten auf der rechten Seite bekommst du die Quartil-Berechnung systematisch in den Griff!

Quartile berechnen

① Den Umfang n der geordneten Datenreihe bestimmen.

③ n ungerade: Median z am Rangplatz p(z) ablesen.
n gerade: z ist der Mittelwert der Datenpunkte, die dem Rangplatz p(z) benachbart sind.

② Den Rangplatz p des Medians z mit der Formel $p(z) = \frac{n+1}{2}$ bestimmen.

④ Die Rangplätze der Quartile entsprechend den Beispielen bestimmen.

──────── Umfang n ungerade: Der Median liegt auf einem Datenpunkt. ────────

Beispiel n = 9:   Die Quartile liegen auf einem Datenpunkt.

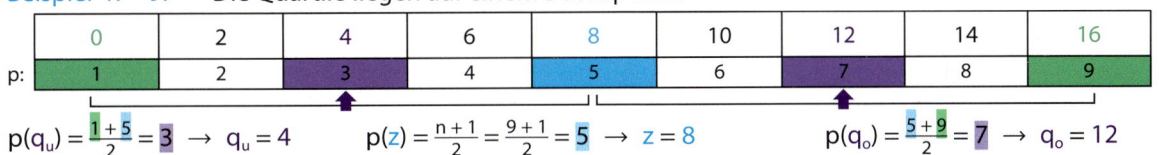

$p(q_u) = \frac{1+5}{2} = 3 \rightarrow q_u = 4$ $p(z) = \frac{n+1}{2} = \frac{9+1}{2} = 5 \rightarrow z = 8$ $p(q_o) = \frac{5+9}{2} = 7 \rightarrow q_o = 12$

Beispiel n = 11:   Die Quartile liegen zwischen zwei Datenpunkten.

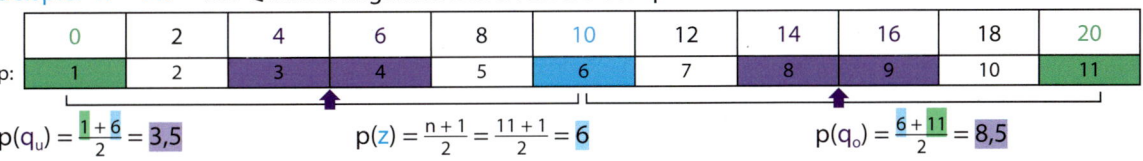

$p(q_u) = \frac{1+6}{2} = 3{,}5$ $p(z) = \frac{n+1}{2} = \frac{11+1}{2} = 6$ $p(q_o) = \frac{6+11}{2} = 8{,}5$

$\rightarrow q_u = \frac{4+6}{2} = 5$ $\rightarrow z = 10$ $\rightarrow q_o = \frac{14+16}{2} = 15$

──────── Umfang n gerade: Der Median liegt zwischen zwei Datenpunkten. ────────

Beispiel n = 10:   Die Quartile liegen auf einem Datenpunkt.

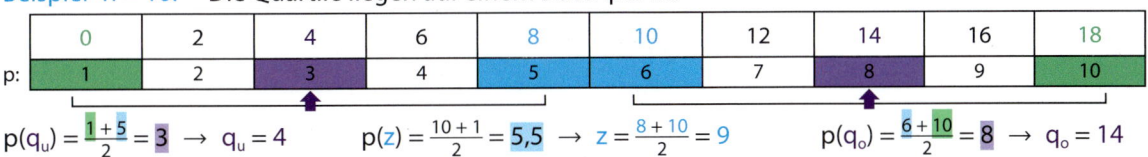

$p(q_u) = \frac{1+5}{2} = 3 \rightarrow q_u = 4$ $p(z) = \frac{10+1}{2} = 5{,}5 \rightarrow z = \frac{8+10}{2} = 9$ $p(q_o) = \frac{6+10}{2} = 8 \rightarrow q_o = 14$

Beispiel n = 12:   Die Quartile liegen zwischen zwei Datenpunkten.

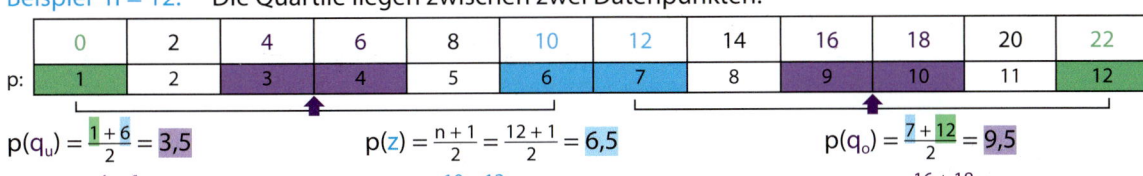

$p(q_u) = \frac{1+6}{2} = 3{,}5$ $p(z) = \frac{n+1}{2} = \frac{12+1}{2} = 6{,}5$ $p(q_o) = \frac{7+12}{2} = 9{,}5$

$\rightarrow q_u = \frac{4+6}{2} = 5$ $\rightarrow z = \frac{10+12}{2} = 11$ $\rightarrow q_o = \frac{16+18}{2} = 17$

Übungsaufgaben

1 Lies die Extremwerte, den Zentralwert und die Quartile aus dem Diagramm ab. Berechne die Spannweite, den Quartilsabstand und die Länge der Antennen.

a

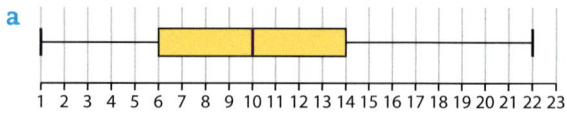

b

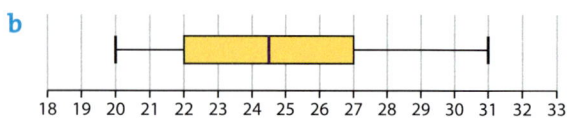

c

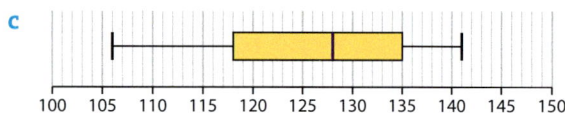

2 Bestimme für jede Datenreihe die Extremwerte, den Zentralwert und die Quartile. Zeichne den Boxplot in dein Heft. Plane mithilfe der Spannweite, wie breit du ihn zeichnen solltest.

a 2; 3; 4; 6; 7; 8; 9; 11; 15; 16; 17; 20; 25
b 10; 12; 14; 16; 20; 24; 30; 31; 32; 33; 34; 35
c 50; 55; 60; 60; 65; 70; 80; 85; 90; 95; 100; 110; 120; 125; 150; 175; 175
d 75; 76; 76; 80; 81; 83; 84; 85

3 Bestimme für jede Datenreihe die Extremwerte und den Zentralwert. Berechne die Quartile und zeichne den Boxplot in dein Heft.

a 20; 20; 22; 23; 24; 24; 25; 27; 29; 30
b 32; 32; 33; 35; 35; 37; 38; 39; 42; 45; 45
c 58; 58; 60; 61; 61; 63; 65; 69; 72; 73; 75; 78; 81; 85
d 115; 120; 125; 125; 130; 150; 155; 165; 175; 175; 180; 190; 195; 200; 210

4 Welche Datenreihe passt zu dem Boxplot?

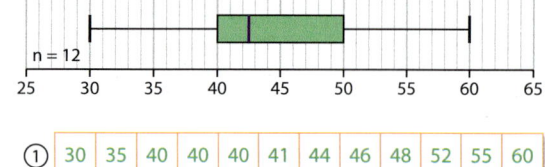

| ① | 30 | 35 | 40 | 40 | 40 | 41 | 44 | 46 | 48 | 52 | 55 | 60 |
| ② | 30 | 32 | 39 | 41 | 41 | 42 | 43 | 45 | 50 | 50 | 58 | 60 |

5

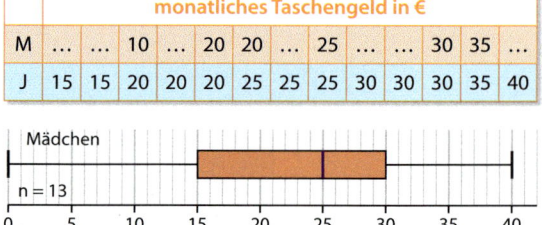

	①	②	③
Minimum	0	…	22,5
q_u	…	1 200	25,0
z	7	1 600	33,5
q_o	10	1 800	…
Maximum	14	3 400	…
Quartilsabstand	4	…	10,5
Spannweite	…	2 400	20,5

a Ergänze die Tabelle im Heft.
b Zeichne die zugehörigen Boxplots.
c Beschreibe zu jeder Datenreihe Besonderheiten, die im Boxplot zu erkennen sind.

6 Wenn eine Datenreihe aus 13 Datenpunkten besteht, dann lassen sich Zentralwert und Quartile sehr einfach ablesen.

a Bei welcher Menge von Datenpunkten kannst du das Gleiche feststellen? Nenne zwei Beispiele.
b Kannst du eine allgemeine Regel erstellen, für welche Anzahl von Werten das gilt?

7 Bei einer Umfrage wurden Jungen und Mädchen der Klasse 9a nach der Höhe ihres monatlichen Taschengeldes befragt.

monatliches Taschengeld in €												
M	…	…	10	…	20	20	…	25	…	…	30	35	…
J	15	15	20	20	20	25	25	25	30	30	30	35	40

a Übertrage die Tabelle in dein Heft und ergänze mithilfe des Boxplots passende Werte. Es kann auch mehrere Möglichkeiten geben!
b Zeichne den Boxplot der Mädchen in dein Heft und ergänze den Boxplot für die Jungen mithilfe der Tabelle.
c Vergleiche die beiden Diagramme und notiere dazu mindestens zwei Aussagen.

8 Levin spielt Fußball bei den B-Junioren. Für eine Sammelbestellung neuer Fußballschuhe wurden die Schuhgrößen seines Kaders erfasst:
39; 40; 40; 40; 40,5; 40,5; 41; 41,5; 41,5; 41,5; 41,5; 41,5; 42; 42; 43; 44,5

a Welcher Boxplot gehört zu diesen Daten?

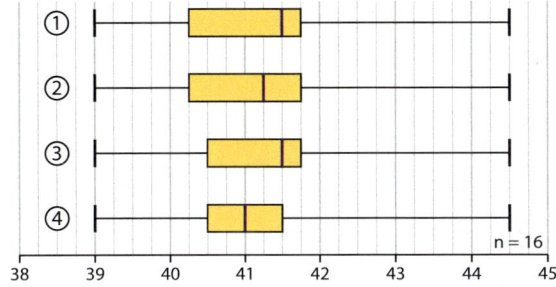

b Levin hat sich bei der Angabe seiner Schuhgröße um eine halbe Nummer vertan. Welches Diagramm würde nun passen?

c Die Zwillinge Lars und Sven haben die gleiche Schuhgröße. Sie treten von der Sammelbestellung zurück, ohne dass sich der Zentralwert der verbleibenden Reihe ändert. Welche Größe können sie möglicherweise gehabt haben?

9 In der Klasse 9a wurde in einer Umfrage festgestellt, wie viele Fahrräder sich jeweils in den Haushalten der Schüler befinden. Welcher der beiden Boxplots zeigt die Verteilung?

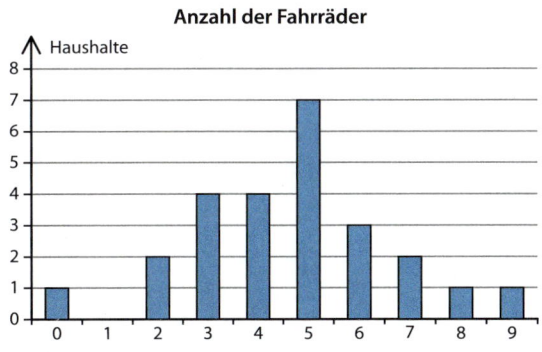

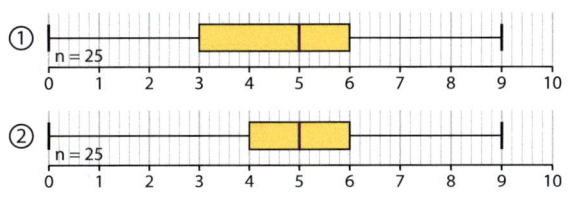

10 Der Notenspiegel der beiden ersten Englisch-Klassenarbeiten, auf ganze Noten gerundet:

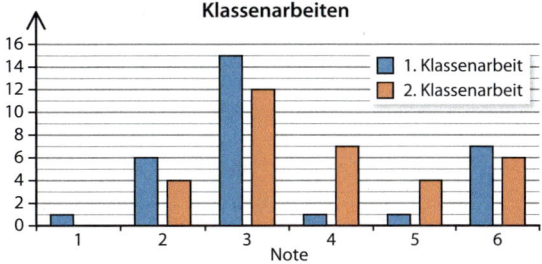

a Schreibe die Notenwerte jeweils geordnet nebeneinander, berechne die Mittelwerte und lies die Zentralwerte ab.

b Welcher Wert ist deiner Meinung nach aussagekräftiger? Begründe deine Meinung!

c Zeichne zwei Boxplots, um die Klassenarbeiten zu vergleichen.

11 Bettina und Jürgen verbringen ihre Pfingstferien in einem Fahrradhotel auf Mallorca. Jeden Tag geht es aufs Rennrad. In einem Tagebuch wird die zurückgelegte Strecke notiert.

a Entnimm der Tabelle die Tageskilometer und stelle sie in einem Boxplot dar.

27. 5.	31 km	3. 6.	Ruhetag
28. 5.	56 km	4. 6.	86 km
29. 5.	68 km	5. 6.	68 km
30. 5.	57 km	6. 6.	72 km
31. 5.	72 km	7. 6.	81 km
1. 6.	68 km	8. 6.	65 km
2. 6.	92 km	9. 6.	34 km

b Welche Aussagen zum Fahrverhalten der beiden kannst du mithilfe des Boxplots treffen?

c Bettina: *Obwohl wir letztes Jahr zwei Ruhetage hatten, sind wir damals im Schnitt 3 km mehr pro Tag gefahren.*
Wie könnten Tabelle und Boxplot des Vorjahres ausgesehen haben?

Strategie: Daten mithilfe einer Umfrage erfassen

Das Erfassen von Daten zu einem bestimmten Sachverhalt nennt man **statistische Erhebung**.

Unser Beispielthema:
Welche Informationsquellen sind für euch vertrauenswürdig?

① Umfrage planen

- Was soll erfragt werden?
  Welche Informationen wollen wir erhalten?
- Mit welchen Fragestellungen erhalten wir diese Informationen?
- Welche Personen werden befragt?
- Wer führt die Umfrage wann durch?

② Fragebogen erstellen

Gestaltet einen Fragebogen, der für die Befragten übersichtlich ist.
Gleichzeitig soll er so angelegt sein, dass die Antworten rasch und fehlerfrei in eure Listen übertragen werden können.

Wem würdest du bei widersprüchlicher Berichterstattung am ehesten vertrauen?
Kreuze genau eine Antwort an:
☐ Tageszeitung
☐ Fernsehen
☐ Radio
☐ Internet

③ Umfrage durchführen
(Daten erfassen)

Wie viele Personen sollen befragt werden? Macht entsprechend viele Kopien von eurem Fragebogen und führt eure Umfrage durch.

④ Daten auswerten

Legt zum Auswerten der Fragebögen eine Strichliste und eine Häufigkeitstabelle an. Bestimmt die Kennwerte, die euch helfen, die Daten auszuwerten.

⑤ Daten darstellen

Fasst eure Ergebnisse in einem geeigneten Diagramm zusammen.

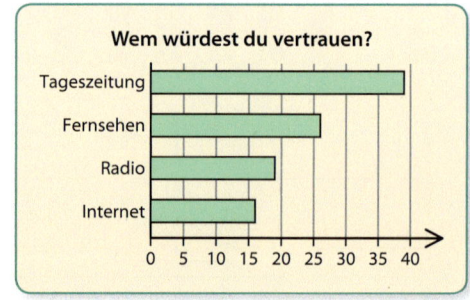

⑥ Daten präsentieren

Präsentiert eure Ergebnisse der ganzen Klasse.

Übungsaufgaben

1 Führt in eurer Klasse zum Thema *Welche Informationsquellen sind für euch vertrauenswürdig?* eine Umfrage durch – so wie im Beispiel links. Bezieht dabei als Informationsquellen auch Internet-Nachrichtendienste, soziale Netzwerke, Freunde, Eltern, Lehrer usw. mit ein. Wertet die Daten aus und stellt sie in einer geeigneten Form dar.

T Mögliche ergänzende Fragestellungen, die du entsprechend verändern kannst:
- Welchen Informationsquellen vertraust du sehr wenig?
- Wem vertraust du am ehesten, wenn es um Sachinformationen geht, die du für ein Referat benötigst?
- Wem vertraust du am meisten, wenn es um Prominenten-Klatsch geht?

2 In einer Studie hat man über 1 000 Jugendliche befragt, wie häufig sie in einem Buch lesen:

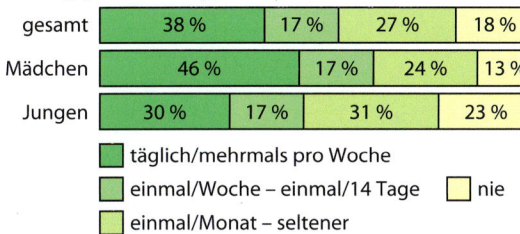

gesamt	38 %	17 %	27 %	18 %
Mädchen	46 %	17 %	24 %	13 %
Jungen	30 %	17 %	31 %	23 %

- ▪ täglich/mehrmals pro Woche
- ▪ einmal/Woche – einmal/14 Tage ▫ nie
- ▪ einmal/Monat – seltener

a Führt die gleiche Umfrage in eurer Klasse durch, wertet sie aus und vergleicht das Ergebnis mit dem der Studie.

b Wie wirkt es sich auf das Ergebnis der Studie beziehungsweise eurer Umfrage aus, wenn jemand seine Meinung ändert?
Was hat die Anzahl der Befragten für eine Bedeutung für die Auswertung einer Umfrage?

3 Svea hat in ihrer Klasse eine Umfrage zum Thema *Lieblings-Snacks* durchgeführt.

Burger	ЖHT I
Pizza	ЖHT II
Pasta	ЖHT III
Salat	ЖHT IIII

a Führt in eurer Klasse die gleiche Umfrage durch und wertet sie aus.

b Stellt euer Umfrageergebnis und das von Svea in geeigneter Diagrammform dar und vergleicht die Ergebnisse aus beiden Klassen.

4 Die Elternvertreter der Heinrich-Böll-Schule führen eine „Aktion zur Verbesserung des Essensangebots in der Schulmensa" durch. Dazu wollen sie Schüler und Eltern befragen.

a Am ersten Entwurf des Fragenkatalogs hatte Frau Schwarz-Bier, die Elternbeiratsvorsitzende, Kritikpunkte.
Welche Fragen fand sie wenig hilfreich, wenn man erfahren will, wie man das Essensangebot verändern sollte?

① Wie oft gehst du pro Woche in die Mensa?

② Nenne die drei wichtigsten Gründe, warum du in der Schulmensa isst.

③ Gefällt dir die Farbe der Inneneinrichtung?

④ Was führt dazu, dass du dein Essen nicht in der Schulmensa einnimmst?

⑤ Nenne drei Gemüsesorten, die dir gut schmecken.

b Finde selbst zwei hilfreiche und zwei überflüssige Fragen.

c Erstelle einen Fragebogen, den man den Eltern vorlegen könnte.

3.5 Daten auswerten und vergleichen

1 Bei ihrem Besuch im Berufsinformationszentrum haben Josefine und Ajda die gleichen Berufsvorschläge bekommen.
Beiden ist das Gehalt, das sie später verdienen werden, wichtig. Zum Vergleich der Einkommen in den beiden Berufen haben sie im Info-Zentrum zwei Boxplots erhalten.

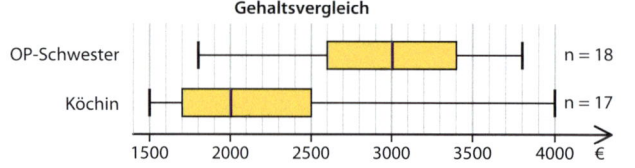

a Wie viel verdient man als OP-Schwester beziehungsweise als Köchin mindestens?
b Vergleiche mithilfe des Zentralwertes das mittlere Gehalt der beiden Berufe.
c In welchem Gehaltsbereich liegt das am höchsten bezahlte Viertel der Köchinnen? Stelle einen Vergleich mit dem Gehalt der OP-Schwestern her.
d Kannst du dir die große Spannweite beim Gehalt von Köchinnen erklären?

> **M** Zum **Auswerten oder Vergleichen von Daten** braucht man **Kennwerte** oder **Diagramme**.

Übungsaufgaben

1 Noah und Sean erkundigen sich nach Ausbildungsberufen. Bei ihrer Recherche finden sie einige Bruttogehälter.

Bruttogehälter Industriemechaniker					
2 850 €	2 550 €	3 050 €	2 750 €	2 900 €	3 150 €

Bruttogehälter Werkzeugmacher					
2 500 €	2 750 €	2 800 €	4 050 €	2 800 €	3 500 €

a Berechne die Spannweiten.
b Berechne die jeweiligen Mittelwerte und vergleiche sie mit den Zentralwerten.
Wie erklärst du dir die Unterschiede?
c Sean sagt: *Durchschnittlich verdient ein Werkzeugmacher mehr als ein Industriemechaniker. Also entscheide ich mich dafür.*
Noah widerspricht ihm. Was könnte er gesagt haben?

2 Sandra und Achmed bedienen beide zweimal die Woche in einem kleinen Café. Sie vergleichen ihre Trinkgelder des letzten Monats.

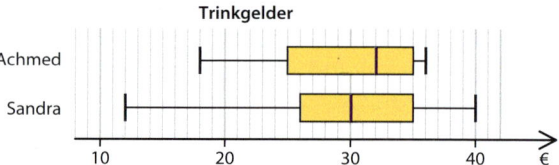

a Wie hoch war jeweils das minimale und maximale Trinkgeld?
b Kannst du dem Diagramm entnehmen, wer im letzten Monat mehr Trinkgeld bekommen hat?
c Achmed arbeitet hauptsächlich unter der Woche, während Sandra öfter auch am Wochenende arbeitet. Wie könnte sich das auf die Trinkgelder auswirken?

3 In der süditalienischen Region Kalabrien fallen im Jahr insgesamt ca. 75 mm mehr Regen als in Karlsruhe.

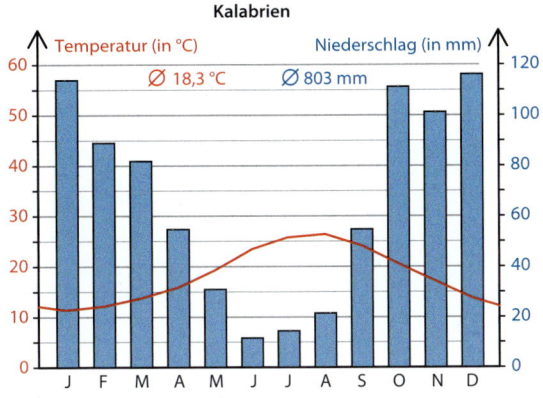

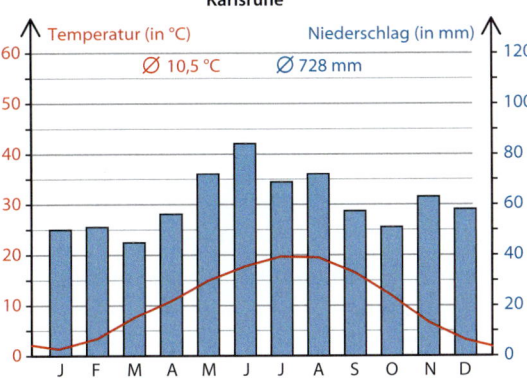

Betrachte die Diagramme genauer.

a Vergleiche jeweils die drei höchsten und drei niedrigsten Niederschlagswerte.

b Auf welchen Teil der Daten lässt sich der höhere Jahresmittelwert der Niederschläge in Kalabrien deiner Vermutung nach zurückführen?

c Vergleiche die Mittelwerte der Temperaturen in den Sommermonaten (Juni–September).

d Wie sieht der Vergleich bei den Temperatur-Mittelwerten der Wintermonate (November–Februar) aus?

e Familie Keller möchte mit ihren schulpflichtigen Kindern nach Kalabrien reisen.
Welche Ferien kannst du ihnen empfehlen, welche sind eher nicht empfehlenswert? Begründe deine Reiseempfehlung!

4 Entwurf eines Artikels für das Mornstädter Tageblatt:

> **Zoo boomt im Jahr 2018**
> Im Jahr 2018 kamen im Vergleich zum Vorjahr wesentlich mehr Besucher in den Mornstädter Zoo. Im Monat Juli wurde erstmals die 100 000er-Marke erreicht. Im Mai und Oktober verbuchte der Zoo die gleichen Besucherzahlen wie im Vorjahr.

a Vergleiche den Artikel mit dem Diagramm.

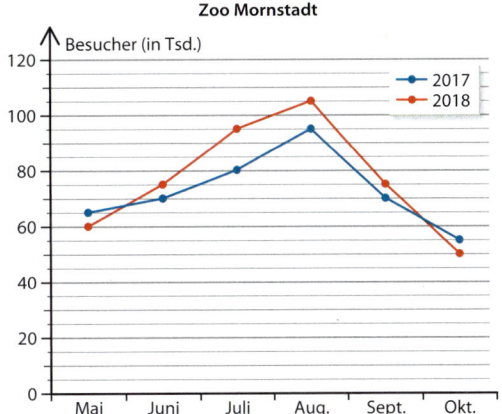

b Überarbeite den Artikel so, dass er gedruckt werden kann.

5 Gebrauchtwagenhändler Beran listet seine Verkaufszahlen der letzten Jahre auf.

a Gib die Anzahl der 2016 verkauften Autos so genau an wie möglich.
Wie bist du vorgegangen?

b 2017 wurden 275 Autos verkauft. Beschreibe in Worten, wie das Diagramm aussehen müsste.

6 Beim Minigolf werden 18 Bahnen gespielt. An jeder Bahn werden höchstens sieben Schläge aufgeschrieben.
Luca und Freya vergleichen nach zehn Bahnen die Anzahl ihrer Schläge.

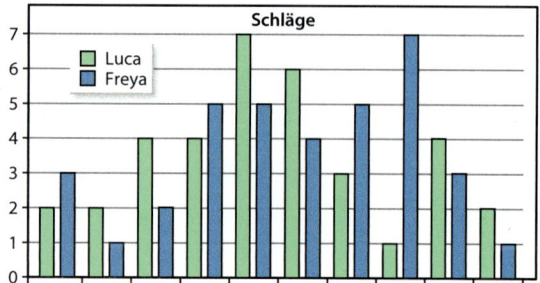

a Wer liegt bei diesem Zwischenstand in Führung?
b Kannst du anhand des Diagramms eine Prognose abgeben, wer das Spiel nach 18 Bahnen gewinnen wird?
c Mit wie vielen Schlägen müsste Luca nach 16 Bahnen führen, damit er am Ende sicher gegen Freya gewinnt?

7 98 Neuntklässler der Pestalozzischule und einige Neuntklässler der Goethe-Schule wurden zu ihren Plänen nach dem Schulabschluss befragt.

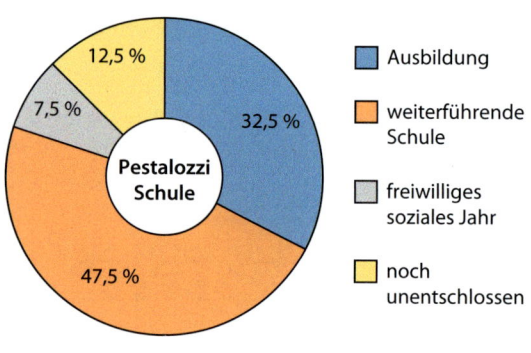

Goethe-Schule	
Ausbildung	12
weiterführende Schule	28
freiwilliges soziales Jahr	2
noch unentschlossen	8

a Vergleiche den relativen Anteil der Schüler, die eine Ausbildung machen möchten.
b In welcher Gruppe gibt es absolut gesehen die meisten unentschlossenen Schüler?

8 Der Mount Everest zwischen Nepal und Tibet ist mit 8 848 m der höchste Berg der Erde. Das Basiscamp auf 5 300 m Höhe ist Ausgangspunkt für die Besteigungen. Als beste Reisezeit nach Nepal gelten Oktober und November sowie der Zeitraum von Februar bis April. Die Messstation für die Klimatabelle liegt auf 1 500 m.

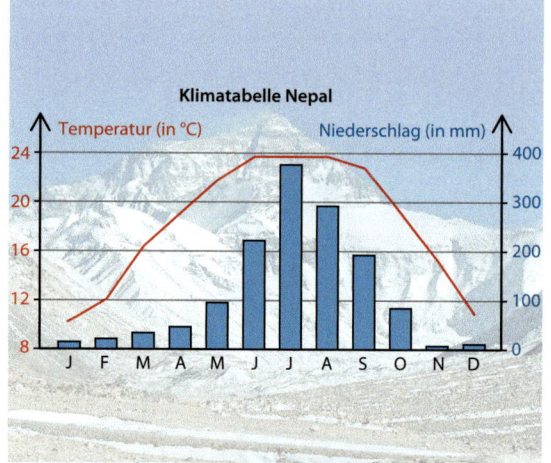

a Betrachte die beiden Reisezeiträume genauer. Notiere die durchschnittlichen Niederschlagsmengen und Temperaturen in den empfohlenen Reisemonaten.
b In den Sommermonaten sind die Temperaturen am höchsten. Warum gelten die Sommermonate dennoch nicht als Hauptreisezeit?
c Selbst im wärmsten Monat Juli betragen die mittleren Temperaturen auf dem Gipfel −19 °C. Um wie viel Grad wird es durchschnittlich pro 100 m Höhe kälter?
d

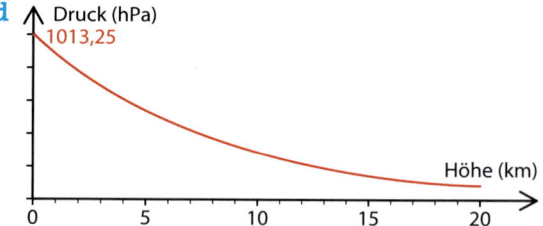

Auf dem letzten Teil der Gipfeltour spielt der Luftdruck eine große Rolle. Betrachte das Diagramm oben. Von welcher Größe hängt der Luftdruck ab?
Kannst du trotz fehlender Skala an der y-Achse eine Aussage über den Luftdruck auf dem Gipfel treffen?

9 Svea hat in ihrer Klasse und in der Parallelklasse eine Umfrage zum Thema „Nebenjobs" durchgeführt. Sie hat zwei Säulendiagramme erstellt.

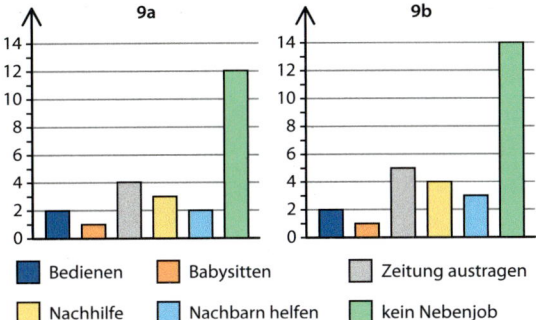

- Bedienen
- Babysitten
- Zeitung austragen
- Nachhilfe
- Nachbarn helfen
- kein Nebenjob

a Wie viele Schüler befinden sich in der 9a, wie viele in der 9b?

b Nimm Stellung zu Toms Behauptung.

Die 9b ist einfach nicht so engagiert. Da haben 14 keinen Nebenjob!

c Zeichne zwei neue Diagrammtypen, mit denen man Toms Aussage leicht widerlegen kann. (Tipp: Nutze eine Diagrammform, die sich für relative Häufigkeiten eignet.)

10 Eine Umfrage in den achten Klassen zur Nutzung des Internets liefert folgendes Ergebnis.

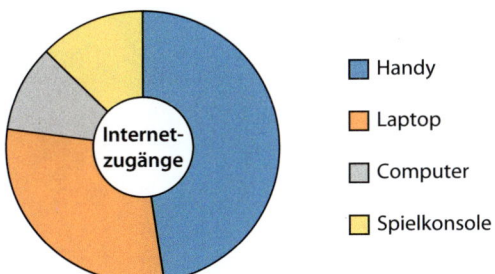

Internetzugänge

- Handy
- Laptop
- Computer
- Spielkonsole

Formuliert fünf Aussagen für euren Sitznachbarn. Tauscht eure Aussagen untereinander aus und entscheidet jeweils, welche sich mit dem Diagramm eindeutig bestätigen lassen und welche nicht.

11 Frau Müller wertet die Mathearbeiten der 9d mit einem Boxplot aus. Hier siehst du das Ergebnis der zweiten Klassenarbeit.

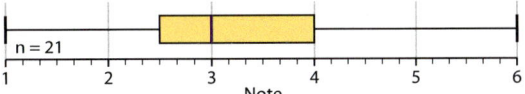

$n = 21$

Note

Welche der Aussagen unten kannst du anhand des Boxplots nachweisen, welche nicht? Begründe deine Entscheidungen!

① *21 Schüler haben mitgeschrieben.*

② *Die Hälfte aller Schüler lag zwischen 2,5 und 4.*

③ *Ein Schüler hatte die Note 1 und einer die 6.*

④ *Der Durchschnitt der Arbeit ist 3,0.*

⑤ *Die beste Note war 1,0. Die schlechteste 6,0.*

12 In der Tabelle siehst du das Umfrageergebnis zum Thema „Toiletten-Situation in der Schule". 300 Schüler der Bertha-Benz-Schule sollten ihre Zufriedenheit an einer Skala von 5 (*nicht zufrieden*) bis 1 (*sehr zufrieden*) eintragen.

	5	4	3	2	1
Anzahl ausreichend?	17	106	51	101	25
Toiletten sauber?	168	85	28	11	8
Toiletten funktionsfähig?	39	142	21	17	81

Michael: *Es sind zwar genug Toiletten vorhanden, aber die sind alle verdreckt und funktionieren nicht.*
Maja: *Vor dem Mädchenklo ist immer eine Schlange. Es gibt viel zu wenig funktionierende Toiletten.*

a Kannst du Michael und Maja mithilfe der Daten bestätigen oder widerlegen?

b Wie könntest du die Umfrage optimieren?

3.6 Diagramme richtig deuten

Der Saunabereich des Hallenbads *WasserWelten* braucht dringend eine Renovierung. Damit die Stadt diese genehmigt, bereitet Frau Brinkmann eine Präsentation über die Besucherzahlen der letzten zehn Jahre vor.

Ihr Ziel ist es, dem Gemeinderat überzeugend zu zeigen, dass die Renovierung des Badebereichs 2008 bereits für einen rasanten Besucheranstieg sorgte und die Erneuerung des Saunabereichs nun umso notwendiger wäre.

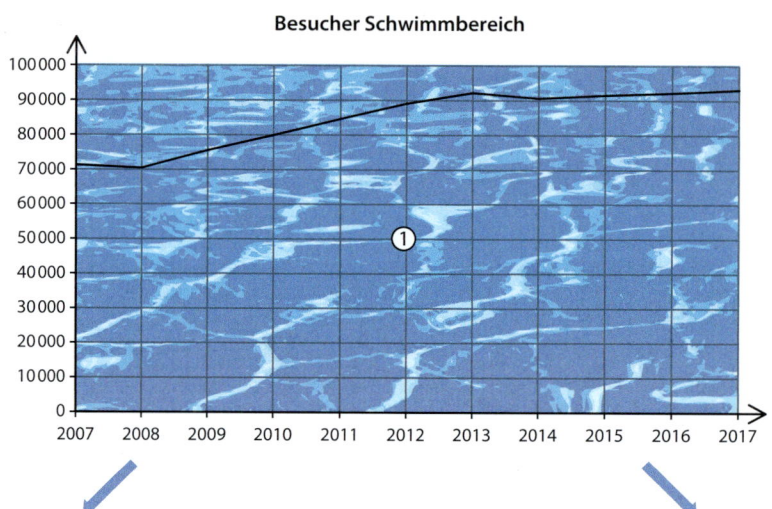

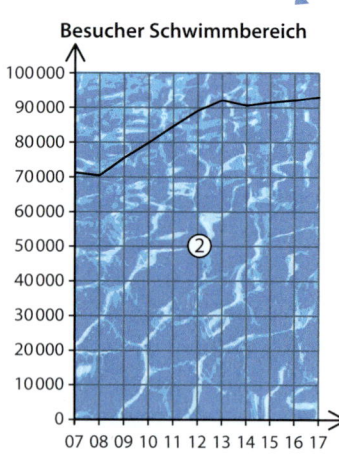

Im Diagramm ① erscheint der Anstieg der Besucherzahlen eher geringfügig. Durch Stauchen der x-Achse erreichte Frau Brinkmann im Diagramm ②, dass der Anstieg der Besucherzahlen optisch größer wirkt als in Diagramm ①.

Um den Anstieg der Besucherzahlen optisch noch mehr herausstechen zu lassen, wählt Frau Brinkmann in Diagramm ③ einen geeigneten Ausschnitt der y-Achse.

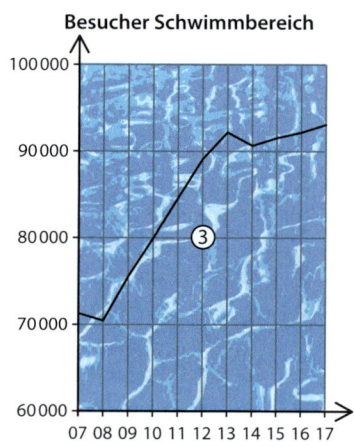

> **M** Durch das **Verändern der Skalierung** kann die Wirkung des Diagramms auf den Betrachter beeinflusst werden.
> Dies kann man durch Strecken beziehungsweise Stauchen der Achsen oder durch die Auswahl eines bestimmten Bereichs erreichen.

Übungsaufgaben

1 Friederike ist Redakteurin bei der Schülerzeitung *Theo*. Sie möchte einen interessanten Bericht über die Entwicklung der Verkaufszahlen schreiben.

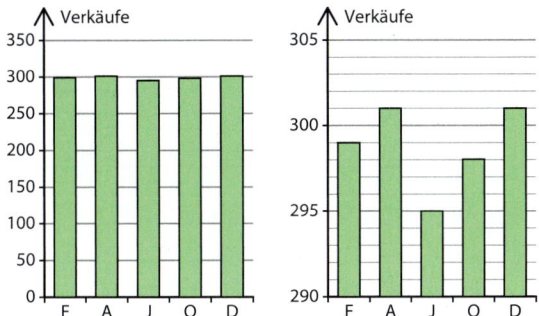

a Lies die Verkaufszahlen der letzten fünf Ausgaben aus einem der beiden Diagramme ab.

b Beschreibe, wie Friederike das Diagramm verändert hat und was dies für den Betrachter bewirkt.

2 Das Schulbistro in der Kopernikus-Schule wurde gut angenommen. Der Schulleiter Herr Beck hat die Anzahl der Gäste genau erfasst und ein Diagramm erstellt, das er der Stadt zur Untermauerung seiner Forderung nach einer Erweiterung vorlegt: „Wir rechnen bis Ende des Schuljahres mit fast 200 Gästen täglich."

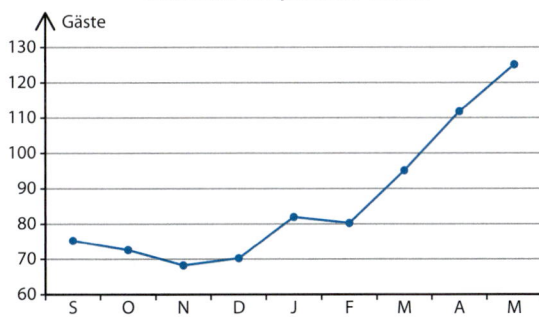

a Worauf hat er bei der Gestaltung seines Diagramms Wert gelegt? War das geschickt?

b Hat der Schulleiter den Gemeinderat dadurch getäuscht?

c Welche Tipps kannst du Betrachtern von Diagrammen für das Auswerten der Daten geben?

3 In Schnellstadt werden die Bürger zum Ausbau der Umgehungsstraße befragt. Hier siehst du zwei verschiedene Auswertungen des gleichen Ergebnisses.

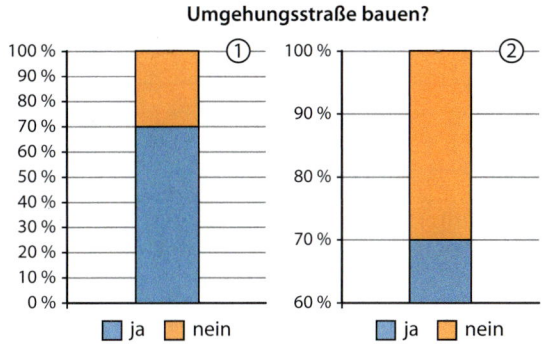

a Wie unterscheiden sich die beiden Diagramme?

b Welches Diagramm würde ein Gegner des Ausbaus seinen Zuhörern präsentieren? Begründe deine Meinung!

4 Alle neunten Klassen der Silcher-Realschule schreiben die gleiche letzte Mathematikarbeit. Zum Vergleich hat Frau Kreutz ein Diagramm mit den durchschnittlichen Punktzahlen in den Parallelklassen erstellt.

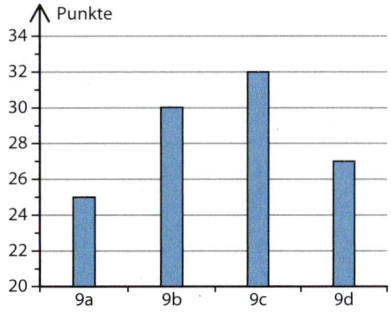

Der Klassenlehrer der 9b behauptet kurz entschlossen: *Die 9b hat im Durchschnitt doppelt so viele Punkte wie die 9a.*

a Wie kommt er auf diese Aussage?

b Erkläre ihm, warum er nicht richtig liegt.

c Erstelle ein Diagramm, das die Vergleichbarkeit der Klassen besser gewährleistet.

5 Dem Geschäftsführer eines mittelständischen Unternehmens liegen die aktuellen Umsatzzahlen (in Mio. €) vor. Er beauftragt die Buchhaltung, die Umsatzentwicklung der Firma für verschiedene Adressaten aufzubereiten.

a Wie unterscheiden sich die beiden Diagramme? Beschreibe, wie die Daten von Diagramm ② berechnet wurden.

b Welche Grafik soll der Geschäftsführer bei der jährlichen Aktionärsversammlung präsentieren?

6 Rechts siehst du die Bestweiten, die Sascha diese Saison im Speerwurf erzielte.

Monat	Mär	Apr	Mai	Jun	Jul	Aug
Bestweite	55 m	53 m	61 m	57 m	59 m	65 m

a Wähle einen geeigneten Diagrammtyp und lege die Skala so fest, dass Saschas Fortschritte prägnant dargestellt werden.

b Du kannst die Darstellung der Bestweiten noch eindrucksvoller gestalten, wenn du ihre Reihenfolge änderst. Zeichne erneut. Überlege dir, wie die neue Beschriftung der x-Achse lauten könnte.

c Ist so ein Vertauschen sinnvoll?

Figurendiagramme

Familie Essig hat sich vor fünf Jahren ein Haus gekauft, das seither renoviert wird. Der Wert des Hauses hat sich durch den Ausbau **vervierfacht**.

Ebenfalls **vervierfacht**, hat sich die Fläche des Figurendiagramms. Die Länge und die Breite des Geldscheins haben sich **jeweils verdoppelt**.

Um Schlagzeilen zu verdeutlichen, werden Bilddiagramme oft falsch dargestellt. Die Bevölkerung hat sich von 1960 bis 2040 **verdreifacht**; die Figur wurde aber in der Breite *und* in der Höhe verdreifacht! Die neue Fläche ist dadurch **neun Mal** so groß geworden!

M Figurendiagramme können durch **Nichtbeachtung der Proportionalität manipuliert** werden. Vergrößert man **sowohl Länge als auch Breite** eines Figurendiagrammes um den Veränderungsfaktor, so wird die Fläche **überproportional größer**.

7 *Elektroautos auf dem Vormarsch*
Was wurde hier falsch dargestellt? Korrigiere den Fehler in einem neuen Diagramm.

2014
12 156

2016
25 502

Tipp: Lege Rechtecke über die Autos!

8 Der *Wasserfußabdruck* ist ein Maß für die Menge an Wasser, die bei der Herstellung und dem Transport von Produkten verbraucht oder verschmutzt wird.

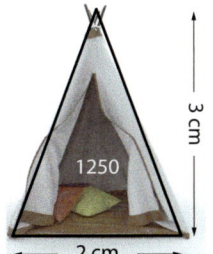

T-Shirt: 2 000 l   Jeans: 6 000 l

a Ist die Fläche des *Jeans*-Fußabdruckes im Vergleich zum Fußabdruck des T-Shirts in der richtigen Größe dargestellt?

b Zeichne Figurendiagramme für die Produkte im Vergleich zu dem des T-Shirts.

  1 Paar Lederschuhe: 8 000 l
  250-g-Steak: 4 000 l
  100 DIN-A4-Blätter: 1 000 l

9 Dies sind die Übernachtungszahlen im Tipi-Dorf *Wolkenblick* im Eröffnungsjahr 2015.
Im Jahr 2016 übernachteten 2500 Urlauber im Tipi-Dorf.

1250 — 3 cm — 2 cm

a Zeichne ein Diagramm, das die Übernachtungsgäste im Tipi-Zelt im richtigen Verhältnis darstellt.

b Zeichne ein verfälschtes Diagramm und gib es deinem Sitznachbarn zur Korrektur.

10 Welches der Diagramme der Gemeinschaftsschule Wolkenburg mit 396 Schülern passt zum Diagramm der Realschule Wolkenburg mit 720 Schülern? Erläutere, wie du zum Ergebnis gekommen bist.

①

②

RS Wolkenburg

③

11 Bela Beauty, Bloggerin auf einer Videoplattform, veröffentlichte auf ihrem Channel die Entwicklung ihrer Follower. In den letzten beiden Jahren hat sich die Anzahl ihre Fans fast verdoppelt.

1500
2800

a Schätze: Wie oft passt der Inhalt der kleinen Dose in die große Dose?

b Wie viele Kubikzentimeter Creme passen in die kleine Dose? Wie viele in die große?
Entnimm die Werte der Abbildung.

c Vergleiche die Volumen der beiden Dosen. Welcher Fehler wurde beim Zeichnen der Abbildungen gemacht?

d Wie groß müsste das Volumen der großen Dose sein, damit das Verhältnis der Follower zu den Volumen der Dosen passt?

e Wie hoch müsste die große Dose sein, wenn ihr Radius doppelt so groß ist wie der der kleinen?

3.7 Grundlagen festigen

Häufigkeiten veranschaulichen

1 Die Weinhandlung *primovino* hat ihre monatlichen Umsätze zusammengestellt.

Januar	35 000 €	Juli	38 500 €
Februar	42 000 €	August	26 800 €
März	45 000 €	September	35 200 €
April	52 500 €	Oktober	54 600 €
Mai	54 800 €	November	68 700 €
Juni	42 600 €	Dezember	115 800 €

a Stelle die Entwicklung als Säulendiagramm dar.
b Um wie viel Prozent liegt der niedrigste Umsatz unter dem Durchschnitt?
c Um wie viel Prozent liegt der höchste Umsatz über dem Durchschnitt?

2 Die Ergebnisse der Landtagswahl in Baden-Württemberg 2016
a Berechne die Stimmenanteile der Parteien.
b Stelle die Stimmenanteile in einem Kreisdiagramm dar.

Grüne	1 623 107
CDU	1 447 462
AfD	809 554
SPD	679 727
FDP	445 498
Sonstige	356 092

Kennwerte, Boxplot

3 Übertrage die Abbildung in dein Heft. Fülle die leeren Felder so aus, dass in den roten Quadraten jeweils der Mittelwert aller umgebenden Felder steht.

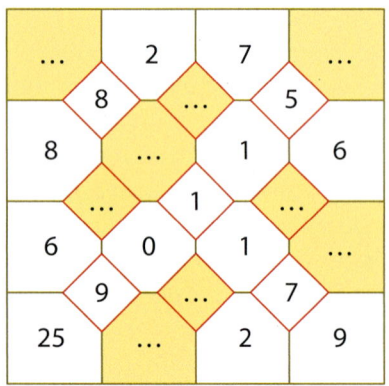

4 Bestimme die Boxplot-Kennwerte. Übertrage dazu die Tabelle in dein Heft und ergänze die fehlenden Werte.

	①	②	③
Minimum	0	18	…
q_u	4	128	…
q_o	…	345	23,2
Maximum	25	…	34,8
Quartilsabstand	6	…	8,2
Spannweite	…	720	20,4

5 Die noch ungeordnete Datenmenge zeigt das Durchschnittsgehalt in Euro von Köchen in den 16 Bundesländern.

2016	1518	1806	1952	1684	1742	2109	2051
2019	1910	1629	1796	2071	1891	1445	1656

a Ordne die Daten und stelle sie in einem Säulendiagramm und in einem Boxplot dar.
b Gib für beide Diagrammformen mindestens einen Vorteil an.

6 Frau Falter will die Deutschdiktate der Klassen 7a und 7c vergleichen. Sie listet dazu die Fehlerzahlen auf:
7a: 0; 0; 0; 1; 2; 2; 3; 3; 4; 6; 6; 7; 8; 8; 10; 10; 10; 12; 13; 13; 15; 17; 18; 19; 20; 22; 25; 32
7c: 0; 1; 2; 2; 3; 4; 4; 4; 4; 5; 5; 5; 6; 6; 7; 9; 9; 10; 11; 11; 12; 12; 14; 15; 16; 19; 20; 22; 26
Erstelle für beide Klassen einen Boxplot und finde zwei vergleichende Aussagen zum Ergebnis des Diktats.

7 Einige Restaurants bieten an Werktagen einen günstigen *Mittagstisch* an. Herr Nimmersatt notiert auf der Suche nach einem günstigen Angebot diese Preise:
5,00; 4,50; 5,00; 5,20; 6,00; 4,90; 4,50; 5,20; 8,00; 4,80; 4,60; 5,10; 5,50; 5,90.
Erstelle einen Boxplot. In welchem Bereich liegen 50 % aller Preise?

Daten auswerten und vergleichen

8 Der Chef des Familienbetriebs *Heinz* behauptet: *Bei uns verdient man im Durchschnitt ca. 2 400 €.*

Gehälter bei Heinz

1 × Sekretärin	2200 €
2 × Fliesenleger	2700 €
5 × Gipser	2200 €
1 × Raumpfleger	1700 €
1 × Geschäftsführer	3500 €

a Prüfe die Behauptung von Herrn Heinz.
b Welche Absicht verfolgt der Geschäftsführer mit seiner Aussage?
c Berechne alle Kennwerte, um drei geeignete Aussagen über die Gehälter im Unternehmen *Heinz* treffen zu können.

9 Marco möchte einen Halbmarathon (21 km) laufen und hat nach Trainingsplänen im Internet gesucht. Er weiß, dass der Trainingsumfang schrittweise gesteigert werden und etwa alle vier Wochen geringfügig reduziert werden sollte. Für die zwölf Wochen Vorbereitungszeit kommen zwei Pläne in die nähere Auswahl.

Wochen	Trainingsplan 1	Trainingsplan 2
1	18 km	24 km
2	21 km	26 km
3	24 km	19 km
4	20 km	22 km
5	23 km	27 km
6	26 km	29 km
7	29 km	14 km
8	25 km	22 km
9	28 km	32 km
10	31 km	34 km
11	34 km	38 km
12	30 km	21 km

a Erstelle ein Liniendiagramm, das beide Trainingspläne erfasst.
b Vergleiche die beiden Trainingspläne im Diagramm. Mit welchem Plan würde Marco sich an die Vorgaben halten?
c Warum eignet sich eine Darstellung als Boxplot nicht zur Analyse seiner Vorbereitung?

Diagramme richtig deuten

10 Zehn Jahre nach dem Börsengang möchte die Geschäftsführung des mittelständischen Kunststoffunternehmens *PLASTELAST* die in Wirklichkeit mittelmäßige Geschäftsentwicklung auf der Internetseite möglichst positiv präsentieren. Beim Diagramm mit den Unternehmenskennzahlen wird daher in die Trickkiste gegriffen.

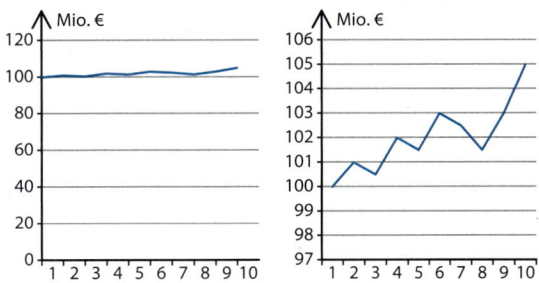

Jahresumsätze seit dem Börsengang

a Vergleiche die Diagramme und beschreibe die Unterschiede.
b Welcher Eindruck wird jeweils vermittelt? Welches Diagramm würdest du für die Homepage verwenden?

11 Die Oberfläche der Erde misst 510 Mio. km². Der Anteil der Landfläche beträgt etwa 29 %, das Wasser bedeckt ca. 71 %.

Europa	9,9 Mio. km²
Asien	44,4 Mio. km²
Afrika	29,3 Mio. km²
Amerika	38,3 Mio. km²
Australien	7,7 Mio. km²
Antarktika	13,2 Mio. km²

a Zeige, dass die Kreisflächen die Landflächen von Europa und Amerika nicht richtig wiedergeben. Miss nach und berechne!

b Zeichne ein rechteckiges Figurendiagramm, in dem die Flächenanteile richtig dargestellt sind.

3.8 Mach dich fit!

Häufigkeiten veranschaulichen

1 Leslie, Luca und Jonas sind im Bogenschützenverein. Jonas trifft bei 15 Schuss neun Mal die mittleren Ringe. Bei Leslie landen sieben von zwölf Pfeilen im gelben Feld. Von Lucas 20 Pfeilen landen 40 % in der vollen Punktzahl. Wer ist der oder die Beste?

2 An der Goethe Realschule ist in Klasse 10 eine gemeinsame Stufen-Abschlussfahrt üblich. In der Klasse 9a haben von 28 Schülern 13 für München, 8 für Berlin und der Rest für Hamburg abgestimmt. Hier das Ergebnis der 9b:

> Berlin: 12 | München: 9 | Hamburg: 5

Werte die Ergebnisse der beiden Klassen in einem vergleichenden Balkendiagramm aus.

3 In einer Studie wurden 1 182 Jugendliche zu ihrem Medienverhalten befragt. Eine Frage lautete: *Mit welchem Gerät gehst du ins Internet?*

Laptop	PC	Tablet	Smartphone	Spielekonsole
95	130	47	898	12

Stelle die relativen Häufigkeiten (in Prozent) in einem Kreisdiagramm dar.

4 Welchem Medium vertrauen Jugendliche bei widersprüchlicher Berichterstattung am ehesten? (Angaben in Prozent)

41	24	18	15	3

☐ Tageszeitung ☐ Fernsehen ☐ Radio ☐ Internet ☐ weiß nicht

176 Befragte setzen dabei auf das Internet.
a Wie viele Jugendliche vertrauen am ehesten der Tageszeitung?
b Für eine repräsentative Aussage sollten etwa 1 000 Jugendliche an der Befragung teilnehmen. Wurde die Zahl erreicht?

5 2013 aßen die Deutschen pro Kopf rund 14 kg Fisch. 2013 lebten rund 80,65 Millionen Menschen in Deutschland.
Erstelle ein Säulendiagramm zu den insgesamt konsumierten Mengen in Kilogramm.

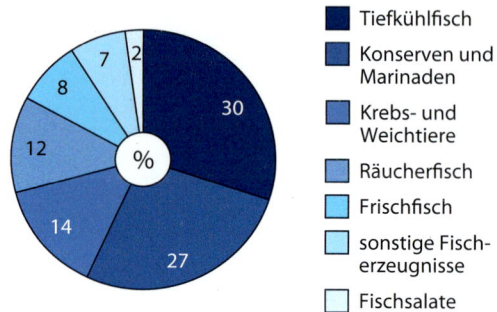

- Tiefkühlfisch
- Konserven und Marinaden
- Krebs- und Weichtiere
- Räucherfisch
- Frischfisch
- sonstige Fischerzeugnisse
- Fischsalate

6 1 015 Deutsche wurden befragt, was für ein Kraftwerk sie in ihrer Nachbarschaft akzeptieren würden.

Akzeptanz von Kraftwerken in Deutschland
🧍 entspricht 10 %

Sonne
Wind
Biogas
Gas
Kohle
Uran

a Schätze die Prozentzahlen.
b Berechne die genauen Werte anhand der Tabelle.

Sonne	Wind	Biogas	Gas	Kohle	Uran
731	619	396	274	111	51

c Zählt man die berechneten Prozentwerte zusammen, ergibt das weit über 100 %. Ist das ein Fehler im Diagramm oder woran liegt das?

Kennwerte, Boxplot

7 Ordne die Datenreihe und bestimme den Zentralwert, das arithmetische Mittel und den Modalwert.
a 7; 9; 1; 0; 11,5; 15,2; 1; 7; 2,8; 1
b 9; 11; 80; 15; 54; 60; 7; 9; 76; 8; 35; 9; 1; 9; 76

8 Bestimme die Extremwerte, den Zentralwert und die Quartile. Zeichne jeweils den Boxplot in dein Heft. Plane mithilfe der Spannweite, wie breit du ihn zeichnen solltest.
a 1; 90; 58; 32; 42; 3; 67; 57; 38; 58; 71; 49; 90
b 10; 11,3; 12,8; 29,2; 31,4; 34,1; 35,9; 41; 51,4; 64,6; 80,8; 95
c 0,5; 0,6; 0,65; 0,7; 0,7; 0,9; 1; 1,1; 1,1; 1,3

9 Yaser soll einen Schülerzeitungsartikel zu Smartphone-Preisen im Internet verfassen und diesen mit statistischen Aussagen belegen. Als Beispiel hat er ein Modell ausgesucht, das zu folgenden Preisen angeboten wird:
149 €; 149 €; 153 €; 153 €; 155 €; 155 €; 155 €; 159 €; 161 €; 177 €; 194 €; 196 €
a Vergleiche den Mittelwert mit dem Zentralwert. Welcher Wert ist in diesem Fall aussagekräftiger? Begründe deine Entscheidung.
b Weshalb hat hier der Modalwert durchaus eine Bedeutung?

10 „Wie viele Spiele habt ihr gestern beim Computerspiel *Kingsland* gewonnen?" lautete Achims Frage an die Jungen seiner Klasse.

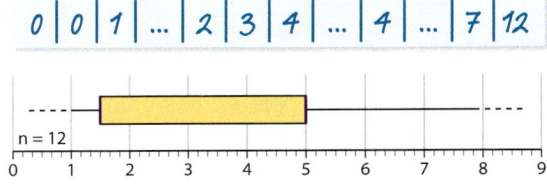

a Tabelle und Boxplot sind beide unvollständig. Vervollständige die Darstellungsformen.
b Achims Angabe soll noch ergänzt werden. Dadurch werden der Zentralwert und der Mittelwert der ergänzten Datenreihe gleich groß.

11

Die durchschnittliche Januar-Temperatur in °C betrug in Deutschland in den Jahren 1986–2010:
−3,6; −2,2; 3,7; 4,8; −2,6; 2; −0,1; −0,3; 1,2; 0,9; 1; 2,6; 2,4; −2,6; −2,8; 0,2; 3; 2,5; 1; 1,5; 2,5; 2,5; 3,5; −5,9; 0,1
im Monat Februar:
−0,5; 0,5; 3,7; 4; −0,3; −1; 2,4; −1,9; 5; 2,3; 3,8; 0,4; 4,3; 4,1; −2,2; 4,6; −0,2; −0,7; 2,9; −2,4; 5,7; 3,4; 2,1; −0,3; −6,4
a Vergleiche die Mittelwerte der beiden Monate.
b Stelle die Datenreihen in zwei Boxplot-Diagrammen gegenüber.
c Vergleiche die beiden Diagramme und formuliere dazu mindestens drei Aussagen.
d Warum ist hier die Bestimmung des Modalwertes wenig sinnvoll?

12 Die Albert-Schweitzer-Schule führte eine Umfrage zur täglichen Handynutzung in den Klassenstufen 7 und 9 durch:

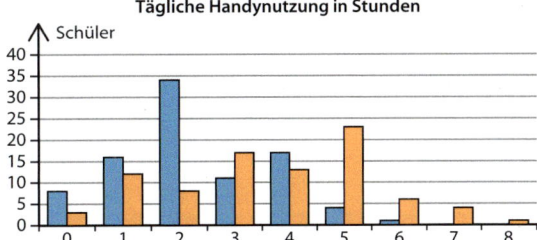

a Schreibe die Anzahl der Stunden jeweils geordnet nebeneinander und bestimme die Kennwerte für einen Boxplot.
b Zeichne zwei Boxplots und vergleiche das Nutzungsverhalten in den beiden Klassenstufen.

Daten auswerten und vergleichen

13 Hier wurde reichlich gekleckert.

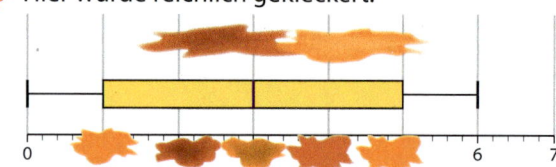

a Lies die Kennwerte des Boxplots ab.
b Manuela behauptet, dass der Boxplot die Notenverteilung der letzten Klassenarbeit angibt. Kann das sein?
c Was könnte der Boxplot darstellen?

14 *Schülersprecherwahl*

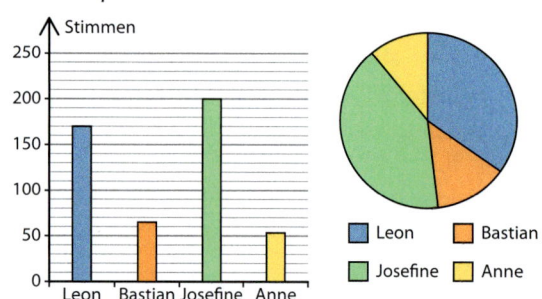

a Mit welchem Diagramm kannst du am einfachsten feststellen, wer gewonnen hat?
b Mit welchem Diagramm kannst du prozentuale Anteile besser abschätzen? Schätze!
c Rechne die prozentualen Anteile aus und vergleiche sie mit deinen Schätzungen.

15 In der Lessing-Schule führt die SMV eine Abstimmung über das Lieblingsfach der Schüler durch.

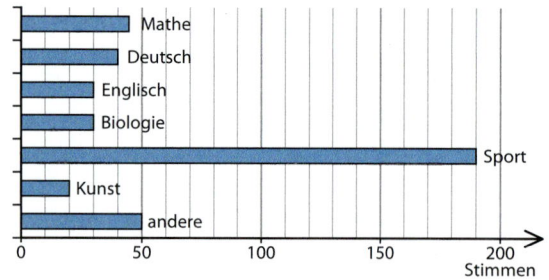

Jannik behauptet: *Über die Hälfte aller Schüler hat Sport als Lieblingsfach.*
Prüfe Janniks Aussage mit einer Rechnung.

16 Im SMV-Archiv der Lessing-Schule findet sich dieses Diagramm von 1998:

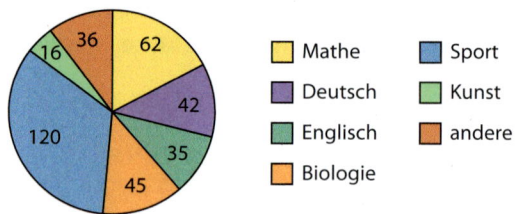

a Vergleiche die Anzahl der befragten Schüler 1998 mit der von 2016 (vorherige Aufgabe).
b Wie viel Prozent hatten 1998 Sport als Lieblingsfach, wie viel sind es heute?

17 Für ein Referat misst Meike vor dem Schulweg täglich die Außentemperatur.
Folgende Temperaturen hat sie gemessen:
−10; −8; −8; −6; −4; −4; −4; −3; −2; 0; 2; 4; 6; 8

a Berechne alle nötigen Kennwerte und zeichne einen Boxplot.
b Meike hat zwei zusätzliche Messungen gemacht. Fügt sie diese in den Boxplot ein, so verändert sich der Zentralwert nicht.
Wie könnten die beiden Temperaturen lauten?

18 Nach einer Umfrage über die tägliche Dauer der Internetnutzung in Klasse 9c erstellt Ali zwei Diagramme zur Auswertung.

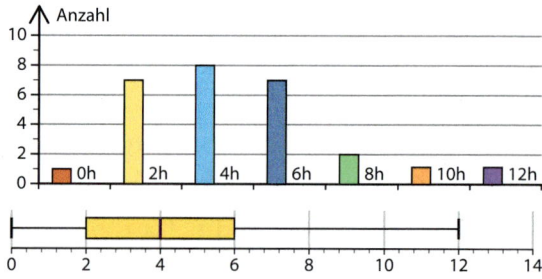

a Was kannst du über den Mittelwert im Vergleich zum Zentralwert aussagen?
b Welches Diagramm findest du zur Auswertung geeigneter? Begründe deine Entscheidung.
c Nimm Stellung zu Liams Aussage: *Das Maximum der Umfrage ist vier Stunden. Dort ist die Säule im Diagramm am höchsten.*

Diagramme richtig deuten

19 Auch ein Balkendiagramm kann täuschen …

Unfälle im häuslichen Bereich innerhalb von sechs Monaten

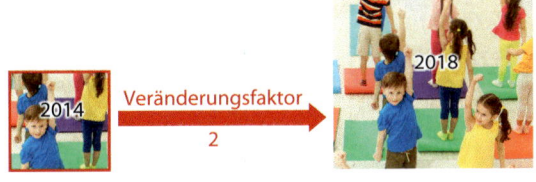

Mai
April
März
Februar
Januar
Dezember

12 14 16 18 20 22 24 26
Anzahl

a Wie viel Mal länger erscheint der Balken im Februar gegenüber dem Balken im März?

b Lies die Werte ab und vergleiche erneut die Monate Februar und März.

c Wie kommt die verfälschte Wirkung im Diagramm zustande?

20 Die Mitgliederanzahl des TV Haberkamm hat sich in den letzten vier Jahren verdoppelt.

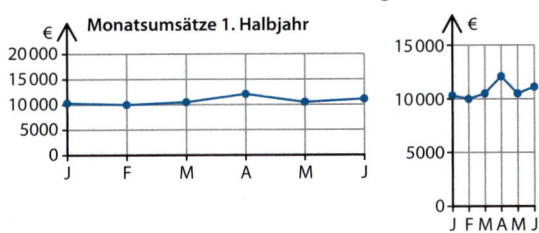

2018
2014
Veränderungsfaktor 2

a Finde den Fehler im Figurendiagramm!

b Zeichne ein neues Diagramm, in dem die Proportionen stimmen.

21 Schustermeister Meyer wertet seinen monatlichen Umsatz einmal im Halbjahr aus und stellt ihn seinen Mitarbeitern vor.

a Wie unterscheiden sich die beiden Diagramme? Was wurde durch die Veränderung erzielt?

€ **Monatsumsätze 1. Halbjahr**

20 000
15 000
10 000
5 000
0

J F M A M J

€
15 000
10 000
5 000
0

J F M A M J

b Herr Meyer schreibt gerne zwei kurze Zeilen zu seinen Grafiken. Wie könnten die Zeilen lauten?

22 Der Karneval-Verein Faschingdorf beklagt den Rückgang seiner Mitgliederzahlen. 2012 hatte der Verein noch 540 Mitglieder, 2016 waren es nur noch 360.
Welches Figurendiagramm stellt die 2016er-Zahlen richtig dar? Begründe deine Wahl.

①

2012

②

③

23 Herr Rubel möchte sein persönliches Ergebnis bei der Bürgermeisterwahl in möglichst freundlichem Licht präsentieren. Er will seinen Wählern ein Säulendiagramm zeigen. Hilf ihm dabei!

Wahlergebnisse	
Kandidaten	Stimmen
Manfred Klausen	1050
Dietmar Rubel	1850
Claudia Heinz	2100
Franz Bingen	1550

24 Um eine Tasse Tee zu produzieren, benötigt man 40 l Wasser. Zur Produktion einer Tasse Kaffee werden 160 l Wasser benötigt.

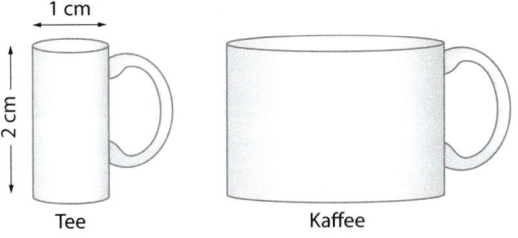

1 cm
2 cm
Tee   Kaffee

a Wo liegt der Fehler im Kaffeediagramm?

b Welchen Radius müsste eine geeignete Tasse Kaffee bei gleicher Höhe haben?

Häufigkeiten

Die **absolute Häufigkeit** gibt an, wie oft ein bestimmter Wert vorliegt.

Die **relative Häufigkeit** gibt den zugehörigen Anteil an der Gesamtzahl aller Werte an. Sie wird in der Regel in Prozent angegeben.

$$\text{relative Häufigkeit} = \frac{\text{absolute Häufigkeit}}{\text{Gesamtzahl aller Werte}}$$

Torwart Darius hat 3 von 10 Elfmetern gehalten.

absolute Häufigkeit: 3
Gesamtzahl der Werte: 10
relative Häufigkeit $= \frac{3}{10} = 30\,\%$

Darstellung von Häufigkeiten

Absolute Häufigkeiten kann man gut im **Säulendiagramm** oder **Balkendiagramm** ablesen.

Zur Darstellung relativer Häufigkeiten eignen sich ein **Kreisdiagramm** oder ein **Streifendiagramm**.

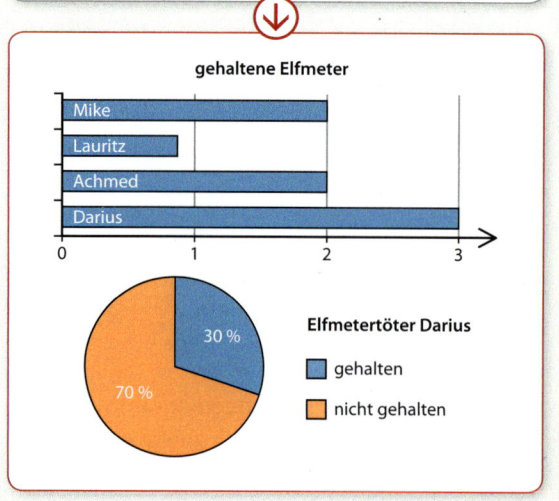

Kennwerte

Umfang n: Anzahl der Daten
Modalwert m: häufigster Wert
arithmetisches Mittel
(Mittelwert): $\bar{x} = \dfrac{\text{Summe aller Werte}}{\text{Anzahl aller Werte}}$

Zentralwert (Median) z:
Der Zentralwert liegt genau in der Mitte einer *geordneten* Reihe.

Rangplatz von z: $\dfrac{n+1}{2}$

0	1	1	3	5	7	7	9	9	9

$\bar{x} = \dfrac{0+1+1+3+5+7+7+9+9+9}{10} = 5,1$

Position von z: $\dfrac{n+1}{2} = \dfrac{10+1}{2} = 5,5$

$\Rightarrow z = \dfrac{5+7}{2} = 6$

m = 9

Gewichteter Mittelwert

Die verschiedenen Werte haben jeweils eine unterschiedliche Gewichtung.

gewichteter Mittelwert

$$= \frac{\text{Summe aller gewichteten Werte}}{\text{Summe der Gewichtungen}}$$

Notengewichtung		
schriftlich	mündlich	praktisch
2	3	3,5
×4	×2	×1

gewichteter Mittelwert

$$= \frac{2 \cdot 4 + 3 \cdot 2 + 3,5 \cdot 1}{4 + 2 + 1} = 2,5$$

Daten auswerten und vergleichen

Boxplot

Das untere Quartil q_u liegt in der Mitte zwischen Minimum und Zentralwert.

Das obere Quartil q_o liegt in der Mitte zwischen Zentralwert und Maximum.

Quartilsabstand $q = q_o - q_u$

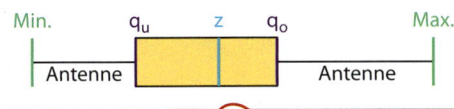

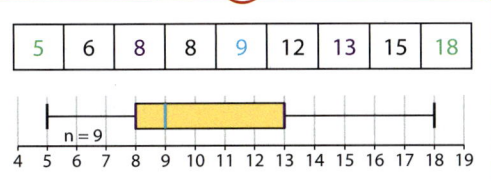

Auswertung und Vergleich

Zum Auswerten und Vergleichen von Daten können bestimmte **Kennwerte** und **Diagramme** hilfreich sein.

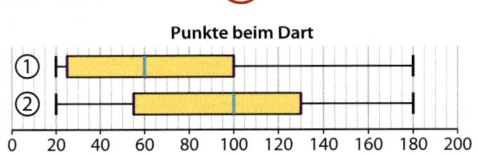

Beide Werfer haben das gleiche Minimum und Maximum an Punkten. Werfer 2 hat jedoch insgesamt mehr Punkte erreicht, was man an den weiteren Kennwerten erkennen kann.

Diagramme deuten

Ausschnitt und Skalierung

Durch das Verändern der Skalierung kann man Aussagen von Diagrammen verändern. Die Skalierung kann durch Streckung bzw. Stauchung der Achsen erfolgen, aber auch durch die Auswahl des dargestellten Bereichs.

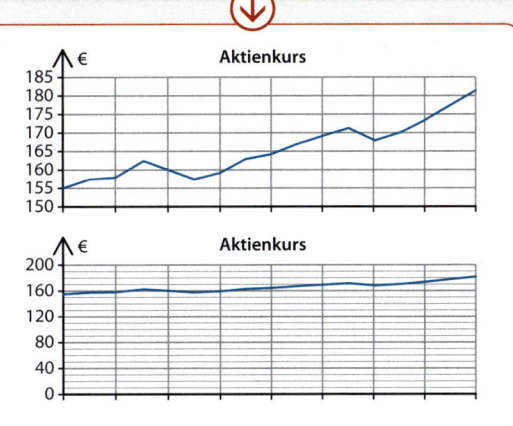

Figurendiagramme

Figurendiagramme können durch die Nichtbeachtung der Proportionalität manipuliert werden.
Vergrößert man Breite *und* Höhe eines Figurendiagrammes, so wird seine Fläche überproportional größer.

Doppelt so viel Geld für Sozialwohnungen

Hier wurden Breite **und** Höhe verdoppelt, was den Flächeninhalt vervierfacht.

Wie kann man beispielsweise die Altersstruktur in einem Lehrerkollegium sehr einfach und anschaulich in einem geeigneten Diagramm darstellen?
Eine geordnete Liste ist hilfreich, gibt aber nur einen begrenzten Überblick:

Frauen	27	29	33	34	34	36	38	38	40	42	43	45	47	51	51	54	57	62
Männer	28	32	35	36	41	46	52	55	60	63								

Ein **Stamm-Blatt-Diagramm** bietet in solchen Fällen ein hohes Maß an Anschaulichkeit:

	Blatt		Stamm		Blatt	

Lebensalter der Kollegen		
Frauen		Männer
9 **7**	**2**	8
8 8 6 4 4 3	3	2 5 6
7 5 3 2 0	**4**	**1** 6
7 4 1 1	5	2 5
2	6	0 3

27 Jahre → (9**7** | **2**)

(**4** | **1**6) → 41 Jahre

In diesem Fall bilden die Zehner den Stamm, die Einer verteilen sich auf die Blätter.

Ein weiteres Beispiel

Viele Stamm-Blatt-Diagramme haben nur ein Blatt. Dieses Diagramm veranschaulicht die Daten eines 75-m-Laufs. Im Stamm werden die Sekunden dargestellt – der Zehnerübergang spielt dabei keine Rolle. Das Blatt gibt die Zehntelsekunden an.

75-m-Lauf	
9	9
10	3 7 8 8
11	0 1 2 2 3 3 3 4 5 5 7 7 8
12	0 1 1 2 4 6 8

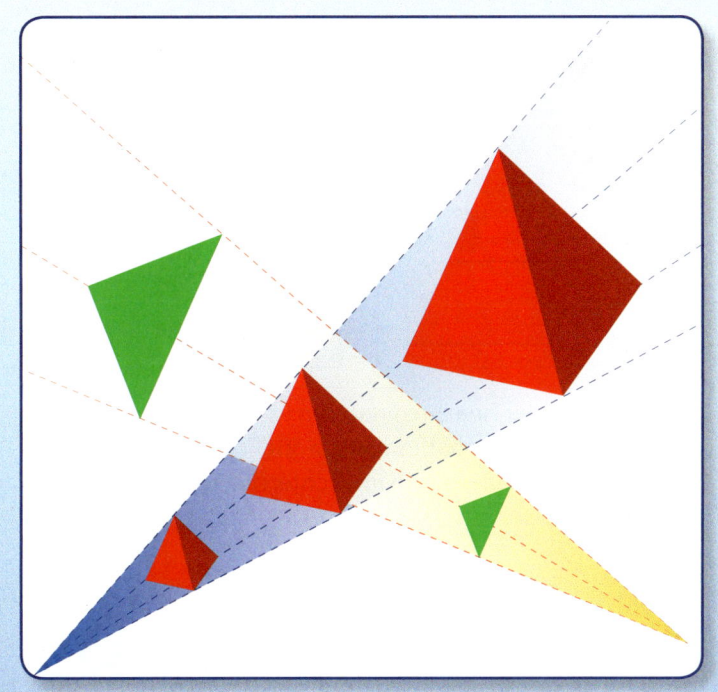

4

Berechnungen
an Dreiecken

4.1 Ähnliche Figuren

1

Schau mal Tina, ich habe ein ganz ähnliches T-Shirt wie du.

Die sehen zwar ähnlich aus, sind es aber nicht!

Tinas Klasse hat heute Morgen im Mathematikunterricht **ähnliche Figuren** durchgenommen.
Das versucht sie jetzt ihrer Freundin mit zwei Abbildungen zu erklären:

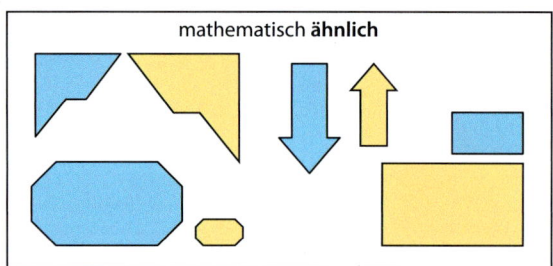

mathematisch **ähnlich**

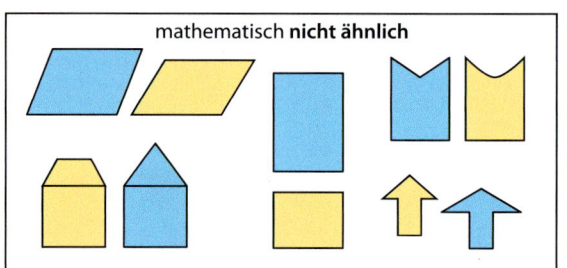

mathematisch **nicht ähnlich**

a Vergleiche die beiden Kästen. Wie will Tina ihre Freundin überzeugen?
b Finde möglichst viele Eigenschaften von mathematisch ähnlichen Figuren.
c Welche dieser Eigenschaften fehlen den Figuren im rechten Kasten?

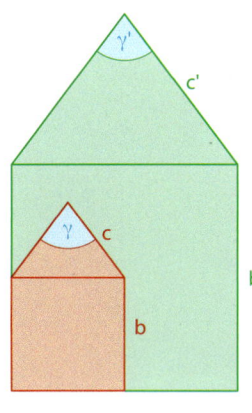

Die beiden Häuser sind ähnlich, weil:

- alle sich entsprechenden Winkel gleich sind;

  Beispiel $\gamma = \gamma' = 74°$

- die Seitenverhältnisse der sich entsprechenden Seiten gleich sind.

  Beispiel

  $\frac{b'}{b} = \frac{3,0}{1,5} = \frac{2}{1} = 2 : 1$ und $\frac{c'}{c} = \frac{2,5}{1,25} = \frac{2}{1} = 2 : 1$

T Die Schreibweisen

$\frac{2}{1}$ bzw. $2 : 1$

bedeuten, dass die Längen zweier Seiten im Verhältnis 2 zu 1 stehen.

M   **Ähnliche Figuren**

Zwei Figuren heißen **ähnlich**,
- wenn die sich entsprechenden Winkel in beiden Figuren gleich groß sind $\gamma = \gamma'$
und
- wenn das Verhältnis aller sich entsprechender Seiten dasselbe ist. $b : b' = c : c'$

Übungsaufgaben

1 Überprüfe, ob die gleichfarbigen Figuren ähnlich sind.
Begründe die Antwort!

a
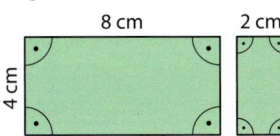

b
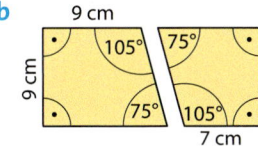

c
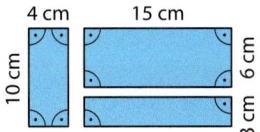

M Für Dreiecke besagen die **Ähnlichkeitssätze**: Zwei **Dreiecke** sind **ähnlich**,

- wenn sie in zwei Winkeln übereinstimmen; $\quad\quad \alpha : \alpha'; \;\; \beta : \beta'$

- oder wenn sie im Längenverhältnis aller einander entsprechenden Seiten übereinstimmen; $\quad\quad a : a' = b : b' = c : c'$

- oder wenn sie in einem Winkel und dem Verhältnis der anliegenden Seiten übereinstimmen. $\quad\quad \gamma = \gamma' \;$ und $\; a : a' = b : b'$

---

2 Begründe, warum die Paare von Dreiecken jeweils ähnlich sind.

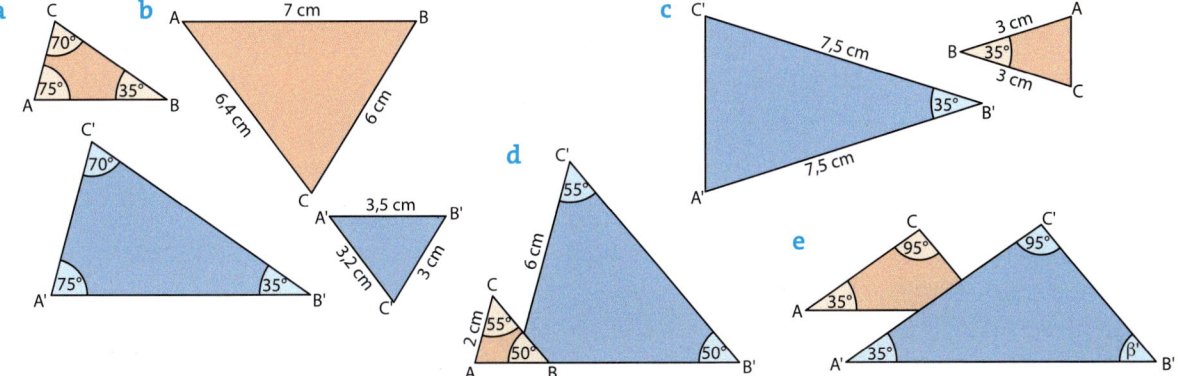

3 Mithilfe der Ähnlichkeit kannst du auch fehlende Streckenlängen bestimmen.
Du siehst Paare von ähnlichen Figuren. Berechne die fehlende Seitenlänge.

Beispiel

$\dfrac{5{,}2}{2{,}6} = \dfrac{x}{4{,}1} \quad | \cdot 4{,}1$

$4{,}1 \cdot 2 = x$

$8{,}2 = x$

a
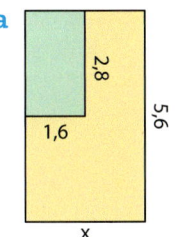

b

c
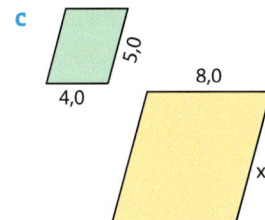

4 Übertrage beide Figuren in dein Heft. Ergänze in der Strichzeichnung den fehlenden Eckpunkt und vervollständige sie so, dass zwei ähnliche Figuren entstehen.

a

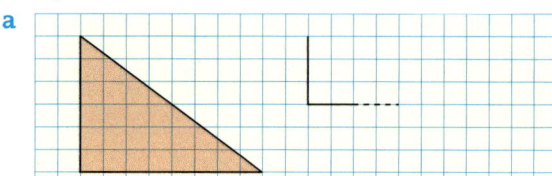

b

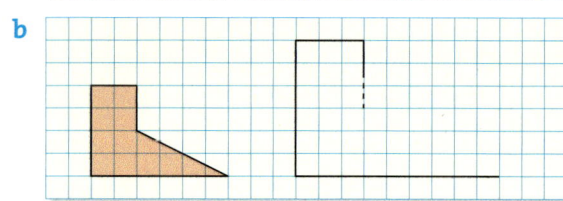

c

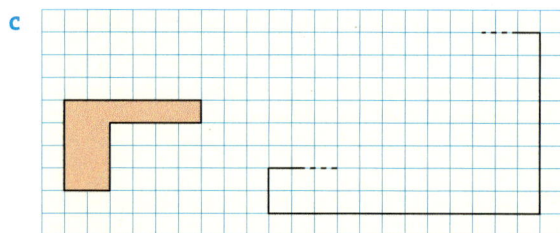

5 Konstruiere das Dreieck ABC mit
a = 4 cm, b = 6 cm
und c = 8 cm.
Berechne die neuen
Seitenlängen, wenn
eine Seite eines zu
ABC ähnlichen Dreiecks A'B'C' gegeben ist.
Konstruiere das ähnliche Dreieck A'B'C'.

a a' = 6 cm   **c** b' = 3 cm
b a' = 3 cm   **d** b' = 9 cm

6 Gegeben ist das Dreieck ABC mit a = 8 cm,
b = 12 cm und c = 16 cm.
Berechne die Seitenlängen von ähnlichen Dreiecken und fülle im Heft die Tabelle aus.

	a'	b'	c'
a	2 cm	…	…
b	…	4,5 cm	…
c	…	…	12 cm
d	10 cm	…	…
e	…	18 cm	…

7 Zeichne im Heft je zwei ähnliche Figuren einmal im Verhältnis 2 : 1 und einmal im Verhältnis 2 : 3.

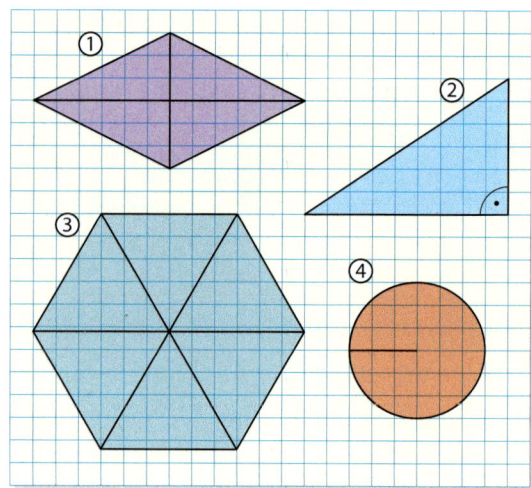

8 Berechne die unbekannte Seitenlänge der ähnlichen Figuren. Sich entsprechende Längen sind bezeichnet.

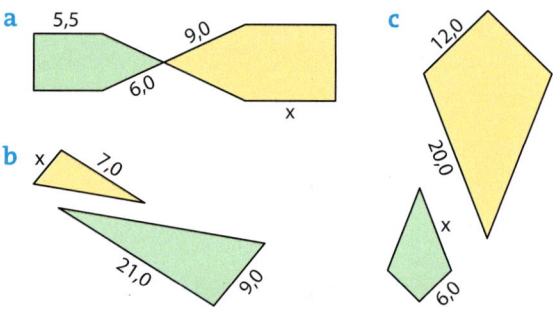

9 Ähnlich oder nicht?
Beachte, dass die Figuren gedreht sind!

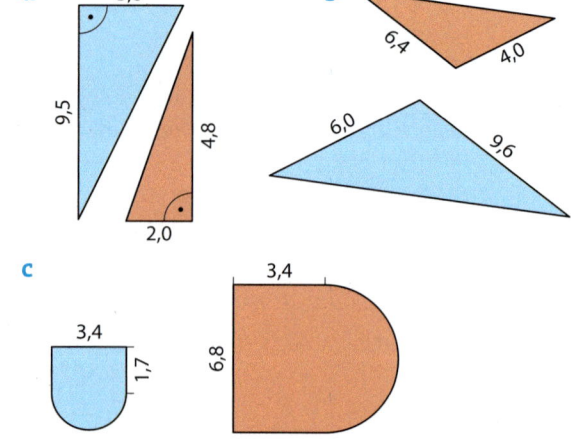

10 Ähnlich oder sogar kongruent? Überprüfe die Figuren und ordne sie einander zu. Begründe deine Antwort.

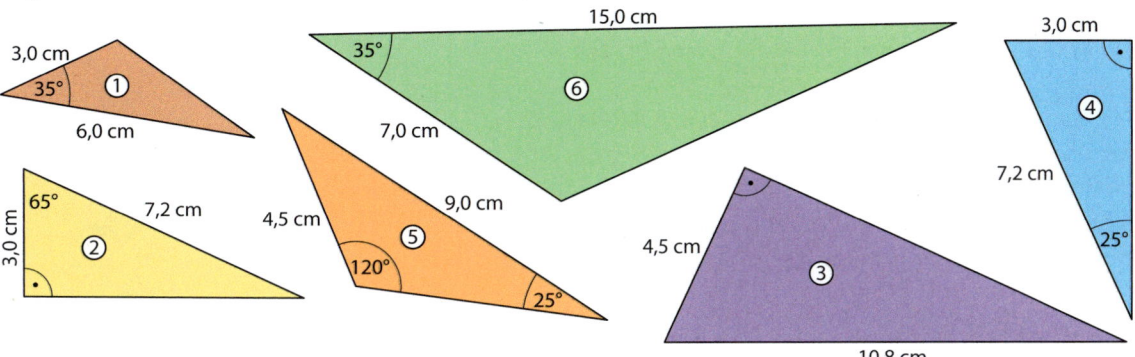

11 Zeichne im gleichen Koordinatensystem ähnliche Dreiecke. Trage die Koordinaten ein, bestimme die Koordinaten des fehlenden Eckpunktes und zeichne beide Dreiecke.

a A(−5|−1); B(−1|0); C(−5|3)
A' = A; B'(3|1); C'(□|□)

b D(7|4); E(6|7); F(4|5)
D'(□|□); E' = E; F'(3|4)

c G(1|4); H(1|10); I(−3|7)
G'(1|7); H' = H; I'(□|□)

Zentrische Streckung

Ähnliche Figuren können Ergebnisse einer geometrischen Abbildung sein, die Figuren vergrößert bzw. verkleinert. Das Dreieck ABC wurde durch eine Vergrößerung auf das Dreieck A'B'C' abgebildet. Der **Vergrößerungs-** bzw. **Verkleinerungsfaktor** k wird durch das Verhältnis sich entsprechender Seiten bestimmt.

Allgemein gilt: $\frac{a'}{a} = \frac{b'}{b} = \frac{c'}{c} = k$

oder: $\overline{ZA'} = k \cdot \overline{ZA}$

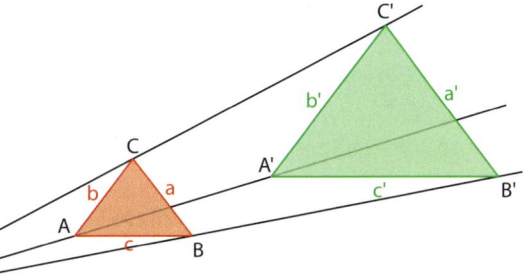

Alle Linien, auf denen sich entsprechende Punkte liegen, verlaufen durch das Streckzentrum Z.

12 Miss in der Figur oben die Längen sich entsprechender Strecken und bestimme den Vergrößerungsfaktor k.

13 Im Koordinatensystem liegt das Dreieck ABC mit A(2|2), B(4|1) und C(4|4). Zeichne das Dreieck und trage das Streckzentrum Z(0|0) ein. Vergrößere nun das Dreieck mit dem Faktor k = 2 und gib die Koordinaten von A', B' und C' an.

4.2 Strahlensätze

1 Dajana möchte mit ihren Freundinnen einen selbst gedrehten Videofilm ansehen. Um Kinoatmosphäre zu erzeugen, will sie den Film mit einem Beamer auf eine Leinwand projizieren.
Wie weit muss sie die Leinwand nach hinten schieben, wenn sie die Breite von 1,25 m ausnutzen möchte?

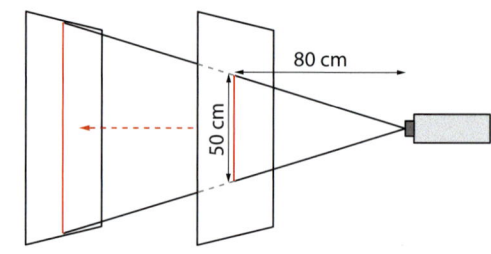

Der FC Lodern möchte anlässlich seines Vereinsjubiläums Fahnen herstellen lassen: in der gleichen Form wie der Vereinswimpel, aber 1,50 m breit. Um die Fahne mit einer Bordüre einfassen zu können, will Vorstandsmitglied Manuela Plotek die Längen von Höhe h und langer Seite c wissen.
Da Wimpel und Fahne ähnliche Dreiecke sind, haben Längen, die sich in den beiden Figuren entsprechen, gleiche Seitenverhältnisse:

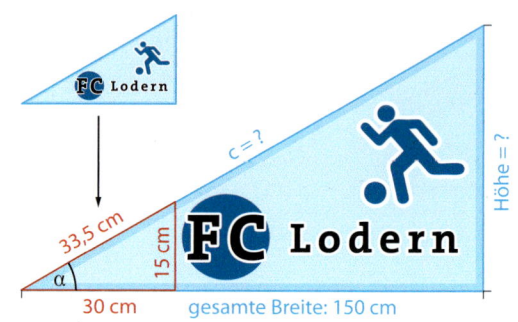

$$\frac{30}{150} = \frac{15}{h} \quad \text{oder} \quad \frac{150}{30} = \frac{h}{15}$$

Für die Höhe h ergibt sich also eine Länge von h = 75 cm.

$$\frac{30}{150} = \frac{33{,}5}{c} \quad \text{oder} \quad \frac{150}{30} = \frac{c}{33{,}5}$$

Für die lange Seite c ergibt sich eine Länge von c = 167,50 cm.

Gleiche Streckenverhältnisse finden wir in jeder **Strahlensatzfigur**. In Strahlensatzfiguren schneiden zwei parallele Geraden zwei Halbgeraden (Strahlen), die einen gemeinsamen Anfangspunkt S haben.

In einer **Strahlensatzfigur** gelten diese Streckenverhältnisse:

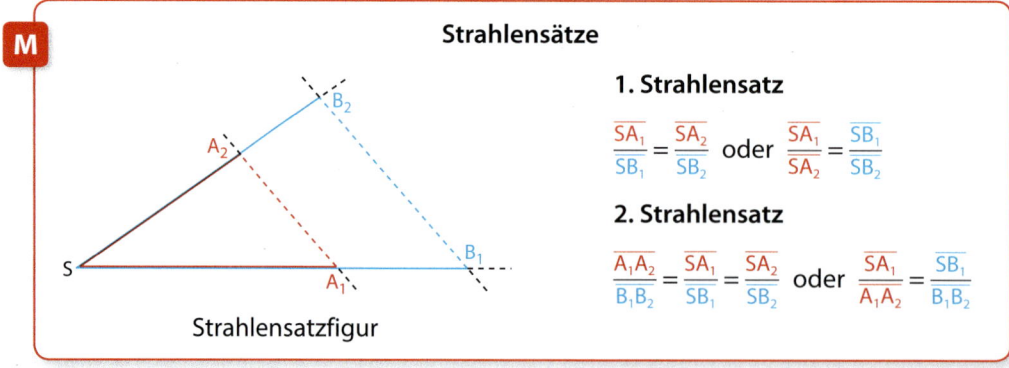

M

Strahlensätze

1. Strahlensatz

$$\frac{\overline{SA_1}}{\overline{SB_1}} = \frac{\overline{SA_2}}{\overline{SB_2}} \quad \text{oder} \quad \frac{\overline{SA_1}}{\overline{SA_2}} = \frac{\overline{SB_1}}{\overline{SB_2}}$$

2. Strahlensatz

$$\frac{\overline{A_1A_2}}{\overline{B_1B_2}} = \frac{\overline{SA_1}}{\overline{SB_1}} = \frac{\overline{SA_2}}{\overline{SB_2}} \quad \text{oder} \quad \frac{\overline{SA_1}}{\overline{A_1A_2}} = \frac{\overline{SB_1}}{\overline{B_1B_2}}$$

Strahlensatzfigur

a $\overline{SA_1} = 4\,m$; $\overline{SA_2} = 6\,m$; $\overline{SB_1} = 12\,m$

1. Strahlensatz anwenden: $\dfrac{\overline{SA_1}}{\overline{SB_1}} = \dfrac{\overline{SA_2}}{\overline{SB_2}}$

umformen: $\overline{SB_2} = \overline{SA_2} \cdot \dfrac{\overline{SB_1}}{\overline{SA_1}}$

$\Rightarrow \overline{SB_2} = \left(6 \cdot \dfrac{12}{4}\right)m = 18\,m$

b $\overline{B_1B_2} = 6\,cm$; $\overline{A_1A_2} = 3\,cm$; $\overline{SB_2} = 10\,cm$

2. Strahlensatz: $\dfrac{\overline{A_1A_2}}{\overline{B_1B_2}} = \dfrac{\overline{SA_2}}{\overline{SB_2}}$

$\Rightarrow \overline{SA_2} = \overline{SB_2} \cdot \dfrac{\overline{A_1A_2}}{\overline{B_1B_2}}$

$\Rightarrow \overline{SA_2} = \left(10 \cdot \dfrac{3}{6}\right)cm = 5\,cm$

Übungsaufgaben

1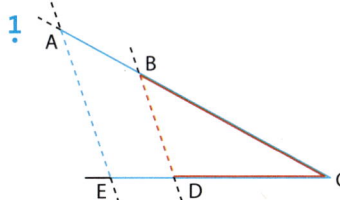

Vervollständige die Verhältnisgleichungen mithilfe der Strahlensätze. Manchmal gibt es zwei Möglichkeiten.

a $\dfrac{\overline{CB}}{\overline{CD}} = \square$

b $\dfrac{\overline{CB}}{\overline{BD}} = \square$

c $\dfrac{\overline{BD}}{\overline{AE}} = \square$

d $\dfrac{\overline{CB}}{\overline{CA}} = \square$

2 Zeichne im Heft.

a Berechne $\overline{SB_2}$ mit dem ersten Strahlensatz.

$\dfrac{\overline{SB_2}}{\square} = \dfrac{13,5}{6}$

b Berechne $\overline{B_1B_2}$ mit dem zweiten Strahlensatz.

$\dfrac{\overline{B_1B_2}}{8} = \dfrac{\square}{\square}$

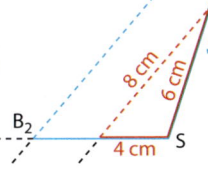

3 Berechne die fehlenden Strecken.

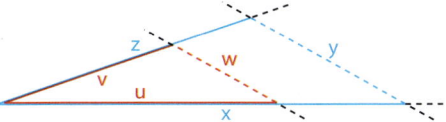

a $u = 2\,cm$; $v = 2,5\,cm$; $w = 2\,cm$; $x = 5\,cm$

b $z = 20\,cm$; $y = 12\,cm$; $x = 16\,cm$; $v = 4\,cm$

c $u = 2,2\,cm$; $x = 7,7\,cm$; $y = 2,1\,cm$; $v = 1,8\,cm$

4 Der Punkt S kann auch zwischen den Parallelen liegen!

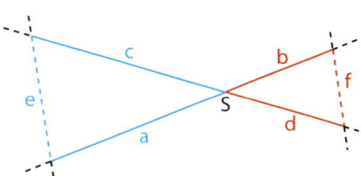

a Finde in der Abbildung die sich entsprechenden Strecken.

b Stelle Verhältnisgleichungen nach dem 1. und 2. Strahlensatz auf.

T In Strahlensatzfiguren verhalten sich …

… kurze Strahlstrecke zu langer Strahlstrecke wie kurze Strahlstrecke zu langer Strahlstrecke

oder

… kurze Strahlstrecke zu langer Strahlstrecke wie kurze Parallele zu langer Parallele.

Die Strahlstrecke beginnt immer im Punkt S.

5 Mit welchen dieser Gleichungen kannst du die Strecke x berechnen? Begründe deine Auswahl mithilfe der Strahlensätze.

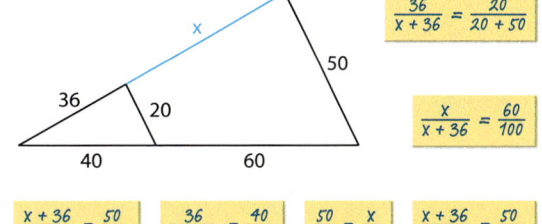

$\dfrac{36}{x + 36} = \dfrac{20}{20 + 50}$

$\dfrac{x}{x + 36} = \dfrac{60}{100}$

$\dfrac{x + 36}{36} = \dfrac{50}{20}$

$\dfrac{36}{x + 36} = \dfrac{40}{100}$

$\dfrac{50}{20} = \dfrac{x}{36}$

$\dfrac{x + 36}{x} = \dfrac{50}{20}$

6 Berechne die gesuchten Strecken in der Strahlensatzfigur.

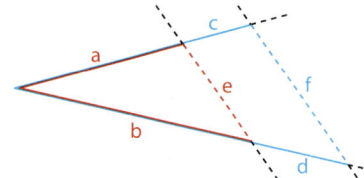

Beispiel

$c = 2\,m;\ e = 4\,m;\ f = 5\,m;\ a = ?$

$\frac{f}{e} = \frac{a+c}{a};\ \frac{5}{4} = \frac{a+2}{a};\ 5a = 4a + 8 \Rightarrow a = 8\,m$

a $c = 2,5\,cm;\ f = 4,5\,cm;\ e = 3\,cm;\ a = ?$

b $b = 4,5\,cm;\ d = 1,5\,cm;\ e = 2,7\,cm;\ f = ?$

c $a = 7\,cm;\ c = 2,1\,cm;\ d = 1,2\,cm;\ b = ?$

d $b = 3\,cm;\ d = 5\,cm;\ e = 2\,cm;\ a = 4\,cm;$
$c, f = ?$

7 Berechne die unbekannte Strecke x.
(Maße in cm)

a 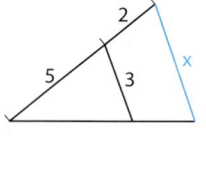 **c**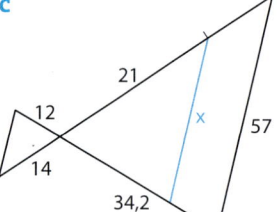

b 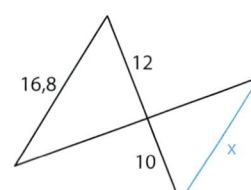 **d**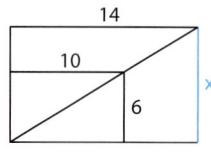

8 Erstelle in deinem Heft eine Strahlensatzfigur zu den beiden ähnlichen Dreiecken ① und ② und berechne die fehlenden Strecken.

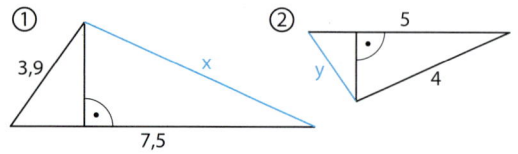

9 Erstelle eine Strahlensatzfigur, bei der die Parallelenabschnitte im Verhältnis 5 zu 3 stehen.

10 Mit einem Stab von 3 m Höhe und etwas Sonne konnte Thales von Milet die Höhe von Pyramiden bestimmen.

a Versuche mithilfe der Strahlensatzfigur zu beweisen, dass dies möglich ist.

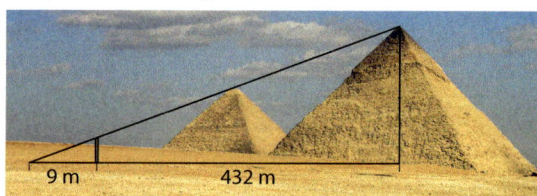

b Wie hoch war die Cheopspyramide damals ungefähr, wenn man die Spitze der Pyramide in 9 m Entfernung zum Stab über dessen oberes Ende anpeilen konnte?
Erstelle dazu eine Skizze, ohne zunächst die Augenhöhe des Betrachters zu berücksichtigen.

c Ändere die Strahlensatzfigur so ab, dass auch die Augenhöhe des Vermessers von 1,60 m mitberücksichtigt wird.
Wie weit steht er dann bei einer Pyramidenhöhe von 146,6 m vom Stab entfernt?

11 Mit einem Maßband und einem *Försterdreieck* (gleichschenklig, rechtwinklig) kann man die Höhe von Bäumen oder Gebäuden bestimmen.

a Beschreibe das Messverfahren anhand der Abbildung.

b In welchem Abstand von einem Baum steht ein 1,70 m großer Förster (Augenhöhe 1,60 m), wenn der Baum viermal so groß ist wie er selbst?

12 Welche der beiden Abschnittsverhältnisgleichungen gehört zu den Strahlensätzen?
Begründe deine Auswahl und überprüfe mit den Abmessungen.

① $\frac{a}{c} = \frac{b-a}{d-c}$

② $\frac{f}{e} = \frac{b-a}{a}$

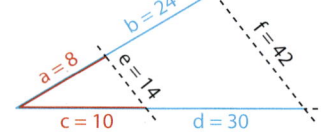

4.3 Der Satz des Pythagoras

1 In der Werbung eines Schokoladenherstellers wurde ein
berühmter Satz aus der Mathematik mit quadratischen Schoko-
ladentäfelchen dargestellt.
Aus vielen kleinen aneinandergelegten Quadraten sind drei
unterschiedlich große Quadrate entstanden. Addiere die Flächeninhalte der beiden kleinen Quadrate und vergleiche die Summe
mit dem des großen. Was stellst du fest?

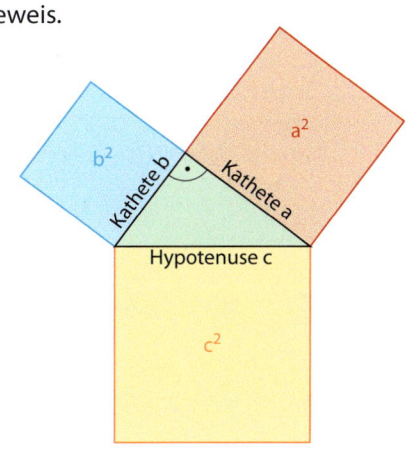

Die Flächeninhalte der beiden kleinen Quadrate entsprechen
zusammen genau dem Flächeninhalt des großen Quadrats.
Dieser Zusammenhang, der für alle Quadrate über den Seiten eines rechtwinkligen Dreiecks zutrifft,
wurde bereits vor ca. 4500 Jahren entdeckt. Aber erst ca. 500 v. Chr. fand der griechische
Mathematiker Pythagoras von Samos dafür einen mathematischen Beweis.

Daher wird dieser Zusammenhang als **Satz des Pythagoras** bezeichnet. Deswegen haben die Seiten im rechtwinkligen Dreieck spezielle
griechische Namen: zwei *Katheten* und die *Hypotenuse*.

Mithilfe des Satzes des Pythagoras ist es möglich, die dritte Seite
eines rechtwinkligen Dreiecks zu berechnen, wenn die beiden
anderen Seiten gegeben sind.

Beispiel gegeben: Kathete a = 6 cm, Kathete b = 8 cm
gesucht: Hypotenuse c
$a^2 + b^2 = c^2$
$6^2 + 8^2 = c^2$
$\sqrt{6^2 + 8^2} = c \Rightarrow c = 10$ cm

M **Der Satz des Pythagoras**

In einem rechtwinkligen Dreieck entspricht die
Summe der Flächeninhalte der Kathetenquadrate
dem Flächeninhalt des Hypotenusenquadrats.
$$a^2 + b^2 = c^2$$

Die beiden Seiten neben dem rechten
Winkel heißen **Katheten**.
Die ihm gegenüberliegende Seite heißt
Hypotenuse.

Übungsaufgaben

1 Berechne die fehlende Seitenlänge mit dem Satz des Pythagoras.

a
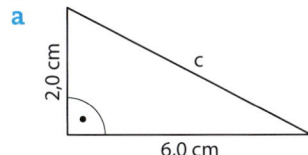

b
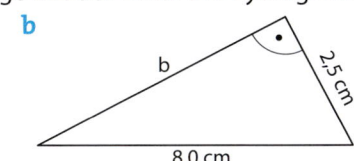

c
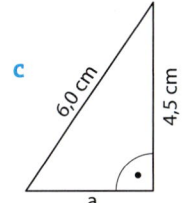

2 Im Dreieck ABC mit $\gamma = 90°$ ist eine Kathete $a = 24\,cm$ lang und die Hypotenuse $c = 25\,cm$. Berechne die Länge der Kathete b.

3 Berechne im Dreieck ABC mit $\gamma = 90°$ die fehlende Seite mithilfe von $a^2 + b^2 = c^2$. Runde auf zwei Nachkommastellen!
a $a = 6,4\,dm$ und $b = 3,8\,dm$
b $a = 12\,cm$ und $b = 12\,cm$
c $a = 12,3\,cm$ und $c = 16\,cm$

4 Die Figuren bestehen aus rechtwinkligen Dreiecken. Formuliere jeweils den Satz des Pythagoras mithilfe der Variablen.

Beispiel $\quad r^2 = s^2 + t^2$

a
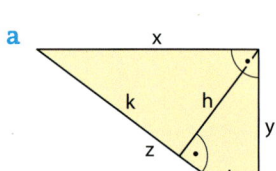
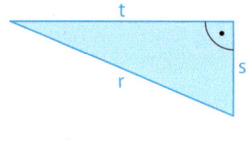

b
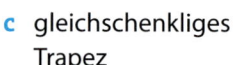

c gleichschenkliges Trapez
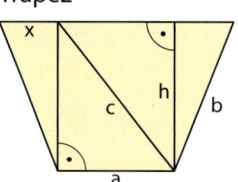

5 Wie lang ist die blaue Strecke x?
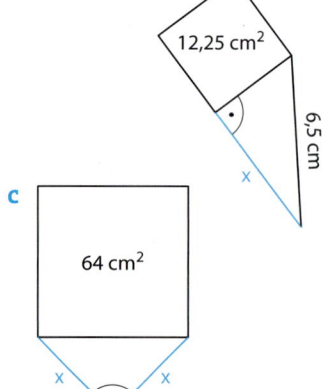
a 25 cm² , 5,8 cm , x
b 12,25 cm² , 6,5 cm , x
c 64 cm² , x , x

6 Zeichne die beiden Punkte P_1 und P_2 in ein Koordinatensystem ein und berechne jeweils die Länge der Strecke $\overline{P_1P_2}$.

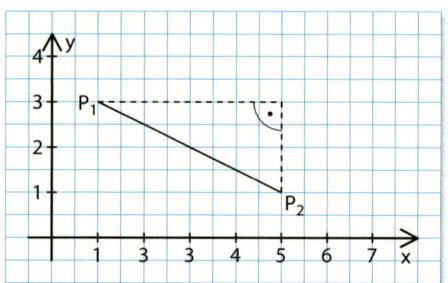

a $P_1(1|1)$; $P_2(5|4)$ **c** $P_1(-2|4)$; $P_2(3|0)$
b $P_1(-3,5|-1)$; $P_2(5,5|3)$ **d** $P_1(2,5|1)$; $P_2(0|4)$

7 Gib in der Tabelle die fehlende Seitenlänge so an, dass ein rechtwinkliges Dreieck entsteht.

	a	b	c	d	e
Kathete	3,2	1,8	...	0,8	5,2
Kathete	4,3	...	2,5	...	15,2
Hypotenuse	...	10,8	12,5	1,8	...

8 Der Rasen im Bundesliga-Stadion in Stuttgart ist 105 m lang und 68 m breit. Ist die Diagonale länger als 125 m?

9 Berechne die Länge der Strecke x bzw. y (Maße in cm).

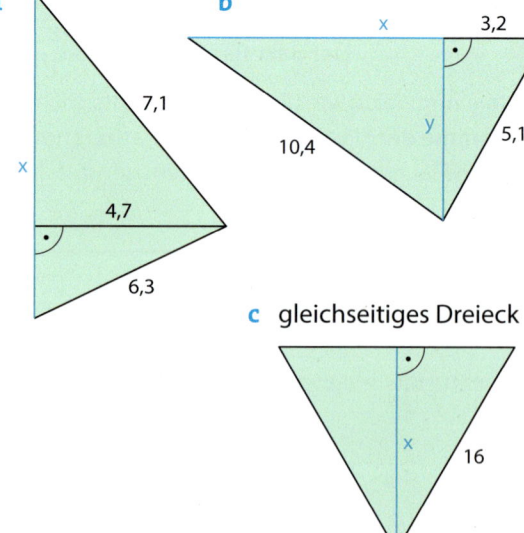

a 7,1 ; 4,7 ; 6,3 ; x ; x
b x ; 3,2 ; 10,4 ; y ; 5,1
c gleichseitiges Dreieck ; x ; 16

10 Berechne den Umfang der roten Figur, wenn die Seitenlänge des Quadrats a = 15 cm beträgt.

a 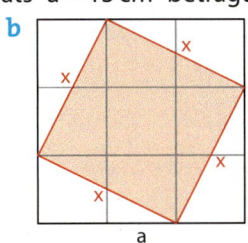 b

11 Berechne die Länge der fehlenden Dreieckseite; achte darauf, wo der rechte Winkel liegt.

a $\gamma = 90°$; a = 6,5 cm; b = 8,2 cm
b $\alpha = 90°$; b = 15 cm; c = 2,3 dm
c $\beta = 90°$; b = 73 mm; a = 3,8 cm
d $\gamma = 90°$; c = 12,5 cm; b = 45 mm

12 Eine 5,20 m lange Leiter wurde vorschriftsmäßig aufgestellt. Sie reicht nun bis zu einer Höhe von 4,40 m. Wie weit steht die Leiter von der Wand entfernt?

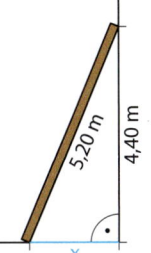

13 Wenn ein rechtwinkliges Dreieck drei natürliche Zahlen als Seitenlängen hat, heißen diese drei Zahlen *Pythagoreisches Tripel*.

Beispiel   (3; 4; 5)

a Prüfe, was passiert, wenn du die Zahlen alle mit dem gleichen Faktor multiplizierst (auch mit Dezimalbrüchen).
b Ergänze die fehlende Zahl so, dass ein pythagoreisches Tripel entsteht. Die Zahlen sind der Größe nach geordnet.

① 5; 12; ☐   ② ☐; 24; 25
③ 8; ☐; 17   ④ 11; 60; ☐
⑤ ☐; 40; 41   ⑥ 13; ☐; 85

14 Nikolas lässt seinen Drachen an einer 30 m langen Schnur fliegen. Seine Schwester steht 12 m von ihm entfernt direkt unter dem Drachen. Wie hoch fliegt der Drachen? Denke an die Skizze!

T Den Satz von Pythagoras kann man auch „umkehren":
Wenn für die Seiten eines Dreiecks beispielsweise $3^2 + 4^2 = 5^2$ gilt, dann ist dieses Dreieck rechtwinklig, weil die Summe der Kathetenquadrate dem Hypotenusenquadrat entspricht.

15

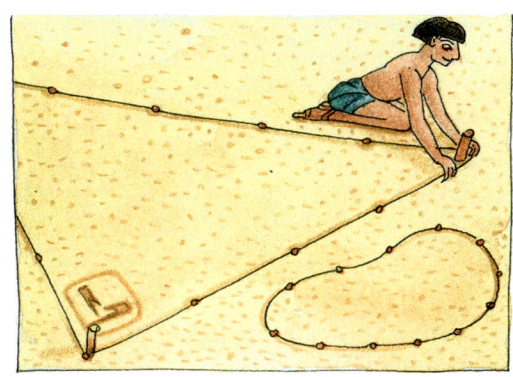

In Ägypten verwendeten die sogenannten *Seilspanner* schon lange vor Pythagoras ein ganz besonderes Seil. Es war geschlossen und hatte zwölf durch Knoten entstandene gleich lange Abschnitte. Angeblich konnte man mit diesem Seil rechte Winkel erzeugen!
Überprüfe mithilfe einer Zeichnung, ob dies tatsächlich möglich ist.

16 Finde durch Rechnung heraus, welche Dreiecke rechtwinklig sind.

a a = 8 cm; b = 15 cm; c = 17 cm
b a = 1,5 cm; b = 3 cm; c = 2,5 cm
c a = 16 cm; b = 4 cm; c = 17 cm
d a = 2,5 cm; b = 6 cm; c = 6,5 cm

17 Durch die Punkte A(0|1), B(6|1), C(6|10) und D(2|4) sind die drei Dreiecke △ABD, △DBC und △ABC gegeben.
Zeichne die Dreiecke und berechne die Längen der Dreieckseiten.
Welches Dreieck ist rechtwinklig?
Miss zusätzlich alle Dreieckswinkel und gib an, welches Dreieck spitzwinklig und welches stumpfwinklig ist.

18 Schrankwandelemente werden oft am Boden liegend vormontiert und danach komplett aufgerichtet. Dabei muss darauf geachtet werden, dass das Zimmer hoch genug ist.
Kann man ein Schrankteil mit 2,36 m Höhe, 1,20 m Breite und 0,50 m Tiefe in einem Zimmer mit der Deckenhöhe von 2,45 m aufrichten? Welche Länge muss man dazu berechnen?

19 Für die Renovierung des Bades in einer Altbauwohnung stehen zwei Typen von Hartfaserplatten zur Auswahl: *Schnellbau* mit 2,20 m × 3,00 m und *Detailbau* mit 2,10 m × 3,20 m. Der Zugang durch die Badtür ist 1,95 m hoch und 0,90 m breit.
Haben die Handwerker wirklich eine Wahl?

20 Azubi Thomas lehnt eine 4,5 m lange Leiter viel zu steil an die Hauswand. Sie erreicht zwar eine Höhe von 4,4 m, aber sofort zieht sein Meister wegen des zu ungünstigen Anstellwinkels das Fußende der Leiter um 80 cm weiter von der Wand weg.
Um wie viele Zentimeter rutscht dabei das Kopfende der Leiter nach unten?
Erstelle eine Skizze!

21 Bauer Heger und sein Cousin Ferdinand haben gemeinsam eine viereckige Weide mit nur einem rechten Winkel geerbt. Sie teilen das Grundstück entlang einer 89 m langen Diagonalen. Für den Elektrozaun drum herum und mittendurch werden Drahtlängen von 89, 80, 39, 76 und 43 Metern benötigt.
Die Teilungsdiagonale verläuft nicht durch den rechten Winkel. Welche Längen hat das entstehende rechtwinklige Dreiecksgrundstück?

Rechnen mit Variablen

Den Satz des Pythagoras kann man auch anwenden, um Aufgaben mit Variablen zu lösen.

Beispiel
Berechne die Länge der Diagonalen d in einem Quadrat mit der Seitenlänge a.

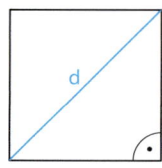

$d^2 = a^2 + a^2$
$d^2 = 2a^2$
$d = \sqrt{2a^2}$ | teilweise radizieren
$d = a\sqrt{2}$

> **M** Die **Diagonale im Quadrat** kann mit dem Satz des Pythagoras berechnet werden:
> $$d = a\sqrt{2}$$

22 Die Höhe h teilt ein gleichseitiges Dreieck in zwei gleich große rechtwinklige Dreiecke.
a Bestimme die Höhe h in Abhängigkeit von der Seitenlänge a.
b Bestimme mit der gefundenen Formel die Höhe für a = 14 cm und überprüfe das Ergebnis mit dem Satz des Pythagoras.

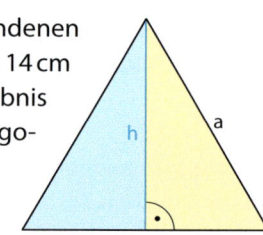

23 Pythagoras von Samos fand den Beweis für den nach ihm benannten Satz mithilfe dieser beiden Quadrate:

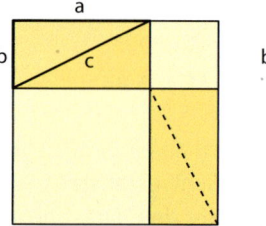 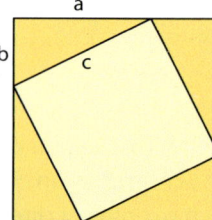

Beschreibe mithilfe der Abbildungen, wie Pythagoras „seine" Gleichung $a^2 + b^2 = c^2$ bewiesen hat.

4.4 Berechnungen in ebenen Figuren

Chris sitzt im Rollstuhl und soll im Sommer auf die Sophie-Scholl-Realschule wechseln.
Damit er ohne Hilfen das Schulgebäude erreichen kann, soll die Technikgruppe der Klasse 9
eine Rampe planen. Die Rampe muss wegen des Gebäudesockels genau 70 cm hoch sein
und darf die Gesamtlänge von 4 m nicht überschreiten. Um einen sicheren Stand für den
Rollstuhl zu garantieren, muss die Rampe am oberen Ende einen Auslauf von 1,60 m haben.

Die Technikgruppe versucht nun zu berechnen, wie lang die Rampenkante x sein muss.

Die Rampe hat die Form eines rechtwinkligen Trapezes. Durch geschicktes Zerlegen erhalten wir
zwei Figuren – ein rechtwinkliges Dreieck und ein Rechteck.
Mit dem Satz des Pythagoras kann nun die
Rampenlänge x berechnet werden:

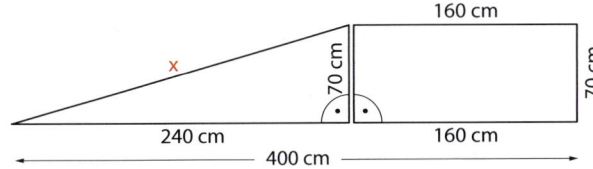

$$240^2 + 70^2 = x^2 \quad | \sqrt{}$$
$$\sqrt{240^2 + 70^2} = x$$
$$x = 250 \text{ cm}$$

 Um Streckenlängen in Vielecken berechnen zu können, zerlegt man die Vielecke in bekannte
Vierecke und rechtwinklige Dreiecke. Man zerlegt so, dass die gesuchten Streckenlängen Seiten
rechtwinkliger Dreiecke sind.

Übungsaufgaben

1 Übertrage die Figur in dein Heft und zerlege sie sinnvoll in Teilfiguren.
  Markiere alle so entstandenen rechten Winkel.

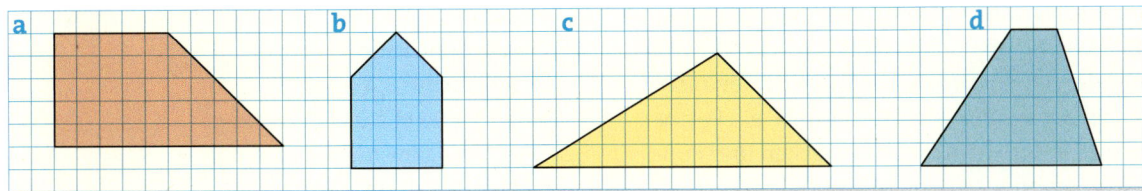

2 Gib die Länge der Strecke x an und auch deine Zwischenrechnungen (Angaben in cm).

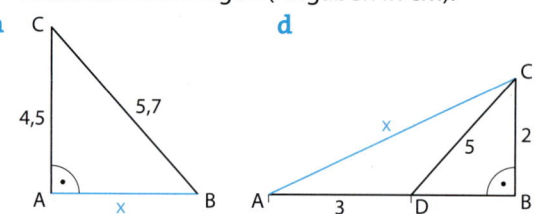

a
d

b
e

c
f

3 Berechne alle blauen Strecken:

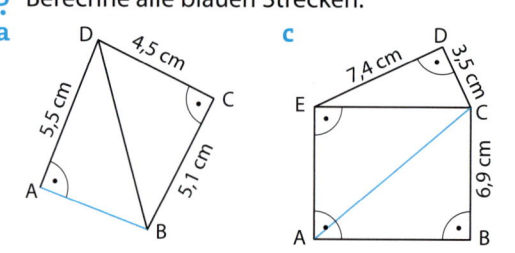

a
c

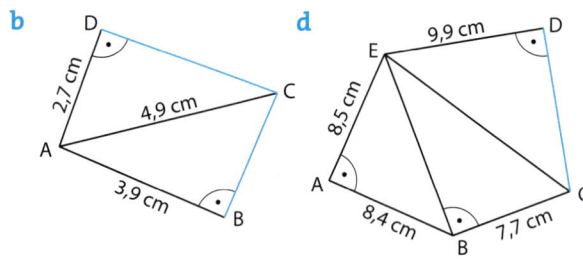

b
d

4 Zeichne ein Koordinatensystem und markiere auf Karokreuzen Punkte, die 5 cm Abstand voneinander haben. Die Punktepaare dürfen nicht parallel zur x- bzw. y-Achse liegen! Dein Partner ergänzt zu rechtwinkligen Dreiecken und kontrolliert rechnerisch den Abstand. Was fällt euch bei allen Streckenlängen auf?

Strecken durch Zerlegen bestimmen

Zerlegt man Vielecke so in Teilflächen, dass rechtwinklige Dreiecke entstehen, können unbekannte Streckenlängen mithilfe des Satzes des Pythagoras berechnet werden.

Trapez mit unbekannter unterer Parallele

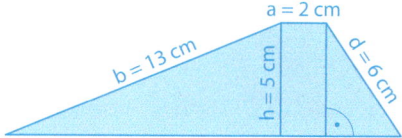

Man zeichnet die Höhe zweimal so ein, dass bei der „Zerlegung" des Trapezes zwei rechtwinklige Dreiecke entstehen:

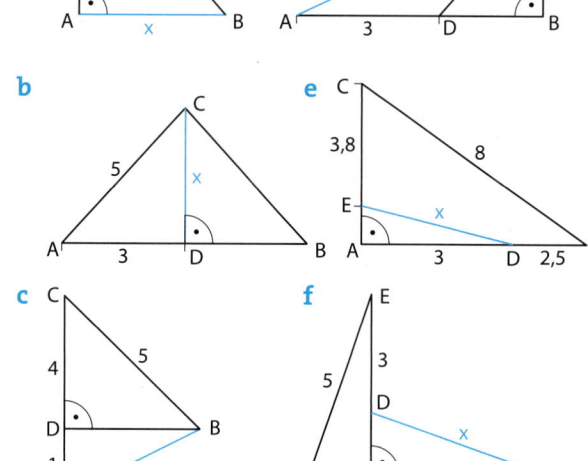

Nun kann man die unbekannten Streckenlängen v und w in den Teilfiguren ① und ③ berechnen. Die Addition aller Teilstreckenlängen ergibt die Länge der unteren Parallele des Trapezes.
Nun kann man auch den Umfang und den Flächeninhalt des Trapezes berechnen!

5 Berechne die fehlenden Streckenlängen in diesem Trapez:

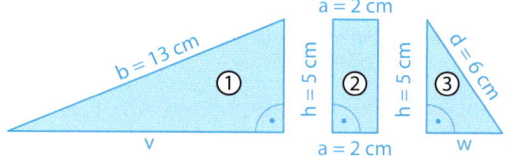

6 Die beiden Diagonalen des Drachen sind 3,4 cm und 6,2 cm lang. Die Seite a ist 3,0 cm lang. Berechne den Umfang und den Flächeninhalt des Drachen.

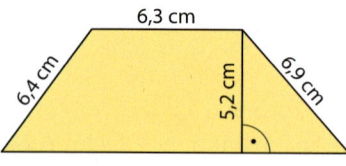

7 Berechne den Umfang und den Flächeninhalt der Figuren (Angaben in cm).

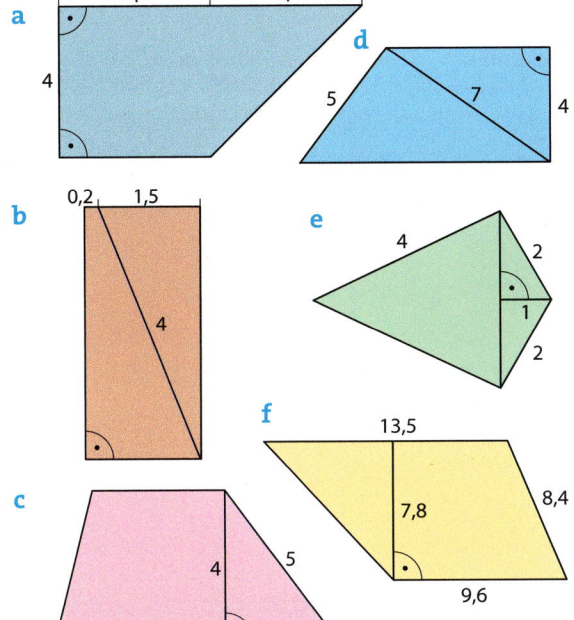

a

b

c

8 Zeichne die Punkte in ein Koordinatensystem und verbinde sie zu einem Vieleck. Berechne den Flächeninhalt und Umfang des Vielecks. Kontrolliere dich selbst!

a A(−5|3); B(−2|1); C(−2|4)
b D(−5|−1); E(−4|−3); F(0|−3); G(−1|−1)
c H(1|2); I(2|0); J(4|0); K(5|2); L(3|4)

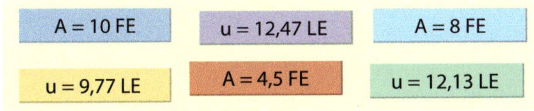

A = 10 FE	u = 12,47 LE	A = 8 FE
u = 9,77 LE	A = 4,5 FE	u = 12,13 LE

9 Regelmäßige Sechsecke bestehen aus sechs gleichseitigen Dreiecken. Wie groß ist der Flächeninhalt des Sechsecks für die gegebenen Seitenlängen?

a a = 6 cm
b a = 7 cm
c a = 8 cm
d a = 2e

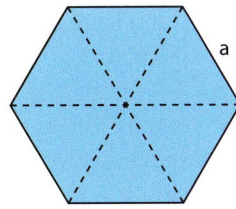

10 Berechne die Länge des markierten Streckenzugs in cm.

a a = 2 cm; b = 3 cm; c = 2 cm
b d = 1 cm; e = 4 cm; f = 3 cm

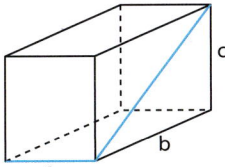
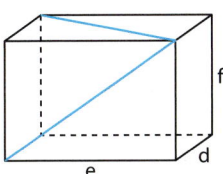

11 Hühnerzüchter Heck möchte sein Gelände neu umzäunen. Auf dem Weg zum Baumarkt hat er irgendwie seine Notizen verschmiert.

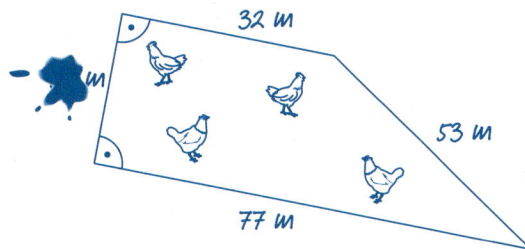

a Wie viel Geld muss er aufbringen, wenn 1 m Zaun 33,00 € kostet?

b Herr Heck möchte im kommenden Sommer Bio-Eier verkaufen. Damit er das Biosiegel verwenden darf, muss jede Legehenne eine Fläche von 5,00 m² zur Verfügung haben. Kann er das Siegel beantragen, wenn 300 Tiere in seinem Bestand sind?

12 Berechne den Flächeninhalt der weißen Fläche, wenn das gelbe Quadrat einen Flächeninhalt von 9a² hat.

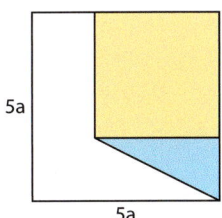

13 In einem gleichschenkligen Dreieck hat die Basis die Länge z. Die dazugehörige Höhe ist doppelt so lang.

a Erstelle eine Planfigur und berechne die Länge der Schenkel in Abhängigkeit von z.

b Bestimme den Flächeninhalt und den Umfang in Abhängigkeit von z.

4.5 Rechtwinklige Dreiecke in Körpern

1 Die Hypotenuse der orangefarbenen rechtwinkligen Dreiecke ist die **Flächendiagonale** d. Wo liegt jeweils der rechte Winkel?

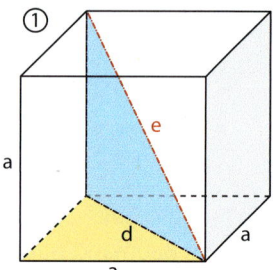 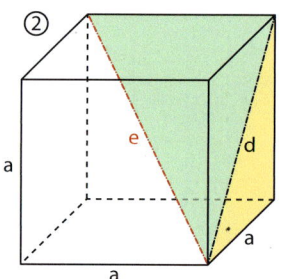 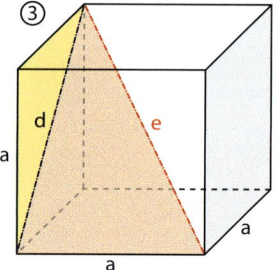

Die rote Linie heißt **Raumdiagonale** e. Mithilfe der farbigen rechtwinkligen Dreiecke kann man e berechnen.
Welche Gemeinsamkeiten haben diese Dreiecke? Achte auf Katheten und Hypotenusen!
Stelle mithilfe des Satzes des Pythagoras eine Gleichung mit den Variablen a, d und e auf, mit der du die Länge der Raumdiagonalen beschreiben kannst.

2 Übertrage den Quader rechts dreimal in dein Heft und zeichne drei unterschiedliche rechtwinklige Dreiecke ein, bei denen jeweils e die Hypotenuse ist.

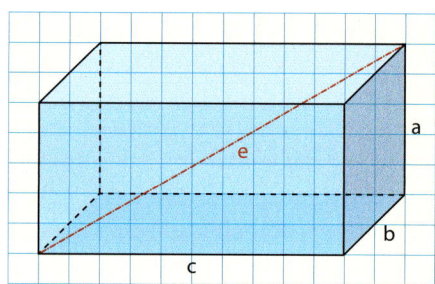

Um Strecken in Körpern mithilfe des Satzes von Pythagoras berechnen zu können, suchen wir rechtwinklige Dreiecke. Sie können entweder auf der Oberfläche des Körpers liegen (Flächendiagonale) oder im Innern des Körpers (Raumdiagonale).

Die Diagonalen im Würfel

Flächendiagonale d

$d^2 = a^2 + a^2$
$d^2 = 2a^2 \quad | \sqrt{}$
$d = a\sqrt{2}$

Raumdiagonale e

$e^2 = a^2 + d^2$
$e^2 = a^2 + 2a^2$
$e^2 = 3a^2 \quad | \sqrt{}$
$e = a\sqrt{3}$

Übungsaufgaben

1 Berechne die Länge der Raumdiagonalen im Würfel mit der Kantenlänge a.
Du kannst auch die Formeln im Kasten oben verwenden.

a a = 4 cm   **b** a = 8 cm   **c** a = 12 cm

2 Wie lang ist die Raumdiagonale im Quader?

a a = 7 cm; b = 10 cm; c = 12 cm
b a = 12 cm; b = 7 cm; c = 10 cm
c a = 10 cm; b = 12 cm; c = 7 cm
d Ist dir bei den drei Ergebnissen etwas aufgefallen? Versuche, es zu beschreiben.

Rechtwinklige Dreiecke in quadratischen Pyramiden und in Kegeln

Um Berechnungen in Körpern durchführen zu können, braucht man rechtwinklige Dreiecke.

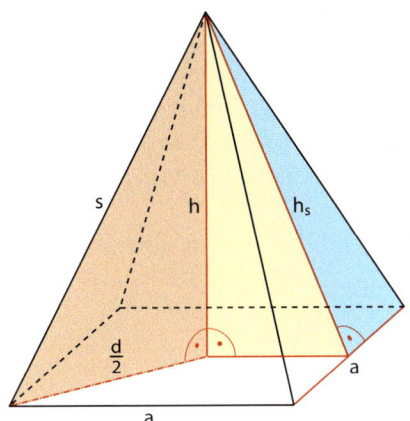

a: Grundkante
s: Seitenkante
h: Körperhöhe
h_s: Seitenhöhe (Höhe der Seitenfläche)
d: Diagonale der Grundfläche

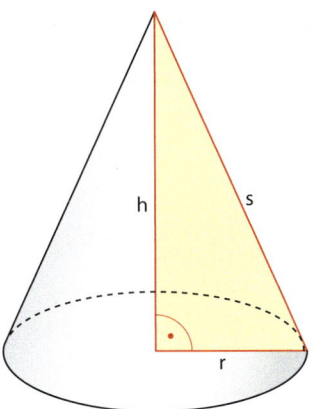

r: Radius der Grundfläche
s: Mantellinie
h: Körperhöhe

3 Die rechtwinkligen Dreiecke unten gehören zur Darstellung der quadratischen Pyramide im Kasten links. Benenne die dritte Seite.

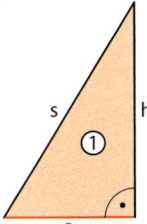 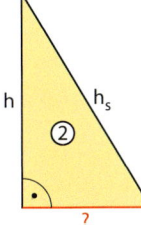 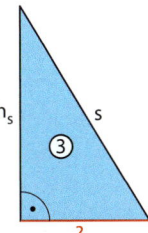

4 Von einer quadratischen Pyramide kennst du die Grundkante $a = 6\,cm$ und die Höhe $h = 8\,cm$.
a Mit welchem Dreieck rechnest du, wenn du die Länge der Seitenhöhe h_s berechnen möchtest? Berechne h_s.
b Mit welchem Dreieck rechnest du, wenn du die Länge der Seitenkante s berechnen möchtest? Berechne s.

5 Berechne die gesuchte Größe in einer quadratischen Pyramide.
a $h = 12\,cm$; $d = 6\,cm$; $s = ?$
b $h = 10\,cm$; $a = 5\,cm$; $h_s = ?$
c $s = 12,8\,cm$; $h_s = 10,2\,cm$; $a = ?$

6 Ergänze die fehlenden Werte der quadratischen Pyramiden (Maße in cm).

	a	d	h	h_s	s
①	5,8	…	7,2	…	…
②	…	…	…	8,8	12,2
③	…	9,8	…	…	7,1

7 Von einem Kegel sind der Radius $r = 5\,cm$ und die Höhe $h = 12\,cm$ bekannt. Berechne mithilfe des Satzes von Pythagoras die Länge der Mantellinie s.

8 Der Querschnitt eines Kegels ist ein rechtwinklig-gleichschenkliges Dreieck. Die Mantellinie s ist 14 cm lang. Erstelle eine Planfigur und berechne den Durchmesser d der Grundfläche.

9 *Noch mehr Kegel*

a Wie lang ist die Mantellinie s eines Kegels, dessen Radius r und Höhe h 10 cm lang sind?

b Wie hoch ist ein Kegel mit einem Radius r von 10 cm und einer Mantellinie s, die 20 cm lang ist?

c Wie hoch ist ein Kegel, dessen Mantellinie s 10 cm lang ist und dessen Radius halb so lang ist wie seine Höhe?

10

Ein regelmäßiges Oktaeder hat zwölf gleich lange Kanten.

a Welche besondere Eigenschaft haben die acht kongruenten Dreiecke, aus denen das Netz des Oktaeders besteht?

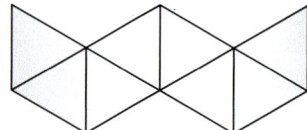

b Welchen Abstand haben gegenüberliegende Ecken in einem regelmäßigen Oktaeder mit a = 8 cm?
Tipp: Der Abstand ist für alle Ecken gleich!

c Bestimme den Abstand nun allgemein in Abhängigkeit von a.

d Die gegenüberliegenden Ecken sollen einen Abstand von 12 cm haben. Welche Kantenlänge hätte damit das Oktaeder?

11 Die Abbildung zeigt das Netz einer quadratischen Pyramide. Berechne die Seitenhöhe h_s und die Körperhöhe h für a = 8 cm und s = 12 cm.

12

Die kleinste der drei Pyramiden von Gizeh ist die *Mykerinos-Pyramide*. Die Diagonale ihrer Grundfläche beträgt ungefähr 146 m, die Höhe h_s einer Seite ungefähr 83 m.

a Skizziere zunächst im Heft die Pyramide mit den Angaben.

b Wie hoch ist die Pyramide?

13 Eine quadratische Pyramide ist 10 cm hoch und ihre Grundkante hat ebenfalls eine Länge von 10 cm. Berechne die Länge des rot eingezeichneten Streckenzuges.

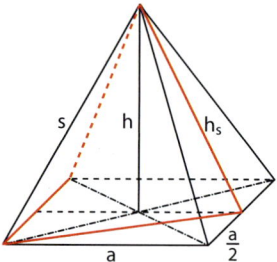

14 Der Streckenzug trifft abwechselnd genau auf die Mitte einer Seitenfläche bzw. auf die Mitte der Kante des Würfels.

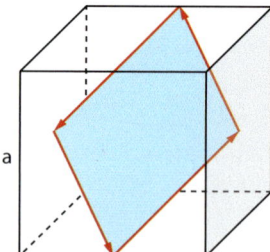

a Berechne die Länge des Streckenzuges für a = 5 cm.

b Was fällt dir auf? Entsteht ein besonderes Viereck? Welches? Begründe deine Antwort!

4.6 Der Satz des Thales

1 Für die Ethik-Stunde war Magda im Klassenzimmer einer anderen neunten Klasse und dort wunderte sie sich über die Zeichnung an der Tafel.

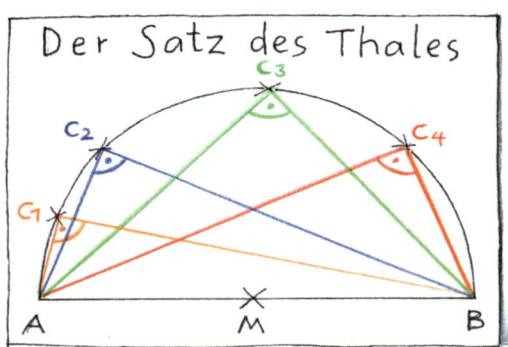

a Schau dir die Zeichnung genau an und beschreibe sie. Achte darauf, wie viele Dreiecke es sind, welche Punkte es gibt und wo sie liegen.

b Übertrage die Zeichnung in dein Heft, wähle dabei als Radius für den Halbkreis r = 5 cm und markiere beliebige Punkte auf der Kreislinie. Miss die Winkel jeweils an dem Eckpunkt, der auf der Kreislinie liegt. Was stellst du fest?

M Liegt der Punkt C eines Dreiecks auf einem Halbkreis über der Strecke AB, dann hat das Dreieck ABC bei C immer einen rechten Winkel.

Das hat der griechische Mathematiker Thales von Milet entdeckt. Deshalb spricht man vom **Satz des Thales.**

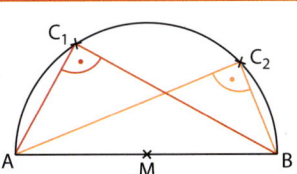

Übungsaufgaben

1 Zeichne mithilfe des Satzes des Thales drei rechtwinklige Dreiecke mit 8 cm langen Hypotenusen.

2 Zeichne ein gleichschenklig-rechtwinkliges Dreieck mit $\gamma = 90°$ und c = 10 cm. Berechne die Längen der Seiten a und b.

3 Du siehst zwei Halbkreisfiguren, die nicht die Bedingungen des Satzes von Thales erfüllen, weshalb γ kein rechter Winkel ist. Beschreibe jeweils, was anders sein müsste.

a

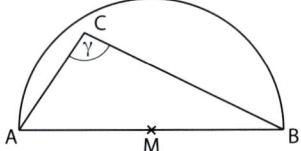

b

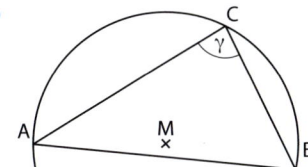

4 Mara hat die fünf Dreiecke gezeichnet und behauptet, sie seien alle rechtwinklig.

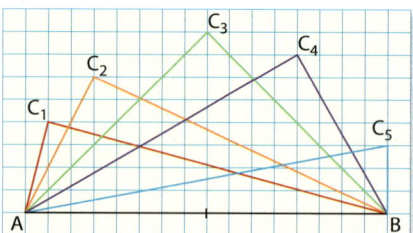

a Übertrage die Figur in dein Heft und überprüfe Maras Behauptung. Wie gehst du vor?

b Welche besonderen Eigenschaften hat das Dreieck ABC_3? Begründe deine Antwort!

5 Zeichne mithilfe des Thaleskreises die rechtwinkligen Dreiecke ABC.
Erstelle jeweils eine Planfigur!

① $c = 10\,cm$; $a = 3\,cm$; $\gamma = 90°$

② $c = 12\,cm$; $b = 6\,cm$; $\gamma = 90°$

③ $b = 10\,cm$; $a = 8\,cm$; $\beta = 90°$

④ $a = 8\,cm$; $c = 2\,cm$; $\alpha = 90°$

Miss in den gezeichneten Dreiecken die fehlende Seite möglichst genau ab.
Überprüfe die Richtigkeit deiner Zeichnung durch Berechnung der fehlenden Seitenlänge.

Dem Satz des Thales auf der Spur

Schau dir die Zeichnung ganz genau an und beantworte die folgenden Fragen:

- Warum ist $\overline{AM} = \overline{MC}$ und $\overline{MB} = \overline{MC}$?
- Warum sind die beiden Dreiecke AMC und MBC gleichschenklig?
- Gib an, welche Winkel dann gleich groß sind.
- Versuche zu erklären, warum diese Gleichungen stimmen:
  $\alpha + \beta + \gamma_1 + \gamma_2 = 180°$ oder $\gamma_1 + \gamma_2 + \gamma_1 + \gamma_2 = 180°$
- Erkläre, warum dann $\gamma = 90°$ ist!

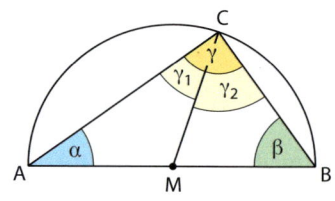

Damit ist eindeutig gezeigt, dass γ **ein rechter Winkel** ist, egal wo der Punkt C auf dem Halbkreis liegt.

---

6 Bestimme die gesuchten Winkel und begründe deinen Rechengang.
Orientiere dich an der Planfigur.

a gegeben: $\varphi_1 = 110°$
gesucht: α

b gegeben: $\varphi_2 = 80°$
gesucht: β

c gegeben: $\gamma_1 = 20°$
gesucht: β

d gegeben: $\varphi_1 = 80°$
gesucht: β

e gegeben: $\gamma_2 = 25°$
gesucht: α

f gegeben: $\alpha = 70°$
gesucht: φ_2

g gegeben: $\alpha = 75°$
gesucht: φ_1

h gegeben: $\gamma = 90°$
gesucht: α

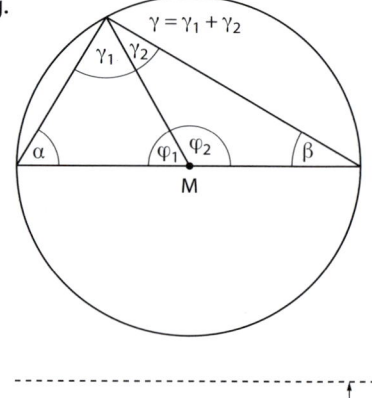

7 Übertrage die Figur in dein Heft ($\overline{AB} = 12\,cm$) und konstruiere den dritten Punkt C des rechtwinkligen Dreiecks. Er soll auf der Parallelen zu AB liegen. Benutze dazu den Satz des Thales.
Es gibt zwei richtige Lösungen!
Berechne zusätzlich die Längen der Seiten $\overline{BC}$ und $\overline{AC}$.

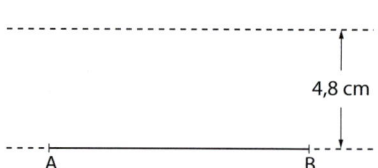

4.7 Grundlagen festigen

Ähnlichkeit/Strahlensätze

1 Welche der Figuren sind ähnlich?
Übertrage die Figuren in dein Heft. Korrigiere die nicht ähnlichen Figuren so, dass sie danach ähnliche Figuren sind.

2 Gegeben ist das Dreieck ABC mit: a = 3 cm; b = 4 cm; c = 5 cm
Berechne die Seitenlängen von ähnlichen Dreiecken und fülle die Tabelle aus.

	a'	b'	c'
a	6 cm	…	…
b	…	6 cm	…
c	…	…	15 cm
d	…	…	2,5 cm

3 Zeichne das Dreieck ABC mit den Eckpunkten A(2|1), B(2|5) und C(0|5). Von vier dazu ähnlichen Dreiecken sind jeweils zwei Eckpunkte bekannt. Zeichne die Dreiecke und gib die Koordinaten des fehlenden Eckpunktes an.

a A'(2|3); B' = B
b B''(2|9); A'' = A
c C'''(−1|5); B''' = B
d B''''(5|5); C'''' = C

4 Nicht alle Schüler haben eine korrekte Gleichung aufgestellt, mit der man die Länge der Strecke x berechnen kann.
Finde die Fehler und berechne x.

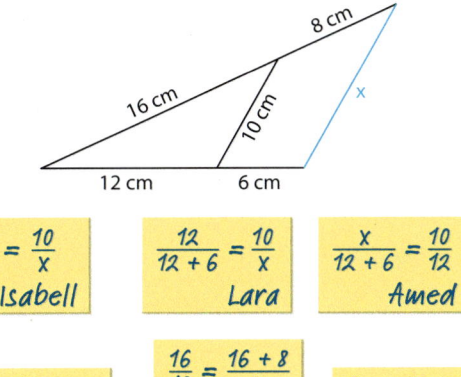

$$\frac{16}{8} = \frac{10}{x}$$
Isabell

$$\frac{12}{12+6} = \frac{10}{x}$$
Lara

$$\frac{x}{12+6} = \frac{10}{12}$$
Amed

$$\frac{8+16}{16} = \frac{x}{10}$$
Milo

$$\frac{16}{10} = \frac{16+8}{x}$$
Selina

$$\frac{12}{10} = \frac{12+6}{x+10}$$
Lias

5 Berechne die fehlenden Strecken.

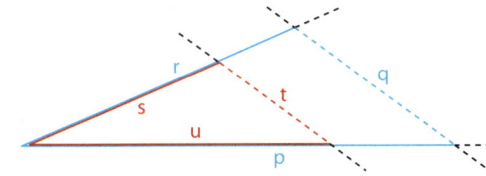

a s = 6 cm; u = 7 cm; t = 3,5 cm; q = 8,4 cm
b u = 8,1 cm; s = 9,5 cm; r = 57 cm; q = 19,8 cm
c u = 11,2 m; p = 16,8 m; r = 14,7 m; t = 4 m
d s = 5,5 m; r = 24,75 m; t = 4,8 m; p = 33,12 m

6 Wie lang sind die fehlenden Strecken?

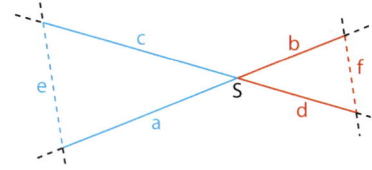

a b = 4 cm; d = 5 cm; f = 3 cm; e = 3,9 cm
b d = 1,6 cm; b = 2,5 cm; a = 12 cm; f = 3 cm
c d = 3,6 m; c = 19,8 m; a = 25,3 m; e = 29,7 m
d a = 24,18 m; f = 3,8 m; c = 19,5 m; b = 6,2 m

Satz des Pythagoras

7 Berechne im Dreieck ABC mit $\gamma = 90°$ die fehlende Seite mithilfe von $a^2 + b^2 = c^2$. Erstelle zunächst eine Planfigur.

a $a = 3,4\,dm$ und $b = 6,8\,dm$
b $a = 8\,cm$ und $b = 8\,cm$
c $a = 12,3\,cm$ und $c = 26,3\,cm$
d $b = 16,1\,cm$ und $c = 23,4\,cm$

8 Wie lang ist die blaue Strecke x?

a
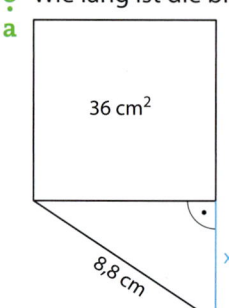
36 cm²
8,8 cm
x

b
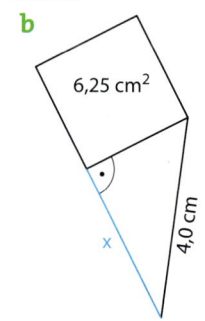
6,25 cm²
x
4,0 cm

9 Zeichne die beiden Punkte P_1 und P_2 in ein Koordinatensystem ein und berechne die Länge der Strecke $\overline{P_1 P_2}$. (Einheiten in cm)

a $P_1(2|3)$; $P_2(5|4)$
b $P_1(-5,5|-2)$; $P_2(-2,5|3)$
c $P_1(-2|0)$; $P_2(3|5)$
d $P_1(2|-4)$; $P_2(-3|5)$

10 Berechne die fehlenden Streckenlängen. (Maße in cm)

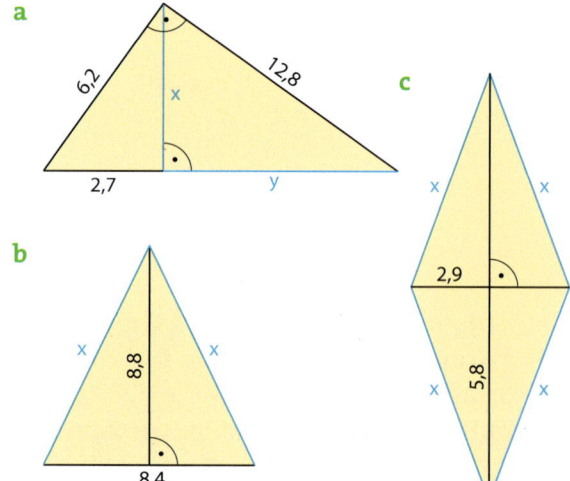

11 Übertrage die Figuren in dein Heft und zerlege sie sinnvoll in Teilfiguren.
Berechne den Flächeninhalt und den Umfang der Figuren.

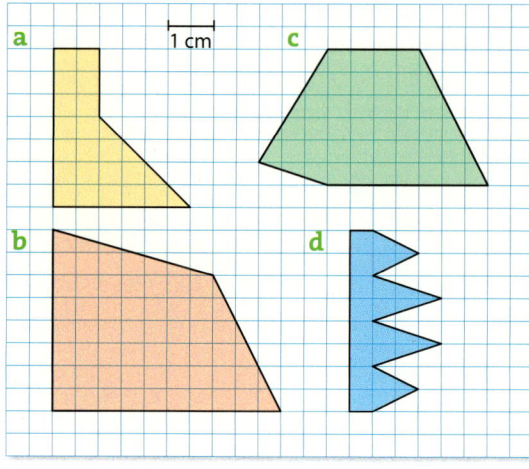

12 Berechne die Länge der Raumdiagonalen im Würfel mit der Kantenlänge a.

a $a = 6\,cm$ **b** $a = 18\,dm$ **c** $a = 1,2\,m$

13 Wie lang sind die Raumdiagonalen in den Quadern mit den angegebenen Maßen?

a $a = 6\,cm$; $b = 11\,cm$; $c = 12\,cm$
b $a = 17\,cm$; $b = 20\,cm$; $c = 32\,cm$
c $a = 7,5\,cm$; $b = 8,5\,cm$; $c = 12\,cm$

14 Erstelle in Schrägsicht eine Planfigur einer quadratischen Pyramide und beschrifte sie. Berechne jeweils die Länge der Seitenhöhe h_s und der Seitenkante s.

a $a = 5\,cm$; $h = 9\,cm$
b $a = 12\,cm$; $h = 20\,cm$

15 Von einem Kegel sind der Radius $r = 7,5\,cm$ und die Höhe $h = 12\,cm$ bekannt.
Berechne mithilfe des Satzes von Pythagoras die Länge der Mantellinie s.

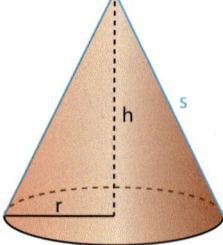

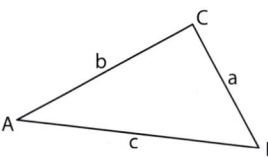

4.8 Mach dich fit!

Ähnlichkeit

1 Sind die Figurenpaare ① beziehungsweise ②
ähnlich? Begründe deine Antwort.

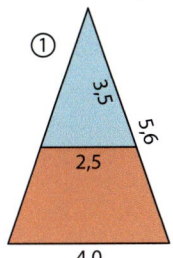
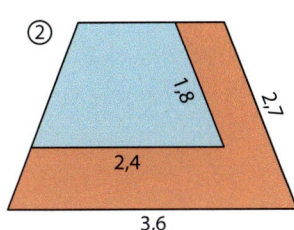

2 Die Figuren sind ähnlich. Übertrage die Zeichnung in dein Heft. Ergänze den fehlenden Eckpunkt und vervollständige die Figur.

a
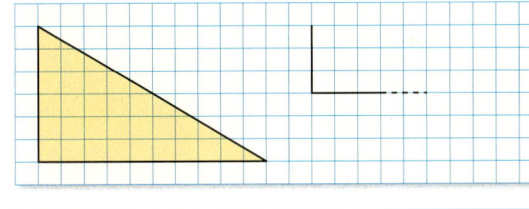

b
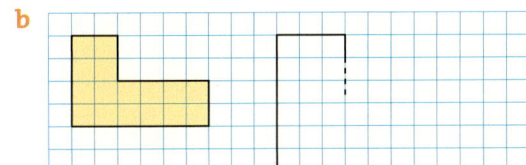

3 Gegeben ist das Dreieck ABC mit $a = 8\,cm$,
$b = 12\,cm$ und $c = 16\,cm$.
Berechne die Seitenlängen von ähnlichen
Dreiecken und fülle im Heft die Tabelle aus.

	a'	b'	c'
a	2 cm	…	…
b	…	4 cm	…
c	…	…	24 cm
d	10 cm	…	…
e	…	30 cm	…
f	…	…	2 cm

4 Konstruiere das Dreieck ABC mit
$a = 4,5\,cm$, $b = 4,8\,cm$ und $c = 6\,cm$.

Berechne die Seitenlängen des Dreiecks A'B'C',
wenn eine Seite dieses zu ABC ähnlichen Dreiecks gegeben ist.
Konstruiere bei **a** und **b** auch das ähnliche Dreieck A'B'C'.

a $a' = 3,0\,cm$ **c** $b' = 6,0\,cm$
b $a' = 7,5\,cm$ **d** $c' = 12,5\,cm$

5 Übertrage die Figur in ein Koordinatensystem
und ergänze anhand der markierten Seite die
ähnliche Figur.
Gib die Koordinatenpunkte an.

a 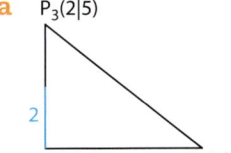   **b**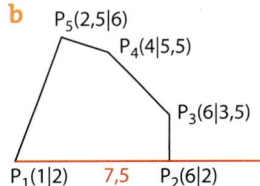

Strahlensätze

6 Wie lang sind die nicht angegebenen Strecken?

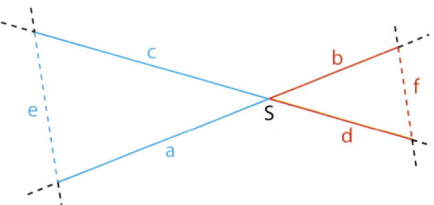

a $b = 8\,m$; $d = 9\,m$; $f = 4\,m$; $e = 10\,m$
b $d = 2,2\,m$; $c = 8,8\,m$; $a = 7,2\,m$; $f = 90\,cm$
c $d = 11\,m$; $b = 10\,m$; $e = 5,5\,m$; $a = 110\,dm$
d $a = 11,2\,m$; $c = 1440\,cm$; $f = 2,5\,m$; $b = 35\,dm$

7 Berechne die gesuchten Strecken in der Strahlensatzfigur.

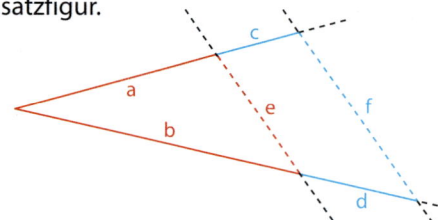

a   d = 9 m; f = 6 m; e = 2 m; c = 11 m; a, b = ?
b   a = 3,2 m; c = 11,24 m; e = 2,4 m; f = ?
c   a = 65 dm; c = 3,9 m; d = 4,5 m; b = ?
d   b = 8 m; d = 200 cm; e = 6,4 m; c = 275 cm; a, f = ?

8 Um die Abmessungen von Gewässern herauszufinden, misst man geeignete Strecken in der Umgebung und wendet den Strahlensatz an. Berechne die Strecke über dem See.

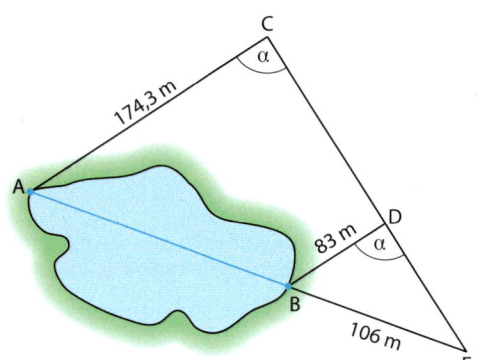

Satz des Pythagoras

9 Berechne im Dreieck ABC mit $\gamma = 90°$ die fehlende Seite mithilfe von $a^2 + b^2 = c^2$.
a   a = 8,4 dm   und   b = 2,8 dm
b   a = 8,5 cm   und   c = 11,5 cm
c   b = 10,3 cm   und   c = 16 cm

10 Zeichne die beiden Punkte P_1 und P_2 in ein Koordinatensystem ein und berechne jeweils die Länge der Strecke $\overline{P_1P_2}$.
a $P_1(2|2)$; $P_2(6|4)$
b $P_1(-2,5|-1)$; $P_2(4,5|3)$
c $P_1(-3|4)$; $P_2(4|0)$

11 Wie lang ist die Bildschirmdiagonale?

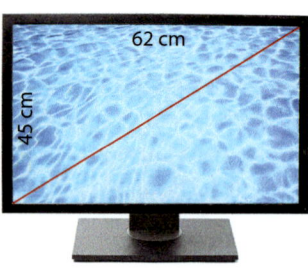

12 Berechne die Länge der Strecke x. (Maße in cm)

a
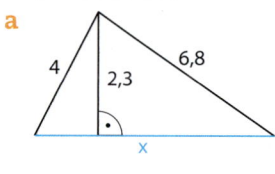

b
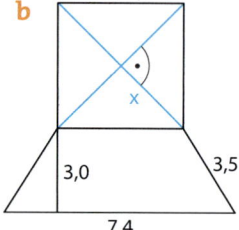

13 Aus einem Baumstamm mit einem Radius von 17,5 cm wird ein quadratischer Balken herausgesägt. Welche Kantenlänge kann dieser Balken höchstens haben?

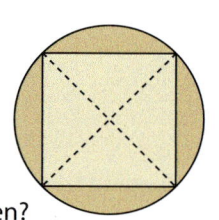

14 Berechne den Umfang und den Flächeninhalt der roten Figur in Abhängigkeit von a.

a
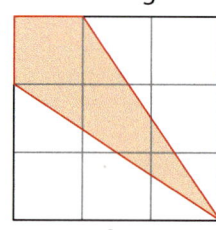

b
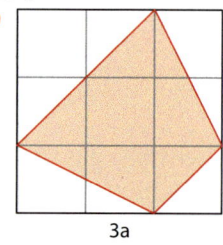

15 Eine Kugel schwimmt auf der Wasseroberfläche. Der Durchmesser der Kugel beträgt d = 20 cm, der Durchmesser des Eintauchkreises auf der Wasseroberfläche beträgt d_1 = 17 cm. Berechne, wie tief die Kugel eingetaucht ist.

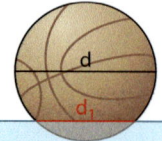

Ebene Figuren aufteilen und berechnen

16 Berechne die Länge der blau gefärbten Strecke.
(Maße in cm)

a
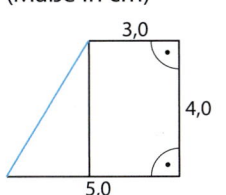

c
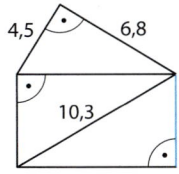

b
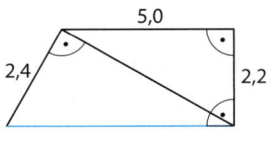

d
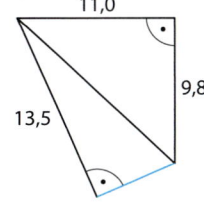

17 Zeichne die Punkte in ein Koordinatensystem und verbinde sie zu einem Vieleck. Berechne den Flächeninhalt und Umfang des Vielecks.

a $A(-3|-1)$; $B(3|3)$; $C(-1|7)$

b $A(2|-1)$; $B(4|-4)$; $C(5|0)$

c $A(-5|1)$; $B(0|2)$; $C(0|5)$; $D(-5|4)$

d $A(-1|-4)$; $B(3|-2)$; $C(2|1)$; $D(-2|2)$

e $A(3|0)$; $B(5|2)$; $C(4|4)$; $D(2|4)$; $E(1|2)$

18 Der obere, graue Teil einer Hausfassade soll neu verputzt und gestrichen werden. Pro Quadratmeter wird mit 75 € kalkuliert. Fensterflächen werden bei der Kalkulation vernachlässigt.

a Teile die Fläche geschickt ein und berechne die voraussichtlichen Kosten.

b Um wie viel Euro würden sich die Kosten erhöhen, wenn auch noch die rechteckige Fassade mit einer Höhe von 17,50 m renoviert würde?

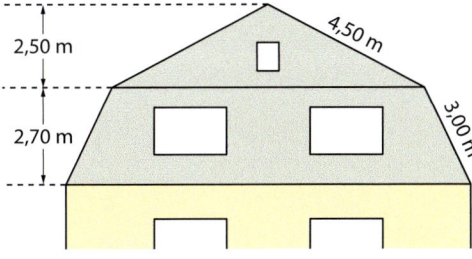

Satz des Pythagoras in Körpern

19 Berechne die Länge der Raumdiagonalen im Würfel mit der Kantenlänge a.

a $a = 6\,cm$ **b** $a = 3\,dm$ **c** $a = 100\,mm$

20 Die Strecken a und h einer quadratischen Pyramide sind gegeben. Berechne jeweils die Länge der Seitenhöhe h_s und der Seitenkante s.

a $a = 5\,cm$; $h = 8\,cm$ **b** $a = 10\,cm$; $h = 12\,cm$

21 Ergänze die fehlenden Größen der quadratischen Pyramiden (alle Angaben in cm).

	a	d	h	h_s	s
①	6,8	…	7,6	…	…
②	…	…	…	6,2	6,8
③	…	8,8	…	…	8,1

22 Berechne die Gesamtlänge der roten Strecken im Würfel mit $a = 8\,cm$ Kantenlänge. D ist der Diagonalenschnittpunkt der Grundfläche.

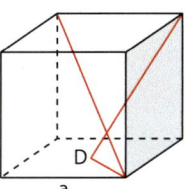

Satz des Thales

23 Zeichne ein gleichschenklig-rechtwinkliges Dreieck mit $\gamma = 90°$ und $c = 8\,cm$. Berechne die Längen der Seiten a und b.

24
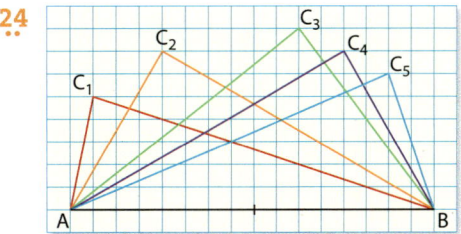

Übertrage die Figur in dein Heft und überprüfe, ob alle Dreiecke rechtwinklig sind.

25 Zeichne mithilfe des Thaleskreises das rechtwinklige Dreieck ABC. Erstelle eine Planfigur!

a $c = 8\,cm$; $a = 4\,cm$; $\gamma = 90°$

b $c = 10\,cm$; $b = 8\,cm$; $\gamma = 90°$

Ähnlichkeit

Zwei Figuren heißen **ähnlich**,
- wenn die sich entsprechenden Winkel in beiden Figuren gleich groß sind,

und
- wenn das Verhältnis aller sich entsprechender Seiten dasselbe ist.

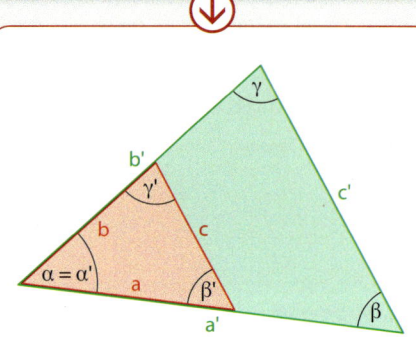

$$\frac{a'}{a} = \frac{3{,}4}{1{,}7} = \frac{2}{1} = 2 : 1$$

$$\frac{b'}{b} = \frac{3{,}0}{1{,}5} = \frac{2}{1} = 2 : 1$$

$$\frac{c'}{c} = \frac{2{,}8}{1{,}4} = \frac{2}{1} = 2 : 1$$

$$\alpha = \alpha' \text{ und } \beta = \beta' \text{ und } \gamma = \gamma'$$

Strahlensätze

In einer **Strahlensatzfigur**

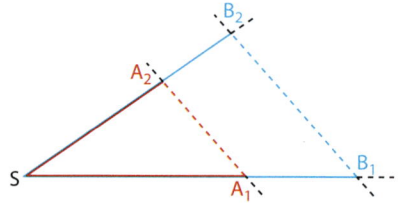

gelten diese Streckenverhältnisse:

1. Strahlensatz

$$\frac{\overline{SA_1}}{\overline{SB_1}} = \frac{\overline{SA_2}}{\overline{SB_2}} \quad \text{oder} \quad \frac{\overline{SA_1}}{\overline{SA_2}} = \frac{\overline{SB_1}}{\overline{SB_2}}$$

2. Strahlensatz

$$\frac{\overline{A_1A_2}}{\overline{B_1B_2}} = \frac{\overline{SA_1}}{\overline{SB_1}} = \frac{\overline{SA_2}}{\overline{SB_2}} \quad \text{oder} \quad \frac{\overline{SA_1}}{\overline{A_1A_2}} = \frac{\overline{SB_1}}{\overline{B_1B_2}}$$

$$\overline{SA_1} = 5\,\text{m}; \quad \overline{SA_2} = 6\,\text{m}; \quad \overline{SB_1} = 15\,\text{m}$$

1. Strahlensatz: $\dfrac{\overline{SA_1}}{\overline{SB_1}} = \dfrac{\overline{SA_2}}{\overline{SB_2}} \Rightarrow \dfrac{\overline{SB_1}}{\overline{SA_1}} = \dfrac{\overline{SB_2}}{\overline{SA_2}}$

$$\overline{SB_2} = \overline{SA_2} \cdot \frac{\overline{SB_1}}{\overline{SA_1}}$$

$$\overline{SB_2} = \left(6 \cdot \frac{15}{5}\right)\text{m} = 18\,\text{m}$$

$$\overline{B_1B_2} = 6\,\text{cm}; \quad \overline{A_1A_2} = 3\,\text{cm}; \quad \overline{SB_2} = 8\,\text{cm}$$

2. Strahlensatz: $\dfrac{\overline{A_1A_2}}{\overline{B_1B_2}} = \dfrac{\overline{SA_2}}{\overline{SB_2}}$

$$\overline{SA_2} = \overline{SB_2} \cdot \frac{\overline{A_1A_2}}{\overline{B_1B_2}}$$

$$\overline{SA_2} = \left(8 \cdot \frac{3}{6}\right)\text{cm} = 4\,\text{cm}$$

Satz des Pythagoras

Bezeichnungen in rechtwinkligen Dreiecken

Die beiden Seiten, die den rechten Winkel bilden, heißen Katheten.
Die Seite, die dem rechten Winkel gegenüberliegt, heißt Hypotenuse.

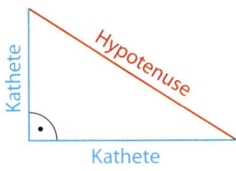

Satz des Pythagoras

In einem rechtwinkligen Dreieck entspricht die Summe der Flächeninhalte der Kathetenquadrate dem Flächeninhalt des Hypotenusenquadrats.

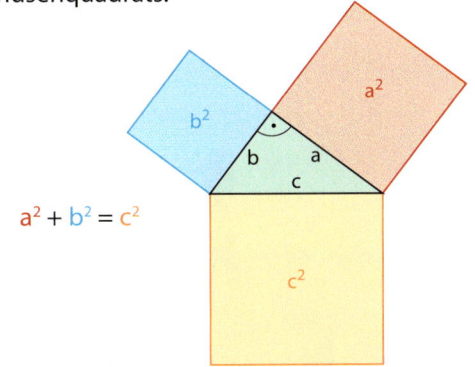

$$a^2 + b^2 = c^2$$

Den Satz von Pythagoras kann man auch „umkehren".
Wenn für die Seiten eines Dreiecks beispielsweise $3^2 + 4^2 = 5^2$ gilt, dann ist dieses Dreieck rechtwinklig, weil die Summe der Kathetenquadrate dem Hypotenusenquadrat entspricht.

Anwendungen

Um Strecken in Körpern mithilfe des Satzes von Pythagoras berechnen zu können, suchen wir rechtwinklige Dreiecke. Sie können entweder auf der Oberfläche des Körpers liegen oder im Innern des Körpers.

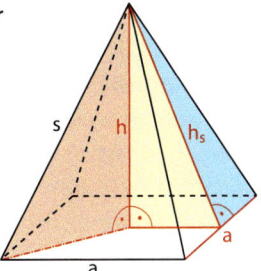

Diagonale im Quadrat:
$$d = a \cdot \sqrt{2}$$

Raumdiagonale im Würfel:
$$e = a \cdot \sqrt{3}$$

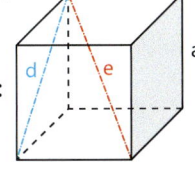

Satz des Thales

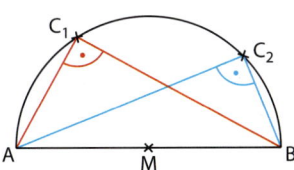

Liegt der Punkt C eines Dreiecks auf einem Halbkreis über der Strecke AB, dann hat das Dreieck bei C immer einen rechten Winkel.

Die **Zentralperspektive** ist ein Abbildungsverfahren, mit dem man Räumlichkeit darstellen kann. Flächen und Räume, die mithilfe dieses Verfahrens dargestellt sind, nehmen wir als realistisch wahr, weil sie unseren Seherfahrungen entsprechen.

Das Verfahren beruht auf der **zentrischen Streckung** und wurde in der Renaissance von Filippo Brunelleschi (1377–1446), Leon Battista Alberti (1404–1472) und anderen italienischen Künstlern entwickelt.

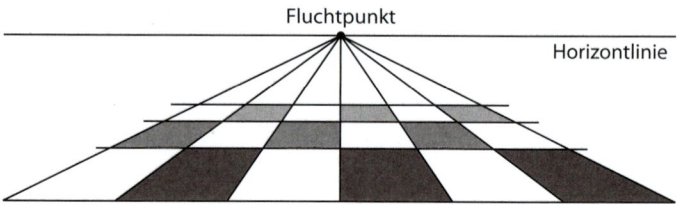

Dieses perspektivisch stark verzerrte Schachbrettmuster nehmen wir als „richtig" wahr, weil die Seitenverhältnisse der Felder geometrisch ähnlich sind. Bei genauem Hinsehen entdeckt man Strahlensatzfiguren.

Der Punkt, in dem sich die (in Wirklichkeit parallelen) Tiefenlinien schneiden, heißt **Fluchtpunkt**. Er liegt auf der **Horizontlinie** und somit dem Auge des Betrachters genau „gegenüber".

Das Phänomen, dass sich parallele Linien scheinbar am Horizont schneiden, findet man auch in Bildern von Eisenbahnschienen oder Straßen, die vom Betrachter weg in die Tiefe verlaufen.

Mit der Zentralperspektive kann man auch Räume darstellen. Links blickst du in eine Passage in München, in der Mitte und rechts sind perspektivisch zwei „Kachelräume" gezeichnet.

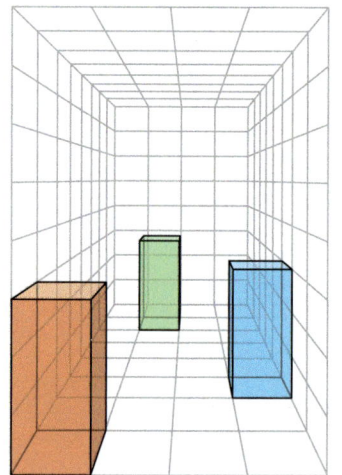

In allen drei Räumen stehen auf dem Boden Personen oder Quader, die unterschiedlich weit vom Betrachter entfernt sind.

- **Woran erkennst du, dass die drei Quader in Wirklichkeit genau die gleiche Höhe haben?**
- **Erläutere, woran man erkennt, dass die drei schwarzen Figuren an den gleichen Positionen stehen wie die Quader.**
- **Wie wirken die drei Figuren? Miss ihre Größe und vergleiche.**
  Versuche eine Erklärung für die besondere Wirkung zu finden.

5

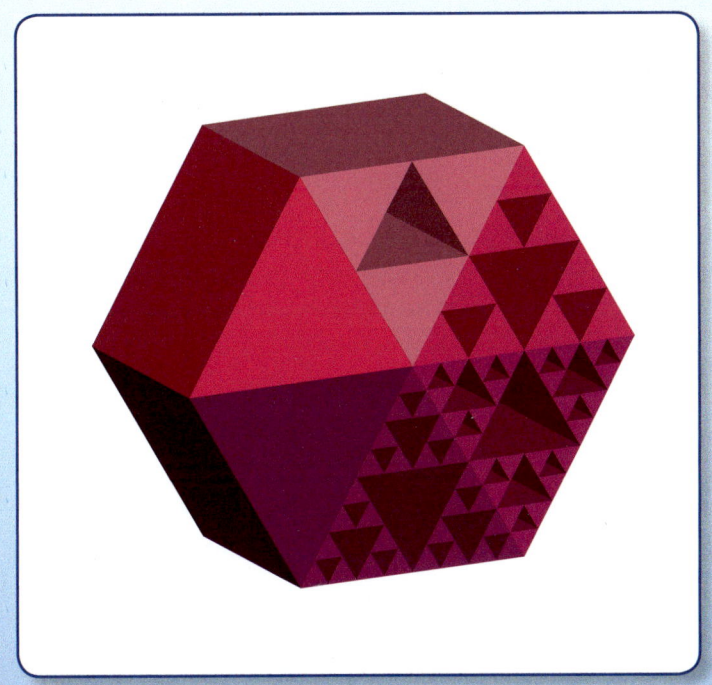

Körperberechnung

5.1 Prismen und Zylinder

1 Im Alltag begegnet man Prismen und Zylindern zum Beispiel als Verpackungen. Beschreibe anhand der Fotos die Gemeinsamkeiten und Unterschiede von Prismen und Zylindern.

2 Übertrage die Tabelle ins Heft und ordne ihr die Formeln zu. Ergänze für Prisma und Zylinder Beispiele aus dem Alltag.

	Alltagsbeispiel	Mantelfläche	Oberfläche	Volumen
Prisma	…	…	…	…
Zylinder	…	…	…	…

$$2 \cdot \pi \cdot r^2 + 2 \cdot \pi \cdot r \cdot h$$

$$2 \cdot \pi \cdot r \cdot h$$

$$u \cdot h$$

$$2 \cdot G + M$$

$$G \cdot h$$

$$\pi \cdot r^2 \cdot h$$

Prismen und Zylinder sind Körper mit vielen Gemeinsamkeiten und einigen Unterschieden. Beim Betrachten der Netze von Prisma und Zylinder erkennt man, dass sich die Mantelfläche (kurz: der Mantel) beim Prisma aus mehreren Rechtecken und beim Zylinder aus nur einem Rechteck zusammensetzt.

M

Prismen und Zylinder

Prismen und Zylinder werden von Grundfläche, Deckfläche und Mantelfläche begrenzt. Grund- und Deckfläche sind zueinander parallel und kongruent.
Beim Prisma ist die Grundfläche eckig (Dreieck, Viereck, Fünfeck etc.); beim Zylinder ist die Grundfläche kreisförmig.
Beim Zylinder besteht die Mantelfläche aus nur einem Rechteck.

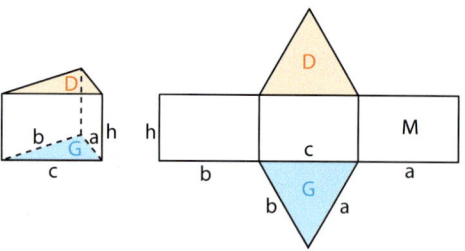

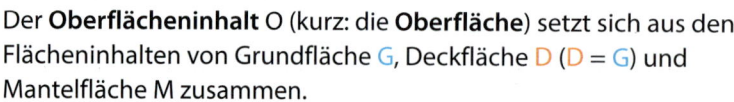

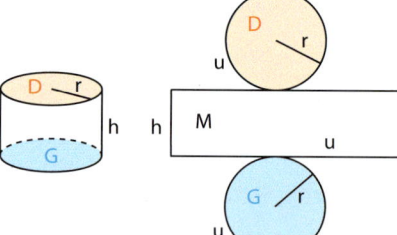

Den **Flächeninhalt des Mantels** M berechnet man, indem man den Umfang der Grundfläche mit der Körperhöhe multipliziert.

$$M = u \cdot h$$

Der **Oberflächeninhalt** O (kurz: die **Oberfläche**) setzt sich aus den Flächeninhalten von Grundfläche G, Deckfläche D (D = G) und Mantelfläche M zusammen.

$$O = G + D + M$$
$$O = 2G + M$$

Das **Volumen** V berechnet man, indem man den Flächeninhalt der Grundfläche G mit der Körperhöhe h multipliziert.

$$V = G \cdot h$$

Übungsaufgaben

1 Berechne das Volumen des Körpers.

a
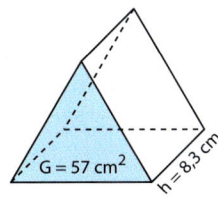
G = 57 cm² h = 8,3 cm

c
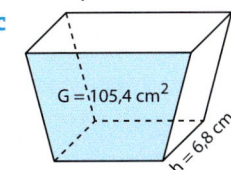
G = 105,4 cm² h = 6,8 cm

b
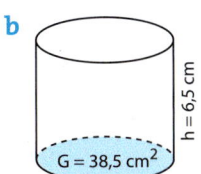
G = 38,5 cm² h = 6,5 cm

d
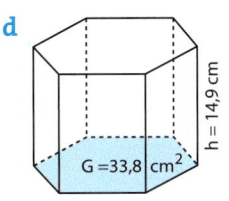
G = 33,8 cm² h = 14,9 cm

2 Die Skizze der Grundfläche gehört zu einem Prisma mit der Höhe h = 10 cm. Berechne die Mantelfläche und die Oberfläche.

a
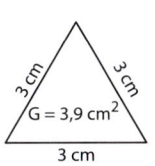
3 cm, 3 cm, 3 cm G = 3,9 cm²

b
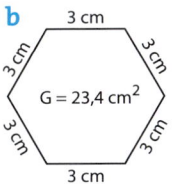
3 cm, 3 cm, 3 cm, 3 cm, 3 cm, 3 cm G = 23,4 cm²

c
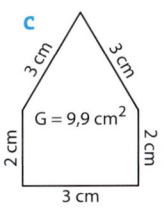
3 cm, 3 cm, 2 cm, 2 cm, 3 cm G = 9,9 cm²

3 *Alltagsgegenstände*

a Welches Netz passt nicht auf ein DIN-A4-Blatt?

①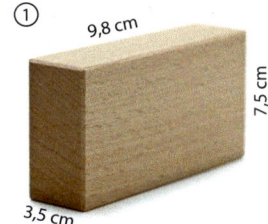
9,8 cm 7,5 cm 3,5 cm

③
6,6 cm 7,0 cm

②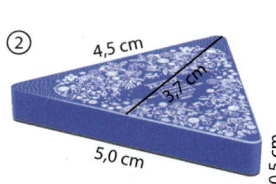
4,5 cm 3,7 cm 5,0 cm

④
7,4 cm GREEN TEA 14 cm 6,2 cm 0,5 cm

b Berechne V, M und O für den Zylinder.

c Überprüfe die Aussage: *Die Oberflächen der Verpackungen ① und ③ sind zusammen genau so groß wie die Oberfläche der Verpackung ④.*

4 Berechne das Volumen der Prismen. Die Grundfläche ist ein stumpfwinkliges Dreieck.

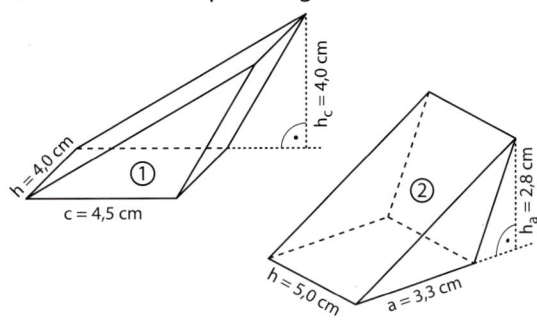
① $h_c = 4,0$ cm $h = 4,0$ cm c = 4,5 cm
② $h_c = 4,0$ cm $h_a = 2,8$ cm h = 5,0 cm a = 3,3 cm

5 Wie groß ist der Umfang der Grundfläche des Dreieckprismas? Seine Höhe beträgt 10 cm.

a O = 240 cm²   **b** O = 140 cm²
  G = 50 cm²   G = 40 cm²

6 Entnimm die zur Berechnung der Prismenhöhe notwendigen Angaben der Abbildung.

a
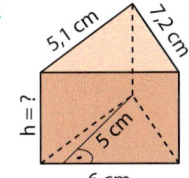
5,1 cm 7,2 cm h = ? 5 cm 6 cm
O = 103,2 cm²

b
h = ? 4,5 cm 7 cm
O = 132 cm²

c
2 m 4,5 m 5 m h = ? 4 m 7 m
O = 274 m²

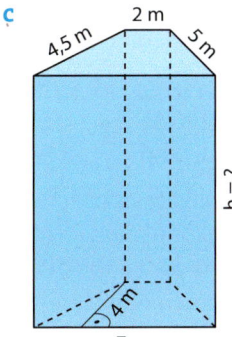

7 Berechne die fehlenden Maße der Zylinder auf eine Nachkommastelle genau.

	r	h	M	O
a	3,5 cm	6 cm	…	…
b	5 cm	…	314 cm²	…
c	8,8 cm	…	…	1 161,1 cm²

8 Bestimme die Oberfläche und das Volumen des Prismas mithilfe einer Zeichnung, in der du abmessen kannst.

a Dreieckprisma mit $a = 5{,}3\,cm$, $b = 7{,}2\,cm$, $c = 8{,}4\,cm$ und Prismenhöhe $h = 7\,cm$

b rechtwinkliges Dreieckprisma mit $b = 5{,}5\,cm$ und $c = 4\,cm$, $\beta = 90°$, Prismenhöhe $h = 6\,cm$

c rechtwinkliges Trapezprisma mit $c = 4\,cm$, $a = 3\,cm$ und $b = h_a = 6\,cm$, Prismenhöhe $h = 4\,cm$

9 Die Prismen unten haben eine gleichschenklige Grundfläche. Berechne zuerst die fehlende Höhe der Grundfläche und dann das Volumen und die Oberfläche. (Angaben in cm)

a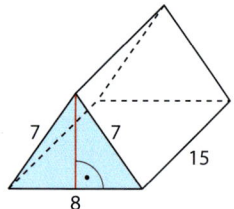

c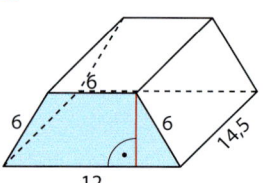

b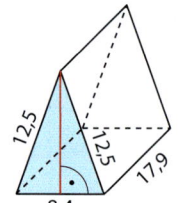

d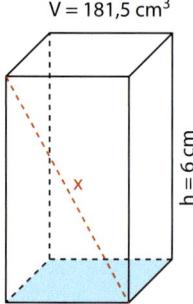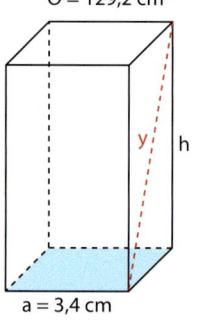

10 Berechne beim Prisma mit quadratischer Grundfläche die Länge der roten Strecke mithilfe von Volumen oder Oberfläche.

a $V = 181{,}5\,cm^3$

b $O = 129{,}2\,cm^2$

11 Berechne die Länge der roten Strecke.

a $V = 736{,}31\,cm^3$ **b** $O = 408{,}41\,cm^2$ **c** $V = 212{,}06\,cm^3$

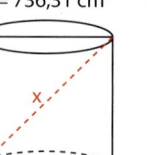 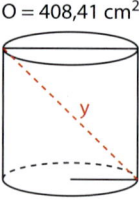 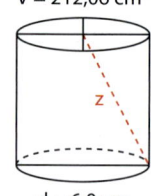

$d = 12{,}5\,cm$ $r = 5{,}0\,cm$ $d = 6{,}0\,cm$

12 Die Grundflächen von 15 cm hohen Prismen sind einem Viereck einbeschrieben.

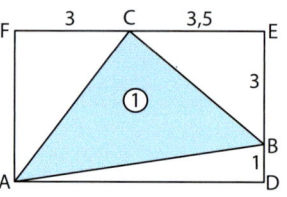 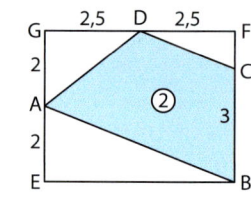

Angaben in cm

a Berechne mithilfe einer geeigneten Strategie die Grundfläche.

b Welches Volumen haben die Prismen?

c Welche Oberfläche haben die Prismen?

13 *Prismenhalbierung*

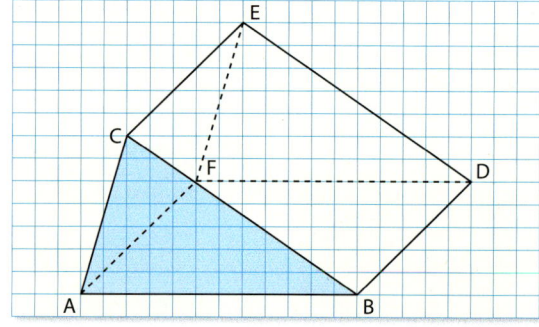

a Zeichne das Prisma in dein Heft.

b Das Prisma soll so in der Grundfläche zerschnitten werden, dass zwei volumengleiche Prismen entstehen.

Zeichne die Schnittlinie ein und zeige, dass die dadurch entstehenden Körper das gleiche Volumen haben.

5.2 Eigenschaften von Pyramiden

1 Pyramiden kennt man unter anderem als
Form in der Architektur, wie die Cheopspyramide in Ägypten.
Viele Alltagsgegenstände haben ebenfalls
die typische Form von Pyramiden: Eine
eckige Grundfläche und Seitenkanten, die
auf eine Spitze zulaufen.

a Bei welchen Körpern handelt es sich um Pyramiden?

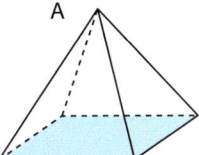 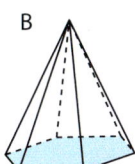 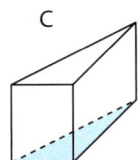 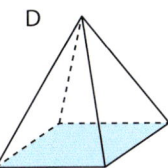 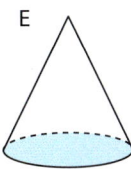 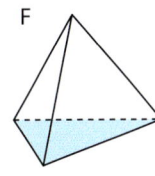

b Beschreibe Körper B mithilfe der Begriffe *Grundfläche*, *Mantelfläche*, *Kanten*
und *Spitze*.

c Zu welchem der Körper A bis F gehört der Kantensatz rechts?

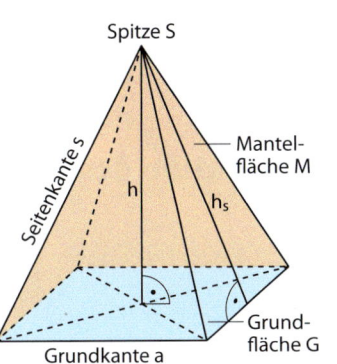

M **Gerade Pyramiden**

Pyramiden werden von einer Grundfläche und der Mantelfläche
begrenzt. Sie haben eine Spitze S.
- Ihre Grundfläche ist ein Vieleck (Dreieck, Viereck, Fünfeck, …).
- Die **Spitze** S der Pyramide liegt senkrecht über dem Mittelpunkt
  der Grundfläche.
- Als **Höhe** h der Pyramide bezeichnet man den Abstand des Mittel-
  punktes der Grundfläche von der Spitze.
- Alle Seitenflächen sind gleichschenklige Dreiecke. Die Seiten-
  flächen bilden zusammen den **Mantel der Pyramide**.
- Die **Seitenkanten** s treffen sich in der Spitze der Pyramide.
- Der Abstand der Spitze von einer Grundkante heißt Seitenhöhe h_s.

Übungsaufgaben

1 Beschreibe mit eigenen Worten eine Pyramide
mit einem Quadrat als Grundfläche (*quadratische
Pyramide*).

2 Welche Pyramiden kann man mit diesem Bausatz
für Pyramidenmodelle bauen?

a  **b**

5.3 Schrägbilder und Netze von Pyramiden

1 Du siehst Netze und Schrägbilder von unterschiedlichen Pyramiden.
Ordne die Netze dem passenden Pyramidentyp zu. Wie gehst du vor?

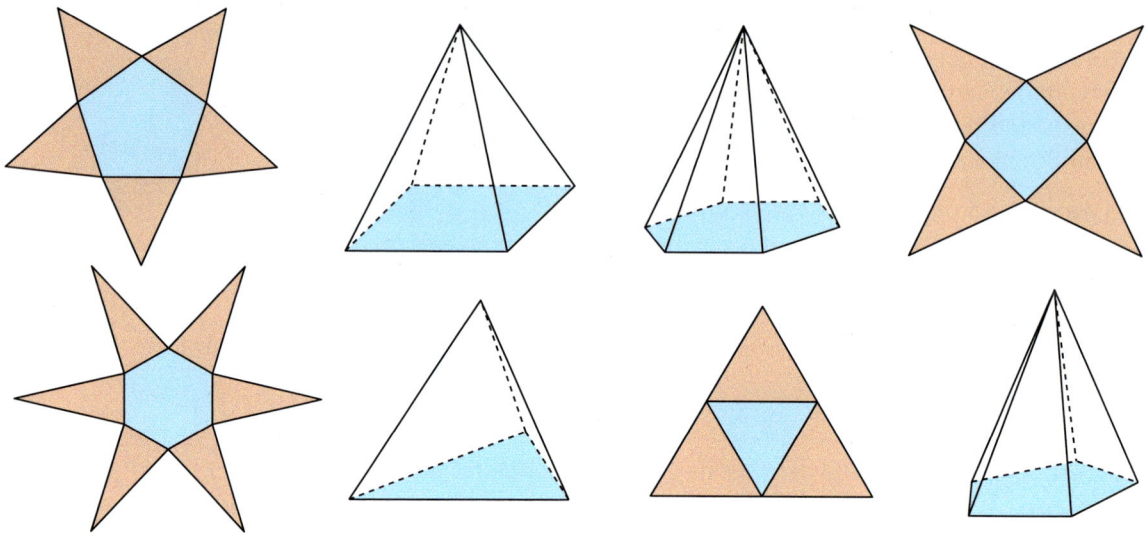

 Das Netz einer Pyramide besteht aus einer Grundfläche und dem Mantel.
Der Mantel besteht aus gleichschenkligen Dreiecken.
Es gibt immer so viele Manteldreiecke, wie die Grundfläche Eckpunkte hat.

Konstruktion des Schrägbilds einer quadratischen Pyramide

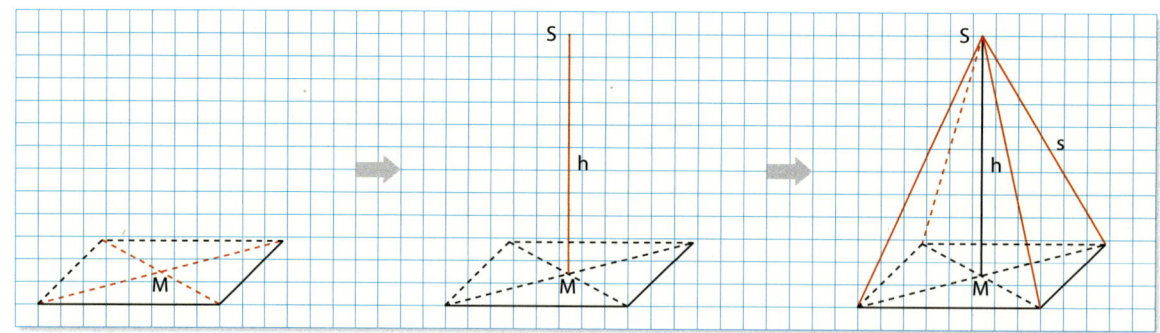

① Zeichne das Schrägbild der Grundfläche mit Mittelpunkt M. M ist der Schnittpunkt der Diagonalen der Grundfläche.

② Zeichne von M aus die Körperhöhe h.
→ Spitze S

③ Verbinde die Spitze mit den Eckpunkten der Grundfläche.
→ Seitenkanten s

Bei Pyramiden mit nicht quadratischer Grundfläche muss diese in Schritt ① entsprechend den Regeln für Schrägbilder dargestellt werden.

Übungsaufgaben

1 Zeichne die Schrägbilder der quadratischen Pyramiden und beschrifte sie.

a $a = 7\,cm$
$h = 9\,cm$

b $a = 4,4\,cm$
$h = 7,3\,cm$

c $a = 6,2\,cm$
$h = 8,4\,cm$

2 Übertrage die unvollständigen Netze von Pyramiden ins Heft und ergänze sie.

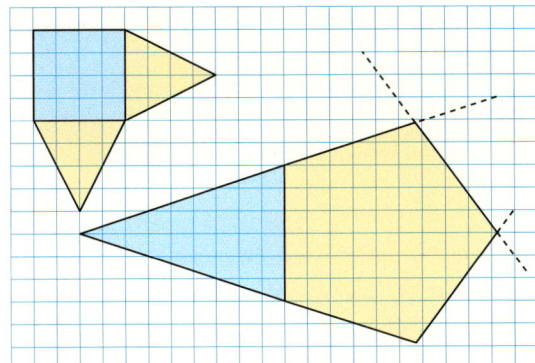

3 Übertrage die angefangenen Zeichnungen in dein Heft und vervollständige sie. Im Schrägbild später verdeckte Linien sind gestrichelt gekennzeichnet.

a quadratische Pyramide

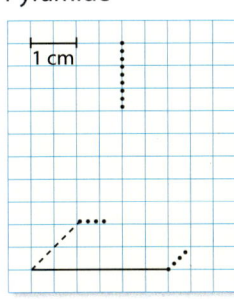

b quadratische Pyramide mit $h = 5\,cm$

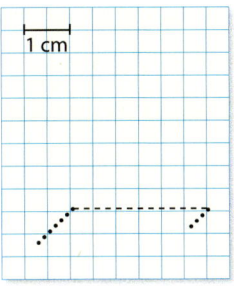

c Sechseckpyramide mit $h = 5\,cm$

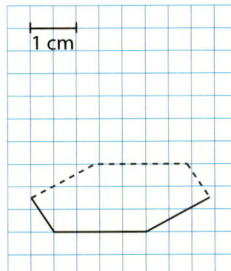

d Dreieckpyramide mit $h = 5\,cm$

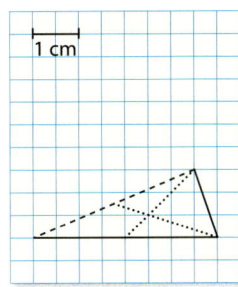

4 Zeichne die Schrägbilder der quadratischen Pyramiden und beschrifte sie. Berechne vorher die Höhe h bzw. die Grundkante a.

a $a = 5\,cm$
$h_s = 6\,cm$

b $h = 4,2\,cm$
$h_s = 4,6\,cm$

c $a = 6,8\,cm$
$s = 8,2\,cm$

T Als **Tetraeder** bezeichnet man eine regelmäßige Dreieckpyramide, deren Oberfläche aus vier gleichseitigen Dreiecken mit der Kantenlänge a besteht.

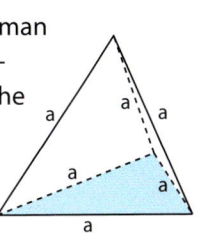

5 Zeichne das Netz eines Tetraeders mit der Kantenlänge $a = 5\,cm$.

6 In einem Würfel liegt ein Tetraeder. Seine Ecken liegen in den Ecken des Würfels – er ist dem Würfel einbeschrieben. Berechne mithilfe des Satzes von Pythagoras die Kantenlänge des Tetraeders und zeichne sein Netz.

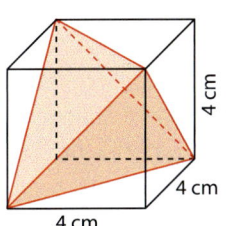

7 Zeichne die Schrägbilder. Beschreibe die Unterschiede und Gemeinsamkeiten der beiden Körper.

a Doppelpyramide

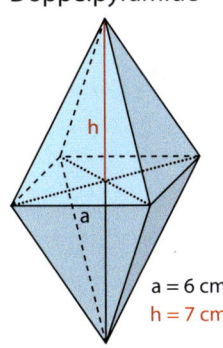

$a = 6\,cm$
$h = 7\,cm$

b Oktaeder

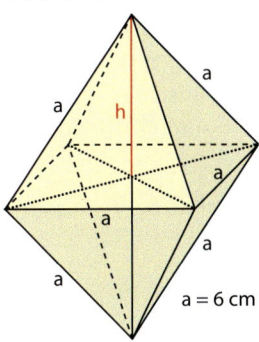

$a = 6\,cm$

Berechne zuerst die Länge der Höhe h.

5.4 Die Oberfläche von Pyramiden

1 Die Pyramide auf dem Marktplatz von Karlsruhe ist das Grabmal des Stadtgründers Karl Wilhelm von Baden-Durlach und das Wahrzeichen der Stadt.

a Welche geometrische Form haben die Seitenflächen?

b Skizziere die Seitenflächen wie unten in dein Heft und berechne die Außenfläche der Pyramide. Die Seitenhöhe h_s ist 7,45 m lang, die Grundkante a beläuft sich auf 6,05 m.

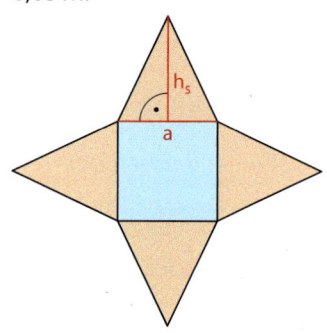

Die Mantelfläche einer **geraden Pyramide** besteht aus gleichschenkligen Dreiecken. Ihre Anzahl hängt von der Eckenzahl n der Grundfläche ab. Die Mantelfläche berechnet man, indem man den Flächeninhalt aller Seitenflächen addiert.

Die Oberfläche besteht aus der Grundfläche G und der Mantelfläche M.

M Für alle geraden n-Eck-Pyramiden gilt:

Mantelfläche: $M = n \cdot A_{Seitenfläche}$

Oberfläche: $O = G + M$

---

quadratische Pyramide

gegeben: $h_s = 8\,cm$ $\qquad$ gesucht: Oberfläche O
$\qquad\qquad$ $a = 6\,cm$

$G = a^2 = 6^2$ $\qquad\qquad$ $\rightarrow$ $\quad G = 36\,cm^2$

$M = 4 \cdot \frac{1}{2} \cdot a \cdot h_s = 4 \cdot \frac{1}{2} \cdot 6 \cdot 8$ $\quad \rightarrow$ $\quad M = 96\,cm^2$

$O = G + M$ $\qquad\qquad$ $\rightarrow$ $\quad O = 132\,cm^2$

Übungsaufgaben

1 Zeichne das Netz der quadratischen Pyramide und berechne ihre Oberfläche.
a = 2,5 cm
$h_s = 3,2\,cm$

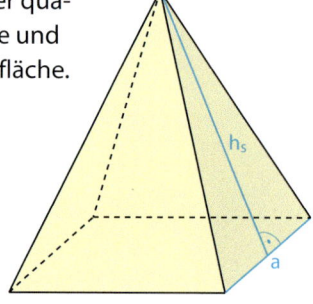

2 Die Seckseckpyramide hat die Maße a = 2 cm und $h_s = 3,5\,cm$.

a Zeichne das Netz der Pyramide.

b Berechne die Mantelfläche.

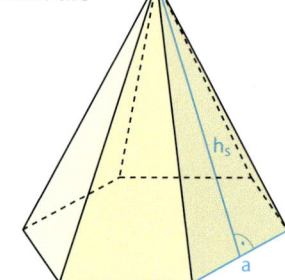

3 Berechne die Oberfläche der quadratischen Pyramide.

a $a = 12\,cm$
$h_s = 9\,cm$

b $G = 30{,}25\,dm^2$
$h_s = 75\,cm$

4 Berechne die Oberfläche der quadratischen Pyramide. Bestimme fehlende Strecken mithilfe geeigneter Dreiecke.

a $h_s = 6{,}9\,m$; $h = 4{,}3\,m$

b $a = 19{,}1\,dm$; $h = 4{,}9\,dm$

c $h_s = 45\,cm$;
$s = 50{,}9\,cm$

d $d = 93\,mm$;
$s = 0{,}2\,m$

e $s = 1{,}2\,m$;
$h = 95\,cm$

f $G = 441\,cm^2$;
$h = 0{,}5\,dm$

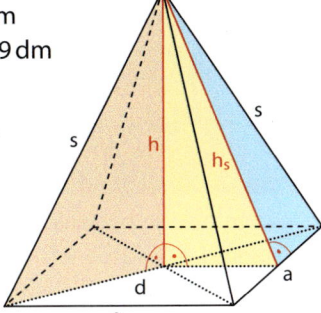

5 Alle Pyramiden haben eine Höhe von 11 cm. Die Grundflächen bestehen aus unterschiedlichen n-Ecken.
Berechne jeweils die Oberfläche der Pyramide.

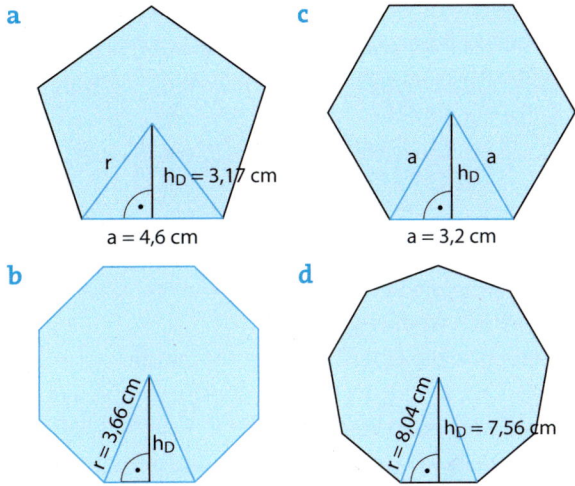

a r; $h_D = 3{,}17\,cm$; $a = 4{,}6\,cm$

c a; a; h_D; $a = 3{,}2\,cm$

b $r = 3{,}66\,cm$; h_D; $a = 2{,}8\,cm$

d $r = 8{,}04\,cm$; $h_D = 7{,}56\,cm$

Berechnungen in n-Eck-Pyramiden

Beispiel Fünfeckpyramide

geg.: $h = 8\,cm$;
$a = 6\,cm$;
$r = 5{,}1\,cm$

ges.: G, M

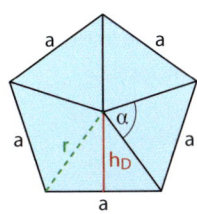

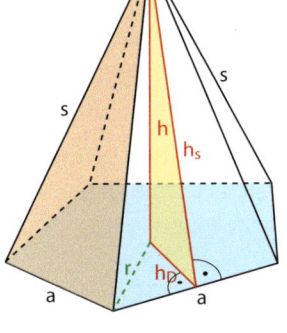

$G = 5 \cdot A_{\text{Dreieck Grundfläche}} = 5 \cdot A_{DG}$

$A_{DG} = \frac{1}{2} \cdot a \cdot h_D$

$r^2 = h_D^2 + \left(\frac{a}{2}\right)^2 \;\rightarrow\; h_D = 4{,}13\,cm$

$A_{DG} = 12{,}39\,cm^2 \;\Rightarrow\; G = 61{,}95\,cm^2$

$M = 5 \cdot A_{\text{Manteldreieck}} = 5 \cdot A_{MD}$

$A_{MD} = \frac{1}{2} \cdot a \cdot h_s$

$h_s^2 = h^2 + h_D^2 \;\rightarrow\; h_s = 9\,cm$

$A_{MD} = 27\,cm^2 \;\Rightarrow\; M = 135\,cm^2$

6 Eine quadratische Pyramide hat eine Oberfläche von 124 cm².
Wie hoch ist die Pyramide bei einer Grundfläche von $G = 25\,cm^2$?

7 Die Grundfläche der Pyramide ist ein gleichseitiges Dreieck mit der Seitenlänge $a = 2{,}5\,cm$.
Zeichne das Netz der Pyramide mit $s = 2{,}8\,cm$ und berechne ihre Oberfläche.

8 Werde Pyramidenbaumeister!
Überlege dir Maße für die Grundkante a und die Seitenhöhe h_s, mit denen folgende Bedingung eingehalten wird:

a Eine Pyramide soll eine Mantelfläche von 100 cm² haben.

b Eine Pyramide soll eine Oberfläche von 200 cm² haben.

9 Bei einer quadratischen Pyramide ist die Grundflächendiagonale 10,74 cm lang. Die Mantelfläche beträgt 65,12 cm².
Erstelle eine Planfigur und berechne dann:

a Die Höhe der Pyramide.

b Die Oberfläche der Pyramide.

10 Eine 10-Eck-Pyramide hat eine Mantelfläche von 68,2 cm².

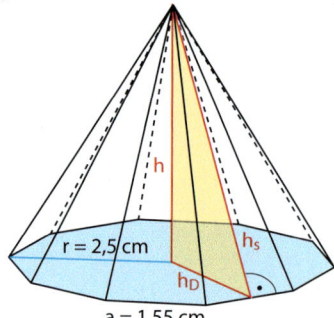

r = 2,5 cm
a = 1,55 cm

a Berechne die Seitenhöhe h_s.
b Wie hoch ist die Pyramide?
c Berechne die Oberfläche der Pyramide.

11 Zwei Körper im Vergleich
a Das Dreieckprisma und die quadratische Pyramide haben die gleiche Mantelfläche. Welcher der beiden Körper hat die größere Oberfläche, wenn die Seitenhöhe h_s der Pyramide 16 cm lang ist?

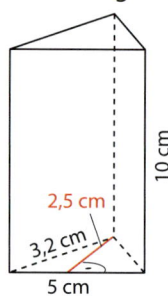

10 cm
2,5 cm
3,2 cm
5 cm

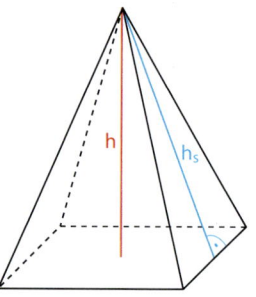

h · h_s

b Der Flächeninhalt der Grundflächen der beiden Körper ist gleich groß. Wie hoch muss der Zylinder sein, damit die beiden Körper auch den gleichen Mantelflächeninhalt haben?

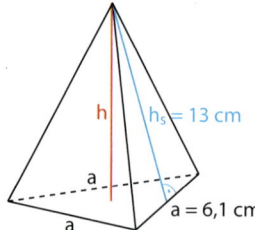

h · $h_s = 13$ cm
a
a = 6,1 cm

Tipp: Das Teilungsverhältnis der Höhen im gleichseitigen Dreieck beträgt 2 : 1.

12 Berechne die Höhe h der Sechseckpyramide.
a O = 2 230,0 m²; a = 17 m
b M = 405,90 cm²; $h_s = 12,3$ cm

13

Das achteckige pyramidenförmige Dach des Pavillons im Stadtpark (s = 2,7 m; a = 2,0 m) soll neu gedeckt werden. Für einen Quadratmeter Dachfläche verlangt der Dachdecker 120 €.

14 Zeige ohne Verwendung gerundeter Werte, dass die Oberfläche der quadratischen Pyramide 40e² beträgt.

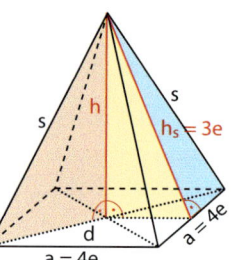

s
s · h · $h_s = 3e$
d
a = 4e
a = 4e

15 Berechnungen in quadratischen Pyramiden: Welche Kärtchen passen zueinander?

A	a = 5e $h_s = 4e$

① $M = 16e^2\sqrt{2}$

B	a = 4e h = 2e

② $O = 40e^2$

C	a = 4e s = 6e

③ $O = 65e^2$

D	d = 4e $h = 2\sqrt{30}$

④ $M = 32e^2\sqrt{2}$

16 Berechne die Höhe h und die Oberfläche O eines Tetraeders mit der Grundkantenlänge a = 2e in Abhängigkeit von e.

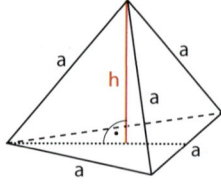

a
h
a
a
a

5.5 Das Volumen von Pyramiden

1 Die quadratische Pyramide hat die gleiche Grundfläche wie der Würfel.

a Wie oft passt die Pyramide in den Würfel hinein?

b Wie groß ist das Volumen der Pyramide?

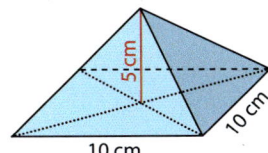

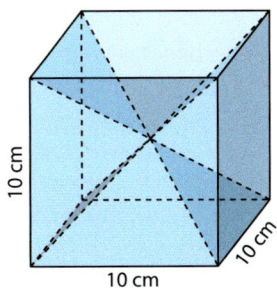

Einen Würfel kann man in drei gleich große *schiefe* Pyramiden mit quadratischer Grundfläche zerlegen.
Da die Pyramiden gleich groß sind und somit auch das gleiche Volumen haben, beträgt ihr Volumen jeweils ein Drittel des Würfelvolumens.

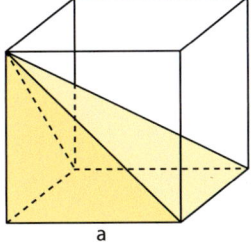

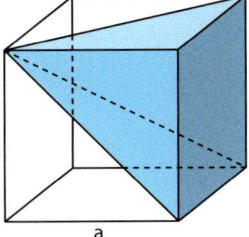

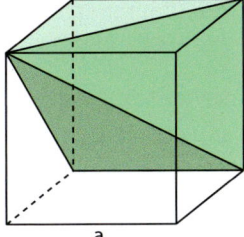

Volumen des Würfels: $\quad V_{Würfel} = a^3$

Volumen der schiefen Pyramide: $\quad V = \frac{1}{3} \cdot V_{Würfel}$

$$V = \frac{1}{3} \cdot a^3 = \frac{1}{3} \cdot a^2 \cdot a$$

$$V = \frac{1}{3} \cdot G \cdot h$$

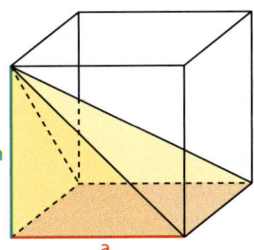

Diese Formel gilt für das Volumen aller Pyramiden!

M Das Volumen jeder Pyramide ist ein Drittel des Produktes aus Grundfläche und Höhe.

$$V = \frac{1}{3} \cdot G \cdot h$$

Beispiel 1 quadratische Pyramide

gegeben: $\quad h = 12\,cm; \; a = 5\,cm$

gesucht: $\quad$ Volumen V

$$V = \frac{1}{3} \cdot G \cdot h$$

$$V = \frac{1}{3} \cdot a^2 \cdot h$$

$$V = \frac{1}{3} \cdot 5^2 \cdot 12$$

$$V = 100\,cm^2$$

Beispiel 2 quadratische Pyramide

gegeben: $\quad V = 64{,}98\,cm^3; \; a = 5{,}7\,cm$

gesucht: $\quad$ Höhe h

$$V = \frac{1}{3} \cdot G \cdot h$$

$$V = \frac{1}{3} \cdot a^2 \cdot h$$

$$h = \frac{3V}{a^2} = \frac{3 \cdot 64{,}98}{5{,}7^2}$$

$$h = 6{,}00\,cm$$

Übungsaufgaben

1 Berechne das Volumen der quadratischen Pyramide.

a $a = 7\,cm$; $h = 3\,cm$

b $a = 4,4\,m$; $h = 255\,cm$

c $G = 144\,cm^2$; $h = 5\,cm$

d $G = 20,4\,m^2$; $h = 12\,dm$

2 Bestimme die Höhe oder die Grundkante der quadratischen Pyramide.

a $V = 1\,200\,cm^3$; $a = 6\,cm$

b $V = 27\,l$; $a = 0,9\,m$

c $V = 60\,l$; $h = 20\,dm$

d $V = 2,4\,dm^3$; $h = 50\,cm$

3 Berechne das Volumen der quadratischen Pyramide.

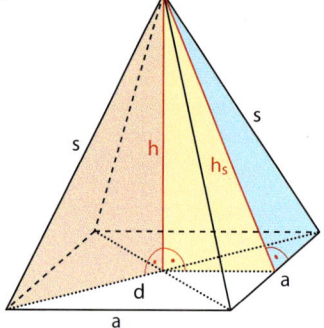

a $a = 6\,cm$; $h_s = 13\,cm$

b $h_s = 18\,m$; $h = 14\,m$

c $h = 23,7\,cm$; $h_s = 46,9\,cm$

d $s = 65,7\,m$; $h_s = 52,1\,m$

e $s = 17,4\,cm$; $a = 5,8\,cm$

f $s = 6,3\,cm$; $h = 4,9\,cm$

4 Auch aus einer gegebenen Mantel- oder Oberfläche kannst du das Volumen einer quadratischen Pyramide ermitteln.

a $M = 1\,479\,cm^2$; $h_s = 25,5\,cm$

b $M = 114,66\,cm^2$; $a = 6,3\,cm$

c $O = 109,52\,cm^2$; $a = 3,7\,cm$

d $O = 274,56\,cm^2$; $a = 88\,mm$

5 Eine quadratische Pyramide soll ein Volumen von $800\,cm^3$ haben. Gib die Maße von zwei Pyramiden an, auf die das zutrifft.

Volumen einer Sechseckpyramide

gegeben: $h = 10\,cm$; $a = 3\,cm$
gesucht: Volumen V

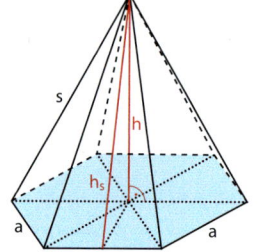

Grundfläche

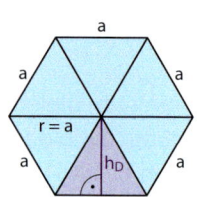

1. Berechnen der Grundfläche

$G = 6 \cdot A_{Dreieck}$

$A_{Dreieck} = \frac{1}{2}a \cdot h_D \qquad \left(h_D = \frac{1}{2}a \cdot \sqrt{3}\right)$

$\qquad\quad = \frac{1}{2}a \cdot \frac{1}{2}a \cdot \sqrt{3} = \frac{1}{4}a^2 \cdot \sqrt{3}$

$G = 6 \cdot \frac{1}{4} \cdot a^2 \cdot \sqrt{3} = \frac{3}{2} \cdot a^2 \cdot \sqrt{3}$

2. Berechnen des Volumens

$V = \frac{1}{3} \cdot G \cdot h = \frac{1}{3} \cdot \frac{3}{2} \cdot a^2 \sqrt{3} \cdot h$

$V = \frac{1}{2} \cdot a^2 \cdot h\sqrt{3}$

$V = \frac{1}{2} \cdot 3^2 \cdot 10 \cdot \sqrt{3}$

$V = 77,94\,cm^2$

---

6 Berechne das Volumen.

a regelmäßige Sechseckpyramide
$a = 8\,cm$; $h = 24\,cm$

b regelmäßige Dreieckpyramide
$a = 45\,mm$; $h = 12,4\,cm$

c regelmäßige Sechseckpyramide
$a = 7,3\,m$; $h_s = 144\,dm$

d regelmäßige Fünfeckpyramide (h_D steht für die Höhe eines Grundflächendreiecks.)
$a = 6,6\,dm$; $h = 15\,dm$; $h_D = 4,54\,dm$

7 Die große Glaspyramide in Edmonton in Kanada hat eine quadratische Grundfläche mit einer Kantenlänge von 26 m und eine Seitenhöhe von 19 m.
Wie viele Mineralwasserkästen (27 cm × 35 cm × 33 cm) könnte man ungefähr darin unterbringen?

8 Mithilfe des Volumens kannst du die Grundkante oder die Höhe der Sechseckpyramide bestimmen.
a $V = 424,35\,cm^3$; $a = 7\,cm$
b $V = 50\,l$; $a = 10,75\,cm$
c $V = 56,3\,cm^3$; $h = 5\,cm$
d $V = 18,0\,l$; $h = 40\,cm$

9 Eine quadratische Pyramide hat die Oberfläche $O = 9\,954\,m^2$ und die Höhe $h_s = 47,5\,m$.
a Wie lang ist die Grundkante?
b Wie hoch ist die Pyramide?
c Gib das Volumen an.

10 Bestimme das Volumen der Dreieckpyramiden.
Das Teilungsverhältnis der Höhen im gleichseitigen Dreieck beträgt 2 : 1.
a $a = 26,5\,cm$; $h = 42,5\,cm$
b $a = 9\,cm$; $s = 15\,cm$
c $a = 1,6\,m$; $h = 47,3\,cm$
d $h = 24\,cm$; $h_s = 33\,cm$

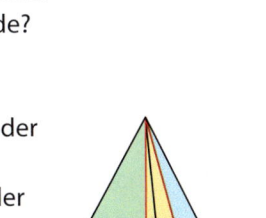

11 Ein Zylinder und eine quadratische Pyramide haben dieselbe Höhe und die gleiche Mantelfläche von $131,95\,cm^2$.
Berechne das Volumen der beiden Körper.

 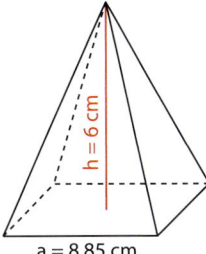

12 *Veränderungen*
a Wie verändert sich das Volumen von Pyramiden, wenn man die Höhen verdoppelt, verdreifacht, vervierfacht …?
b Wie verändert sich das Volumen einer quadratischen Pyramide, wenn man die Grundkante a verdoppelt?
c Wie verändert sich das Volumen von quadratischen Pyramiden, wenn man die Grundkante und die Höhe verdoppelt (halbiert)?

13 *Lösungen vertauscht!*
Hier hat jemand die Lösungskärtchen an die falschen Pyramiden gestellt. Ordne sie richtig zu.

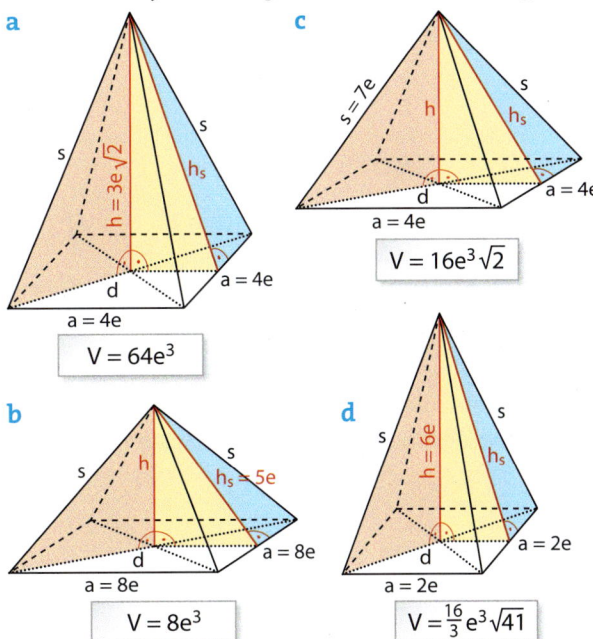

5.6 Zusammengesetzte Körper

1 Der *Reschensee* in Südtirol entstand im Jahr 1950 durch das Anstauen der Etsch. Mitten im See ist der Kirchturm des untergegangenen Ortes *Graun* zu sehen. Er steht bis heute als Mahnmal, das an die Zwangsenteignung der Bewohner dieser Gemeinde erinnert.

a Bei normalem Wasserstand ragt der Turm einschließlich Dach etwa 35 m aus dem Wasser. Schätze alle benötigten Maße ab und berechne das Volumen des sichtbaren Turms.

b Wie groß wäre das Volumen, wenn der Turm nur noch 7 m herausragt?

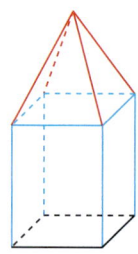

Das Volumen des zusammengesetzten Körpers „Kirchturm" ist die Summe aus dem Volumen einer Pyramide und dem Volumen eines Quaders.

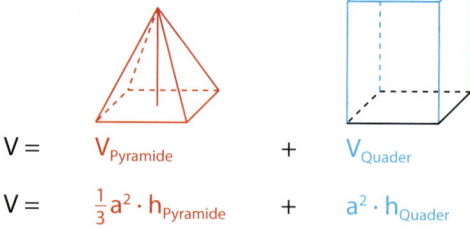

$$V = \quad V_{Pyramide} \quad + \quad V_{Quader}$$

$$V = \quad \tfrac{1}{3}a^2 \cdot h_{Pyramide} \quad + \quad a^2 \cdot h_{Quader}$$

Die Oberfläche des zusammengesetzten Körpers besteht aus der Mantelfläche der Pyramide, der Mantelfläche des Quaders und der Grundfläche des Quaders.

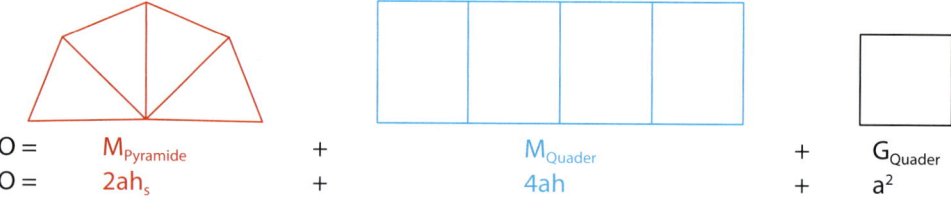

$$O = \quad M_{Pyramide} \quad + \quad M_{Quader} \quad + \quad G_{Quader}$$

$$O = \quad 2ah_s \quad + \quad 4ah \quad + \quad a^2$$

M Das **Volumen** von zusammengesetzten Körpern erhält man, indem man alle einzelnen Körpervolumen gesondert berechnet und dann addiert.

Die **Oberfläche** von zusammengesetzten Körpern lässt sich berechnen, indem man alle einzelnen Außenflächen des *zusammengesetzten* Körpers gesondert berechnet und dann addiert.

Übungsaufgaben

1 Wie groß sind die Oberfläche und das Volumen der zusammengesetzten Körper?

a

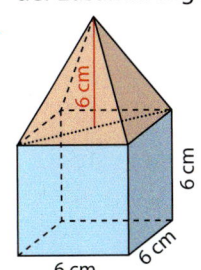

6 cm
6 cm
6 cm
6 cm
6 cm

c

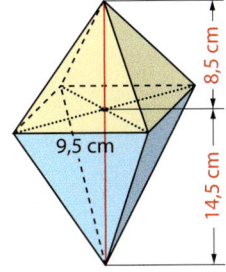

8,5 cm
9,5 cm
14,5 cm

b

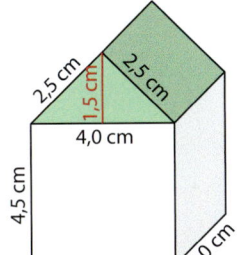

2,5 cm 2,5 cm
1,5 cm
4,0 cm
4,5 cm
4,0 cm

d

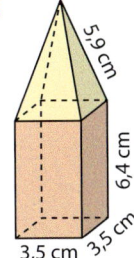

5,9 cm
6,4 cm
3,5 cm 3,5 cm

2 Auf einen Quader mit quadratischer Grundfläche wurde eine quadratische Pyramide aufgesetzt. Berechne das Volumen und die Oberfläche des zusammengesetzten Körpers.

a

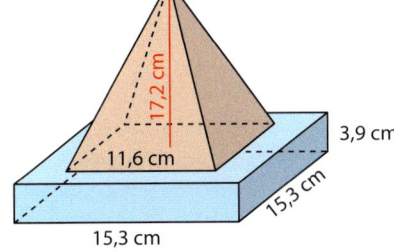

17,2 cm
11,6 cm
3,9 cm
15,3 cm
15,3 cm
15,3 cm

b

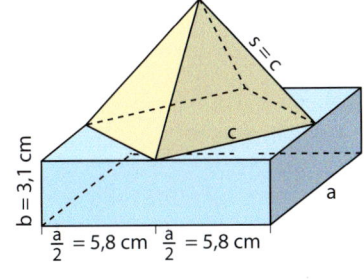

s = c
c
a
b = 3,1 cm
$\frac{a}{2}$ = 5,8 cm $\frac{a}{2}$ = 5,8 cm

3 Berechne das Volumen und die Oberfläche des Körpers.

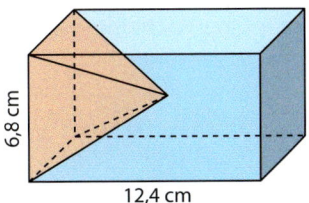

8,6 cm
3,3 cm
7,2 cm

Ein Blick von oben kann dir Rechenarbeit ersparen.

4 Aus einem Quader mit quadratischer Grundfläche wurde eine Pyramide ausgeschnitten. Die Höhe der Pyramide ist halb so groß wie die des Quaders.

6,8 cm
12,4 cm

a Berechne das Volumen des Restkörpers, indem du das Volumen des „fehlenden" Körpers vom Volumen des Quaders subtrahierst.

b Berechne die Oberfläche des Restkörpers.

5 Ein Zylinder ist bis zum Rand mit vier Litern Wasser gefüllt. Das Wasser wird in den zusammengesetzten Körper geschüttet.
Wie weit ist der Wasserspiegel vom oberen Rand des Gefäßes entfernt?
Es gilt: d = a; h_s = 10,9 cm

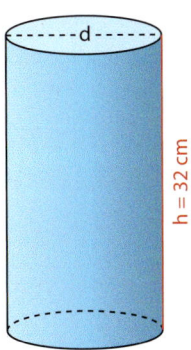

d
h = 32 cm

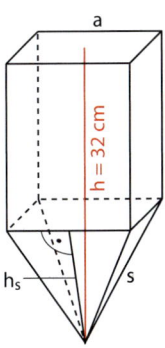

a
h = 32 cm
h_s
s

6 Mara behauptet: *Das Volumen und die Oberfläche der beiden Restkörper sind gleich groß.*

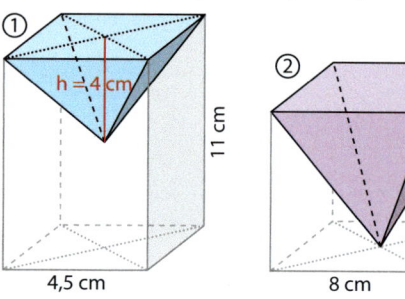

7 Aus einem halben Zylinder wurde ein Quader herausgefräst.

a Um wie viel Prozent hat das Volumen des Restkörpers im Vergleich zum ursprünglichen halben Zylinder abgenommen?

b Berechne die Oberfläche des Restkörpers.

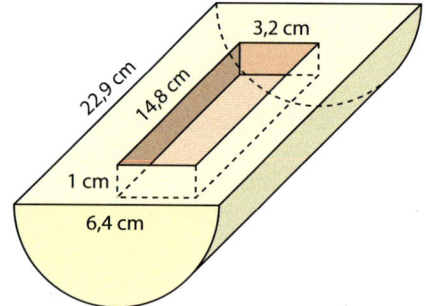

8 Der Hohlraum im Zylinder hat die Form einer quadratischen Pyramide. Das Volumen dieser Pyramide beträgt ein Fünftel des Zylindervolumens.
Wie hoch ist die Pyramide?

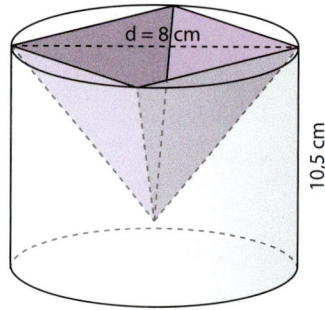

9 Die Höhe der Pyramide ist jeweils a. Berechne das Volumen und die Oberfläche der beiden Körper in Abhängigkeit von a.

a 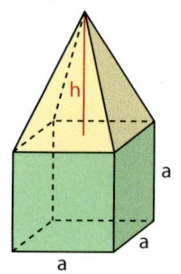 **b**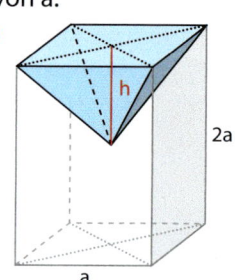

10 Die Abbildung zeigt das Netz eines Quaders mit aufgesetzter Pyramide.

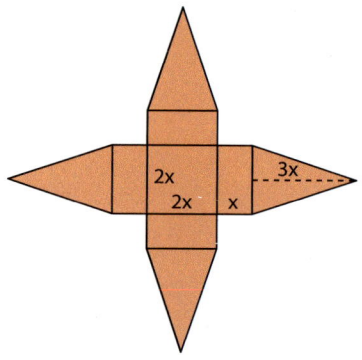

a Berechne die Oberfläche des Netzes in Abhängigkeit von x.

b Wie groß wäre die Kantenlänge eines Würfels mit gleichem Volumen?

11 In die Glaspyramide wurde ein farbiger Körper eingelassen. Berechne das Restvolumen der Glaspyramide.
Tipp: Denke an den Strahlensatz!

a 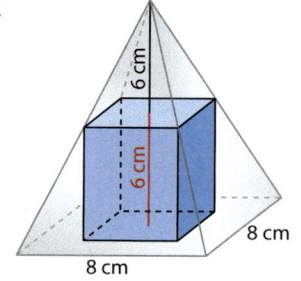 **b**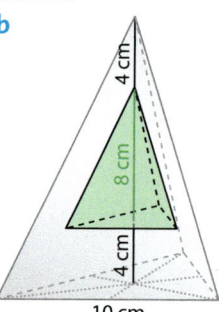

5.7 Grundlagen festigen

Prisma, Zylinder, Pyramide

1 Berechne Volumen und Oberfläche mit den angegebenen Werten.

a
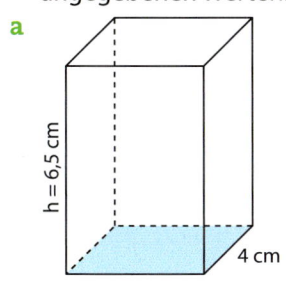

c
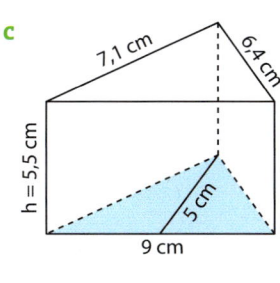

b
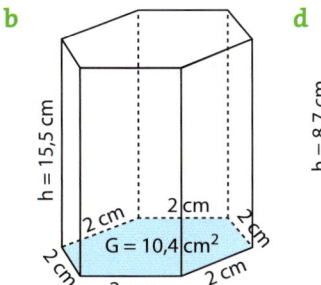

d
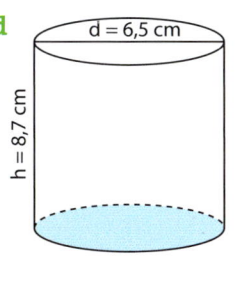

2 Netzdarstellung und Schrägbild einer quadratischen Pyramide

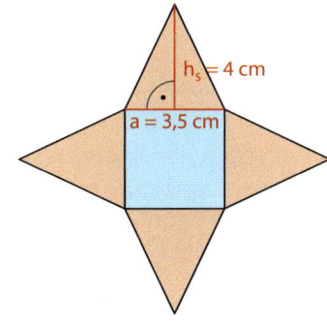

a Zeichne das Netz der quadratischen Pyramide mit den angegebenen Maßen in dein Heft.

b Die Pyramide ist 3,6 cm hoch. Zeichne das Schrägbild dieser Pyramide.

c Zeichne das Schrägbild eines Quaders, der die Pyramide umschließt.

Berechnungen mit Pyramiden

3 Berechne die Oberfläche der quadratischen Pyramide.

a $a = 8,8\,cm$; $h_s = 10,2\,cm$

b $G = 42,25\,cm^2$; $h_s = 8,5\,cm$

c Diagonale der Grundfläche $d = 14\,cm$
$h_s = 18\,cm$

4 Berechne das Volumen der quadratischen Pyramide.

a $a = 6,4\,cm$; $h = 14,5\,cm$

b $G = 56,25\,cm^2$; $h = 2,3\,cm$

c Diagonale der Grundfläche $d = 17,6\,cm$
$h = 28\,cm$

5 Berechne die Oberfläche und das Volumen der quadratischen Pyramide. Bestimme fehlende Strecken mithilfe geeigneter Dreiecke.

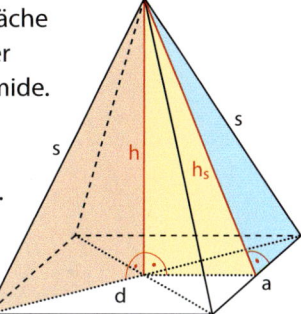

a $h_s = 4,43\,m$;
$h = 40,5\,dm$

b $a = 2,22\,dm$;
$h = 11\,cm$

c $h_s = 184\,mm$; $s = 23\,cm$

d $d = 66\,dm$; $s = 4\,m$

6 Die Abbildung zeigt das Netz einer Fünfeckpyramide.
Berechne die Oberfläche und das Volumen.

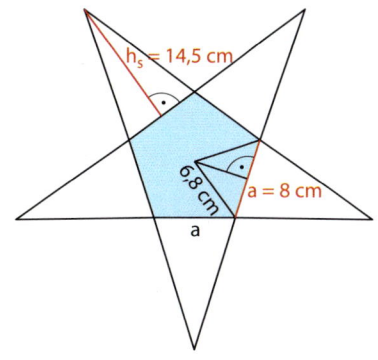

7 Zeichne eine Planfigur und berechne das Volumen.

a regelmäßige Sechseckpyramide:
$a = 11,4\,\text{dm}$; $h = 15\,\text{dm}$

b regelmäßige Dreieckpyramide:
$a = 58\,\text{mm}$; $h = 18,4\,\text{cm}$

8 Berechne die gesuchten Größen der quadratischen Pyramide.

a gegeben: $a = 11,2\,\text{cm}$; $V = 618,8\,\text{cm}^3$
gesucht: h, h_s, O

b gegeben: $h = 20\,\text{cm}$; $V = 640,3\,\text{cm}^3$
gesucht: a, h_s, M

c gegeben: $a = 32\,\text{cm}$; $M = 1\,400\,\text{cm}^2$
gesucht: h_s, h, V, s

9 Berechne zunächst die Grundfläche der Achteckpyramide.
Wie groß sind Oberfläche und Volumen?

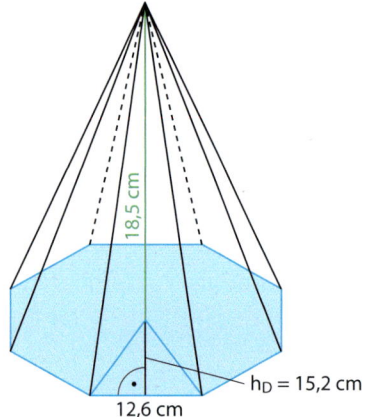

18,5 cm

$h_D = 15,2\,\text{cm}$

12,6 cm

10 Beide Körper haben ein Volumen von $800\,\text{cm}^3$.
a Welcher der beiden Körper ist höher?
b Berechne die Mantelfläche der Pyramide.

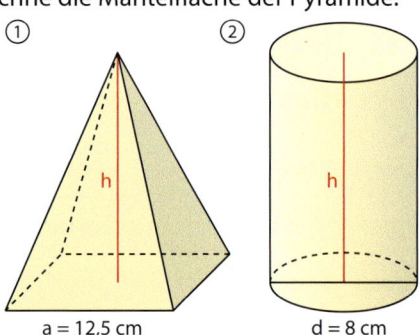

① ②

h h

$a = 12,5\,\text{cm}$ $d = 8\,\text{cm}$

Zusammengesetzte Körper

11 Berechne die Oberfläche und das Volumen des zusammengesetzten Körpers.

a **b**

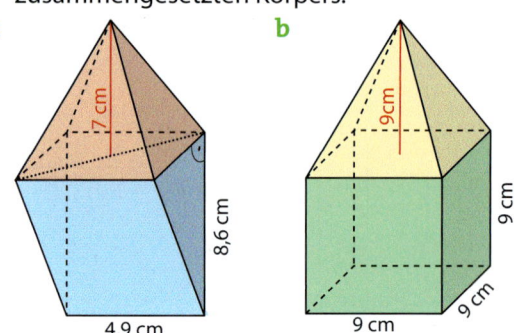

7 cm

8,6 cm

4,9 cm

9 cm

9 cm

9 cm

9 cm

12 Der Körper ist eine Kombination aus einem halben Zylinder und einer quadratischen Pyramide. Berechne die Oberfläche des zusammengesetzten Körpers.

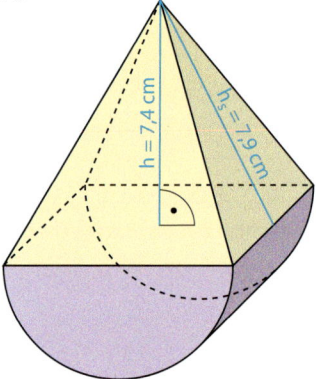

$h = 7,4\,\text{cm}$

$h_s = 7,9\,\text{cm}$

13 Die Abbildung zeigt das Netz eines zusammengesetzten Körpers. Berechne sein Volumen und seine Oberfläche.

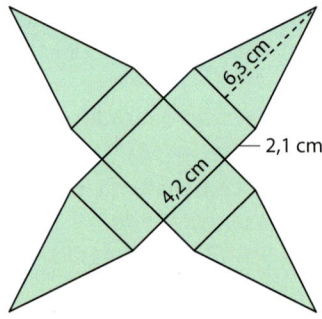

6,3 cm

2,1 cm

4,2 cm

5.8 Mach dich fit!

Prismen und Zylinder

1 Berechne Volumen und Oberfläche von Prisma und Zylinder mit den angegebenen Werten.

a

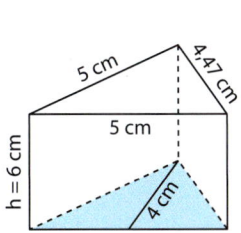

5 cm
4,47 cm
5 cm
h = 6 cm
4 cm

b

d = 4,5 cm
h = 7,5 cm

2 Bestimme die Oberfläche und das Volumen der Prismen mithilfe einer Zeichnung. Entnimm der Zeichnung die fehlenden Maße der Grundfläche.

a Dreieckprisma mit gleichschenkligem Dreieck ABC als Grundfläche: $c = 4{,}4$ cm, $h_c = 3$ cm, $a = b$ und Prismenhöhe $h = 5{,}5$ cm.

b Dreieckprisma mit $b = 4{,}5$ cm, $c = 6$ cm, $\alpha = 40°$, Prismenhöhe $h = 6{,}5$ cm

c Trapezprisma mit $a = 8$ cm, $d = 5{,}2$ cm, $\alpha = 75°$, $\beta = 60°$ (AB ∥ CD), Prismenhöhe $h = 7{,}5$ cm

d Trapezprisma mit $a = 5{,}4$ cm, $b = 3{,}4$ cm, $\alpha = 115°$, $\beta = 125°$ (AB ∥ CD), Prismenhöhe $h = 5{,}5$ cm

3 Berechne beim Prisma mit quadratischer Grundfläche die Länge der roten Diagonalen aus Oberfläche oder Volumen.

a

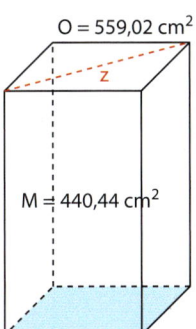

O = 559,02 cm²
z
M = 440,44 cm²

b

V = 88,2 cm³
w
h = 5 cm

Schrägbilder von Pyramiden

4 Zeichne die Schrägbilder der quadratischen Pyramiden und beschrifte sie.

a $a = 4$ cm; $h = 6$ cm
b $a = 6{,}4$ cm; $h = 9{,}3$ cm
c $a = 5{,}8$ cm; $h = 8{,}8$ cm

5 Übertrage die angefangenen Zeichnungen in dein Heft und vervollständige sie.
Zeichne zusätzlich das Netz der jeweiligen Pyramiden.

a quadratische Pyramide

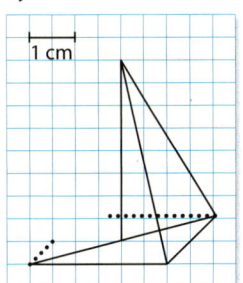

1 cm

b quadratische Pyramide

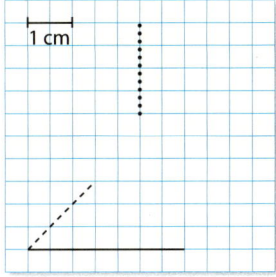

1 cm

6 Einem Würfel mit der Kantenlänge $a = 3$ cm ist eine quadratische Pyramide einbeschrieben. Berechne die Seitenkante s und zeichne das Netz der Pyramide in dein Heft.

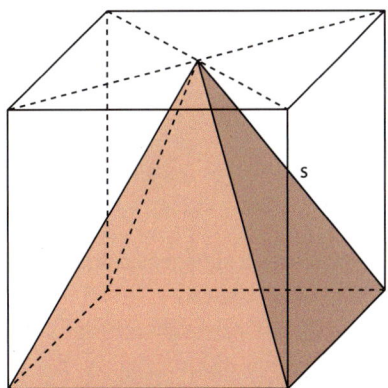

s

Berechnungen mit Pyramiden

7 Berechne die Oberfläche der quadratischen Pyramide; arbeite mit einer Planfigur.

a $a = 33\,cm$; $h_s = 4,1\,dm$

b $G = 72,25\,m^2$; $h_s = 150\,dm$

8 Berechne das Volumen der quadratischen Pyramide.

a $a = 66\,cm$; $h = 40\,cm$

b $d = 14,14\,dm$; $h = 25\,cm$

9 Berechne die Oberfläche und das Volumen der quadratischen Pyramide. Berechne fehlende Strecken mithilfe geeigneter Dreiecke.

a $a = 13,4\,mm$; $h = 19\,mm$

b $h_s = 23\,cm$; $h = 22,2\,cm$

c $d = 44\,mm$; $s = 12\,cm$

d $s = 7,6\,m$; $h = 66\,dm$

e $h_s = 350\,mm$; $s = 4,9\,dm$

f $G = 961\,cm^2$; $h = 0,9\,dm$

10 Berechne das Volumen und die Oberfläche der Pyramide. Überlege dir zunächst, wo du dir Rechenarbeit ersparen kannst.

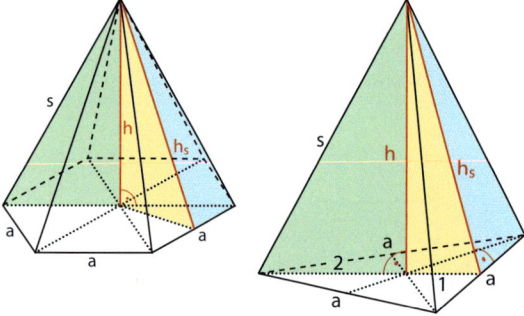

① regelmäßige Dreieckpyramide:
  $a = 14\,cm$; $h = 38\,cm$

② regelmäßige Dreieckpyramide:
  $a = 14\,cm$; $h_s = 38\,cm$

③ regelmäßige Sechseckpyramide:
  $a = 14\,cm$; $h = 38\,cm$

④ regelmäßige Sechseckpyramide:
  $a = 14\,cm$; $h_s = 38\,cm$

11 Alle Pyramiden haben eine Höhe von 21 cm. Die Grundflächen bestehen aus unterschiedlichen n-Ecken.

a Berechne das Volumen der Pyramiden.

b Berechne die Oberfläche der Pyramiden.

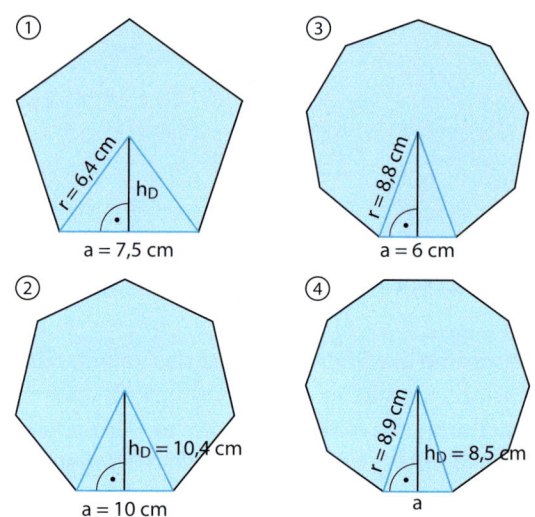

12 Bei einer quadratischen Pyramide ist die Grundflächendiagonale 8,91 cm lang. Die Mantelfläche beträgt 77 cm².
Erstelle eine Planfigur und berechne dann:

a die Länge der Seitenhöhe,

b das Volumen der Pyramide.

13 Eine 8-Eck-Pyramide hat eine Mantelfläche von 7 360 cm².

a Berechne die Seitenhöhe h_s.

b Wie hoch ist die Pyramide?

c Berechne das Volumen der Pyramide.

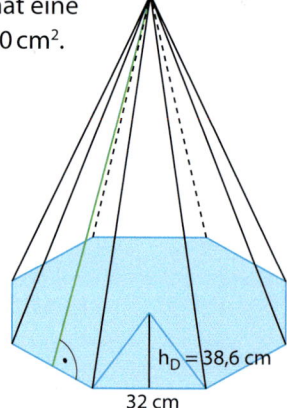

14 Alle vier Körper haben das gleiche Volumen. Welcher von ihnen hat die größte Oberfläche?

①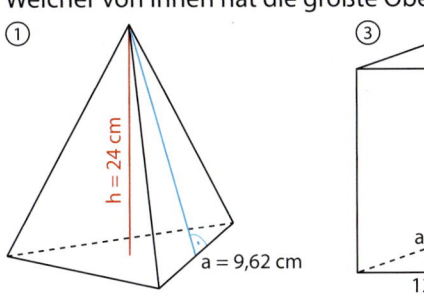

h = 24 cm, a = 9,62 cm

③

a a, 8 cm, 12,5 cm

②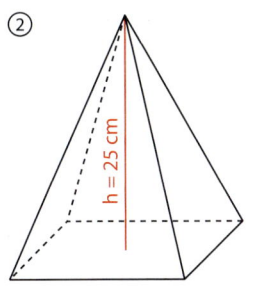

h = 25 cm

④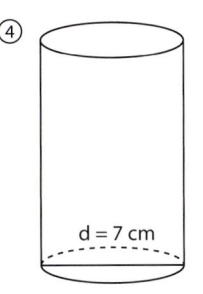

d = 7 cm

15 Eine quadratische Pyramide hat ein Volumen von $V = 48e^3$. Die Grundseite hat eine Länge von $a = 6e$.
Berechne die Mantelfläche in Abhängigkeit von e.

16 Bei einer quadratischen Pyramide ist gegeben: Mantelfläche $M = 240e^2$, Seitenhöhe $h_s = 10e$.
Berechne das Volumen der Pyramide.

17 *Berechnungen in quadratischen Pyramiden*
Welche Kärtchen passen zueinander?

A $a = 12e$ $h_s = 12e$	B $a = 10e$ $h = 12e$	C $a = 10e$ $h_s = 15e$

① $M = 300e^2\sqrt{5}$

④ $V = 400e^3$

② $O = 432e^2$

⑤ $V = 1666\frac{2}{3}e^3$

③ $M = 260e^2$

⑥ $V = 288e^3\sqrt{3}$

Zusammengesetzte Körper

18 Berechne das Volumen und die Oberfläche des zusammengesetzten Körpers.

a

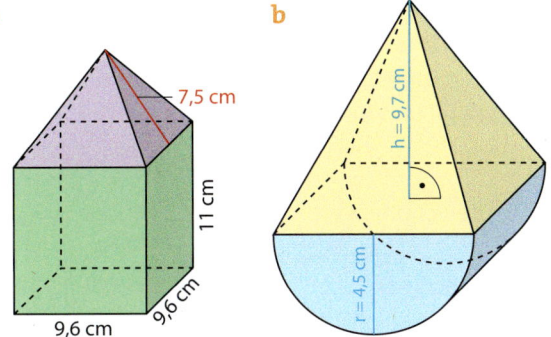

7,5 cm, 11 cm, 9,6 cm, 9,6 cm

b

h = 9,7 cm, r = 4,5 cm

19 Der Hohlraum im Zylinder hat die Form einer quadratischen Pyramide. Die Mantelfläche des Zylinders ist dreimal so groß wie die der Pyramide. Berechne das Volumen des Restkörpers.

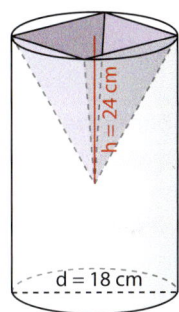

h = 24 cm, d = 18 cm

20 Der zusammengesetzte Körper besteht aus zwei quadratischen Pyramiden.
a Berechne das Volumen der Doppelpyramide in Abhängigkeit von e.
b Berechne die Oberfläche des Körpers in Abhängigkeit von e.

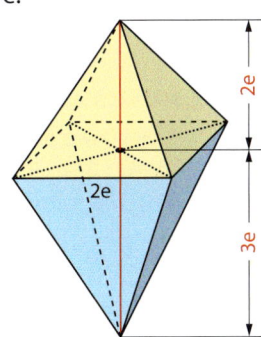

2e, 2e, 3e

Prismen und Zylinder

Eigenschaften

Prismen und Zylinder bestehen aus Grundfläche, Deckfläche und Mantelfläche. Grund- und Deckfläche sind zueinander **parallel** und **kongruent**.

$\downarrow$

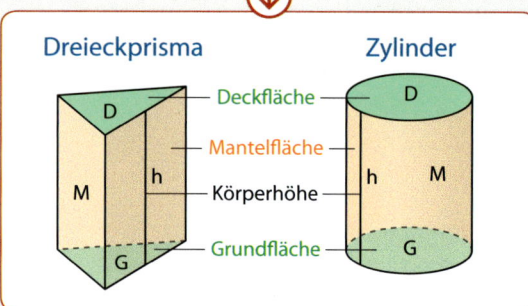

Dreieckprisma   Zylinder

- Deckfläche
- Mantelfläche
- Körperhöhe
- Grundfläche

Oberflächeninhalt

Der Oberflächeninhalt O (kurz: die Oberfläche) von Prismen und Zylindern setzt sich aus den Flächeninhalten von Grundfläche, Deckfläche und Mantelfläche zusammen.

$$O = 2 \cdot G + M$$

Volumen

Für das Volumen von Prismen und Zylindern multipliziert man den Flächeninhalt der Grundfläche mit der Körperhöhe.

$$V = G \cdot h$$

$\downarrow$

Zylinder mit $r = 3\,cm$ und $h = 7\,cm$

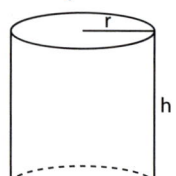

$O = 2 \cdot G + M$
$O = 2 \cdot \pi \cdot r^2 + 2 \cdot \pi \cdot r \cdot h$
$O = 188{,}5\,cm^2$

$V = G \cdot h$
$V = \pi \cdot r^2 \cdot h$
$V = 197{,}92\,cm^3$

Pyramiden

Eigenschaften

Pyramiden werden von einer Grundfläche und der Mantelfläche begrenzt. Sie haben eine Spitze S.
Die Grundfläche ist ein **Vieleck**. Die Mantelfläche setzt sich aus **gleichschenkligen Dreiecken** zusammen.

$\downarrow$

quadratische Pyramide

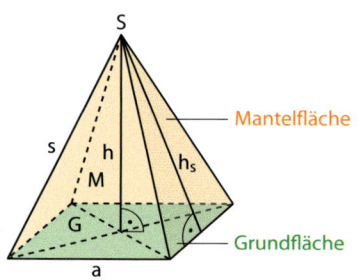

- Mantelfläche
- Grundfläche

a: Grundkante   h: Körperhöhe
s: Seitenkante h_s: Seitenhöhe
                 (Höhe der Seitenfläche)

Netzdarstellung

Grundfläche und Mantel bilden das Netz einer Pyramide. Es gibt immer so viele Manteldreiecke wie die Grundfläche Eckpunkte hat.

$\downarrow$

quadratische Pyramide   Fünfeckpyramide

 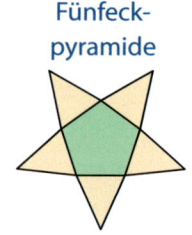

Oberfläche und Volumen von Pyramiden

Flächeninhalt von Mantel und Oberfläche

Die Mantelfläche einer Pyramide berechnet man, indem man den Flächeninhalt aller n Seitenflächen addiert.

$$M = n \cdot A_{\text{Seitenfläche}}$$

Die Oberfläche einer Pyramide setzt sich aus den Flächeninhalten von Grundfläche und Mantelfläche zusammen.

$$O = G + M$$

⬇

quadratische Pyramide
$a = 5\,\text{cm}, \ h_s = 7\,\text{cm}$

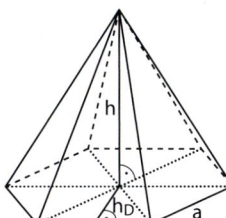

$$M = 4 \cdot A_{\text{Seitenfläche}}$$
$$M = 4 \cdot \tfrac{1}{2} \cdot a \cdot h_s$$
$$M = 70\,\text{cm}^2$$
$$O = G + M$$
$$O = a^2 + 4 \cdot \tfrac{1}{2} \cdot a \cdot h_s$$
$$O = 95\,\text{cm}^2$$

Volumen

Das Volumen jeder Pyramide ist ein Drittel des Produktes aus Grundfläche und Höhe.

$$V = \tfrac{1}{3} \cdot G \cdot h$$

⬇

Sechseckpyramide
$a = 3{,}0\,\text{cm}, \ h_D = 2{,}6\,\text{cm}, \ h = 6{,}0\,\text{cm}$

$$V = \tfrac{1}{3} \cdot G \cdot h$$
$$V = \tfrac{1}{3} \cdot 6 \cdot A_{\text{Dreieck}} \cdot h$$
$$V = \tfrac{1}{3} \cdot 6 \cdot \tfrac{1}{2} \cdot a \cdot h_D \cdot h$$
$$V = 46{,}8\,\text{cm}^3$$

Oberfläche und Volumen zusammengesetzter Körper

Oberflächeninhalt

Die Oberfläche von zusammengesetzten Körpern lässt sich berechnen, indem man alle einzelnen Außenflächen des *zusammengesetzten* Körpers gesondert berechnet und sie dann addiert.

⬇

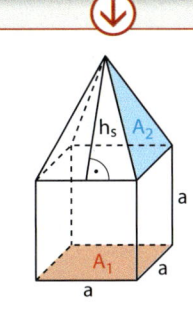

$$O_{\text{gesamt}} = 5 \cdot A_1 + 4 \cdot A_2$$
$$O_{\text{gesamt}} = 5 \cdot a^2 + 4 \cdot \tfrac{1}{2} \cdot a \cdot h_s$$

Volumen

Das Volumen von zusammengesetzten Körpern lässt sich berechnen, indem man alle einzelnen Körpervolumen gesondert berechnet und dann addiert.

⬇

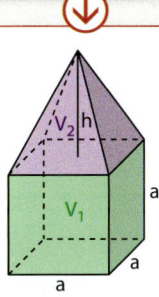

$$V_{\text{gesamt}} = V_1 + V_2$$
$$V_{\text{gesamt}} = a^3 + \tfrac{1}{3} \cdot a^2 \cdot h$$

Pyramiden zählen zu den ältesten Bauwerken der Welt. In ihrer Architektur und Funktion unterscheiden sie sich jedoch stark. Alte Pyramiden haben meist eine religiöse Bedeutung, während moderne Pyramiden eher aus architektonischen Gründen gebaut werden.

Luxor Hotel und Casino
Standort: USA, Las Vegas
Höhe: 107 m
Nachbildung der Cheopspyramide

Pyramide im Neuen Garten
Standort: Deutschland, Potsdam
Höhe: ca. 9 m
In diesem Lagerkeller aus dem
19. Jahrhundert wurden in
5 m Tiefe Lebensmittel gelagert.

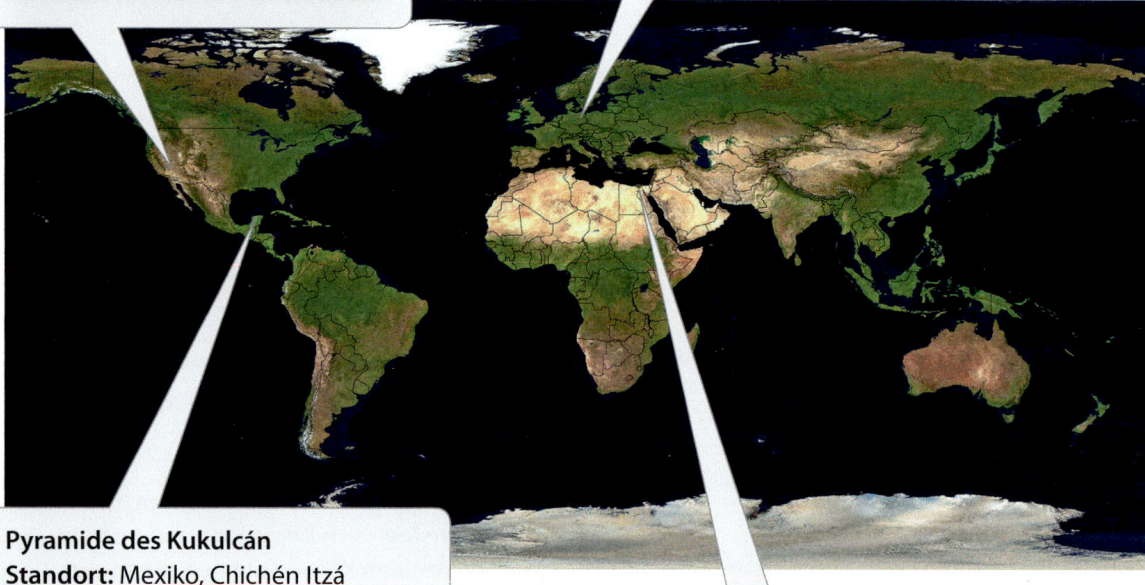

Pyramide des Kukulcán
Standort: Mexiko, Chichén Itzá
Höhe: 30 m
Es sind 365 Stufen bis zum
Tempeleingang.

Cheopspyramide
Standort: Ägypten, Gizeh
Höhe: ca. 139 m
Die drei Pyramiden von
Gizeh bei Kairo gehören
zu den sieben Weltwun-
dern der Antike.

6

Quadratische Funktionen und Gleichungen

6.1 Eigenschaften der Normalparabel

1 Zwei Zuordnungen wurden auf vier unterschiedliche Weisen dargestellt.
Welche vier Darstellungen gehören jeweils zusammen?

① *Seitenlänge x des Quadrats (cm)* → *Umfang y des Quadrats (cm)*

② *Seitenlänge x des Quadrats (cm)* → *Flächeninhalt y des Quadrats (cm²)*

③

x	0	0,5	1	1,5	2	2,5	3
y	0	0,25	1	2,25	4	6,25	9

④

x	0	0,5	1	1,5	2	2,5	3
y	0	2	4	6	8	10	12

⑤ 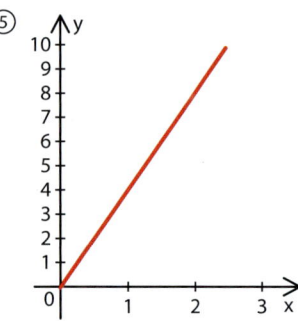   ⑥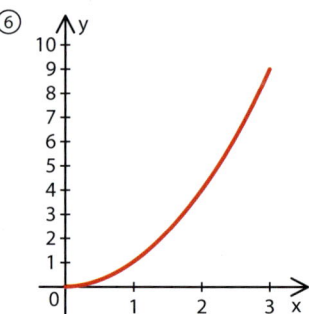

⑦ $y = 4x$ ⑧ $y = x^2$

Wird bei einer Zuordnung jedem Wert der ersten Größe genau ein Wert der zweiten Größe zugeordnet, so ist die Zuordnung eindeutig, also eine Funktion.
Bei der Funktion $y = x^2$ wird jeder Zahl ihr Quadrat zugeordnet. Funktionen mit solchen Eigenschaften nennt man **quadratische Funktionen**.

Mithilfe einer Wertetabelle zeichnen wir den Graphen der Funktion:

x	−2,5	−2	−1,5	−1	−0,5	0	0,5	1	1,5	2	2,5
$y = x^2$	6,25	4	2,25	1	0,25	0	0,25	1	2,25	4	6,25

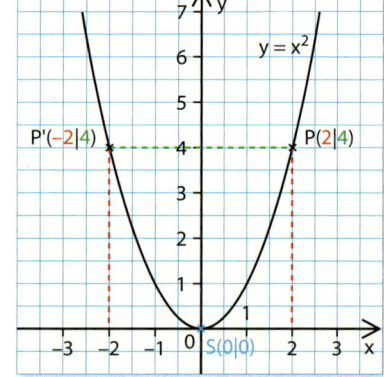

Der Graph der Funktion $y = x^2$ heißt **Normalparabel**. Den tiefsten Punkt der Normalparabel bezeichnet man als **Scheitelpunkt**. Er liegt auf dem Koordinatenursprung und hat die Koordinaten $S(0|0)$. Die Normalparabel ist nach oben geöffnet.

Eine Zahl und ihre Gegenzahl (zum Beispiel 2 und −2) haben bei der Funktion $y = x^2$ stets denselben Funktionswert (im Beispiel 4). Die Normalparabel ist somit **symmetrisch** zur y-Achse.

> **M** Eine Funktion mit der Gleichung $y = x^2$ ist eine **quadratische Funktion**.
> Ihr Graph heißt **Normalparabel**.
> Sie hat den Scheitelpunkt S(0|0) und die y-Achse ist ihre Symmetrieachse.

Übungsaufgaben

1 Schau dir die Normalparabel genauer an:

a Zeichne den Graphen der Funktion $y = x^2$ mithilfe einer Wertetabelle zwischen $x = -3$ und $x = +3$.

b Beschreibe die Eigenschaften der Normalparabel.

c Vervollständige die Tabelle im Heft. Lies die fehlenden Werte möglichst genau an deinem Graphen ab.
Wann findet man zwei Werte? Ergänze dann in der Tabelle eine Spalte.

x	−2,4	−1,2	1,8	…	…	…
y	…	…	…	0,25	1,9	6

d Überprüfe anhand des Graphen, ob die folgenden Punkte auf der Normalparabel liegen:
O(1,3|1,9)   Q(−2,5|6,25)
P(−1,5|−2,25)   R(2,7|7,5)

2 Gib jeweils drei Punkte an, die …

a … auf der Normalparabel liegen.

b … oberhalb der Normalparabel liegen.

c … unterhalb der Normalparabel liegen.

3 Bestimme mit der Punktprobe, ob der Punkt zum Graphen der Funktion $y = x^2$ gehört.

Beispiel   P(−8|64)
$y = x^2$ $64 = 64 \Rightarrow$ P(−8|64)
$y = (-8)^2$ gehört zum
$y = 64$ Graphen.

a P(9|81)

b Q(4,5|20,5)

c R(−0,1|0,1)

d S(−1,2|1,44)

e T(3,6|12,96)

f U(−4,3|−18,49)

g V(−5,1|26,01)

h W($6\frac{1}{2}$|$42\frac{1}{4}$)

4 Alle Punkte liegen auf der Normalparabel. Berechne die fehlende Koordinate.
Denke daran, dass es bei einem gegebenen y-Wert zwei Lösungen gibt!

a P(−1,5|□)

b Q(□|49)

c R(1,1|□)

d S(□|$6\frac{1}{4}$)

e T(5,5|□)

f U(□|1,96)

g V(□|7,29)

h W(−$4\frac{2}{5}$|□)

5 *Die Funktion $y = -x^2$*

a Fülle die Wertetabelle im Heft aus.

x	−3	…	…	…	3
$y = -x^2$	…	…	…	…	…

$y = -(-3)^2$ $y = -3^2$

b Zeichne den Graphen und vergleiche ihn mit dem Graphen zu $y = x^2$.
Folgende Begriffe helfen dir dabei:

nach oben geöffnet   symmetrisch

nach unten geöffnet   Scheitelpunkt

c Hat Yannik Recht? Gib eine kurze Begründung an.

Den Graphen der Funktion $y = -x^2$ erhalte ich auch durch Spiegelung der Normalparabel an der x-Achse!

6 Beantworte die Fragen jeweils für die quadratische Funktion $y = x^2$ und für die lineare Funktion $y = 2x$.

a Welcher Funktionswert gehört zu $x = 4$?

b Welche Zahl musst du für x einsetzen, damit der y-Wert 9 ist?

c Gibt es einen kleinsten oder größten Funktionswert?

d Bei welchen x-Werten wird der Funktionswert negativ?

7 Die waagrechte Entfernung der Punkte A und B beträgt 4 cm. Beide Punkte gehören zum Graphen der Funktion $y = x^2$.

a Zeichne A und B auf ein unlinieres Blatt. Konstruiere die Symmetrieachse der Normalparabel und markiere ihren Scheitelpunkt S.

b Konstruiere weitere Punkte der Normalparabel und zeichne den Graphen.

6.2 Die quadratische Funktion $y = ax^2$

1 Zeichne die Graphen der Funktionen $y = x^2$, $y = 2x^2$
und $y = \frac{1}{4}x^2$ mithilfe von Wertetabellen in ein Koordinatensystem. Beschreibe und vergleiche die Graphen.

Alle Funktionen, bei denen die Variable x quadriert wird,
sind quadratische Funktionen. Ihre Graphen nennt man
Parabeln.
In der allgemeinen Funktionsgleichung **$y = ax^2$** bedeutet
der Faktor a, dass die Funktionswerte von $y = x^2$ mit diesem Faktor multipliziert werden.

Beispiele $y = 2x^2$ und $y = \frac{1}{2}x^2$

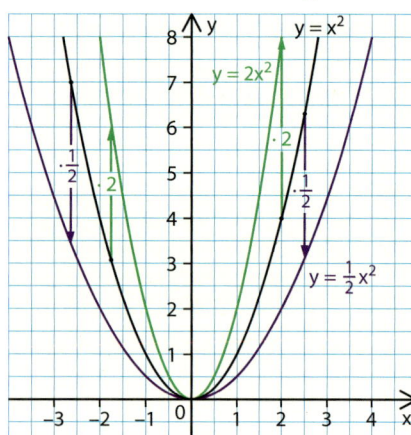

x	−3	−2	−1	0	1	2	3
$y = x^2$	9	4	1	0	1	4	9
$y = 2x^2$	18	8	2	0	2	8	18
$y = \frac{1}{2}x^2$	4,5	2	0,5	0	0,5	2	4,5

$\cdot\,2$
$\cdot\,\frac{1}{2}$

Die Parabel mit der Gleichung $y = 2x^2$ ist schmaler und steiler als
die Normalparabel. Sie wurde gestreckt.

Die Parabel mit der Gleichung $y = \frac{1}{2}x^2$ ist breiter und flacher als
die Normalparabel. Sie wurde gestaucht.

Bei einer quadratischen Funktion der Form $y = ax^2$ legt der Faktor a
fest, in welche Richtung sich die Parabel öffnet und welche Form sie
hat. Es gilt:

- Ist der Faktor a negativ, ist die Parabel an der x-Achse **gespiegelt**
  und somit nach unten geöffnet. Der Scheitelpunkt ist dann der
  höchste Punkt des Graphen.
- Ist a größer als 1 oder kleiner als −1, ist die Parabel **gestreckt**.
- Für a gleich 1 oder gleich −1 erhält man eine Normalparabel.
- Liegt a zwischen 0 und 1 oder zwischen 0 und −1, ist die Parabel
  gestaucht.

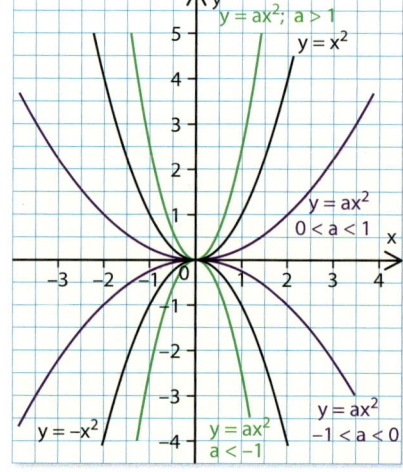

> **M** In der Funktionsgleichung **$y = ax^2$** bestimmt der Faktor a
> Öffnung und Form der Parabel.
> Die Parabel hat den Scheitelpunkt S(0|0).

Übungsaufgaben

1 Zeichne den Graphen der Funktion.

a $y = 3x^2$ **c** $y = 1{,}5x^2$ **e** $y = -2x^2$

b $y = \frac{1}{5}x^2$ **d** $y = -1x^2$ **f** $y = -\frac{1}{2}x^2$

2 Beschreibe die Form und Öffnung der Parabel im Vergleich zur Normalparabel.
Diese Begriffe helfen dir dabei:

> *gestreckt*   *gestaucht*   *gespiegelt*
>
> *nach oben geöffnet*   *nach unten geöffnet*

a $y = 0{,}5x^2$ **c** $y = 2x^2$ **e** $y = -0{,}25x^2$

b $y = -x^2$ **d** $y = -3x^2$ **f** $y = 4x^2$

> **T** In der Gleichung $y = ax^2$ nennt man den Faktor a auch **Parameter**!

3 Erkläre in einem kurzen Text, welche Wirkung der Parameter a in der Gleichung $y = ax^2$ auf den Graphen der Funktion hat.

4 Mach die Punktprobe! Stelle fest, ob der Punkt P zum Graphen der Funktion gehört.

a $P(4|4)$; $y = \frac{1}{4}x^2$ **c** $P(-4|-24)$; $y = 1{,}5x^2$

b $P(-6|36)$; $y = -x^2$ **d** $P(1|5)$; $y = 5x^2$

5 Welche Parabel und welche Gleichung gehören zusammen? Begründe deine Zuordnung!

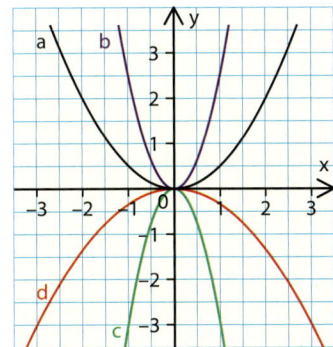

① $y = \frac{1}{3}x^2$

② $y = 0{,}5x$

③ $y = 2{,}5x^2$

④ $y = -2x^2$

⑤ $y = -\frac{1}{3}x^2$

⑥ $y = -3x^2$

⑦ $y = \frac{1}{2}x^2$

⑧ $y = -3x^2$

6 Eine Parabel hat den Scheitelpunkt S(0|0) und verläuft durch den Punkt P(1,5|4,5). Bestimme die Gleichung. Erläutere dein Vorgehen.

7 Jeder Punkt liegt auf der Parabel mit der angegebenen Gleichung. Bestimme die fehlende Koordinate. Wann gibt es zwei Lösungen?

a $A(-2|\square)$; $y = 1{,}5x^2$ **c** $C(3|\square)$; $y = -\frac{2}{3}x^2$

b $B(\square|2)$; $y = \frac{1}{2}x^2$ **d** $D(\square|-8)$; $y = -0{,}5x^2$

8 Der Punkt P liegt auf einer Parabel mit der Gleichung $y = ax^2$. Bestimme den Wert von a, indem du beide Punktkoordinaten einsetzt und die Gleichung nach a auflöst.
Notiere dann die vollständige Gleichung.

Beispiel $P(2|8)$; $y = ax^2$

$$8 = a \cdot 2^2$$
$$8 = a \cdot 4 \quad |:4$$
$$2 = a \;\Rightarrow\; y = 2x^2$$

a $P(2|2)$ **c** $P(-6|-12)$

b $P(3|22,5)$ **d** $P(2|-6)$

9 *Bremswege beim Pkw*
Die Länge s des Bremsweges (in m) ist abhängig von der gefahrenen Geschwindigkeit v (in $\frac{km}{h}$).
In der Fahrschule lernt man, dass diese Länge bei normalem Bremsen mit der Faustregel $s = \frac{1}{100}v^2$ berechnet werden kann – der Reaktionsweg bleibt hierbei unberücksichtigt.

a Erstelle eine Tabelle, aus der man zu verschiedenen Geschwindigkeiten die dazugehörigen Längen des Bremsweges ablesen kann.

b Zeichne den Graphen in ein geeignetes Koordinatensystem.

c Wie verändert sich der Bremsweg, wenn sich die Geschwindigkeit verdoppelt oder verdreifacht?

d Bei einer Vollbremsung wird die Bremsweglänge mit einer anderen Faustregel ermittelt:
Die Bremsweg eines Autos, das 120 $\frac{km}{h}$ fuhr, ist 72 m lang. Wie lautet die Faustregel?
Erkläre den Unterschied zur Formel für eine normale Bremsung.

6.3 Die quadratische Funktion $y = ax^2 + c$

1 Zeichne die Graphen der Funktionen mithilfe von Wertetabellen und vergleiche sie jeweils. Was fällt dir auf?

a $y = x^2$, $y = x^2 + 1$ und $y = x^2 - 3$

b $y = x^2 - 1$, $y = 2x^2 - 1$ und $y = \frac{1}{4}x^2 - 1$

Bei den quadratischen Funktionen $y = x^2 + 3$ und $y = x^2 - 2$ sind die Funktionswerte von $y = x^2$ um 3 erhöht bzw. um 2 verringert. Die zugehörigen Graphen erhält man dementsprechend durch **Verschieben** der Normalparabel um 3 Einheiten nach oben bzw. 2 Einheiten nach unten:

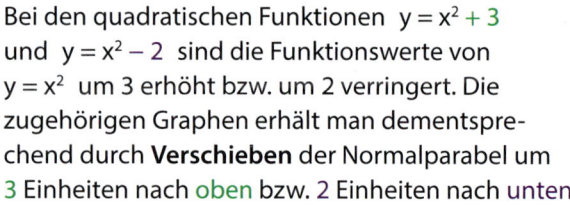

x	−3	−2	−1	0	1	2	3
$y = x^2$	9	4	1	0	1	4	9
$y = x^2 + 3$	12	7	4	3	4	7	12
$y = x^2 - 2$	7	2	−1	−2	−1	2	7

$+3$
-2

In der Funktionsgleichung $y = x^2 + c$ bestimmt der Wert von c die Verschiebung der Normalparabel entlang der y-Achse und somit die Lage ihres Scheitelpunktes: $S(0|c)$.

In der allgemeinen Funktionsgleichung $y = ax^2 + c$ legt der Faktor a zudem fest, ob die Parabel nach oben oder unten geöffnet und ob sie gestreckt oder gestaucht ist.

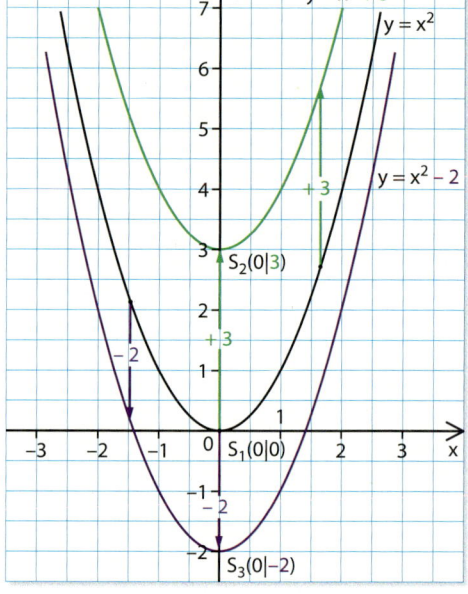

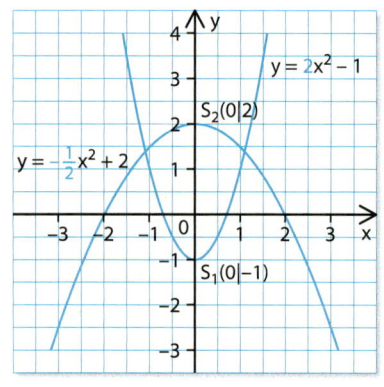

Beispiele

$y = 2x^2 - 1$

$y = -\frac{1}{2}x^2 + 2$

M In der Funktionsgleichung $y = ax^2 + c$ bestimmt der Faktor a Öffnung und Form der Parabel.
Der Wert von c gibt die Lage ihres Scheitelpunktes an: $S(0|c)$.

Übungsaufgaben

1 Zeichne den Graphen der Funktion. Überlege zuerst, ob du eine Wertetabelle erstellen musst oder ob du deine Zeichenschablone verwenden kannst.

a $y = x^2 - 3$

b $y = x^2 + 1,5$

c $y = -x^2 + 1$

d $y = 2x^2 - 1$

e $y = \frac{1}{2}x^2 - 4$

f $y = x^2 + 2,5$

g $y = \frac{1}{4}x^2 - 2$

h $y = -3x^2 + 4$

2 Gib jeweils die Funktionsgleichungen an.

a

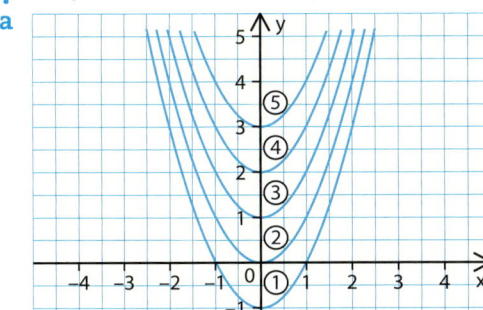

b

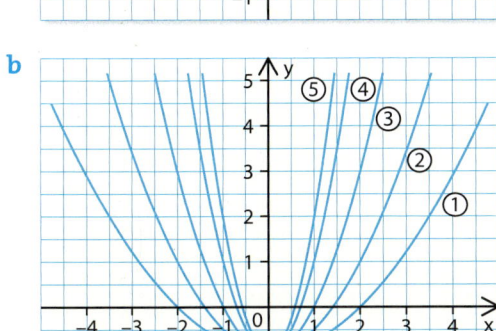

3 Bestimme die Koordinaten des Scheitelpunktes der Parabel.

a $y = x^2 - 4$

b $y = -x^2 + 1,5$

c $y = \frac{1}{3}x^2 + 6$

d $y = -2x^2 - 3$

e

x	−4	−3	−2	−1	0	1	2
y	14	7	2	−1	−2	−1	2

f

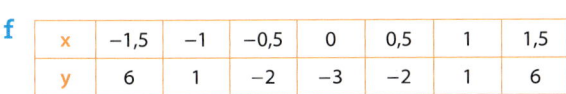

x	−1,5	−1	−0,5	0	0,5	1	1,5
y	6	1	−2	−3	−2	1	6

4 Bestimme die Gleichung der Parabel mithilfe der beschriebenen Eigenschaften.

① *Im Vergleich zur Normalparabel ist die Parabel mit dem Faktor 2 gestreckt, um 3 Einheiten nach unten verschoben und nach oben geöffnet.*

② *Im Vergleich zur Normalparabel ist die Parabel mit dem Faktor $\frac{1}{2}$ gestaucht, um 2 Einheiten nach oben verschoben und nach unten geöffnet.*

5 Beschreibe anhand der Beispiele, welche Wirkung die Parameter a und c in der Gleichung $y = ax^2 + c$ auf den Graphen der Funktion haben.

a $y = x^2 + 3$

b $y = 2x^2 - 1$

c $y = -\frac{1}{3}x^2$

d $y = 0,5x^2 + 2$

e $y = -x^2 - 4,5$

f $y = -1,5x^2 + 5$

6 Stelle fest, ob der Punkt P auf der Parabel mit der angegebenen Gleichung liegt.

a $P(-2|7);\ y = x^2 + 3$

b $P(2,5|10);\ y = 2x^2 - 2$

c $P(1|-8);\ y = -3x^2 - 5$

d $P(-4|-1);\ y = \frac{1}{4}x^2 + 3$

7 Ordne jeder Parabel die richtige Gleichung zu. Gib eine kurze Begründung an.

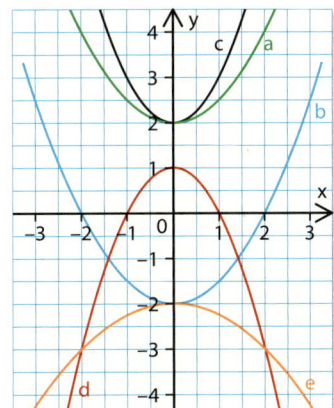

① $y = x^2 + 2$

② $y = -\frac{1}{3}x^2 - 2$

③ $y = 2x^2 - 2$

④ $y = \frac{1}{2}x^2 + 2$

⑤ $y = -x^2 + 1$

⑥ $y = -2x^2 + 1$

⑦ $y = -x^2 + 2$

⑧ $y = \frac{1}{2}x^2 - 2$

⑨ $y = -\frac{1}{4}x^2 - 2$

⑩ $y = \frac{1}{2}x - 2$

8 Jeder Punkt liegt auf der Parabel mit der angegebenen Gleichung. Bestimme die fehlende Koordinate. Wann gibt es zwei Lösungen?

a $T(-2|\square)$; $y = x^2 + 4$

b $U(\square|7)$; $y = 2x^2 - 1$

c $V(6|\square)$; $y = -\frac{1}{4}x^2 + 3$

d $W(\square|3)$; $y = -3x^2 + 6$

9 Der Punkt P liegt auf einer Parabel, deren Gleichung nicht vollständig gegeben ist. Berechne den jeweils fehlenden Wert von a oder c und notiere die vollständige Gleichung.

Beispiel $P(2|4)$; $y = ax^2 + 3$
$$4 = a \cdot 2^2 + 3 \quad | -3$$
$$1 = a \cdot 4 \quad | : 4$$
$$\tfrac{1}{4} = a \;\Rightarrow\; y = \tfrac{1}{4}x^2 + 3$$

a $P(2|12)$; $y = ax^2 + 4$

b $P(-3|5)$; $y = ax^2 - 1$

c $P(1|-2)$; $y = ax^2 + 3$

d $P(2|5)$; $y = 2x^2 + c$

e $P(-4|-3)$; $y = -\frac{1}{4}x^2 + c$

f $P(4|-6)$; $y = -0,5x^2 + c$

10 Die Parabel wird an der x-Achse gespiegelt. Gib die Gleichung der gespiegelten Parabel an.

a $y = 2x^2$

b $y = x^2 + 1$

c $y = \frac{1}{4}x^2 - 2$

d $y = -x^2 - 3,5$

11 Bestimme die Parabelgleichung mithilfe der gegebenen Werte.

a

x	−3	−2	−1	0	1	2	3
y	19	9	3	1	3	9	19

b

x	−2	−1	0	1	2	3	4
y	−4	−2,5	−2	−2,5	−4	−6,5	−10

12 Haben die beiden Parabeln gemeinsame Punkte? Schaffst du es ohne Zeichnung?

a $y = x^2 + 1$ und $y = x^2 + 1,5$

b $y = -x^2 + 2$ und $y = x^2 + 2$

c $y = x^2 - 3$ und $y = \frac{1}{2}x^2 - 4$

d $y = -\frac{3}{4}x^2 + 5$ und $y = \frac{1}{4}x^2 + 1$

13 Der Brückenbogen kann mit einer Gleichung der Form $y = ax^2 + c$ beschrieben werden.

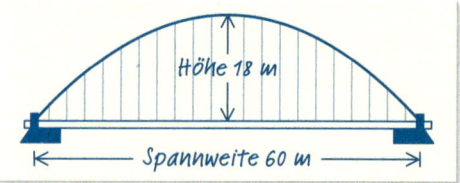

a Skizziere die Parabel in einem Koordinatensystem und notiere die gegebenen Informationen als Punktkoordinaten an den Achsen.

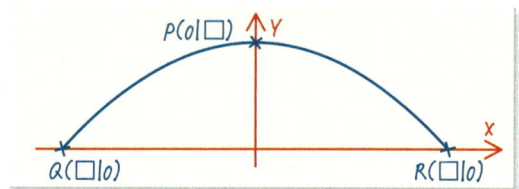

b Welchen Wert kannst du für c in die Funktionsgleichung bereits einsetzen?

c Berechne den Wert von a, indem du die Koordinaten von Q oder R in die unvollständige Gleichung des Brückenbogens einsetzt.

d Gib die vollständige Gleichung des Brückenbogens an.

14

Die *Sydney Harbour Bridge* ist eine der größten Bogenbrücken der Welt. Das berühmte Wahrzeichen der Stadt wird von den Einheimischen auch *Kleiderbügel* (coat hanger) genannt. Der untere parabelförmige Bogen liegt an der höchsten Stelle 126,7 m über dem Meer. Die Spannweite des Bogens auf Meereshöhe beträgt 503,4 m.

a Mit welcher Gleichung kann der untere Parabelbogen beschrieben werden?

b Welche Höhe hat der untere Bogen in 100 m Entfernung vom Pfeiler?

6.4 Reinquadratische Gleichungen

1 Betrachte die beiden Wertetabellen.

a An welchen Stellen schneidet der jeweils dazugehörige Graph die x-Achse im Koordinatensystem? Wie heißen diese Stellen?

b Bestimme auch, an welchen Stellen die Parabel mit der Gleichung $y = x^2 - 5$ die x-Achse schneidet.

x	−3	−2	−1	0	1	2	3
$y = -x^2 + 1$	−8	−3	0	1	0	−3	−8

x	−3	−2	−1	0	1	2	3
$y = \frac{1}{2}x^2 - 2$	2,5	0	−1,5	−2	−1,5	0	2,5

Die Stellen, an denen ein Graph die x-Achse schneidet, nennt man **Nullstellen der Funktion**, da die zugeordneten Funktionswerte (die y-Werte) null sind.

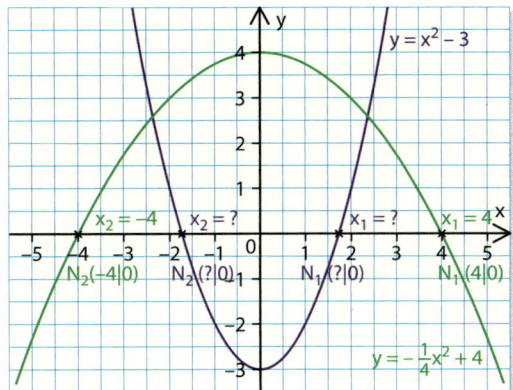

Die Parabel mit der Gleichung $y = -\frac{1}{4}x^2 + 4$ schneidet die x-Achse an den Stellen $x_1 = 4$ und $x_2 = -4$. Die Koordinaten der Schnittpunkte lauten $N_1(4|0)$ und $N_2(-4|0)$.

Bei der Parabel mit der Gleichung $y = x^2 - 3$ kann man die beiden Nullstellen nicht genau ablesen. Um sie zu bestimmen, benötigt man ein *rechnerisches Lösungsverfahren*.

Man setzt für y den Wert 0 in die Funktionsgleichung ein: $0 = x^2 - 3$
In dieser Gleichung kommt die gesuchte Variable ausschließlich im Quadrat vor.
Solche Gleichungen nennt man **reinquadratische Gleichungen**.

Die reinquadratische Gleichung $\qquad\qquad\qquad x^2 - 3 = 0 \qquad | + 3$

formt man so um, dass das Quadrat der Variablen allein steht. $\qquad x^2 = 3 \qquad | \sqrt{\ }$

Nun bestimmt man durch Wurzelziehen
die *beiden* Zahlen, die im Quadrat die Zahl 3 ergeben. $\qquad\qquad x_{1/2} = \pm\sqrt{3}$

Man erhält die *beiden* Lösungen: $\qquad\qquad\qquad x_1 = +\sqrt{3}$, gerundet: $x_1 = +1,73$
$\qquad\qquad\qquad\qquad\qquad\qquad\qquad\qquad\qquad x_2 = -\sqrt{3}$, gerundet: $x_2 = -1,73$

Die Lösungsmenge lautet: $\qquad\qquad\qquad\qquad L = \{1,73; -1,73\}$

Die beiden Lösungen $x_1 = 1,73$ und $x_2 = -1,73$ sind die Nullstellen der Funktion $y = x^2 - 3$.
Die Koordinaten der Schnittpunkte der Parabel mit der x-Achse lauten $N_1(1,73|0)$ und $N_2(-1,73|0)$.

M Die Nullstellen der quadratischen Funktion $y = ax^2 + c$ sind die Lösungen einer reinquadratischen Gleichung der Form $0 = ax^2 + c$.

Übungsaufgaben

1 Zeichne den Graphen der Funktion und lies die Nullstellen möglichst genau ab. Rechne zur Kontrolle nach.

a $y = x^2 - 2,25$ **d** $y = -0,5x^2 + 1$

b $y = -x^2 + 4$ **e** $y = 1,5x^2 - 4$

c $y = x^2 - 5$ **f** $y = \frac{1}{3}x^2 - 1$

2 Bestimme die Lösungen der Gleichung im Kopf.

a $x^2 = 16$ **c** $0 = x^2 - 9$ **e** $x^2 - 1,44 = 0$

b $x^2 = 64$ **d** $0 = -x^2 + 121$ **f** $x^2 = \frac{36}{49}$

3 Gib die Lösungsmenge gerundet auf zwei Stellen nach dem Komma an.

a $x^2 = 15$ **d** $12,5 = 0,25x^2$

b $2,8 = x^2$ **e** $4x^2 - 48 = 0$

c $2x^2 = 38$ **f** $12 = \frac{2}{3}x^2$

4 Löse die Gleichung.

a $2x^2 - 5 = 3$ **d** $15x^2 - 24 = -9x^2$

b $5x^2 = 1 + x^2$ **e** $-8x^2 + 25 = 9 + x^2$

c $x^2 + 0,09 = 2x^2$ **f** $-1\frac{1}{2}x^2 + 19 = \frac{1}{2}x^2 + 1$

5 Löse zuerst die Klammern auf.

a $3x^2 - 1 = 2x^2 + (4x^2 - 7)$

b $-(3 - 12x^2) = -3(4x^2 - 1)$

c $(3x - 1)(2x + 2) = -2x^2 + 4x + 38$

d $5(8 - 12x + 4x^2) = (6x - 3)(4x - 8)$

> **T** Mit der **Probe** kannst du nachprüfen, ob du richtig gerechnet hast! Setze dazu jede deiner Lösungen in die Ausgangsgleichung ein.

6 Mach die Probe und kontrolliere dich selbst.

a $(2x + 3)^2 = 12x + 25$

b $(4 - 3x)^2 = 8(10 - 3x)$

c $(x - 3)(x + 3) = 72$

d $(4x + 2)^2 = -2(-8x - 20)$

7 Bestimme die Lösungsmenge.

a $\frac{1}{2}x^2 - 2 = x^2 - 10$ **c** $\frac{x^2 - 6}{3} - 2 = 8$

b $44 - \frac{2}{3}x^2 = -10$ **d** $\frac{1}{2}x^2 - 18 = \frac{1}{3}x^2 + 6$

8 *Anzahl der Lösungen*
Überprüfe rechnerisch, ob die Gleichung zwei Lösungen, eine oder keine Lösung hat.
Zeichne zu jeder Gleichung auch den zugehörigen Graphen. Erkläre den Zusammenhang zwischen der Anzahl der Lösungen der Gleichung und den Nullstellen der Funktion.

a $0 = x^2 - 6,25$ **c** $0 = x^2$ **e** $0 = \frac{1}{4}x^2 - 2$

b $0 = -2x^2 - 1$ **d** $0 = x^2 + 1$ **f** $0 = x^2 - 1,5$

9 Gib zu den Nullstellen eine mögliche Gleichung einer entlang der y-Achse verschobenen Parabel an. Setze zur Kontrolle die x-Werte in die Gleichung ein.

a $x_1 = 1;\ x_2 = -1$ **c** $x_1 = 1,5;\ x_2 = -1,5$

b $x_1 = 2;\ x_2 = -2$ **d** $x_1 = 4;\ x_2 = -4$

10

Ein parabelförmiger Wasserstrahl kann näherungsweise mit der Gleichung $y = -\frac{5}{16}x^2 + 5$ beschrieben werden. Nach wie vielen Metern erreicht der Strahl wieder den Boden?

11 Löse mithilfe einer Gleichung.

a Multipliziert man das Quadrat einer Zahl mit 5 und addiert 72, erhält man 92.

b Multipliziert man die Differenz des Zweifachen einer Zahl und 5 mit der Summe aus dem Zweifachen dieser Zahl und 5, so erhält man 651.

12 Ein quadratisches Grundstück wird auf einer Seite um 6 m verkürzt und auf der anliegenden Seite um 6 m verlängert. Das so entstandene Grundstück hat den Flächeninhalt 448 m². Welche Seitenlänge hatte das ursprüngliche Grundstück?

6.5 Die quadratische Funktion $y = (x - d)^2$

1 Ergänze die Wertetabelle im Heft.

a Vergleiche die y-Werte der Funktionen. Was fällt dir auf?

b Zeichne die dazugehörigen Graphen.
Beschreibe, wie die Graphen zu $y = (x - 1)^2$ und $y = (x + 1)^2$ aus der Normalparabel hervorgehen.

c Notiere zu jeder Parabel den Scheitelpunkt.
Stelle einen Zusammenhang mit der Gleichung her.

x	−3	−2	−1	…	3
$y = x^2$	9	4	…	…	…
$y = (x - 1)^2$	16	…	…	…	…
$y = (x + 1)^2$	…	…	…	…	…

Die Graphen der quadratischen Funktionen $y = (x - 3)^2$ und $y = (x + 2)^2$ erhält man durch **Verschieben** der Normalparabel um 3 Einheiten nach rechts bzw. 2 Einheiten nach links.
Da die Scheitelpunkte auf der **x-Achse** verschoben werden, bleibt ihr y-Wert null. Daher liegt die Nullstelle jeder quadratischen Funktion $y = (x - d)^2$ im Scheitelpunkt ihres Graphen.

Setzt man für y den Wert null in die Funktionsgleichung ein, kann man die Nullstelle der Funktion und somit den x-Wert des Scheitelpunktes bestimmen:

- $0 = (x - 3)^2$
  $x = 3$ ist die Lösung der Gleichung.
  Der Scheitelpunkt hat die Koordinaten $S_2(3|0)$,
  die Normalparabel wird um 3 Einheiten nach rechts verschoben.

- $0 = (x + 2)^2$
  $x = -2$ ist die Lösung der Gleichung.
  Der Scheitelpunkt hat die Koordinaten $S_3(-2|0)$,
  die Normalparabel wird um 2 Einheiten nach links verschoben.

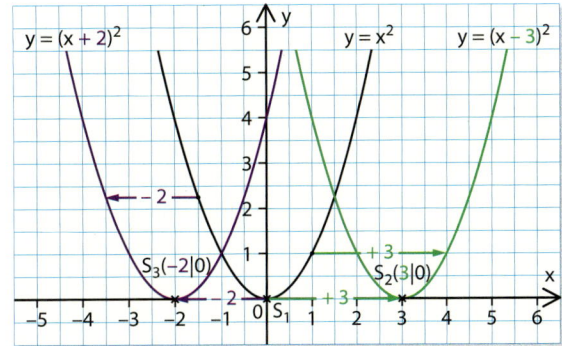

In der Funktionsgleichung $y = (x - d)^2$ bestimmt der Wert von d die Verschiebung der Normalparabel entlang der x-Achse und somit die Lage ihres Scheitelpunktes $S(d|0)$.
Die x-Koordinate des Scheitelpunktes erhält man aus der Lösung der Gleichung $0 = (x - d)^2$.

> **M** Die Graphen der quadratischen Funktionen $y = (x - d)^2$ erhält man durch Verschieben der Normalparabel entlang der x-Achse. Die Parabel hat den Scheitelpunkt $S(d|0)$. Ihre Symmetrieachse verläuft parallel zur y-Achse durch den Scheitelpunkt.

Übungsaufgaben

1 Bestimme den Scheitelpunkt der Parabel und zeichne sie mit deiner Zeichenschablone.

a $y = (x + 3)^2$ **d** $y = (x - 3,5)^2$

b $y = (x + 4)^2$ **e** $y = (x + 0,5)^2$

c $y = (x - 1,5)^2$ **f** $y = (x - 2,5)^2$

2 Die verschobene, nach oben geöffnete Normalparabel hat den angegebenen Scheitelpunkt. Bestimme die Gleichung.

a $S(2|0)$ **c** $S(-1,5|0)$ **e** $S(7,5|0)$

b $S(-5|0)$ **d** $S(6|0)$ **f** $S(-4,5|0)$

3 Wie lautet die neue Gleichung?

a Der Graph zu $y = (x - 3)^2$ wird um zwei Einheiten nach links verschoben.

b Der Graph zu $y = (x + 1)^2$ wird um drei Einheiten nach rechts verschoben.

4 Lena war in der letzten Woche krank. Kannst du ihr weiterhelfen?

$y = (x - d)^2$

Welchen Einfluss hat d auf die Parabel?

5 *Gleichungen in verschiedenen Darstellungen*
Eine Gleichung der Form $y = (x - d)^2$ kann man mithilfe der binomischen Formeln auch in anderer Form darstellen. Forme wie im Beispiel um.

Beispiel $\quad y = (x + 5)^2 \;\rightarrow\; y = x^2 + 2 \cdot x \cdot 5 + 5^2$
$$y = x^2 + 10x + 25$$

a $y = (x + 3)^2$ **c** $y = (x + 7)^2$ **e** $y = (x + 1,5)^2$

b $y = (x - 6)^2$ **d** $y = (x - 9)^2$ **f** $y = (x - 4,5)^2$

M Die Funktionsgleichung in der Darstellung $y = (x - d)^2$ nennt man **Scheitelform**, da man aus der Gleichung die Koordinaten des Scheitelpunktes $S(d|0)$ ablesen kann.
Beispiel $y = (x + 5)^2$; $S(-5|0)$
Die Darstellung $y = x^2 + bx + c$ bezeichnet man als **Normalform**.
Beispiel $y = x^2 + 10x + 25$

---

6 Zeichne den Graphen der Funktion. Wandle vorher in die Scheitelform um.

Beispiel $\quad y = x^2 + 8x + 16 \quad$ | Faktorisieren
$$y = x^2 + 2 \cdot x \cdot 4 + 4^2 \;\rightarrow\; y = (x + 4)^2$$

a $y = x^2 - 2x + 1$ **d** $y = x^2 - 5x + 6,25$

b $y = x^2 + 6x + 9$ **e** $y = x^2 + 9x + 20,25$

c $y = x^2 + 4x + 4$ **f** $y = x^2 + x + 0,25$

7 Welcher Punkt liegt auf welcher Parabel?
$A(3|4)$; $B(1|6,25)$; $C(2|16)$; $D(-4|2,25)$

p_1: $y = (x - 3,5)^2$ p_3: $y = x^2 + 5x + 6,25$
p_2: $y = x^2 + 4x + 4$ p_4: $y = (x - 1)^2$

8 Welcher Graph gehört zu welcher Gleichung?

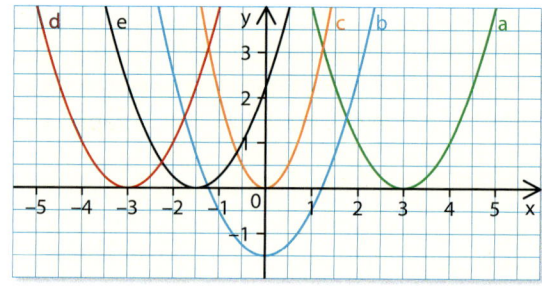

① $y = (x + 1,5)^2$ ⑤ $y = (x + 3)^2$

② $y = (x + 1)^2$ ⑥ $y = 2x^2$

③ $y = x^2 - 1,5$ ⑦ $y = -x^2 - 1$

④ $y = (x - 1,5)^2$ ⑧ $y = x^2 - 6x + 9$

9 Der Punkt P gehört zum Graphen der angegebenen Funktion. Bestimme die fehlende Koordinate. Wie gehst du bei **c** und **d** vor?

a $P(-2,5|\square)$; $y = (x - 1,5)^2$

b $P(1|\square)$; $y = x^2 + 6x + 9$

c $P(\square|4)$; $y = (x + 1)^2$

d $P(\square|9)$; $y = (x - 2)^2$

10 Die Punkte $P(3|1)$ und $Q(7|16)$ liegen auf jeweils einer Parabel mit der Gleichung $y = (x - d)^2$. Bestimme für jeden Punkt mögliche Werte von d und gib die Gleichungen an.

11 Die Parabel mit der Gleichung $y = (x + 2)^2$ wird an der x-Achse gespiegelt. Bestimme die Gleichung der gespiegelten Parabel.

12 Wie viele gemeinsame Punkte haben die beiden Parabeln? Löse ohne Zeichnung!

a $y = (x - 3)^2$ und $y = (x + 4)^2$

b $y = -x^2 + 1$ und $y = (x - 2)^2$

c $y = (x + 5)^2$ und $y = \frac{1}{4}x^2 + 1$

13 Die Scheitelpunkte der Parabeln $y = (x + 4)^2$, $y = (x - 2)^2$ und $y = x^2 + 4$ sind die Eckpunkte eines Dreiecks.

a Berechne seinen Flächeninhalt; vielleicht hilft dir eine Skizze weiter.

b Verändere eine Gleichung so, dass das neue Dreieck einen nur halb so großen Flächeninhalt hat.

6.6 Die quadratische Funktion y = (x − d)² + e

1 Die Normalparabel rechts wurde um zwei Einheiten nach rechts und
dann um eine Einheit nach unten verschoben.

a Überprüfe, welche Gleichung zum Graphen gehört.
Wie gehst du dabei vor?

① $y = (x + 2)^2 - 1$ ② $y = (x - 2)^2 - 1$ ③ $y = (x - 2)^2 + 1$

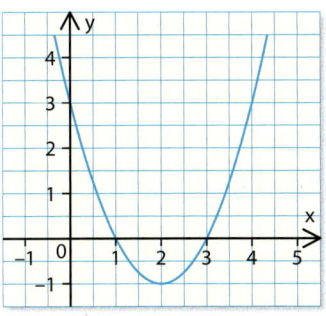

b Zeichne die verschobenen Normalparabeln mit den Gleichungen
p_1: $y = (x + 3)^2 + 1$ und p_2: $y = (x - 1)^2 - 2$.
Gib jeweils den Scheitelpunkt an.

Den Graphen der quadratischen Funktion
$y = (x - 3)^2 + 2$ erhält man durch **Verschieben**
der Normalparabel um 3 Einheiten nach rechts
und dann um 2 Einheiten nach oben.
Der Scheitelpunkt wird somit auf der x-Achse
und dann in Richtung der y-Achse verschoben:

$y = x^2$ → $S_1(0|0)$
$y = (x - 3)^2$ → $S_2(3|0)$
$y = (x - 3)^2 + 2$ → $S_3(3|2)$

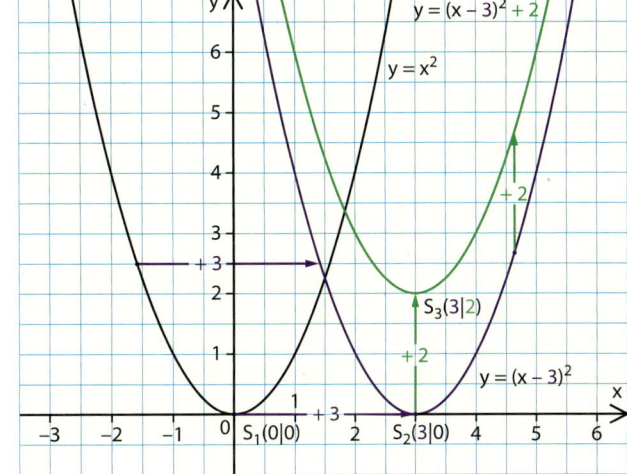

In der Funktionsgleichung $y = (x - d)^2 + e$ bestimmt der Wert von d die Verschiebung der
Normalparabel entlang der x-Achse, der Wert von e gibt die Verschiebung in y-Richtung an.
Aus dieser **Scheitelform** kann man die Lage des Scheitelpunktes ablesen: S(**d**|**e**).

> **M** Die Graphen der quadratischen Funktionen **y = (x − d)² + e** erhält man durch
> Verschieben der Normalparabel in Richtung der x-Achse und der y-Achse.
> Die Parabel hat den Scheitelpunkt S(**d**|**e**).

Übungsaufgaben

1 Bestimme den Scheitelpunkt der Parabel und
zeichne sie mit deiner Zeichenschablone.

a $y = (x - 1)^2 - 1$ **d** $y = (x + 5)^2 - 2$
b $y = (x + 2)^2 + 1$ **e** $y = (x + 1,5)^2 + 4$
c $y = (x - 3)^2 - 3$ **f** $y = (x - 2,5)^2 + 1,5$

2 Die nach oben geöffnete Normalparabel hat den
angegebenen Scheitelpunkt.
Gib die Gleichung in der Scheitelform an.

a S(−3|2)   **c** S(3|0)   **e** S(2|−2)
b S(2|1)   **d** S(−4|−1)   **f** S(−0,5|−4)

3 Bestimme die Gleichung der verschobenen Normalparabel.

a Der Graph zu $y = x^2$ wird um zwei Einheiten nach links und um drei Einheiten nach unten verschoben.

b Die nach oben geöffnete Normalparabel mit dem Scheitelpunkt $S(-3|0)$ wird um vier Einheiten nach unten verschoben.

c Der Graph zu $y = (x + 1)^2 + 3$ wird um drei Einheiten nach rechts und um eine Einheit nach unten verschoben.

4 Erkläre, welche Wirkung die Parameter d und e in der Gleichung $y = (x - d)^2 + e$ auf den Graphen der Funktion haben.

5 Überprüfe, ob die Punkte $P(3,5|7)$, $Q(-2,5|-13)$ und $R(-4,5|39)$ auf der Parabel mit der Gleichung $y = (x - 1,5)^2 + 3$ liegen.

6
p_1: $y = (x - 2)^2 - 1$	p_2: $y = (x - 1)^2 - 4$

a Zeichne die Parabeln und lies jeweils die Koordinaten der Schnittpunkte mit der x-Achse ab.

b Gib zwei weitere Gleichungen von Parabeln an, die durch den gemeinsamen Punkt von p_1 und p_2 verlaufen.

7 *Graphen und Gleichungen einander zuordnen*

a Überlege zuerst, welche Vorgehensweisen beim Zuordnen du kennst.

b Ordne jedem Graphen die richtige Gleichung zu.

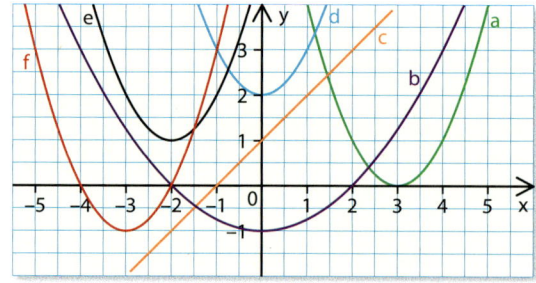

① $y = (x - 3)^2 - 1$ ⑤ $y = x^2 + 2$
② $y = x + 1$ ⑥ $y = (x + 3)^2 - 1$
③ $y = (x - 3)^2$ ⑦ $y = (x + 2)^2 + 1$
④ $y = \frac{1}{4}x^2 - 1$ ⑧ $y = \frac{1}{4}x - 1$

8
① $y = -2x^2 - 1$	⑤ $y = x^2 + 4,5$
② $y = (x + 1)^2 - 4$	⑥ $y = (x - 5)^2 - 8$
③ $y = (x - 3)^2$	⑦ $y = -x^2$
④ $y = (x + 5)^2 + 6$	⑧ $y = \frac{1}{4}x^2 + 2$

a Welche Parabeln sind im Vergleich zur Normalparabel gestreckt oder gestaucht?

b Bei welchen Parabeln ist der Scheitelpunkt der höchste Punkt des Graphen?

c Gib die Parabeln an, die zur y-Achse symmetrisch sind.

d Welche Parabeln sind in x- und y-Richtung verschoben?

9 Die Punkte P und Q gehören zum Graphen der angegebenen Funktion.
Bestimme die fehlenden Koordinaten.

a $P(2|\square)$; $Q(-6|\square)$; $y = (x + 3)^2 - 1$

b $P(-0,5|\square)$; $Q(8,5|\square)$; $y = (x - 4,5)^2 + 2$

c $P(\square|5)$; $Q(\square|5)$; $y = (x - 1)^2 + 1$

10 Der Punkt P liegt auf einer Parabel, deren Gleichung nur unvollständig gegeben ist. Bestimme den Wert des fehlenden Parameters und notiere die vollständige Gleichung.
Bei **c** und **d** gibt es zwei Lösungen!

a $P(-1|6)$; $y = (x + 2)^2 + e$

b $P(5|3)$; $y = (x - 3)^2 + e$

c $P(4|3)$; $y = (x - d)^2 - 1$

d $P(4|11)$; $y = (x - d)^2 + 2$

11 Zeichne mithilfe einer Wertetabelle den Graphen der Funktion $y = -(x + 3)^2 + 1$ und vergleiche ihn mit dem Graphen zu $y = (x + 3)^2 + 1$.
Wie sieht der Graph zu $y = \frac{1}{2}(x + 3)^2 + 1$ aus?

12 Zeichne die Parabeln mit den Gleichungen p_1: $y = (x - 3)^2 + 1$ und p_2: $y = (x - 1)^2 + 4$.
Berechne den Abstand zwischen den Scheitelpunkten der Parabeln mithilfe des Satzes des Pythagoras.
Die Parabel p_1 wird dann um eine Einheit nach rechts und um zwei Einheiten nach oben verschoben. Wie verändert sich der Abstand zwischen den Scheitelpunkten?

Umformen der Normalform in die Scheitelform

13 Wandle die Gleichung von der Scheitelform in die Normalform um.

Beispiel $y = (x - 1)^2 + 3$
$y = x^2 - 2x + 1 + 3$
$y = x^2 - 2x + 4$

a $y = (x - 2)^2 + 3$ **c** $y = (x - 4)^2 + 2$
b $y = (x + 1)^2 - 2$ **d** $y = (x + 1,5)^2 - 4$

14 Kannst du die Gleichung in der Scheitelform angeben?

Beispiel $y = x^2 + 4x + 5$
$y = \underline{x^2 + 4x + 4} \;\; + 1$
$y = \;\;\; (x + 2)^2 \;\;\; + 1$

a $y = x^2 + 6x + 10$ **c** $y = x^2 - 4x + 3$
b $y = x^2 - 2x + 5$ **d** $y = x^2 - 10x + 22$

Bei der quadratischen Funktion $y = x^2 + 6x + 5$ kann man die Koordinaten des Scheitelpunktes nicht aus der Gleichung ablesen. Daher bringt man sie in die Scheitelform, indem man die Gleichung so **quadratisch ergänzt**, dass ein Term enthalten ist, den man mithilfe einer *binomischen Formel* faktorisieren kann. Damit die Terme links und rechts vom Gleichheitszeichen äquivalent bleiben, muss die Ergänzung umgehend wieder subtrahiert werden.

$y = x^2 + 6x + 5$ — Normalform

$y = x^2 + 6x + \left(\frac{6}{2}\right)^2 + 5 - \left(\frac{6}{2}\right)^2$ — quadratische Ergänzung

$y = \underbrace{x^2 + 6x + 3^2} \;\; \underbrace{+ 5 - 3^2}$

$y = \;\;\; (x + 3)^2 \;\;\; - \;\; 4$ — Scheitelform

$\Rightarrow$ Scheitelpunkt $S(-3 \mid -4)$

$y =$	$x^2 + 6 \cdot x$	$+ 5$
$y =$	$x^2 + 2 \cdot x \cdot \left(\frac{6}{2}\right)$	$+ 5$
$y =$	$x^2 + 2 \cdot x \cdot \left(\frac{6}{2}\right) + \left(\frac{6}{2}\right)^2$	$+ 5 - \left(\frac{6}{2}\right)^2$
$y =$	$x^2 + 2 \cdot x \cdot 3 + 3^2$	$+ 5 - 3^2$
$y =$	$(x + 3)^2$	$- 4$

M Funktionsgleichungen der Form $y = x^2 + bx + c$ (**Normalform**) kann man mithilfe der **quadratischen Ergänzung** in die Scheitelform $y = (x - d)^2 + e$ umformen.

15 Forme die Gleichung mithilfe der quadratischen Ergänzung in die Scheitelform um und gib die Scheitelpunktkoordinaten an.

a $y = x^2 + 4x + 2$ **d** $y = x^2 - 3x - 1,25$
b $y = x^2 - 2x + 4$ **e** $y = x^2 - x + 1,75$
c $y = x^2 + 6x + 7$ **f** $y = x^2 + 10x + 20$

16 Jeweils ein rotes, ein grünes und ein blaues Kärtchen gehören zusammen.

$y = x^2 + 2x - 2$	$y = (x + 6)^2 - 8$	$S(-1 \mid -3)$
$y = x^2 - 6x + 5$	$y = (x + 1)^2 - 3$	$S(2 \mid -4)$
$y = x^2 + 12x + 28$	$y = (x - 3)^2 - 4$	$S(-6 \mid -8)$
$y = x^2 - 4x$	$y = (x - 2)^2 - 4$	$S(3 \mid -4)$

17 Wandle die Gleichungen in die Scheitelform $y = (x - d)^2 + e$ um. Führe jede Reihe um zwei Schritte fort und beschreibe die Veränderung der Parameter d und e.

a $y = x^2 + 2x + 1$ **b** $y = x^2 - 2x + 1$
$y = x^2 + 2x + 2$ $y = x^2 - 4x + 1$
$y = x^2 + 2x + 3$ $y = x^2 - 6x + 1$

18 Die Normalparabel wurde verschoben. Gib die Gleichung in der Normalform an.

a Die Parabel hat den Scheitelpunkt $S(-2 \mid 3)$.
b Die Parabel hat den Scheitelpunkt $S(6 \mid 4)$.
c Der Graph schneidet die x-Achse in den Punkten $P(-3 \mid 0)$ und $Q(-5 \mid 0)$.
d Die Punkte $P(1 \mid 2)$ und $Q(5 \mid 2)$ liegen auf der Parabel.

6.7 Gemischtquadratische Gleichungen

Nico kann die die x-Koordinaten der Schnittpunkte von Parabel und x-Achse, also die Nullstellen der quadratischen Funktion $y = (x + 1{,}25)^2 - 2{,}25$, nicht genau ablesen. Setzt man aber für y den Wert null in die Funktionsgleichung ein, erhält man die Gleichung $0 = (x + 1{,}25)^2 - 2{,}25$ und kann dann die x-Werte durch **Umformen** und **Wurzelziehen** berechnen:

$$
\begin{aligned}
(x + 1{,}25)^2 - 2{,}25 &= 0 &&| + 2{,}25 \\
(x + 1{,}25)^2 &= 2{,}25 &&| \sqrt{} \\
x + 1{,}25 &= \pm\sqrt{2{,}25} &&| - 1{,}25 \\
x_{1/2} &= -1{,}25 \pm 1{,}5 \\
x_1 &= 0{,}25 \\
x_2 &= -2{,}75
\end{aligned}
$$

$\Rightarrow$ L = {0,25; −2,75}

Wie soll ich denn hier eine Nullstelle ablesen?

Du kannst sie ja auch berechnen!

Beim Wurzelziehen erhält man immer zwei Lösungen!

Die Lösungen $x_1 = 0{,}25$ und $x_2 = -2{,}75$ sind die Nullstellen der Funktion $y = (x + 1{,}25)^2 - 2{,}25$. Die Koordinaten der Schnittpunkte der Parabel mit der x-Achse lauten $N_1(0{,}25 | 0)$ und $N_2(-2{,}75 | 0)$.

Zum Berechnen der Nullstellen der quadratischen Funktion $y = x^2 - 8x + 12$ setzt man wieder für y den Wert null in die Funktionsgleichung ein: $0 = x^2 - 8x + 12$
In dieser Gleichung kommt die gesuchte Variable x im Quadrat und in der ersten Potenz vor. Solche Gleichungen nennt man **gemischtquadratische Gleichungen**.

Durch Umformen mithilfe der **quadratischen Ergänzung** kann man diese Gleichung so lösen:

$$
\begin{aligned}
x^2 - 8x + 12 &= 0 &&| - 12 \\
x^2 - 8x &= -12 &&\left| + \left(\tfrac{8}{2}\right)^2 \right. \\
x^2 - 8x + \left(\tfrac{8}{2}\right)^2 &= +\left(\tfrac{8}{2}\right)^2 - 12 \\
\underbrace{x^2 - 8x + 4^2} &= \underbrace{4^2 - 12} \\
(x - 4)^2 &= 4 &&| \sqrt{} \\
x - 4 &= \pm\sqrt{4} &&| + 4 \\
x_{1/2} &= 4 \pm 2 \\
x_1 &= 6 \\
x_2 &= 2
\end{aligned}
$$

$\Rightarrow$ L = {6; 2}

Die quadratische Ergänzung auf beiden Seiten der Gleichung addieren.

Den Term auf der linken Seite mithilfe der binomischen Formel faktorisieren.

M Die Nullstellen einer quadratischen Funktion sind die Lösungen einer gemischtquadratischen Gleichung, die man durch **Umformen** und **Wurzelziehen** bestimmen kann.

Übungsaufgaben

1 Bestimme zeichnerisch die Nullstellen der Funktion.

a $y = (x - 1)^2 - 4$ **c** $y = x^2 + 2x - 3$

b $y = (x + 5)^2 - 1$ **d** $y = x^2 - 6x + 8$

2 Löse die Gleichung zeichnerisch oder rechnerisch durch Umformen und Wurzelziehen.

a $(x - 4)^2 - 1 = 0$ **d** $(x + 3)^2 = 0$

b $(x + 1,5)^2 - 4 = 0$ **e** $0 = (x + 1)^2 - 2,25$

c $0 = (x - 2)^2 - 4$ **f** $(x + 0,5)^2 - 6,25 = 0$

3 Löse die Gleichung mithilfe der quadratischen Ergänzung. Kontrolliere dich selbst!

a $x^2 + 4x = 5$ **d** $-5 = x^2 + 6x$

b $x^2 - 12x + 20 = 0$ **e** $0 = x^2 + 2x - 8$

c $x^2 + 8x = 9$ **f** $x^2 - x - 0,75 = 0$

$L = \{1; -9\}$	$L = \{1; -5\}$	$L = \{1,5; -0,5\}$
$L = \{-1; -5\}$	$L = \{2; -4\}$	$L = \{10; 2\}$

4 Gib die Lösungsmenge an. Runde, falls erforderlich, auf zwei Stellen nach dem Komma.

a $x^2 + 5x + 2,25 = 0$ **d** $81 = (x - 10)^2$

b $x^2 - 2x = 2$ **e** $0 = (x + 16)^2 - 200$

c $0 = x^2 + 15x + 44$ **f** $x^2 - 10x = -9$

5 Forme um und löse die Gleichung.

a $x^2 + 4x - 5 = 7$ **d** $-7 = x(x - 8)$

b $x^2 + 11x = 3x - 12$ **e** $(2 - x) \cdot (-x) - 8 = 0$

c $x^2 + 4x - 6 = 4 + x$ **f** $3,75 = (x + 2)(x + 3)$

> **T**   Ein Produkt ist genau dann null, wenn ein Faktor null ist!

6 Bei manchen Gleichungen musst du gar nicht quadratisch ergänzen!
Bestimme die Lösungen durch Ausklammern.

Beispiel $x^2 - 6x = 0$
$$x \cdot (x - 6) = 0 \Rightarrow x_1 = 0; \ x_2 = 6$$

a $x^2 + 8x = 0$ **c** $0 = 0,5x + x^2$

b $0 = x^2 - 4x$ **d** $x^2 = -4x$

7 Celine behauptet: *Bei solchen Gleichungen kann ich die Lösungen direkt ablesen!*
Was meint sie damit? Bestimme die Lösungen!

a $(x - 3)(x + 1) = 0$ **c** $(x - 1)(x - 2) = 0$

b $(x + 2)(x - 1,5) = 0$ **d** $0 = (x + \frac{1}{4})(x - 5)$

8 Gib die Lösungsmenge an. Welche Aufgaben kannst du ohne quadratische Ergänzung lösen?

a $x^2 + 7x = -6$ **e** $(x + 4)^2 - 2,25 = 0$

b $25 = (x - 4)^2$ **f** $0 = (x - 2,5)(x + 6)$

c $x^2 - 3,5x = 0$ **g** $-51 = x^2 + 20x$

d $0 = x^2 - 16x - 36$ **h** $x^2 - 14 = 5x$

9 Gib zu den Nullstellen die Gleichung der verschobenen, nach oben geöffneten Normalparabel an. Setze zur Kontrolle die x-Werte in die Gleichung ein.

a $x_1 = 1; \ x_2 = 3$ **c** $x_1 = 0; \ x_2 = 4$

b $x_1 = -4; \ x_2 = -2$ **d** $x_1 = -5; \ x_2 = 1$

10 Noelle und Joah diskutieren über das grafische Lösen der Gleichung $0 = x^2 - 2x - 3$.

 *Ich zeichne die Parabel und lese die Nullstellen ab.*

 *Ich forme die Gleichung zunächst um: $x^2 = 2x + 3$ Dann zeichne ich die Normalparabel $y = x^2$ und die Gerade $y = 2x + 3$. Die x-Koordinaten ihrer Schnittpunkte sind die Lösungen der Gleichung $0 = x^2 - 2x - 3$.*

a Überprüfe die Vorgehensweise der beiden.

b Löse die folgenden Gleichungen so wie Joah.

    ① $0 = x^2 + x - 2$ ③ $0 = x^2 + 1,5x - 1$

    ② $0 = x^2 - 0,5x - 1,5$ ④ $0 = x^2 + 2x$

Lösungsformel der quadratischen Gleichung

Eine quadratische Gleichung, die in der Normalform $x^2 + px + q = 0$ vorliegt, kann man mittels der quadratischen Ergänzung lösen.
Führt man die Umformungsschritte allgemein mit den Parametern p und q durch, dann erhält man eine Lösungsformel für beliebige Werte von p und q.

T Bei quadratischen Gleichungen verwendet man üblicherweise die Parameter p und q.

$$x^2 + px + q = 0 \qquad |-q$$
$$x^2 + px = -q \qquad \left|+\left(\tfrac{p}{2}\right)^2\right.$$
$$\underbrace{x^2 + px + \left(\tfrac{p}{2}\right)^2} = \left(\tfrac{p}{2}\right)^2 - q$$
$$\left(x + \tfrac{p}{2}\right)^2 = \left(\tfrac{p}{2}\right)^2 - q \qquad |\sqrt{}$$
$$x + \tfrac{p}{2} = \pm\sqrt{\left(\tfrac{p}{2}\right)^2 - q} \qquad \left|-\tfrac{p}{2}\right.$$
$$\mathbf{x_{1/2} = -\tfrac{p}{2} \pm \sqrt{\left(\tfrac{p}{2}\right)^2 - q}}$$
$$x_1 = -\tfrac{p}{2} + \sqrt{\left(\tfrac{p}{2}\right)^2 - q}; \quad x_2 = -\tfrac{p}{2} - \sqrt{\left(\tfrac{p}{2}\right)^2 - q}$$

M Die Lösungen einer quadratischen Gleichung der Form $x^2 + px + q = 0$ kann man mit der **p-q-Formel** berechnen:

$$x_{1/2} = -\tfrac{p}{2} \pm \sqrt{\left(\tfrac{p}{2}\right)^2 - q}$$

Den Radikanden $\left(\tfrac{p}{2}\right)^2 - q$ nennt man **Diskriminante** D.

11 Löse die Gleichung. Bestimme zuerst p und q und achte beim Einsetzen in die Lösungsformel auf ihre Vorzeichen!

Beispiel $\quad x^2 - 6x + 8 = 0 \;\rightarrow\; p = -6;\; q = +8$

$$x_{1/2} = -\left(\tfrac{-6}{2}\right) \pm \sqrt{\left(\tfrac{-6}{2}\right)^2 - (+8)}$$
$$x_{1/2} = 3 \pm \sqrt{9 - 8} = 3 \pm \sqrt{1} = \dots$$

a $x^2 + 4x + 3 = 0$ **d** $x^2 + 2x - 8 = 0$
b $x^2 + 10x + 9 = 0$ **e** $0 = x^2 - 6x - 7$
c $x^2 - 8x + 7 = 0$ **f** $x^2 + 18x - 19 = 0$

12 Berechne die Koordinaten der Schnittpunkte der Parabel mit der x-Achse.

a $y = x^2 + 6x + 8$ **c** $y = x^2 - 7x + 6$
b $y = (x + 3)^2 - 2{,}25$ **d** $y = (x - 4{,}5)^2 - 6{,}25$

13 Bringe die Gleichung zuerst in die Normalform.

Beispiel $\quad 2x^2 + 4x - 6 = 0 \quad |:2$
$$x^2 + 2x - 3 = 0 \quad \rightarrow x_{1/2} = \dots$$

a $4x^2 - 16x - 20 = 0$ **d** $0{,}5x^2 + 2x + 1{,}5 = 0$
b $3x^2 + 36x - 39 = 0$ **e** $0 = 8x^2 + 8x - 48$
c $0 = 2x^2 + 10x + 8$ **f** $\tfrac{1}{4}x^2 + x - 3 = 0$

14 Forme die Gleichung so um, dass du die Lösungsformel anwenden kannst.

a $x^2 - 4 = -8x + 5$ **e** $4(x^2 + 5x + 9) = 3x^2$
b $2x^2 - 2x + 3 = x^2 + 6$ **f** $(x + 8) \cdot 3x = 30 - 3x$
c $0 = 2x^2 - (20x + 22)$ **g** $(2x + 2)(2x - 4) = 16$
d $x^2 + 6(x - 2) = 2x$ **h** $(x + 3)^2 = -2x^2 + 9$

15 Worauf sollte Sonja zukünftig besser achten? Beschreibe den Fehler und verbessere ihn.

$$-x^2 + 4x + 3 = 0$$
$$x_{1/2} = -\tfrac{4}{2} \pm \sqrt{\left(\tfrac{4}{2}\right)^2 - 3}$$
$$x_{1/2} = -2 \pm \sqrt{1}$$
$$x_1 = -1;\; x_2 = -3$$

16 *Gleichungen in unterschiedlichen Formen*
a Notiere, welche Vorgehensweisen beim Lösen von quadratischen und linearen Gleichungen du kennst.
b Wähle jeweils einen Lösungsweg aus, mit dem du die Gleichung sicher lösen kannst.
 ① $16 = (x + 1)^2$ ⑤ $2x^2 + 5x = -2$
 ② $2x - 3 = 6x - 15$ ⑥ $2x^2 - 2(x + 4) = 64 - 2x$
 ③ $x^2 + 8x - 20 = 0$ ⑦ $0 = (x - 1{,}5)(x + 2{,}5)$
 ④ $0 = (x - 3{,}5) \cdot x$ ⑧ $(x + 3)^2 = (x - 2)^2$

17 Löse die Zahlenrätsel.

  a Das Achtfache einer Zahl ist gleich der Differenz aus dem Quadrat der Zahl und 9.

  b Multipliziert man die Zahl mit der Summe aus der Zahl und 10, dann erhält man 11.

18 Eine Quadratseite wird um 2 cm verkürzt, die andere um 4 cm verlängert. Das so entstandene Rechteck hat den Flächeninhalt 72 cm². Welche Länge hatte eine Quadratseite?

19 Im Freibad soll der Weg um das Schwimmbecken neu gefliest werden, das sind 384 m². Wie breit ist der Weg?

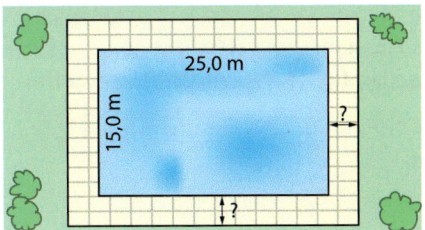

Anzahl der Lösungen von quadratischen Gleichungen

Quadratische Gleichungen können zwei Lösungen, eine oder keine Lösung haben.

Beispiele

$x^2 + 6x + 5 = 0$

$x_{1/2} = -\frac{6}{2} \pm \sqrt{\left(\frac{6}{2}\right)^2 - 5}$

$x_{1/2} = -3 \pm \sqrt{4}$

$x_1 = -1; \quad x_2 = -5$

$L = \{-1; -5\}$

Die Diskriminante ist positiv.
⇒ Die Gleichung hat zwei Lösungen.

$x^2 + 8x + 16 = 0$

$x_{1/2} = -\frac{8}{2} \pm \sqrt{\left(\frac{8}{2}\right)^2 - 16}$

$x_{1/2} = -4 \pm \sqrt{0}$

$x = -4$

$L = \{-4\}$

Die Diskriminante hat den Wert null.
⇒ Die Gleichung hat eine Lösung.

$x^2 + 4x + 6 = 0$

$x_{1/2} = -\frac{4}{2} \pm \sqrt{\left(\frac{4}{2}\right)^2 - 6}$

$x_{1/2} = -2 \pm \sqrt{-2}$

$L = \{\ \}$

Die Diskriminante ist negativ.
⇒ Die Gleichung hat keine Lösung.

M Die Anzahl der Lösungen einer quadratischen Gleichung hängt vom Wert der **Diskriminante D** ab:

  D > 0 ⇒ zwei Lösungen   **D = 0** ⇒ eine Lösung   **D < 0** ⇒ keine Lösung

20 Überprüfe, ob die Gleichung zwei Lösungen, eine oder keine Lösung hat.

  a $x^2 - 2x - 3 = 0$ **c** $x^2 - 6x + 9 = 0$

  b $x^2 + 5x + 7 = 0$ **d** $x^2 + 8x + 12 = 0$

21 Wie viele Lösungen hat jede Gleichung?

  ① $0 = x^2 - 4x + 2$ ③ $0 = x^2 - 4x + 4$

  ② $0 = x^2 - 4x + 3$ ④ $0 = x^2 - 4x + 5$

Skizziere auch die zugehörigen Parabeln. Woran erkennst du an einer Parabel die Anzahl der Lösungen der Gleichung?

22 Führe die Schritte zur Lösung der Gleichung so weit durch, bis du erkennst, ob sie lösbar ist. Gib dann die Anzahl der Lösungen an.

  a $2x^2 - 8x + 1 = 25$ **d** $(x - 2)(x - 6) = -4$

  b $5(2x - 5) = x^2$ **e** $2{,}5 - x = \frac{1}{2}x^2 + 5x + 8$

  c $x(x - 7) - 3 = -18$ **f** $-(3 - x) \cdot 2 = 2x^2$

23 Überlege dir Werte, die du für q einsetzen kannst, damit die Gleichung zwei Lösungen, eine oder keine Lösung hat.

  a $x^2 + 6x + q = 0$ **b** $x^2 - 5x + q = 0$

6.8 Weitere Berechnungen mit quadratischen Funktionen

Zur Berechnung eines fehlenden Wertes für b oder c in der Funktionsgleichung $y = x^2 + bx + c$ setzt man die Koordinaten eines Punktes, der zum Graphen der Funktion gehört, in die unvollständige Funktionsgleichung ein.

Beispiel Der Punkt P(2|11) liegt auf der Parabel mit der
Gleichung $y = x^2 + bx + 3$.

$$P(2|11): \quad 11 = 2^2 + b \cdot 2 + 3$$
$$11 = 4 + 2b + 3 \quad | -7$$
$$4 = 2b \quad | :2$$
$$2 = b \implies y = x^2 + 2x + 3$$

Gib mir einen Punkt der Parabel und ich berechne den fehlenden Parameter!

$y = x^2 + 6x + 3$

Funktionsgleichung mithilfe zweier Punkte bestimmen

Aus den Koordinaten zweier Punkte, die zum Graphen einer quadratischen Funktion gehören, kann man die Funktionsgleichung mithilfe eines linearen Gleichungssystems bestimmen. Man setzt die Punktkoordinaten in die allgemeine Gleichung ein und wendet dann ein Lösungsverfahren an.

Beispiel Die Punkte P(2|3) und Q(5|9) liegen auf einer Parabel mit der Gleichung $y = x^2 + bx + c$.

P(2|3): (I) $3 = 2^2 + b \cdot 2 + c$ Subtraktionsverfahren
Q(5|9): (II) $9 = 5^2 + b \cdot 5 + c$

$$-6 = -21 - 3b \quad | +21 \quad | :(-3)$$
$$-5 = b$$

Einsetzen in (I): $3 = 4 + (-5) \cdot 2 + c$
[oder in (II)] $9 = c$
$\implies y = x^2 - 5x + 9$

M Mithilfe zweier Punkte, die zum Graphen einer unbekannten quadratischen Funktion gehören, kann man die Funktionsgleichung bestimmen.

Übungsaufgaben

1 Bestimme die vollständige Funktionsgleichung.

a Der Punkt B(3|2) gehört zum Graphen der Funktion $y = x^2 - 2x + c$.

b Der Punkt D(2|−2) liegt auf der Parabel mit der Gleichung $y = x^2 + bx + 4$.

c Der Punkt E(−4|−1) gehört zum Graphen der Funktion $y = x^2 + bx - 5$.

2 Beide Punkte gehören zum Graphen der Funktion $y = x^2 + bx + c$. Bestimme b und c mithilfe eines linearen Gleichungssystems.

a P(4|5); Q(1|2)   **c** P(−4|−2); Q(−3|1)

b P(0|−2); Q(−4|6)   **d** P(−1|7); Q(2|4)

3 Eine nach oben geöffnete Normalparabel verläuft durch die Punkte P_1 und P_2. Bestimme die Gleichung und den Scheitelpunkt der Parabel.

a $P_1(-5|6)$; $P_2(-2|3)$ **c** $P_1(-2|-7)$; $P_2(1|8)$

b $P_1(2,5|0)$; $P_2(6,5|0)$ **d** $P_1(3|1)$; $P_2(4|-2)$

4 Eine Parabel mit der Gleichung $y = x^2 + bx + c$ verläuft durch die Punkte P(−4|5) und Q(2|5).

a Bestimme die Gleichung der Parabel und berechne die Koordinaten der Schnittpunkte der Parabel mit der x-Achse.

b Eine Gerade mit der Gleichung $y = 2x + c$ geht durch den Punkt R(0,5|−1). In welchem Punkt schneidet die Gerade die y-Achse?

Schnittpunkte von Graphen

Die Schnittpunkte der Graphen mit den Gleichungen g: $y = x - 3$ und p: $y = (x - 2)^2 - 3$ kann man durch Ablesen der Koordinaten bestimmen: $P_1(4|1)$, $P_2(1|-2)$.

Beide Punkte gehören jeweils zu beiden Graphen. Für die x-Werte von P_1 und P_2 sind bei beiden Funktionen die zugeordneten y-Werte gleich. Deshalb kann man die x-Koordinaten der Schnittpunkte durch **Gleichsetzen** der rechten Seiten der Gleichungen berechnen. Durch Einsetzen dieser Werte in eine der beiden Gleichungen erhält man die zugeordneten y-Koordinaten.

g: $y = \boxed{x - 3}$;　　p: $y = \boxed{(x - 2)^2 - 3}$

$\boxed{x - 3} = \boxed{(x - 2)^2 - 3}$ ⟵ Gleichsetzungsverfahren

$x - 3 = x^2 - 4x + 1$　$| -x + 3$

$0 = x^2 - 5x + 4$

$x_{1/2} = -\left(\frac{-5}{2}\right) \pm \sqrt{\left(\frac{-5}{2}\right)^2 - 4}$

$x_{1/2} = 2{,}5 \pm 1{,}5$　　⟹ $x_1 = 4$;　　$x_2 = 1$

Einsetzen in g:　　　　$y_1 = 4 - 3$;　$y_2 = 1 - 3$

[oder in p]　　　　　$y_1 = 1$;　　　$y_2 = -2$

⟹ Koordinaten der Schnittpunkte:
$P_1(4|1)$; $P_2(1|-2)$

M Die Schnittpunkte von zwei Graphen kann man rechnerisch durch Gleichsetzen der beiden Funktionsterme bestimmen.

T Zeichne die Geraden mit der Gleichung $y = mx + c$ mithilfe des y-Achsenabschnitts c und der Steigung m.

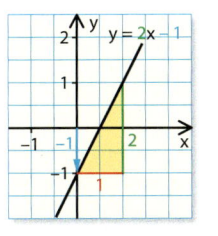

5 Bestimme zeichnerisch und rechnerisch die Koordinaten der Schnittpunkte der Parabel und der Geraden.

a $y = (x - 1)^2 - 5$;　$y = 2x - 4$

b $y = (x - 1)^2 + 1$;　$y = -2x + 3$

c $y = x^2 - 4x + 1$;　$y = x - 3$

6 Berechne die Koordinaten der Schnittpunkte der Parabel und der Geraden. Setze zur Kontrolle deine Lösungen in beide Gleichungen ein.

a $y = -x^2 + 4$;　$y = 2x + 1$

b $y = x^2 + 4x + 4$;　$y = -x + 4$

c $y = x^2 + 7x + 7{,}25$;　$y = x + 4{,}5$

7 Überprüfe Leons Aussage anhand einer Zeichnung und durch eine Rechnung.

Die Parabel $y = x^2 + 4x + 5$ und die Gerade $y = 2x + 4$ haben keine zwei Schnittpunkte. Sie berühren sich nur an einer Stelle!

8 Bestimme rechnerisch, wie viele gemeinsame Punkte die Parabel und die Gerade haben. Woran erkennst du beim Lösen der Gleichung die Anzahl der gemeinsamen Punkte?

a $y = x^2 - 6x + 5$;　$y = -2x + 1$

b $y = x^2 + 4x + 3$;　$y = x - 1$

c $y = x^2 - 6x + 11$;　$y = x + 5$

9 Gib Gleichungen von Geraden an, die mit der zur Gleichung $y = x^2 - 2x + 3$ gehörenden Parabel zwei gemeinsame Punkte, einen oder keinen gemeinsamen Punkt haben.

10 Bestimme rechnerisch die Koordinaten der gemeinsamen Punkte der Parabeln.

a $y = x^2 - 6x + 7$; $y = x^2 + 3x - 2$

b $y = x^2 + 2x + 2$; $y = x^2 - 4x + 5$

c $y = x^2 - 3x + 1$; $y = -\frac{1}{2}x^2 + 1$

d $y = x^2 + 4x + 5$; $y = \frac{1}{4}x^2 - 2$

e $y = (x + 3)^2 + 1$; $y = x^2 - 6x - 2$

f $y = -2x^2 - 1$; $y = x^2 - 4x + 6$

11 Zeichne die Parabel mit der Gleichung $y = -x^2 + 2$. Wie viele gemeinsame Punkte hat diese Parabel jeweils mit den verschobenen Normalparabeln p_1, p_2 und p_3?

p_1: $y = (x - 2)^2 - 1$
p_2: $y = (x - 2)^2$
p_3: $y = (x - 2)^2 + 1$

12 Berechne die Koordinaten der Schnittpunkte der Graphen.

a Die nach oben geöffneten Normalparabeln p_1 und p_2 haben die Scheitelpunkte $S_1(1|-3)$ und $S_2(-1|1)$.

b Die Gerade mit der Gleichung $y = -0,5x + c$ verläuft durch den Punkt $P(2|2)$. Die Parabel hat die Gleichung $y = x^2 - 6x + 7,5$.

c Die Parabel mit der Gleichung $y = x^2 + 4x + c$ geht durch den Punkt $Q(1|9)$. Die Gerade verläuft durch die Punkte $U(3|11)$ und $V(-5|3)$.

13

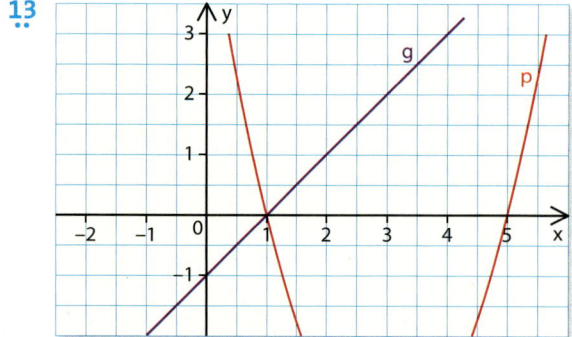

a Bestimme mithilfe der Zeichnung die Gleichungen der verschobenen Normalparabel p und der Geraden g.

b Berechne die Koordinaten der beiden Schnittpunkte von p und g.

14 Die Gerade g mit der Gleichung $y = mx + 3$ geht durch den Punkt $P(1|5)$. Von der verschobenen Normalparabel p sind in der Tabelle Wertepaare gegeben. Bestimme rechnerisch die gemeinsamen Punkte von p und g.

x	−1	1	2	4	5	7
y	10	−2	−5	−5	−2	10

15

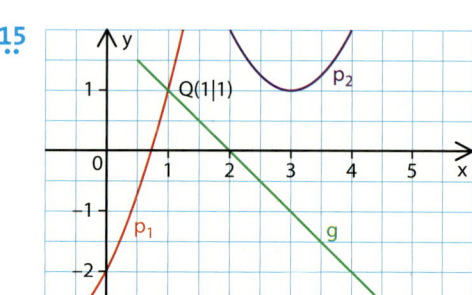

a Bestimme die Gleichungen der verschobenen Normalparabeln p_1 und p_2 und die Gleichung der Geraden g.

b In welchem Punkt schneiden sich p_1 und p_2?

c Berechne die Koordinaten des zweiten Schnittpunkts R von p_1 und g.

16 Die nach oben geöffnete Normalparabel p_1 hat den Scheitelpunkt $S_1(1|-3)$.
Der Punkt $P(3|4)$ liegt auf der Parabel p_2 mit der Gleichung $y = x^2 + bx + 7$.

a Berechne die Koordinaten des Schnittpunkts der beiden Parabeln.

b Durch die beiden Scheitelpunkte S_1 und S_2 der Parabeln verläuft eine Gerade g. Bestimme die Gleichung von g.

c Berechne die Länge der Strecke $\overline{S_1S_2}$.

17 Die Parabel p_1 mit $y = x^2 + 4x + c$ geht durch den Punkt $P(-4|-2)$. Die Parabel p_2 hat die Gleichung $y = x^2 - 4x + 6$.

a Durch den Schnittpunkt Q der Parabeln und durch den Punkt $R(0|1)$ verläuft die Gerade g. Bestimme die Gleichung von g.

b Die zu g parallele Gerade h verläuft durch den Scheitelpunkt S_2 von p_2. Gib ihre Gleichung an.

c In welchen Punkten schneiden die beiden Parabeln die y-Achse?

6.9 Quadratische Funktionen in der Tabellenkalkulation

Sandro und Victor springen im Freibad vom 10-m-Turm. Während sich Sandro nur
ein wenig vom Rand der Plattform abstößt, nimmt Victor einen kurzen Anlauf.
Das Diagramm zeigt den Verlauf der beiden Sprünge.

Mit der Formel $y = -\frac{10}{2 \cdot v_0^2} x^2 + 10$ kann die Flugbahn annähernd berechnet werden.
v_0 steht für die Anfangsgeschwindigkeit; x gibt die
Strecke in waagrechter Richtung an.
Der berechnete y-Wert ist die Höhe in Metern.

	A	B	C	D	E	F	G
1	Weite in m	0	1	2	3	4	5
2	Höhe Sandro	10	5	-10			
3	Höhe Victor	10	9,4	7,8	5	1,1	-3,9
4							
5	Anfangsgeschwindigkeit						
6	Sandro	1	m/s	3,6	km/h		
7	Victor	3	m/s	11	km/h		

Die Formel in der Zelle B2
=−10/(2*$B$6^2)*B1^2+10
kann nach rechts kopiert werden!

Übungsaufgaben

1 Erstelle die Tabelle und das Diagramm so wie im Einstiegsbeispiel.
   Wähle als Diagrammtyp ein Punktdiagramm mit interpolierten Linien.
a Wie weit würde Victor springen, wenn er bei seinem Anlauf eine Anfangsgeschwindigkeit von $2{,}5\,\frac{m}{s}$ hätte?
b Erweitere die Tabelle bis auf eine Sprungweite von 12 m.
c Wie schnell sollte Victor höchstens anlaufen, damit er bei einem 12 m
   langen Sprungbecken noch unfallfrei ankommt?
d Ein Felsenspringer springt aus 20 m Höhe ins Wasser.
   Verändere deine Tabelle so, dass das Diagramm seine Flugbahn darstellt.

2 Der *Preikestolen* ist eine Felsplattform in Norwegen, die von 604 m Höhe
   über dem Meer senkrecht nach unten abfällt. Sarah wirft vom Klippenrand
   einen Stein in horizontale Richtung.
a Erstelle ein Diagramm, das die Flugbahn des Steins mit einer horizontalen
   Anfangsgeschwindigkeit von $20\,\frac{m}{s}$ beschreibt.
b Lies aus deinem Diagramm ab, wie weit der Stein beim Eintritt ins Wasser
   vom Felsen entfernt ist.
c Welchen Abstand zum Fels hat der Stein in etwa 300 m Höhe?

3

Beim Hochsprung kann man die Flugbahn des Körperschwerpunkts annähernd mit einer Parabelgleichung beschreiben.

a Die Sprungparabel einer guten Hochspringerin hat die Gleichung $y = -0{,}0108x^2 + 203$. Lass dir die Parabel von deinem Programm zeichnen. Wähle x-Werte zwischen -110 und 130. (Abstand zwischen den Werten: 10)

b Der Körperschwerpunkt der Springerin liegt 115 cm über dem Boden. Lies aus dem Diagramm ab, wie viele Zentimeter vor der Hochsprunglatte sie abgesprungen ist.
Was wäre passiert, wenn sie 20 Zentimeter näher an der Latte abgesprungen wäre?

4 Die parabelförmigen Wasserstrahlen am Kriegerdenkmal in Pamplona haben jeweils eine Breite von 3 m und eine Höhe von 1,35 m.

a Gib eine Gleichung an, die einen parabelförmigen Wasserstrahl beschreibt.

b Stelle den Verlauf eines Wasserstrahls mithilfe deines Programms in einem Diagramm dar.

c In einem Boot sitzen zwei Personen im Abstand von einem Meter nebeneinander.
Können sie durch den Wasserbogen hindurchfahren, ohne nass zu werden, wenn ihre Köpfe sich einen Meter über der Wasseroberfläche befinden?

5 Maya hat eine Eisenbahnbrücke gezeichnet. Mithilfe der Angaben in der Zeichnung kannst du die Funktionsgleichungen der beiden parabelförmigen Brückenbögen bestimmen.

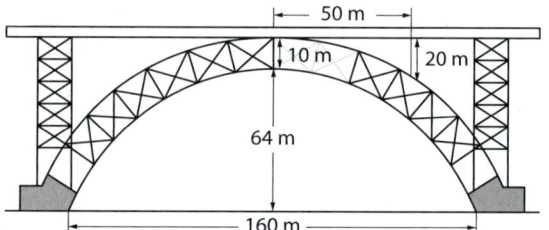

a Erzeuge mithilfe deines Programms ein Diagramm, in dem beide Parabeln angezeigt werden.

b Maya behauptet: *45 Meter über dem Boden hat der untere Bogen eine Spannweite von 100 m.* Überprüfe ihre Aussage.

6

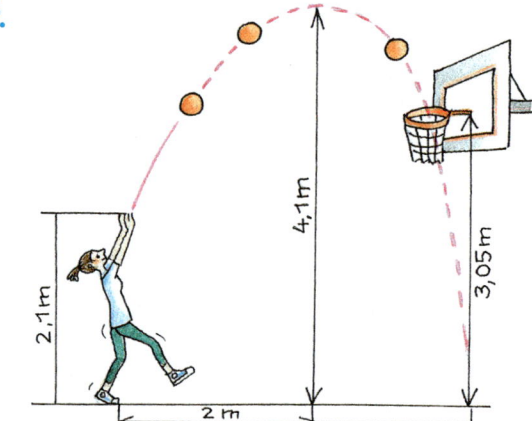

Zehra wirft auf einen Basketballkorb. Die Flugkurve des Balles lässt sich annähernd mit der Gleichung $y = ax^2 + c$ beschreiben.

a Entnimm der Zeichnung die nötigen Werte, um die Gleichung zu bestimmen.

b Stelle den Wurf in einem Diagramm nach.

c Wie groß ist Zehras Abstand zum Korb?
In welchen Abständen zum Korb befindet sich der Ball in einer Höhe von 3,8 m?
Entnimm die Werte dem Diagramm und bestätige sie durch Rechnung.

6.10 Grundlagen festigen

Die quadratische Funktion
$y = ax^2 + c$

1 Zeichne den Graphen der Funktion. Für welche Parabeln musst du eine Wertetabelle erstellen?

a $y = x^2$ **d** $y = \frac{1}{2}x^2$

b $y = -x^2 + 2$ **e** $y = x^2 - 3{,}5$

c $y = x^2 - 1{,}5$ **f** $y = -2x^2 + 4$

2 Gib die Koordinaten des Scheitelpunktes an und beschreibe die Form und die Öffnung der Parabel im Vergleich zur Normalparabel.

a $y = x^2 + 1$ **d** $y = -x^2 + 4$

b $y = 3x^2$ **e** $y = -2x^2 - 2$

c $y = -\frac{1}{5}x^2 + 2$ **f** $y = 0{,}5x^2 - 3$

3 Überprüfe mithilfe der Punktprobe, ob der Punkt P zum Graphen der Funktion gehört.

a $P(3|8)$; $y = x^2 - 1$

b $P(0{,}5|-1)$; $y = 4x^2$

c $P(-4|-6)$; $y = -\frac{1}{2}x^2 + 2$

4 Ordne den Parabeln p_1 bis p_3 die richtigen Gleichungen zu. Gib auch die Gleichungen zu den Parabeln p_4 und p_5 an.

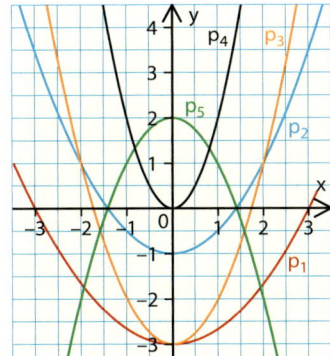

① $y = -x^2 - 1$

② $y = \frac{1}{3}x^2 - 3$

③ $y = x^2 - 1$

④ $y = -\frac{1}{2}x^2 - 1$

⑤ $y = x^2 - 3$

⑥ $y = \frac{1}{2}x^2 - 1$

5 Beide Punkte P und Q liegen auf der Parabel mit der angegebenen Gleichung. Bestimme die fehlenden Koordinaten.

a $P(3|\square)$, $Q(-1|\square)$; $y = x^2 - 4$

b $P(-1|\square)$, $Q(0|\square)$; $y = 2x^2 + 1$

c $P(\square|8)$, $Q(\square|8)$; $y = x^2 - 1$

6 Der Punkt R liegt auf einer Parabel, deren Gleichung nicht vollständig gegeben ist. Bestimme den fehlenden Wert von a oder c und notiere die vollständige Gleichung.

a $R(2|8)$; $y = ax^2$

b $R(-4|12)$; $y = x^2 + c$

c $R(2|-2)$; $y = ax^2 - 3$

d $R(-1|10)$; $y = 2x^2 + c$

7

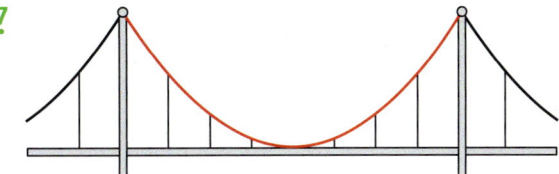

Das parabelförmige Tragseil der Hängebrücke kann mit der Gleichung $y = \frac{1}{32}x^2$ beschrieben werden. Der Abstand zwischen den Stützpfeilern beträgt 40 m.

a Stelle dir das Tragseil als Parabel vor, die im Koordinatensystem liegt. Der Scheitelpunkt liegt auf dem Koordinatenursprung.
Welche x-Werte haben die beiden Stützpfeiler?

b Berechne die Höhe der Stützpfeiler.

Reinquadratische Gleichungen

8 Bestimme zeichnerisch und rechnerisch die Nullstellen der Funktion.

a $y = x^2 - 4$ **d** $y = -0{,}5x^2 + 2$

b $y = -x^2 + 1$ **e** $y = 2x^2 - 2$

c $y = x^2 - 6{,}25$ **f** $y = \frac{1}{4}x^2 - 4$

9 Löse die Gleichung.

a $x^2 = 81$ **d** $4x^2 = -12x^2 + 16$

b $-x^2 = -100$ **e** $-2x^2 + 25 = x^2 - 2$

c $128 = 2x^2$ **f** $-(2x^2 - 10) = 2x^2 + 1$

10 Stelle zuerst eine Gleichung auf, dann löse sie.

a Multipliziert man das Quadrat einer Zahl mit 2 und subtrahiert 12, erhält man 60.

b Dividiert man das Quadrat einer Zahl durch 4 und addiert 10, erhält man 14.

Die quadratische Funktion $y = (x - d)^2 + e$

11 Zeichne den Graphen der Funktion.
a $y = (x - 3)^2 + 1$ **c** $y = (x + 1,5)^2 - 1$
b $y = (x + 2)^2$ **d** $y = (x - 3,5)^2 + 2$

12 Beschreibe die Lage der verschobenen Normalparabel im Koordinatensystem und gib ihren Scheitelpunkt an.
a $y = (x + 1)^2 + 1$ **c** $y = (x + 4,5)^2$
b $y = (x - 4)^2 + 2$ **d** $y = (x - 3)^2 - 2,5$

13

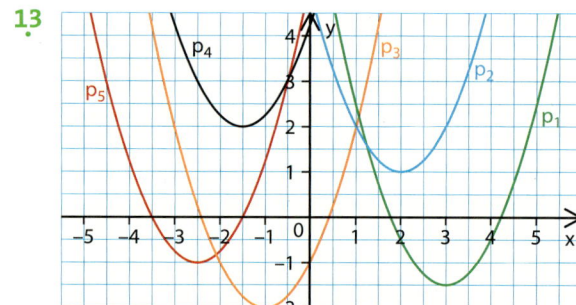

a Bestimme die Gleichungen der verschobenen Normalparabeln.
b Gib an, auf welcher Parabel jeweils der Punkt $P(2|7)$, $Q(0|5,25)$ und $R(-1|14,5)$ liegt.
c $T(5|\square)$ gehört zur Parabel p_2, $U(-6|\square)$ liegt auf p_5. Bestimme die fehlenden Koordinaten.

14 Wandle die Gleichung in die Normalform um.
a $y = (x + 3)^2 - 1$ **c** $y = (x - 2)^2 + 3$
b $y = (x - 5)^2 - 6$ **d** $y = (x + 2,5)^2 - 7$

15 Forme die Gleichung mithilfe der quadratischen Ergänzung in die Scheitelform um.
a $y = x^2 + 6x + 6$ **c** $y = x^2 - 2x - 2$
b $y = x^2 - 4x + 3$ **d** $y = x^2 + 3x + 3,25$

Gemischtquadratische Gleichungen

16 Bestimme zeichnerisch und rechnerisch die Nullstellen der Funktion.
a $y = (x + 3)^2 - 4$ **c** $y = x^2 - 2x - 3$
b $y = (x - 1,5)^2 - 1$ **d** $y = x^2 + 3x + 1,25$

17 Löse die Gleichung mithilfe der quadratischen Ergänzung oder mit der Lösungsformel.
a $x^2 + 8x - 20 = 0$ **d** $0 = x^2 + 6x + 8$
b $x^2 - 6x + 5 = 0$ **e** $0 = x^2 + 5x + 4$
c $x^2 + 4x - 12 = 0$ **f** $x^2 - 10x - 11 = 0$

18 Forme die Gleichung zuerst so um, dass du die Lösungsformel anwenden kannst, und löse sie dann. Es sind auch Gleichungen mit einer oder keiner Lösung dabei!
a $7x^2 + 8x = 6x^2 - 7$ **d** $x^2 = 2(3x + 20)$
b $x^2 - 3x = -1 - x$ **e** $2x^2 + 10x = -(6x + 14)$
c $-5x + 2 = x^2 + 9$ **f** $0 = (x - 3)(x + 8)$

19 Ein Rechteck hat den Flächeninhalt $32\,\text{cm}^2$. Es ist 4 cm länger als breit. Bestimme seine Maße.

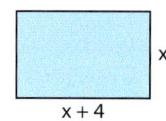

Weitere Berechnungen

20 Der Punkt Q liegt auf einer Parabel, deren Gleichung nicht vollständig gegeben ist. Bestimme die vollständige Gleichung.
a $Q(2|3)$; $y = x^2 - 6x + c$
b $Q(3|7)$; $y = x^2 + bx + 4$
c $Q(-1|5)$; $y = x^2 + bx - 3$

21 Beide Punkte gehören zum Graphen der Funktion $y = x^2 + bx + c$. Bestimme b und c mithilfe eines linearen Gleichungssystems. Notiere die Gleichung.
a $P(4|-1)$; $Q(1|2)$ **c** $P(0,5|0)$; $Q(-3,5|4)$
b $P(2|1)$; $Q(5|10)$ **d** $P(-1|4)$; $Q(0|1)$

22 Berechne die Koordinaten der Schnittpunkte der beiden Graphen.
a $y = x^2 - 4x + 3$; $y = x - 1$
b $y = x^2 - 2$; $y = x^2 - 2x + 2$
c $y = (x - 3)^2$; $y = -\frac{1}{4}x^2$

23 Die nach oben geöffnete Normalparabel p hat den Scheitelpunkt $S(-1|-5)$. Die Gerade g mit der Gleichung $y = mx - 2$ geht durch den Punkt $P(4|2)$. Berechne die Koordinaten der beiden Schnittpunkte von p und g.

6.11 Mach dich fit!

Die quadratische Funktion $y = ax^2 + c$

1 Zeichne den Graphen der einfachsten quadratischen Funktion $y = x^2$ und beschreibe seine Eigenschaften.

2 Zeichne die Parabeln.
a $y = 2,5x^2$ **c** $y = x^2 - 3$ **e** $y = -x^2 + 1,5$
b $y = -\frac{1}{4}x^2$ **d** $y = 3x^2 - 5$ **f** $y = -0,5x^2 + 3$

3 Beschreibe allgemein oder mithilfe von Beispielen, welche Wirkung die Parameter a und c in der Gleichung $y = ax^2 + c$ auf den Graphen der Funktion haben.

4 Überprüfe, ob der Punkt zum Graphen der Funktion gehört.
a $O(-3|5)$; $y = x^2 - 4$
b $P(1,5|4,5)$; $y = 2x^2$
c $Q(-5|-6,5)$; $y = -0,5x^2 + 5$
d $R(2|7)$; $y = -x^2 + 3$

5 Ordne jeder Parabel die richtige Gleichung oder die passende Wertetabelle zu.

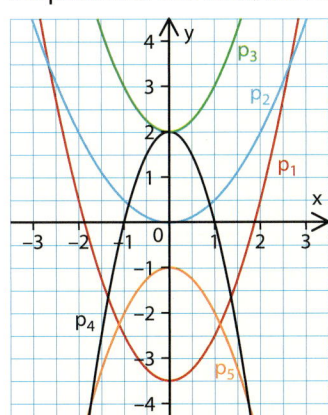

① $y = -x^2 + 2$
② $y = \frac{1}{3}x^2$
③ $y = x^2 - 3,5$
④ $y = -2x^2 + 2$
⑤ $y = x^2 + 3,5$
⑥ $y = \frac{1}{2}x^2$

⑦
x	−3	−2	−1	0	1	2	3
y	11	6	3	2	3	6	11

⑧
x	−3	−2	−1	0	1	2	3
y	−10	−5	−2	−1	−2	−5	−10

6 Der Punkt liegt auf der Parabel. Berechne die fehlende Koordinate.
a $T(-2|\square)$; $y = 3x^2$
b $U(\square|7,5)$; $y = x^2 - 1,5$
c $W(\square|5)$; $y = -4x^2 + 6$

7 Der Punkt P gehört zum Graphen der Funktion. Bestimme die vollständige Gleichung.
a $P(2|-4)$; $y = ax^2 - 6$
b $P(-0,5|2)$; $y = ax^2$
c $P(2,5|5,5)$; $y = 2x^2 + c$
d $P(-3|-3)$; $y = -\frac{1}{3}x^2 + c$

8

Die *Müngstener Brücke* ist die höchste Eisenbahnbrücke Deutschlands. Mia hat auf einer Internetseite gelesen, dass der parabelförmige untere Brückenbogen ungefähr mit der Gleichung $y = -\frac{4}{425}x^2$ beschrieben werden kann. Die Spannweite dieses Bogens beträgt 170 m.
a Berechne seine Höhe.
b Mia hat dreimal nachgerechnet. Warum kommt sie nicht auf die 107 m Höhe, die sie im Internet gefunden hat?

9 Bei einem Freistoß kann die Flugkurve des Fußballs annähernd durch eine Parabel mit der Gleichung $y = ax^2 + c$ beschrieben werden. Nach einer horizontalen Strecke von 12,5 m ist der Ball mit 3,5 m auf dem höchsten Punkt seiner Flugkurve.
a Erstelle eine Skizze und bestimme die Gleichung der Parabel.
b Ein Gegenspieler steht 9 m vom Freistoßschützen entfernt. Hat er eine Chance, an den Ball zu kommen?

Reinquadratische Gleichungen

10 Zeichne die Parabel und lies die Nullstellen ab.
a $y = -x^2 + 2{,}25$ **c** $y = -2x^2 + 2$
b $y = \frac{1}{4}x^2 - 1$ **d** $y = 0{,}5x^2 - 2$

11 Löse die Gleichung im Kopf.
a $x^2 = 144$ **d** $0 = -x^2 + 0{,}64$
b $121 = x^2$ **e** $x^2 - 0{,}09 = 0$
c $x^2 - 25 = 0$ **f** $x^2 = \frac{100}{225}$

12 Gib die Lösungsmenge an.
a $2x^2 + 7 = -41 + 5x^2$ **e** $4(5 - x^2) = 5x^2 + 4$
b $400 + x^2 = 3x^2 + 62$ **f** $(x - 2)(x + 2) = 192$
c $3x^2 + 22 = 2(x^2 + 43)$ **g** $(x + 9)(4 - x) = -5x$
d $-(2x^2 - 3) - 4 = -3$ **h** $(x + 3)^2 = 6(x + 15)$

13 Bestimme eine mögliche Gleichung einer zur y-Achse symmetrischen Parabel mithilfe der gegebenen Nullstellen.
Mach die Probe und setze die x-Werte in die Gleichung ein.
a $x_1 = 3; \ x_2 = -3$ **b** $x_1 = 2{,}5; \ x_2 = -2{,}5$

14

Die parabelförmige Flugbahn eines Golfballs kann näherungsweise mit der Gleichung $y = -\frac{1}{270}x^2 + 30$ beschrieben werden.
a Wie weit fliegt der Golfball?
b In einer Entfernung von 150 m steht ein Baum, der 12 m hoch ist. Reicht die Flughöhe des Golfballs aus, um über den Baum zu kommen?

15 Eine Quadratseite wird um 10 cm verlängert, die benachbarte Seite wird um 10 cm verkürzt. Das aus dem Quadrat entstandene Rechteck hat den Flächeninhalt 525 cm².
Welche Seitenlänge hatte das Quadrat?

Die quadratische Funktion $y = (x - d)^2 + e$

16

① $y = (x - 2{,}5)^2$ ③ $y = (x + 0{,}5)^2 - 4$
② $y = (x + 3)^2 - 0{,}5$ ④ $y = (x - 2)^2 + 1{,}5$

a Zeichne die Graphen der Funktionen.
b Beschreibe anhand der Beispiele, welche Wirkung d und e in der Gleichung $y = (x - d)^2 + e$ auf den Graphen der Funktion haben.

17 Überprüfe Sahins Behauptungen:
Die Parabel mit der Gleichung $y = (x + 1)^2 - 4$ hat den Scheitelpunkt S(−1|−4). Die Punkte P(−5|12) und Q(3,5|20,5) gehören zum Graphen. Die Parabel schneidet die x-Achse in den Punkten $N_1(1|0)$ und $N_2(−3|0)$.

18 Forme die Gleichung in die Scheitelform um.
a $y = x^2 + 4x + 1$ **c** $y = x^2 - 8x + 14$
b $y = x^2 + 2x - 3$ **d** $y = x^2 - 3x - 3{,}75$

19

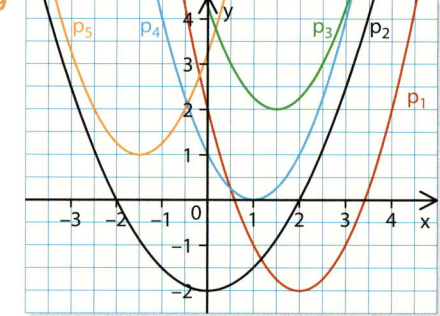

① $y = x^2 - 3x + 4{,}25$ ④ $y = (x - 1)^2$
② $y = (x - 2)^2 - 2$ ⑤ $y = \frac{1}{2}x^2 - 2$
③ $y = 0{,}25x^2 - 2$ ⑥ $y = x^2 + 3x + 3{,}25$

a Welcher Graph und welche Gleichung gehören zusammen?
b Der Punkt P(4|☐) gehört zur Parabel p_2, Q(−2|☐) liegt auf p_3. Berechne die fehlenden y-Werte.

20 Der Punkt P liegt auf der Parabel. Bestimme die vollständige Gleichung.
a P(7|9); $y = (x - d)^2$
b P(1,5|4,25); $y = (x + 2)^2 + e$
c P(6|−3); $y = (x - d)^2 - 4$

21 Gib die Gleichung der nach oben geöffneten Normalparabel in der Scheitel- und in der Normalform an.

a Die Parabel hat den Scheitelpunkt S(−4|−2).

b P(1|1) und Q(−3|1) liegen auf der Parabel.

22 Verschiebt man die Parabel p_1 mit der Gleichung $y = (x + 1)^2 + 1$ um drei Einheiten nach rechts und um zwei Einheiten nach unten, so erhält man die Parabel p_2.
Bestimme die Koordinaten der Schnittpunkte der Parabel p_2 mit der x- und der y-Achse.

Gemischtquadratische Gleichungen

23 Zeichne den Graphen der Funktion und lies die Nullstellen ab.

a $y = x^2 − 4x + 3$

b $y = x^2 − 8x + 15$

c $y = x^2 + 5x + 4$

d $y = x^2 − 7x + 8{,}25$

24 Bestimme die Lösungen mithilfe der quadratischen Ergänzung.

a $11 = x^2 − 10x$

b $x^2 + 8x = −7$

c $0 = x^2 − 18x + 72$

d $0 = x^2 − 0{,}4x − 0{,}12$

25 Wende die Lösungsformel an.

a $x^2 − 12x − 13 = 0$

b $x^2 + 16x + 39 = 0$

c $0 = x^2 + 20x − 21$

d $x^2 − 15x + 7{,}25 = 0$

26

① $0 = x^2 + 8x + 15$	③ $0 = x^2 − 4x + 6$
② $0 = x^2 − 6x + 9$	④ $0 = x^2 + 6x + 5$

Skizziere zu jeder Gleichung die zugehörige Parabel. Mach dann eine Aussage über die Anzahl der Lösungen der Gleichung.

27 Löse die Gleichung.

a $x^2 + 8x + 20 = 9 − 4x$

b $2x^2 − 22x = −20$

c $12 = x^2 − 3(2x − 7)$

d $(x − 2)(x + 5) = x − 2$

28 Welche Gleichungen sind lösbar? Gib gegebenenfalls die Anzahl der Lösungen an.

a $2x^2 + 36 = 8x$

b $3(2x − 3) − x^2 = 0$

c $(x + 4)^2 = 2(x + 4)$

d $x^2 − 16(x − 3) = −4x$

29 Der 6 cm hohe Quader hat einen Oberflächeninhalt von 128 cm². Wie lang ist die Grundkante a des Quaders?

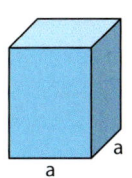

30 Welche Werte kannst du für q einsetzen, damit die Gleichung zwei Lösungen, eine oder keine Lösung hat?

a $x^2 + 4x + q = 0$

b $x^2 − 2x + q = 0$

Weitere Berechnungen

31 Die Punkte P(2|−4) und Q(−1|11) gehören zum Graphen der Funktion $y = x^2 + bx + c$. Bestimme die vollständige Gleichung.

32 Berechne die Schnittpunkte der beiden Graphen.

a $y = (x − 1{,}5)^2$; $y = −x + 3{,}5$

b $y = 2x^2$; $y = 4x + 6$

c $y = x^2 − 6x + 10$; $y = x^2 − 2x − 2$

33 Eine Normalparabel wurde verschoben. Sie schneidet die x-Achse im Punkt P(1|0) und die y-Achse im Punkt Q(0|−3).

a Bestimme die Gleichung der Parabel.

b Berechne die Koordinaten des zweiten Schnittpunkts der Parabel mit der x-Achse.

c In welchen Punkten schneidet die Parabel die Gerade mit der Gleichung $y = x + 3$?

34 Die unvollständig ausgefüllte Wertetabelle gehört zu einer verschobenen, nach oben geöffneten Normalparabel p_1.

x	0	1	2	3	4
y	…	…	−3	…	−3

a Bestimme die Gleichung der Parabel p_1 und vervollständige die Wertetabelle im Heft.

b Die Parabel p_2 hat die Gleichung $y = ax^2 − 3$ und verläuft durch den Punkt P(1|−4).
Überprüfe rechnerisch, ob die beiden Parabeln gemeinsame Punkte haben.

c Die Gerade g hat die Gleichung $y = x − 7$. Berechne die Schnittpunkte von g und p_1.

Die quadratische Funktion $y = ax^2 + c$

Alle Funktionen, bei denen die Variable x quadriert wird, nennt man **quadratische Funktionen**.

$y = x^2$

Der Graph der quadratischen Funktion **$y = x^2$** heißt **Normalparabel**.
Die Normalparabel hat den Scheitelpunkt **S(0|0)** und die y-Achse ist ihre Symmetrieachse.

$y = ax^2 + c$

In der Funktionsgleichung **$y = ax^2 + c$** bestimmt der Faktor a Öffnung und Form der Parabel.
Der Wert von c gibt die Verschiebung der Parabel in y-Richtung an.
Die Parabel hat den Scheitelpunkt S(0|c).

⬇

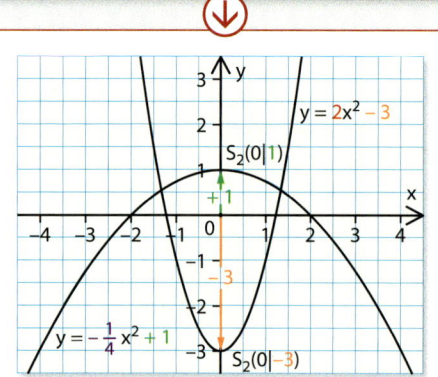

Öffnung nach oben: $a > 0$
Öffnung nach unten: $a < 0$
Streckung: $a > 1$ oder $a < -1$
Stauchung: $0 < a < 1$ oder $-1 < a < 0$

Die quadratische Funktion $y = (x - d)^2 + e$

In der Funktionsgleichung **$y = (x - d)^2 + e$** bestimmt der Wert von d die Verschiebung der Normalparabel entlang der x-Achse, der Wert von e gibt die Verschiebung in y-Richtung an.
Die Parabel hat den Scheitelpunkt S(d|e).
Ihre Symmetrieachse verläuft parallel zur y-Achse durch den Scheitelpunkt.

⬇

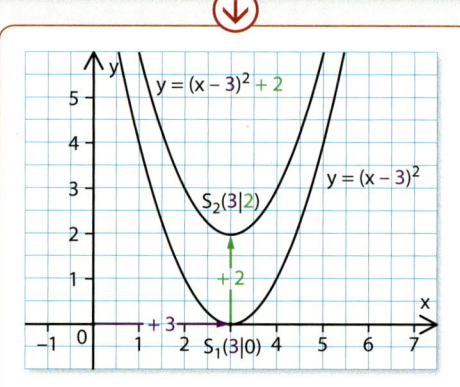

Normalform und Scheitelform

Funktionsgleichungen in der Normalform $y = x^2 + bx + c$ kann man mithilfe der **quadratischen Ergänzung** in die Scheitelform $y = (x - d)^2 + e$ umformen.
Aus der Scheitelform können die Koordinaten des Scheitelpunktes abgelesen werden.

$y = x^2 - 6x + 4$ Normalform

$y = x^2 - 6x + \left(\frac{6}{2}\right)^2 + 4 - \left(\frac{6}{2}\right)^2$ quadratische

$y = \underbrace{x^2 - 6x + 3^2}\ \underbrace{+ 4 - 3^2}$ Ergänzung

$y = \quad (x - 3)^2 \quad - \quad 5$ Scheitelform

$\Rightarrow$ Scheitelpunkt S(3|−5)

Nullstellen einer Funktion

Die Stellen, an denen ein Graph die x-Achse schneidet, nennt man **Nullstellen der Funktion**, da die zugeordneten Funktionswerte (y-Werte) null sind.

⬇

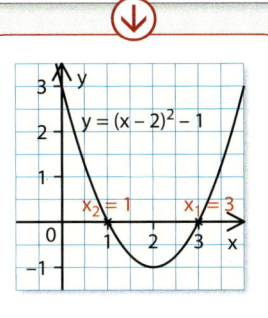

Setzt man für y den Wert null in die Funktionsgleichung ein, erhält man eine quadratische Gleichung.
Die Lösungen dieser Gleichung sind die Nullstellen der Funktion.

Schnittpunkte
von Graphen

Die Koordinaten der Schnittpunkte von zwei Graphen kann man rechnerisch durch **Gleichsetzen der Funktionsterme** bestimmen.
Aus dieser Gleichung kann man die x-Koordinaten berechnen. Durch Einsetzen dieser Werte in eine der beiden Gleichungen erhält man die zugeordneten y-Koordinaten.

⬇

$g:\ y = x - 3$ $p:\ y = x^2 - 4x + 1$
$x - 3 = x^2 - 4x + 1$ ⟵ Gleichsetzungs-
$0 = x^2 - 5x + 4$ verfahren
…

Quadratische Gleichungen

Reinquadratische Gleichungen

Gleichungen der Form $ax^2 + c = 0$ kann man rechnerisch lösen, indem man die Gleichung nach x^2 auflöst und dann auf beiden Seiten die Wurzel zieht.

⬇

$$x^2 - 16 = 0 \qquad | +16$$
$$x^2 = 16 \qquad | \sqrt{}$$
$$x_{1/2} = \pm \sqrt{16}$$
$$x_1 = 4;\ x_2 = -4\ \Rightarrow\ L = \{4; -4\}$$

Gemischtquadratische Gleichungen

Gleichungen der Form $x^2 + px + q = 0$ kann man rechnerisch mithilfe der quadratischen Ergänzung lösen oder durch Anwenden der Lösungsformel:

$$x_{1/2} = -\frac{p}{2} \pm \sqrt{\underbrace{\left(\frac{p}{2}\right)^2 - q}}$$

Diskriminante D

⬇

$$x^2 - 8x - 9 = 0$$
$$x_{1/2} = -\frac{(-8)}{2} \pm \sqrt{\left(\frac{-8}{2}\right)^2 - (-9)}$$
$$x_{1/2} = 4 \pm \sqrt{16 + 9}$$
$$x_{1/2} = 4 \pm 5$$
$$x_1 = 9;\ x_2 = -1\ \Rightarrow\ L = \{9; -1\}$$

Anzahl der Lösungen

Die Anzahl der Lösungen einer quadratischen Gleichung hängt vom Wert der **Diskriminante D** ab:
$D > 0\ \Rightarrow\ $ zwei Lösungen
$D = 0\ \Rightarrow\ $ eine Lösung
$D < 0\ \Rightarrow\ $ keine Lösung

Im Sport lassen sich viele Wurfbahnen mithilfe des Modells des **schiefen Wurfes** beschreiben.
Für die parabelförmige Flugbahn spielen je nach Sportart die Anfangshöhe, die Anfangsgeschwindigkeit und der Wurfwinkel gegenüber der Waagrechten eine Rolle.

Flugbahn ohne und mit Luftwiderstand

Während des Fluges wirkt auf den Ball unter anderem der Luftwiderstand ein und beeinflusst die Flugbahn. Ohne den Luftwiderstand würde der Ball beim Torabstoß 80 m weit fliegen und im gegnerischen Strafraum landen. Das passiert jedoch so gut wie nie.

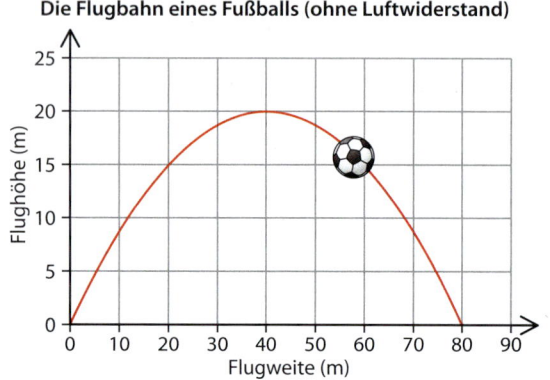
Die Flugbahn eines Fußballs (ohne Luftwiderstand)

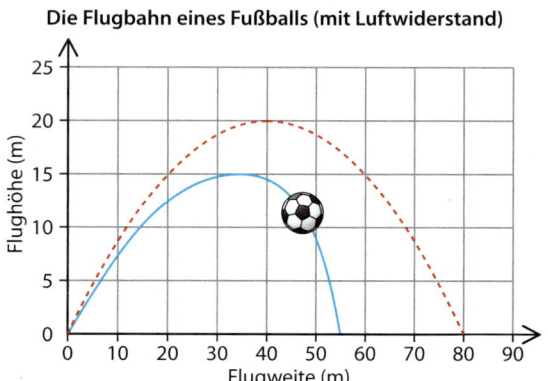
Die Flugbahn eines Fußballs (mit Luftwiderstand)

Flugbahn unter Berücksichtigung des Abschusswinkels

Beim Torabstoß versucht der Torwart oft, den Ball durch einen langen Pass möglichst weit in die gegnerische Hälfte zu spielen. Wenn man den Luftwiderstand nicht berücksichtigt, kann die Flugbahn mit einer nach unten geöffnete Parabel der Form **$y = ax^2 + bx$** beschrieben werden.

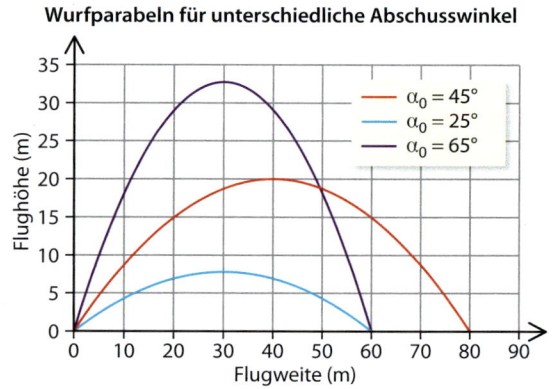
Wurfparabeln für unterschiedliche Abschusswinkel

Der optimale Abschusswinkel liegt bei $\alpha_0 = 45°$. Mit Abschusswinkeln mit der gleichen Differenz zu 45° (zum Beispiel 20° wie im Diagramm) erreicht der Ball zwar eine unterschiedliche Höhe, aber die gleiche Weite.

Solche sogenannten ballistischen Flugkurven sind nicht nur beim Fußball von Bedeutung. Man benötigt sie beispielsweise auch für militärische Zwecke oder um lawinengefährdete Hänge zu beschießen.

Diagrammformen

1

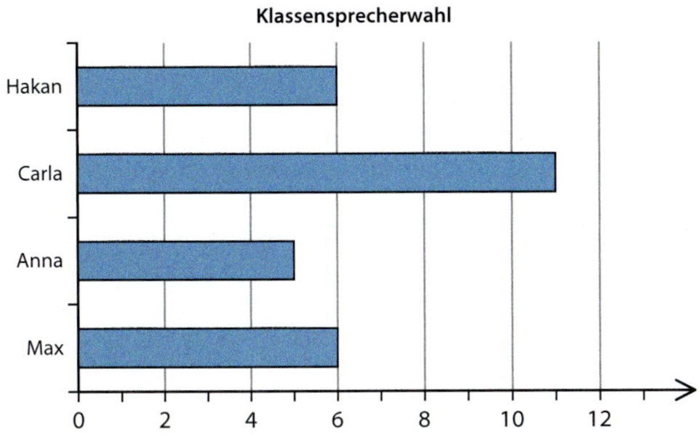

Klassensprecherwahl

Hakan — 6
Carla — 11
Anna — 5
Max — 6

(Skala: 0, 2, 4, 6, 8, 10, 12)

2

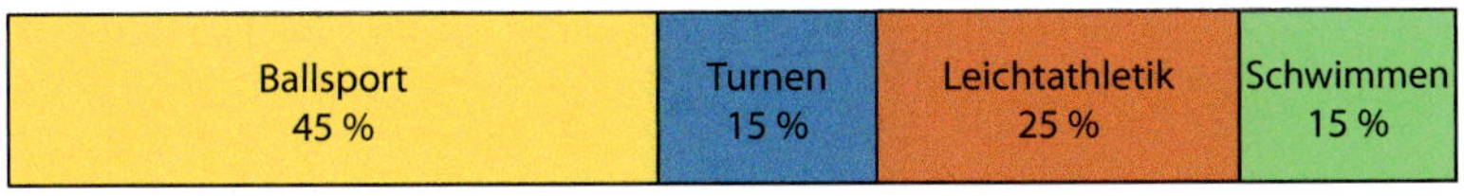

| Ballsport 45 % | Turnen 15 % | Leichtathletik 25 % | Schwimmen 15 % |

3

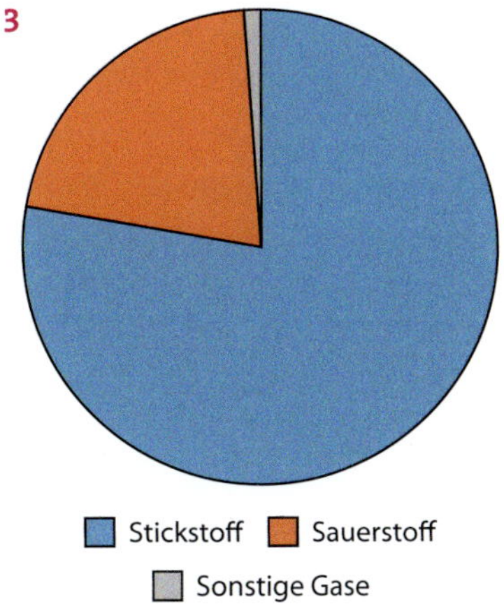

- Stickstoff
- Sauerstoff
- Sonstige Gase

4 a

(Säulendiagramm mit Werten: Fußgänger ca. 1500, Fahrräder ca. 4700, Krafträder ca. 7900, Pkw ca. 4900, Sonstige ca. 400; Skala 0 bis 8000)

(Kreisdiagramm: Fußgänger 8 %, Fahrräder 24 %, Krafträder 41 %, Pkw 25 %, Sonstige 2 %)

- Fußgänger
- Fahrräder
- Krafträder
- Pkw
- Sonstige

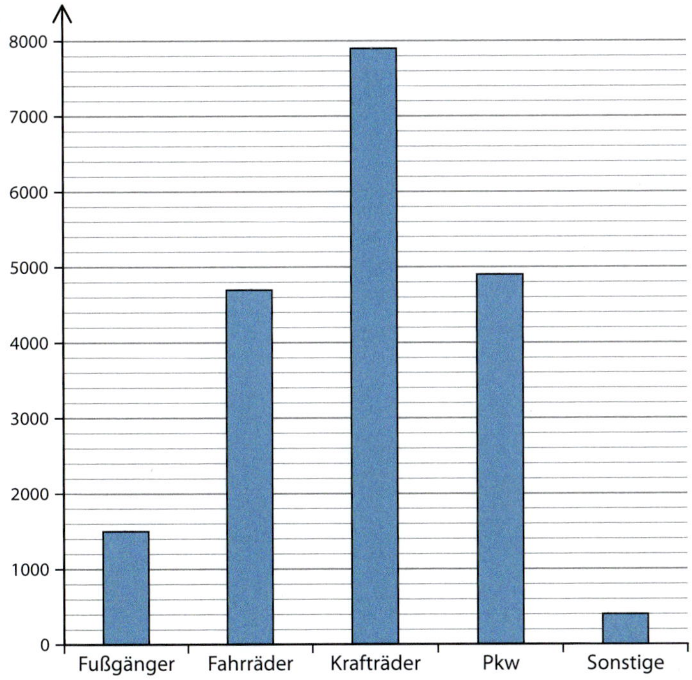

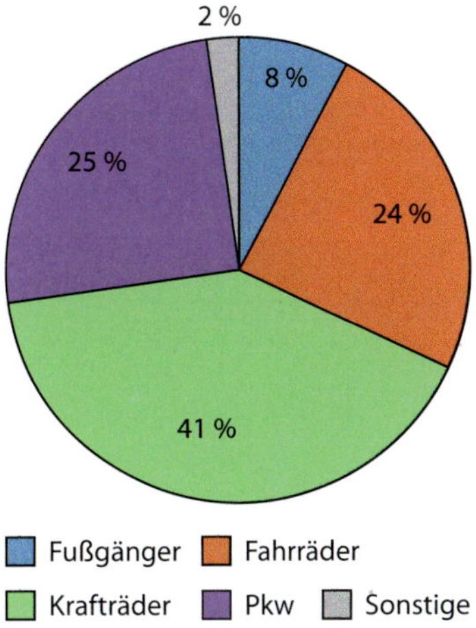

Angaben im Diagramm auf Hunderter gerundet. Unfälle insgesamt 19 364

b Beispiele für Informationen, die man aus den Diagrammen ablesen kann:
- Im Säulendiagramm erkennt man, dass mit Abstand die meisten Unfälle auf Krafträdern passieren. Unfälle auf Fahrrädern oder im Pkw stehen fast gleichauf an zweiter Stelle.
- Aus dem Kreisdiagramm lässt sich ablesen, dass ca. ein Viertel aller Unfälle auf Fahrrädern passiert. Nur an knapp einem Zehntel der Unfälle sind Fußgänger beteiligt.

Termumformungen und Binome

1
a $5x + 10y$
    b $20ab - 2a$
    c $7x + 3x^2$
d $4a + 20b - 2c$
    e $3 + 2e$
    f $2a - 1$

2
a $3(3x + 2y)$
    b $e(10 - f + 1)$
    c $7a(2 + a)$
d $11a(3b + 2c + d)$
    e $3s(s + 5r)$
    f $12xyz(2x - z)$

3
a $3a + ab + 24 + 8b$
    b $10xz + 12x + 5yz + 6y$
c $6mn + 1,5m^2 + 4n^2 + mn = 7mn + 1,5m^2 + 4n^2$
    d $k^2 + 8 - 8k^3 - 64k$
e $3cd + \frac{1}{8}c + 6d^2 + \frac{1}{4}d$
    f $3ab - 4abc - 6a^2b + 8a^2bc$

4
a $v^2 - 2vw + w^2$
    b $h^2 + 24h + 144$
    c $81a^2 - b^2$
d $9x^2 + 66xy + 121y^2$
    e $\frac{1}{4} - 5p + 25p^2$
    f $225e^2 - 60ef + 4f^2$

5
a $\text{Pille}^2 + 2\text{PillePalle} + \text{Palle}^2$
    b $\text{Heck}^2 - 2\text{HeckMeck} + \text{Meck}^2$
c $\text{Ramba}^2 - \text{Zamba}^2$
    d individuelle Lösung

6 $x^2 - 2x + 1 = (x - 1)^2$
    $16a^2 + 48ab + 36b^2 = (4a + 6b)^2$
$169s^2 - t^2 = (13s + t)(13s - t)$
    $0,25g^2 + 5gh + 25h^2 = (0,5g + 5h)^2$

7
a $\mathbf{3y} \cdot (2x + 5) = 6xy + 15y$
    b $e^2 + \mathbf{8e} + 16 = (e + \mathbf{4})^2$
c $(4a + \mathbf{b})(3a - 5bc) = 12a^2 + 3ab - \mathbf{20abc} - 5b^2c$
    d $64n^2 - 32n + \mathbf{4}) = (\mathbf{8n} - 2)^2$
e $7(\mathbf{3} - 4z) = 21 - \mathbf{28z}$
    f $400 - \mathbf{64p^2} = (\mathbf{20} + 8p)(\mathbf{20} - 8p)$

Gleichungen

1
a $L = \{11\}$
    b $L = \{3\}$
    c $L = \{-4\}$
    d $L = \{28\}$

2
a $L = \{-4,9\}$
    b $L = \{-1\}$
    c $L = \{9\}$

3
a $a + 12a = 78$ ⇒ Alina ist 6 Jahre alt, ihr Opa ist 72 Jahre alt.
b $x + x + (x - 3) + (x - 3) = 26$ ⇒ Die langen Seiten der Drachenfigur sind 8 cm lang, die kurzen 5 cm.
c $2x + 10 = 5x - 11$ ⇒ Die gesuchte Zahl ist 7.

4
a $D = \mathbb{Q} \setminus \{0\}$
$L = \{15\}$
  b $D = \mathbb{Q} \setminus \{0\}$
$L = \{4\}$
  c $D = \mathbb{Q} \setminus \{0\}$
$L = \{37\}$
  d $D = \mathbb{Q} \setminus \{0\}$
$L = \{2,5\}$
  e $D = \mathbb{Q} \setminus \{0\}$
$L = \{8\}$
  f $D = \mathbb{Q} \setminus \{0\}$
$L = \{17\}$

5
a $\frac{\text{Saft}}{\text{Sirup}} = \frac{150}{10} = \frac{15}{1}$
    b $\frac{\text{Saft}}{\text{Sirup}} = \frac{50}{25} = \frac{2}{1}$
    c $\frac{\text{Saft}}{\text{Sirup}} = \frac{200}{15} = \frac{40}{3}$

6
a $L = \{2\}$
    b $L = \{45\}$
    c $L = \{20\}$
    d $L = \{56\}$
    e $L = \{13\}$
    f $L = \{125\}$

7
a $525\,g$
    b $1\,400\,g$

Prozent- und Zinsrechnung

1 Zeit am Computer/Smartphone: 57 %   Piercings und Tattoos: 323 Nennungen
Befragt wurden 1 700 Jugendliche.

2 a 2010: insgesamt 230 Mitglieder,
2018: insgesamt 250 Mitglieder
Die Mitgliederzahl ist um 8,7 % gestiegen.
b Die Aussage stimmt.
2010 waren es 32,6 % Ballsportler, 2018 waren es 44,0 %.

c

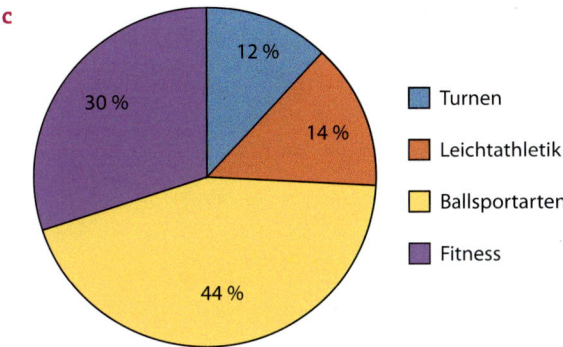

- Turnen
- Leichtathletik
- Ballsportarten
- Fitness

3 a 12 000 €   **b** 3,6 %   **c** 7 500 €

4 a 8 Monate   **b** $\frac{1}{2}$ Jahr   **c** 100 Tage

5 a $G^+ = 25 € \cdot 1{,}2 = 30 €$ **b** $G^- = G \cdot 0{,}85 = 34 €$

Funktionale Zusammenhänge

1 a

x	−3	−2	−1	0	1	2	3
y	7	5	3	1	−1	−3	−5

b

x	−3	−2	−1	0	1	2	3
y	−3	−2,5	−2	−1,5	−1	−0,5	0

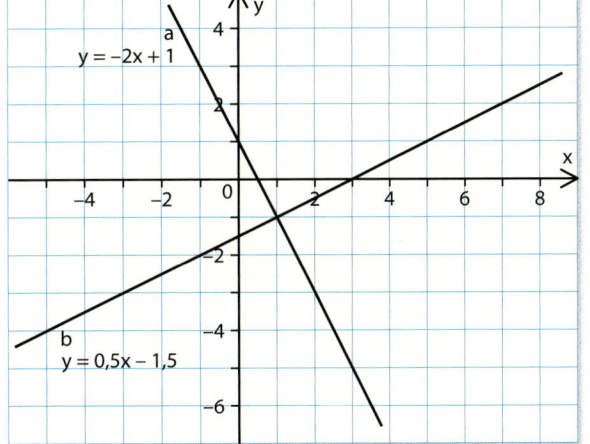

2 ① $y = -2x$ ② $y = x + 2$ ③ $y = 3x - 1$
übrig bleiben: $y = 2x + 2$; $y = -4x - 1$

3 a $N(2|0)$
b $N(-6|0)$
c $N(0{,}5|0)$
d $N(-3|0)$

4 a $m = 3$; $c = -2 \Rightarrow y = 3x - 2$
b $m = \frac{1}{3}$; $c = 2 \Rightarrow y = \frac{1}{3}x + 2$
c $m = \frac{1}{2}$; $c = -1 \Rightarrow y = \frac{1}{2}x - 1$
d $m = -\frac{1}{4}$; $c = 4{,}25$ oder $c = \frac{17}{4}$
$\Rightarrow y = -\frac{1}{4}x + 4{,}25$ oder $y = -\frac{1}{4}x + \frac{17}{4}$

5 P liegt nicht auf der Geraden, Q liegt auf der Geraden.

6 Bowlingcenter Rimmele: $y = 13x$

Megabowl: $y = 9x + 30$

Personen	5	6	7	8	9	10
Bowlingcenter Rimmele	65€	78€	91€	104€	117€	130€
Megabowl	75€	84€	93€	102€	111€	120€

Bis sieben Personen ist das Angebot des Bowlingcenters Rimmele günstiger, ab acht Personen lohnt sich das Angebot von Megabowl.

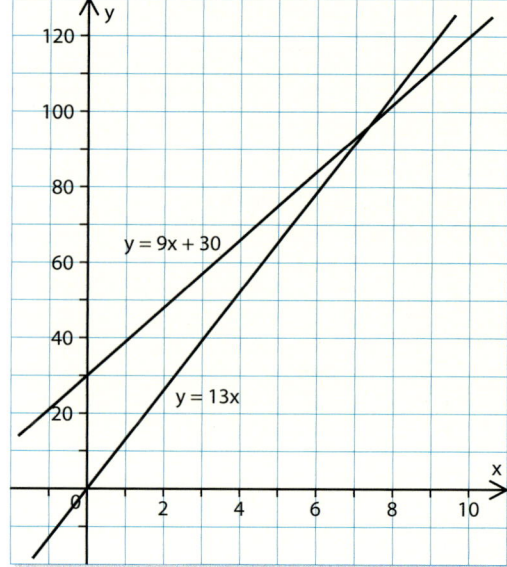

Lineare Gleichungssysteme

1 **a** $L = \{(6; 0)\}$ **b** $L = \{(-4; -3)\}$

2 **a** $L = \{(10; -5)\}$ **b** $L = \{(12; -4)\}$

3 **a** $L = \{(8; \frac{1}{3})\}$ **b** $L = \{(2; -3)\}$

4 **a** $L = \{(3; 2)\}$ **b** $L = \{(-4; 11)\}$

5 **a** $L = \{(7; 2)\}$ **b** $L = \{(5; 24)\}$
   c $L = \{(6; -1)\}$ **d** $L = \{(13; 37)\}$

6 **a** Ein Leihpferd kostet pro Stunde 18€, die Reitbegleitung kostet 10€ pauschal.
   b Onkel Hans hat 7 Schafe und 13 Hühner.
   c Ein Würstchen kostet 2,20€, ein Steak kostet 3,80€.

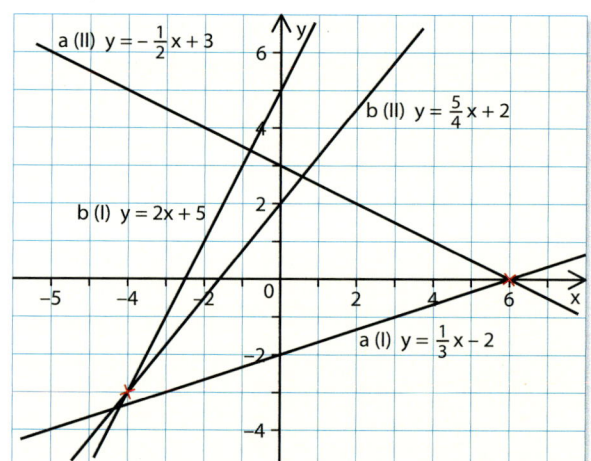

Flächen berechnen

1 ① Quadrat; $a = 2\,cm^2$ ② Parallelogramm; $a = 6\,cm^2$ ③ Drachen; $a = 3,5\,cm^2$

④ Dreieck; $a = 4,5\,cm^2$ ⑤ Raute; $a = 3\,cm^2$ ⑥ Rechteck; $a = 3,25\,cm^2$

⑦ Trapez; $a = 4,5\,cm^2$

2 a

b gleichschenklig: Dreieck 2

stumpfwinklig: Dreieck 1

rechtwinklig: Dreieck 4

c $A_3 < A_4 = A_2 < A_1$

d $A_1 = 10,5\,cm^2$

$A_2 = A_4 = 12,25\,cm^2$

$A_3 = 14\,cm^2$

3 a $e = 11,5\,cm$ **b** $\overline{BC} = 9,6\,cm$ **c** Länge des Rechtecks: 11,2 cm   **d** $A = 62,4\,cm^2$; $u = 36\,cm$; $\alpha = \beta = \gamma = 60°$

4 $A = 41,07\,cm^2$

Berechnungen am Kreis

1 a $u = 18,85\,cm$; $A = 28,27\,cm^2$ **b** $u = 28,27\,m$; $A = 63,62\,m^2$

c $u = 33,62\,cm$; $A = 89,92\,cm^2$ **d** $u = 28,27\,km$; $A = 63,62\,km^2$

2

	1-ct-Münze	Teller	Trampolin	Cookie
r	8,125 mm	10 cm	2 m	3,5 cm
d	16,25 mm	20 cm	4 m	7 cm
u	51,05 mm	62,83 cm	12,57 m	22 cm
A	207,39 mm²	314,16 cm²	12,57 m²	38,48 cm²

3 a Drei normale Pizzen: $A = 2\,413\,cm^2$; eine Party-Pizza: $A = 2\,400\,cm^2$

⇒ Bei drei normalen Pizzen bekommt man etwas mehr.

b Drei normale Pizzen: $u = 301,5\,cm$; eine Party-Pizza: $u = 200\,cm$

⇒ Die Party-Pizza mit 2 m Rand wäre die bessere Wahl gegenüber den drei runden Pizzen mit 3 m Rand.

4 $A_{gelb} = 38,48\,m^2$; $A_{rot} = 25,13\,m^2$

⇒ Nein, es stimmt nicht. Die gelbe Kampffläche ist noch nicht einmal doppelt so groß wie die rote Passivitätszone.

5 a $r = 5\,cm$; $\alpha = 28°$; $b = 2,4\,cm$; $A = 6,1\,cm^2$

b $r = 1,5\,cm$; $\alpha = 300°$; $b = 7,9\,cm$; $A = 5,9\,cm^2$

c $r = 3,9\,cm$; $\alpha = 90°$; $b = 6,1\,cm$; $A = 11,9\,cm^2$

6 $A = 98,9\,cm^2$

Körper berechnen

1

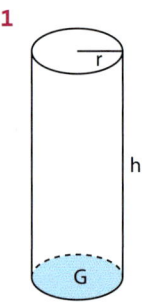

$V = G \cdot h$
$V = \pi r^2 h$

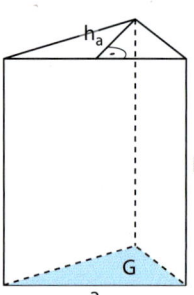
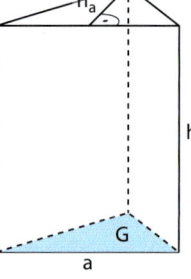

$V = G \cdot h$
$V = \dfrac{a \cdot h_a}{2} \cdot h$

$V = G \cdot h$
$V = a^3$

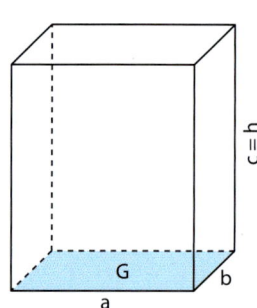

$V = G \cdot h$
$V = a \cdot b \cdot c$

2 a $O = 199{,}4\,\text{cm}^2$
　　$V = 191{,}1\,\text{cm}^3$

b $O = 505{,}2\,\text{cm}^2$
　　$V = 836{,}9\,\text{cm}^3$

3 a $O = 215{,}2\,\text{cm}^2$
　　$V = 159{,}3\,\text{cm}^3$

b $O = 396{,}4\,\text{cm}^2$
　　$V = 528{,}5\,\text{cm}^3$

c $O = 102{,}7\,\text{cm}^2$
　　$V = 45{,}1\,\text{cm}^3$

4 a $h_{\text{Dose 1}} = 7{,}3\,\text{cm}$; $h_{\text{Dose 2}} = 15\,\text{cm}$; $h_{\text{Dose 3}} = 10\,\text{cm}$
　b Für Dose 1 braucht man am wenigsten Material ($220\,\text{cm}^2$), für die beiden anderen Dosen braucht man jeweils $250\,\text{cm}^2$ Material.

5 $r = 4\,\text{cm}$

6 Leos Name besteht aus $16\,397{,}5\,\text{cm}^3$ Holz (**L**: $3\,850\,\text{cm}^3$, **E**: $5\,950\,\text{cm}^3$, **O**: $6\,597{,}5\,\text{cm}^3$).

Kapitel 1

Seite 33

1 a 81 **b** 15 625 **c** 15,625 **d** $\frac{1}{4096}$

2 a $3^5 = 243$ **b** $(-5)^3 = -125$ **c** $\left(\frac{1}{2}\right)^6 = \frac{1}{64}$ **d** $0{,}2^4 = 0{,}0016$

3 a 10^2 **b** 10^4 **c** 10^6 **d** 10^{-3} **e** 10^{-6} **f** 10^{-10}

4 a 60 min: $2^2 = 4$; 90 min: $2^3 = 8$; 120 min: $2^4 = 16$ **b** 5,5 h = 330 min: $2^{11} = 2\,048$

5 Laufzeit in Jahren, bis die Uhr um 1 s falsch geht: $x \quad \rightarrow \quad x \cdot 2 \cdot 10^{-6} = 1$
$x = 5 \cdot 10^{15} \quad \Rightarrow \quad$ Die Uhr geht erst nach ca. 5 Millionen Milliarden Jahren um eine Sekunde falsch.

6 a 16 **b** 36 **c** 121 **d** 1 000 000 **e** 0,09 **f** 0,49 **g** 1,44 **h** $\frac{4}{25}$

7 a $8 = \sqrt{64}$, denn $8 \cdot 8 = 8^2 = 64$ **b** $11 = \sqrt{121}$, denn $11 \cdot 11 = 11^2 = 121$
c $15 = \sqrt{225}$, denn $15 \cdot 15 = 15^2 = 225$ **d** $1{,}7 = \sqrt{2{,}89}$, denn $1{,}7 \cdot 1{,}7 = 1{,}7^2 = 2{,}89$
e $1{,}4 = \sqrt{1{,}96}$, denn $1{,}4 \cdot 1{,}4 = 1{,}4^2 = 1{,}96$ **f** $0{,}6 = \sqrt{0{,}36}$, denn $0{,}6 \cdot 0{,}6 = 0{,}6^2 = 0{,}36$
g $\frac{1}{5} = \sqrt{\frac{1}{25}}$, denn $\frac{1}{5} \cdot \frac{1}{5} = \left(\frac{1}{5}\right)^2 = \frac{1}{25}$ **h** $\frac{2}{7} = \sqrt{\frac{4}{49}}$, denn $\frac{2}{7} \cdot \frac{2}{7} = \left(\frac{2}{7}\right)^2 = \frac{4}{49}$

8 a 3 **b** 6 **c** 9 **d** 12 **e** 0,6 **f** 1,1 **g** 1,6 **h** 0,05

9 a $7 = \sqrt{49}$ **b** $6 = \sqrt{36}$ **c** $13 = \sqrt{169}$ **d** $16 = \sqrt{256}$
e $20 = \sqrt{400}$ **f** $1{,}2 = \sqrt{1{,}44}$ **g** $3{,}5 = \sqrt{12{,}25}$ **h** $0{,}04 = \sqrt{0{,}0016}$

10 a $A = 25\,\text{cm}^2$ **b** $a = \sqrt{64}\,\text{cm} = 8\,\text{cm}$
c $A = 180\,\text{cm}^2 : 5 = 36\,\text{cm}^2 \quad \rightarrow \quad a = \sqrt{36}\,\text{cm} = 6\,\text{cm}$

11 a $\frac{1}{4}$ **b** $\frac{1}{6}$ **c** $\frac{1}{9}$ **d** $\frac{2}{3}$ **e** $\frac{3}{7}$ **f** $\frac{11}{16}$ **g** $\frac{25}{26}$ **h** $\frac{17}{27}$

12 a 90 **b** 210 **c** 110 **d** 250 **e** 400 **f** 500

13 $A = O : 6 \quad \Rightarrow \quad A = 16\,\text{cm}^2; \; a = \sqrt{A} \quad \Rightarrow \quad a = 4\,\text{cm}$

Seite 34

14 a $\sqrt{3 \cdot 12} = \sqrt{36} = 6 \quad \rightarrow \quad$ Zuerst die Radikanden multiplizieren, dann die Wurzel ziehen.
b $\sqrt{2 \cdot 8} = \sqrt{16} = 4 \quad \rightarrow \quad$ Zuerst die Radikanden multiplizieren, dann die Wurzel ziehen.
c $2 \cdot 4 = 8 \quad \rightarrow \quad$ Zuerst die Wurzel ziehen, dann erst multiplizieren.
d $\sqrt{6 \cdot 24} = \sqrt{144} = 12 \quad \rightarrow \quad$ Zuerst die Radikanden multiplizieren, dann die Wurzel ziehen.
e $\sqrt{0{,}1 \cdot 360} = \sqrt{36} = 6 \quad \rightarrow \quad$ Zuerst die Radikanden multiplizieren, dann die Wurzel ziehen.
f $\sqrt{5 \cdot 45} = \sqrt{225} = 15 \quad \rightarrow \quad$ Zuerst die Radikanden multiplizieren, dann die Wurzel ziehen.

15 a $14\sqrt{5}$ **b** Kann nicht zusammengefasst werden. **c** $5{,}85\sqrt{2}$ **d** $8\frac{1}{4}\sqrt{7}$

16 $\sqrt{363} : \sqrt{3} = 11$ $\sqrt{3} \cdot \sqrt{27} = 9$ $\sqrt{196} + \sqrt{36} = 20$ $\sqrt{441} - \sqrt{49} = 14$

17 **a** $A = \sqrt{26}\,cm \cdot \sqrt{26}\,cm = 26\,cm^2$ **b** $A = \sqrt{27}\,cm \cdot \sqrt{3}\,cm = 9\,cm^2$

18 $A = 4 \cdot \sqrt{2}\,cm \cdot \sqrt{2}\,cm = 8\,cm^2$

19 **a** $\sqrt{3} \cdot \sqrt{3} + \sqrt{12} \cdot \sqrt{3} = \sqrt{9} + \sqrt{36} = 3 + 6 = 9$
     b $\sqrt{2} \cdot \sqrt{8} - \sqrt{2} \cdot \sqrt{2} = \sqrt{16} - \sqrt{4} = 4 - 2 = 2$
     c $\sqrt{125} : \sqrt{5} + \sqrt{500} : \sqrt{5} = \sqrt{25} + \sqrt{100} = 5 + 10 = 15$
     d $\sqrt{9{,}8} : \sqrt{0{,}2} - \sqrt{7{,}2} : \sqrt{0{,}2} = \sqrt{49} - \sqrt{36} = 7 - 6 = 1$

20 **a** geg.:   Geschwindigkeit v_1: 50 km/h
               Geschwindigkeit v_2: 30 km/h
               Geschwindigkeit v_3: maximal 7 km/h
      ges.:   Bremsweg s in m
      $s = \frac{v^2}{100} \quad \rightarrow \quad s_1 = 25\,m; \ s_2 = 9\,m; \ s_3 = 0{,}49\,m$ (bei 7 m/s)
      Der Bremsweg bei 50 km/h beträgt 25 m, bei 30 km/h 9 m und in der Fußgängerzone ca. 0,5 m.

     b geg.:   100-km/h-Zone
               Bremsweg s: 95 m
      ges.:   Geschwindigkeit v in km/h
      $s = \frac{v^2}{100} \quad \Rightarrow \quad v = \sqrt{s \cdot 100}$
               $v \approx 97{,}47\,km/h \quad \Rightarrow \quad$ Der Fahrer ist nicht zu schnell gefahren!

21 **a** 10   **b** 5   **c** 6   **d** 0,7   **e** 0,2   **f** 100

22 **a** 1,81   **b** 0,32   **c** 0,6   **d** 0,43   **e** 0,5   **f** 21,54

23 **a** $a = 3\,cm$ **b** $a = 6\,m$ **c** $a = 9\,cm$ **d** $a = 2{,}5\,m$

24 **a** geg.: $V = 421{,}875\,m^3$
      ges.:   Kantenlänge a eines Kubushauses
      $V = a^3 \quad \Rightarrow \quad a = \sqrt[3]{V}$
               $a = 7{,}5\,m \quad \Rightarrow \quad$ Ein Kubushaus hat eine Kantenlänge von 7,5 m.

     b individuelle Lösung

Kapitel 2

Seite 60

1 **a** $P = 403{,}2\,kg$ **b** $p\% = 4\,\%$ **c** $G = 60\,km$ **d** $p\% = 17\,\%$ **e** $P = 97{,}5\,g$ **f** $G = 8{,}2\,t$

2 **a** Nach einer Woche sind 66 % der Karten verkauft.
     b Die Karten kosten im Vorverkauf 19,35 €.
     c Es gibt 45 Premiumkarten. Die frei verkäuflichen Premiumkarten machen 0,8 % der gesamten Kartenmenge aus.

3 **a** Zucker: 165 g; Eiweiß: 3 g; Salz: 0,08 g; Vitamin C: 45 mg
     b Apfelsaft: 42,5 ml; Sauerkirschsaft: 12,5 ml; Holundersaft: 2,5 ml

4 Die Aussage ③ ist falsch. Die Aussagen ①, ②, ④ und ⑤ sind richtig.

5 a Kaufe keine Geschenke: 20 Personen
Kaufe einige aber nicht alle im Netz: 475 Personen
weiß nicht/keine Angabe: 61 Personen
Kaufe ausschließlich im Geschäft: 222 Personen
Kaufe ausschließlich im Netz: 232 Personen

b individuelle Lösung

Seite 61

6

	Preis ohne MwSt.	Preis mit MwSt.
Sachbuch	7,49 €	**8,01 €**
Füller	**8,82 €**	10,49 €
Smartphone	489,19 €	**582,14 €**
Butter	**1,11 €**	1,19 €
Pkw	**21 730,25 €**	25 859 €

7 ① Zinssatz: $p\% = 1{,}5\%$
   ② Zinsen: $Z = 32\,€$
   ③ Kapital: $K = 1\,500\,€$

8

Kapital K	Zinssatz p %	Zinsen Z
4 500 €	**2,1**	94,50 €
1 320 €	1,75	**23,10 €**
2 900 €	2,1	60,90 €
725 €	**2,0**	14,50 €

9 Herr Gürek soll sich für die Onlinebank entscheiden, da der Zinssatz dort höher ist. Seine Hausbank bietet ihm einen Zinssatz von 1,5 % an.

10 a Nach acht Monaten erhält man 120 € Zinsen.
b Frau Otto erhält 44 € Zinsen.
c Herr Lenz erhält 196,78 € Zinsen.

11 a $q = 1{,}08$ **b** $q = 0{,}95$ **c** $q = 0{,}97$ **d** $q = 1{,}015$ **e** $q = 1{,}068$

12 a Vermehrter Grundwert; der neue Mietpreis beträgt 791,80 €.
b Verminderter Grundwert; die Jacke wurde um 50 % reduziert.
c Vermehrter Grundwert; Frau Bauer hatte davor 1 430 € verdient.
d Verminderter Grundwert; der Benzinpreis ist um 3,36 % gesunken.

Seite 62

13 a $G_2 = 2\,845{,}50\,€ \cdot 1{,}02 \cdot 1{,}018$ Herrn Trunks neuer Lohn beträgt 2 954,65 €.
b $G_2 = 1\,459\,€ \cdot 0{,}85 \cdot 0{,}97$ Das Sofa kostet noch 1 202,95 €.
c $G_2 = 3\,152 \cdot 1{,}05 \cdot 0{,}96$ Im Jahr 2017 konnten 3 177 Aufträge erfasst werden.
d $G_2 = 99\,€ \cdot 0{,}909 \cdot 0{,}95$ Die Festplatte kostet jetzt noch 85,49 €.

14 a Der prozentuale Unterschied beträgt 33,2 %.
b Herrn Jeck bleiben noch 66,8 % des Bruttolohns; das heißt, er erhält netto 1 559,78 €.
775,22 € werden ihm vom Bruttolohn abgezogen.

15 Herr Mager hat nach sieben Jahren 36 896,22 € auf seinem Konto.

16

	Endkapital
a	6 368,74 €
b	1 183,35 €
c	8 650,55 €
d	11 360,22 €

17 Kontostand der letzten vier Jahre:

Sparbetrag heute	1 000,23 €
vor einem Jahr	981,58 €
vor zwei Jahren	963,28 €
vor drei Jahren	**945,32 €**
vor vier Jahren	**927,69 €**

18 Frau Meut hatte bei der Spar-Bank 3 600 € angelegt.

19 Zinssatz: 2 %   Im Jahr 2022 hat Lina 721,61 € auf ihrem Konto.

Kapitel 3

Seite 92

1 a Entwicklung der Umsätze:
  b Mittelwert: 50 958 €
   Minimum: 26 800 €
   Der niedrigste Umsatz liegt 47,41 % unter dem Durchschnitt.
  c Maximum: 115 800 €
   Der höchste Umsatz liegt 127,24 % über dem Durchschnitt

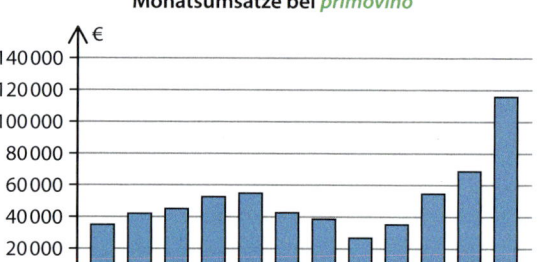

Monatsumsätze bei *primovino*

2 a Stimmenanteile der Parteien bei der Landtagswahl 2016 in Baden-Württemberg

Grüne	1 623 107	30,27 %
CDU	1 447 462	27,00 %
AfD	809 554	15,10 %
SPD	679 727	12,68 %
FDP	445 498	8,31 %
Sonstige	356 092	6,64 %
Summe	5 361 440	100 %

b **Landtagswahl Baden-Württemberg 2016**

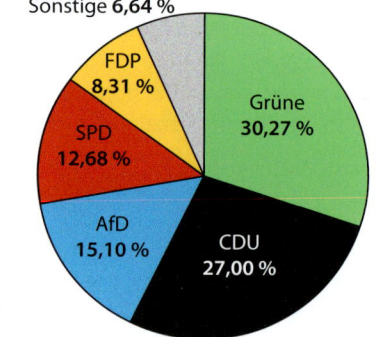

3

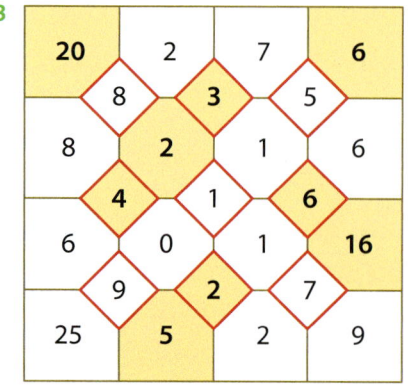

4

	①	②	③
Minimum	0	18	**14,4**
q_u	4	128	**15**
q_o	**10**	345	23,2
Maximum	25	**738**	34,8
Quartilsabstand	6	**217**	8,2
Spannweite	**25**	720	20,4

5 a 1 445; 1 518; 1 629; 1 656; 1 684; 1 742; 1 796; 1 806; 1 891; 1 910; 1 952; 2 016; 2 019; 2 051; 2 071; 2 109

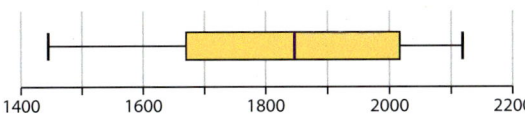

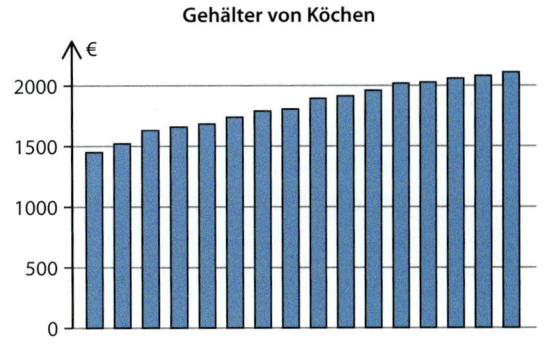

Gehälter von Köchen

b Vorteile der Boxplotdarstellung:
Der Zentralwert und die mittlere Hälfte (Box) lassen sich gut ablesen; die Verteilung ist gut erkennbar.

Vorteile der Darstellung im Säulendiagramm mit geordneten Datenwerten:
Das Lohngefälle ist gut erkennbar, einzelne Werte sind gut ablesbar.
Extremwerte sind in beiden Diagrammen gut zu erkennen.

6

Diktate

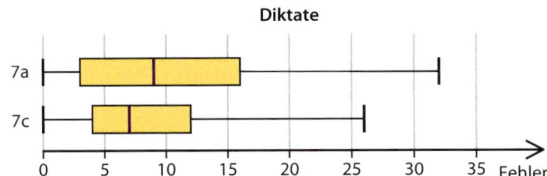

vergleichende Aussagen:
- Die Fehlerspanne ist in der Klasse 7a größer als in der 7c.
- Im Mittel (vom Median ausgehend) wurden in Klasse 7c weniger Fehler gemacht.
- Das beste Viertel der Schüler aus Klasse 7a hat weniger Fehler gemacht als die besten 25 % aus Klasse 7c.
- Das schwächste Viertel der 7a hat mehr Fehler gemacht als das der 7c.

7 geordnete Datenreihe:
4,50 €; 4,50 €; 4,60 €; 4,80 €; 4,90 €; 5,00 €; 5,00 €;
5,10 €; 5,20 €; 5,20 €; 5,50 €; 5,90 €; 6,00 €; 8,00 €

50 % aller Preise für den Mittagstisch liegen im Bereich zwischen 4,80 € und 5,50 €.

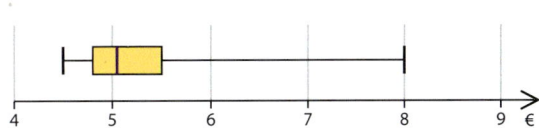

Seite 93

8 a $\bar{x} = 2\,380\,€$
Die Behauptung von Herrn Heinz stimmt. Im Durchschnitt verdient man in seinem Betrieb 20 € weniger als 2 400 €.

b Der Geschäftsführer möchte, dass seine Firma in einem guten Licht gezeigt wird, obwohl nur drei Personen über dem Durchschnitt verdienen und sieben darunter liegen.

c n = 10   Min. = 1 700 €   Max. = 3 500 €   z = 2 200 € q_u = 2 200 € q_o = 2 700 €
Das Mindestgehalt, das im Betrieb Heinz verdient wird, beträgt 1 700 €.
Der Geschäftsführer verdient das maximale Gehalt von 3 500 €.
Der Zentralwert aller Gehälter beträgt 2 200 €.

9 a

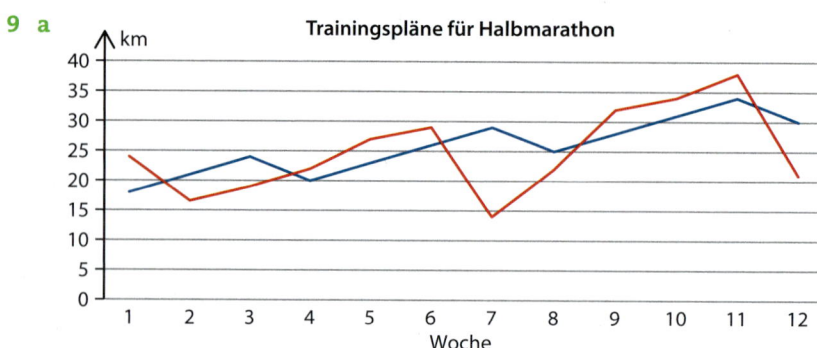

Trainingspläne für Halbmarathon

b Mit Trainingsplan 2 steigert und reduziert Marco seine Trainingsleistung viel stärker als mit Trainingsplan 1. Während der Umfang in Trainingsplan 1 alle vier Wochen reduziert wird, sieht Trainingsplan 2 dies anfangs nach drei und gegen Ende nach fünf Wochen vor.
Im Trainingsplan 1 würde Marco sich an die Vorgaben halten, da er alle vier Wochen seine Strecke reduziert und danach wieder schrittweise steigert.

c Ein Boxplot würde sich zur Auswertung nicht eignen, da bei einem Trainingsplan die zeitliche Reihenfolge der Werte entscheidend ist und nicht die Rangfolge.

10 a In Diagramm 1 beginnt die Skala der y-Achse bei 0, während sie in Diagramm 2 bei 97 beginnt. Dadurch werden die Anstiege und Abfälle in Diagramm 2 besser sichtbar.

b Eindruck Diagramm 1: sehr leichter, stetiger Anstieg der Umsatzzahlen
Eindruck Diagramm 2: Umsatzzahlen steigen und sinken abwechselnd mit einem großen Anstieg zum Ende hin.

11 a Auswertung des Diagramms: $d_{Amerika} = 4\,cm$ $d_{Europa} = 1\,cm$
$Kreisfläche_{Amerika} = 12{,}57\,cm^2$
$Kreisfläche_{Europa} = 0{,}79\,cm^2$ $\rightarrow \dfrac{Kreisfläche_{Amerika}}{Kreisfläche_{Europa}} = 16:1$

geografische Daten: $Landfläche_{Amerika} = 38{,}3\,Mio\,km^2$
$Landfläche_{Europa} = 9{,}9\,Mio\,km^2$ $\rightarrow \dfrac{Landfläche_{Amerika}}{Landfläche_{Europa}} = 4:1$

Das Verhältnis der Kreisflächen beträgt 16 : 1 anstatt 4 : 1.

b

Amerika

Europa

Kapitel 4

Seite 121

1 Das gelbe und das rote Figurenpaar ist ähnlich.

2

	a'	b'	c'
a	6 cm	8 cm	10 cm
b	4,5 cm	6 cm	7,5 cm
c	9 cm	12 cm	15 cm
d	1,5 cm	2 cm	2,5 cm

3 a C'(1|3)
   b C''(−2|9)
   c A'''(2|−1))
   d A''''(5|−5)

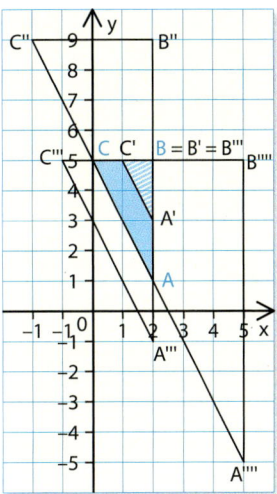

4 x = 15 m
Lara, Amed, Milo und Selina haben eine korrekte Gleichung aufgestellt.

5 a r = 14,4 cm; p = 16,8 cm
   c q = 6 m; s = 9,8 m

   b t = 3,3 cm; p = 48,6 cm
   d u = 7,36 m; q = 21,6 m

6 a a = 5,2 cm; c = 6,5 cm
   c b = 4,6 m; f = 5,4 m

   b c = 7,68 cm; e = 14,4 cm
   d d = 5 m; e = 14,82 m

Seite 122

7 a

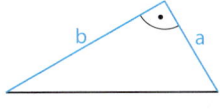

c = 7,60 cm

b

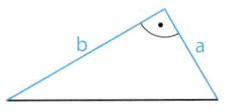

c = 11,31 cm

c

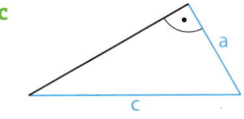

b = 23,25 cm

d

a = 16,98 cm

8 a x = 6,44 cm   **b** x = 3,12 cm

9 **a** $\overline{P_1P_2} = 3{,}16\,\text{cm}$ **b** $\overline{P_1P_2} = 5{,}83\,\text{cm}$
    c $\overline{P_1P_2} = 7{,}07\,\text{cm}$ **d** $\overline{P_1P_2} = 10{,}30\,\text{cm}$

10 **a** $x = 5{,}58\,\text{cm}$; $y = 11{,}52\,\text{cm}$
    b $x = 9{,}75\,\text{cm}$
    c $x = 6{,}48\,\text{cm}$

11

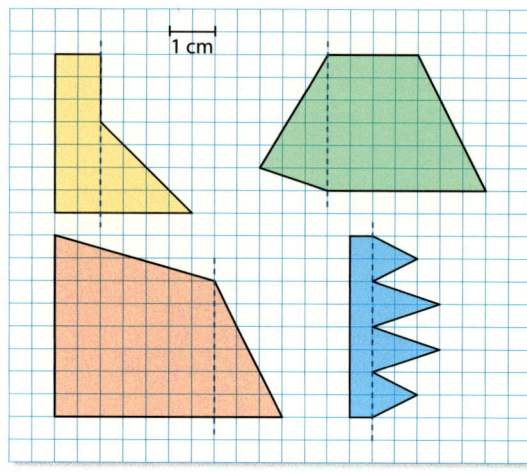

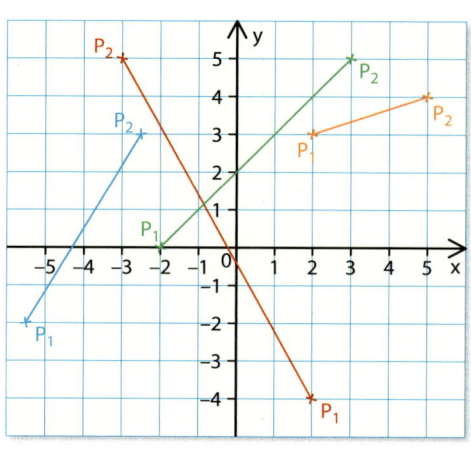

a $A = 5{,}5\,\text{cm}^2$; $u = 11{,}83\,\text{cm}$
b $A = 14{,}5\,\text{cm}^2$; $u = 15{,}99\,\text{cm}$
c $A = 10{,}5\,\text{cm}^2$; $u = 13{,}35\,\text{cm}$
d $A = 4{,}5\,\text{cm}^2$; $u = 15{,}8\,\text{cm}$

12 **a** $e = 10{,}39\,\text{cm}$ **b** $e = 31{,}18\,\text{dm}$ **c** $e = 2{,}08\,\text{m}$

13 **a** $e = 17{,}35\,\text{cm}$ **b** $e = 41{,}39\,\text{cm}$ **c** $e = 16{,}51\,\text{cm}$

14   **a** $h_s = 9{,}34\,\text{cm}$; $s = 9{,}67\,\text{cm}$ **b** $h_s = 20{,}88\,\text{cm}$; $s = 21{,}73\,\text{cm}$

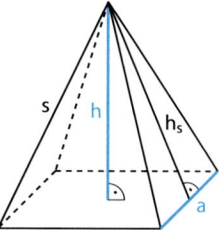

15 $s = 14{,}15\,\text{cm}^2$

Kapitel 5

Seite 145

1 **a** $V = 104\,\text{cm}^3$; $O = 136\,\text{cm}^2$
    c $G = 22{,}5\,\text{cm}^2$
      $V = 123{,}75\,\text{cm}^3$; $O = 168{,}75\,\text{cm}^2$

b $V = 310\,\text{cm}^3$; $O = 226\,\text{cm}^2$
d $r = 3{,}25\,\text{cm}$; $u = 20{,}42\,\text{cm}$
   $G = 33{,}18\,\text{cm}^2$; $V = 288{,}69\,\text{cm}^3$
   $O = 244{,}02\,\text{cm}^2$

2 a
b, c

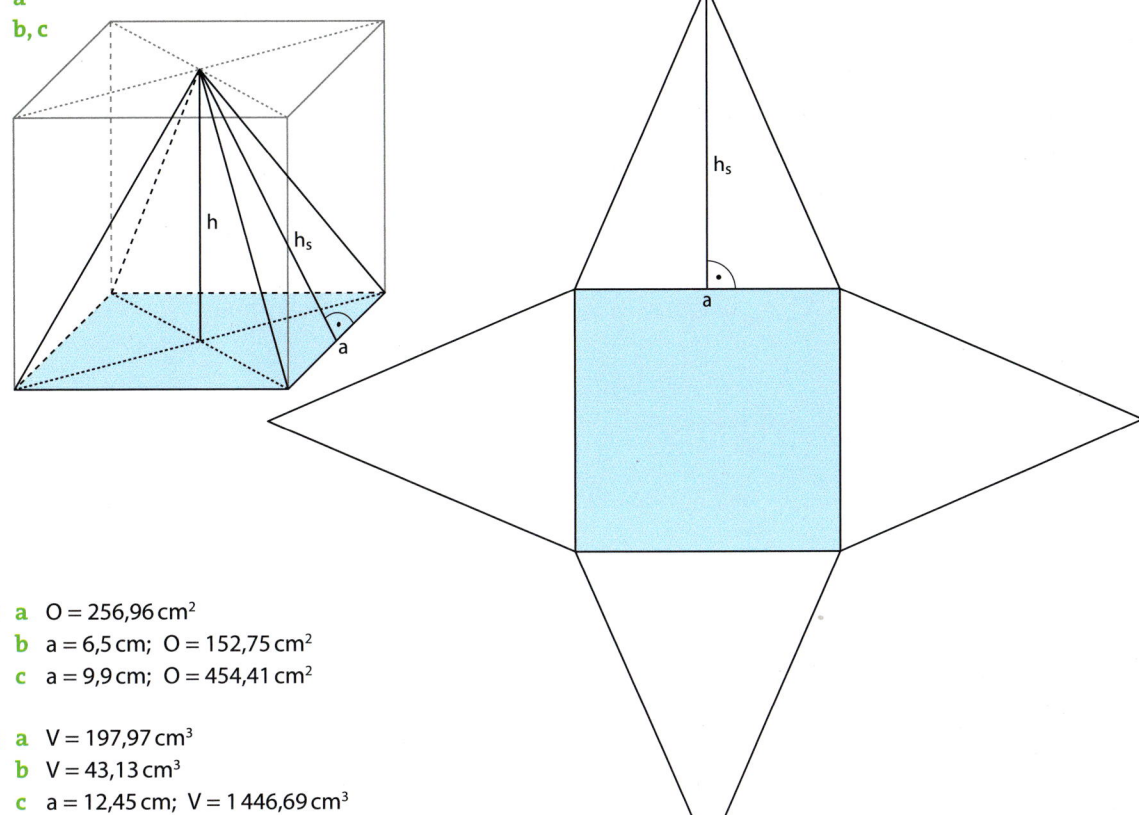

3 a $O = 256,96\,cm^2$
  b $a = 6,5\,cm;\ O = 152,75\,cm^2$
  c $a = 9,9\,cm;\ O = 454,41\,cm^2$

4 a $V = 197,97\,cm^3$
  b $V = 43,13\,cm^3$
  c $a = 12,45\,cm;\ V = 1\,446,69\,cm^3$

5 a $a = 3,59\,m\quad\rightarrow\quad O = 44,70\,m^2;\ V = 17,40\,m^3$
  b $h_s = 15,63\,cm\quad\rightarrow\quad O = 1\,186,69\,cm^2;\ V = 1\,807,08\,cm^3$
  c $a = 27,60\,cm;\ h = 12,17\,cm\quad\rightarrow\quad O = 1\,777,44\,cm^2;\ V = 3\,090,32\,cm^3$
  d $a = 46,67\,dm;\ h = 2,26\,m;\ h_s = 3,25\,m\quad\rightarrow\quad O = 5\,210,53\,dm^2;\ V = 16\,411,41\,dm^3$

6 $G = 110\,cm^2;\ h_p = 13,42\,cm;\ M = 290\,cm^2\quad\rightarrow\quad O = 400\,cm^2;\ V = 492,07\,cm^3$

Seite 146

7 a

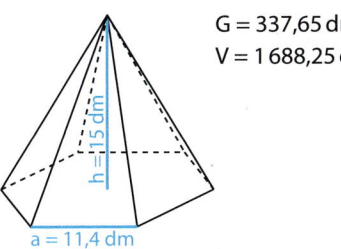

$G = 337,65\,dm^2$
$V = 1\,688,25\,dm^3$

b

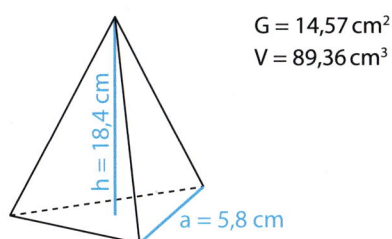

$G = 14,57\,cm^2$
$V = 89,36\,cm^3$

8 a $h = 14,80\,cm;\ h_s = 15,82\,cm;\ O = 479,88\,cm^2$
  b $a = 9,80\,cm;\ h_s = 20,59\,cm;\ M = 403,60\,cm^2$
  c $h_s = 21,88\,cm;\ h = 14,92\,cm;\ V = 5\,092,69\,cm^3;\ s = 27,10\,cm$

9 $G = 766{,}08\,\text{cm}^2 \quad \rightarrow \quad V = 4724{,}16\,\text{cm}^3$
$h_s = 23{,}94\,\text{cm};\ M = 1206{,}58\,\text{cm}^2 \quad \rightarrow \quad O = 1972{,}66\,\text{cm}^2$

10 a $h_P = 15{,}36\,\text{cm};\ h_Z = 15{,}92\,\text{cm} \quad \Rightarrow \quad$ Der Zylinder ist höher.

b $h_s = 16{,}58\,\text{cm} \quad \Rightarrow \quad$ Die Mantelfläche der Pyramide beträgt $414{,}5\,\text{cm}^2$.

11 a $V_{\text{gesamt}} = V_{\text{Pyramide}} + V_{\text{Prisma}} \qquad\qquad V_{\text{Pyramide}} = 56{,}02\,\text{cm}^3;\ V_{\text{Prisma}} = 103{,}24\,\text{cm}^3$

$V_{\text{gesamt}} = 159{,}26\,\text{cm}^3$

$O_{\text{gesamt}} = M_{\text{Pyramide}} + A_{\text{Rechteck1}} + A_{\text{Rechteck2}} + 2 \cdot A_{\text{Dreieck}}$

$\qquad\qquad M_{\text{Pyramide}} = 72{,}68\,\text{cm}^2;\ A_{\text{Rechteck1}} = 48{,}51\,\text{cm}^2;\ A_{\text{Rechteck2}} = 42{,}14\,\text{cm}^2;\ A_{\text{Dreieck}} = 21{,}07\,\text{cm}^2$

$O_{\text{gesamt}} = 205{,}47\,\text{cm}^2$

b $V_{\text{gesamt}} = V_{\text{Pyramide}} + V_{\text{Würfel}} \qquad\qquad V_{\text{Pyramide}} = 243\,\text{cm}^3;\ V_{\text{Würfel}} = 729\,\text{cm}^3$

$V_{\text{gesamt}} = 972\,\text{cm}^3$

$O_{\text{gesamt}} = M_{\text{Pyramide}} + 5 \cdot A_{\text{Quadrat}} \qquad M_{\text{Pyramide}} = 181{,}12\,\text{cm}^2;\ A_{\text{Quadrat}} = 81\,\text{cm}^2$

$O_{\text{gesamt}} = 586{,}12\,\text{cm}^2$

12 $O_{\text{gesamt}} = M_{\text{Pyramide}} + \frac{1}{2} M_{\text{Zylinder}} + A_{\text{Kreis}}$

$\qquad\qquad a = 5{,}53\,\text{cm};\ M_{\text{Pyramide}} = 87{,}40\,\text{cm}^2;\ M_{\text{Zylinder}} = 96{,}07\,\text{cm}^2;\ A_{\text{Kreis}} = 24{,}02\,\text{cm}^2$

$O_{\text{gesamt}} = 159{,}46\,\text{cm}^2$

13 $O_{\text{gesamt}} = A_{\text{Quadrat}} + 4 \cdot A_{\text{Rechteck}} + 4 \cdot A_{\text{Dreieck}}$

$\qquad\qquad h = 5{,}94\,\text{cm};\ A_{\text{Quadrat}} = 17{,}64\,\text{cm}^2;\ A_{\text{Rechteck}} = 8{,}82\,\text{cm}^2;\ A_{\text{Dreieck}} = 13{,}23\,\text{cm}^2$

$O_{\text{gesamt}} = 105{,}84\,\text{cm}^2$

$V_{\text{gesamt}} = V_{\text{Pyramide}} + V_{\text{Quader}} \qquad h = 5{,}94\,\text{cm};\ V_{\text{Pyramide}} = 34{,}93\,\text{cm}^3;\ V_{\text{Quader}} = 37{,}04\,\text{cm}^3$

$V_{\text{gesamt}} = 71{,}97\,\text{cm}^3$

Kapitel 6

Seite 177

1

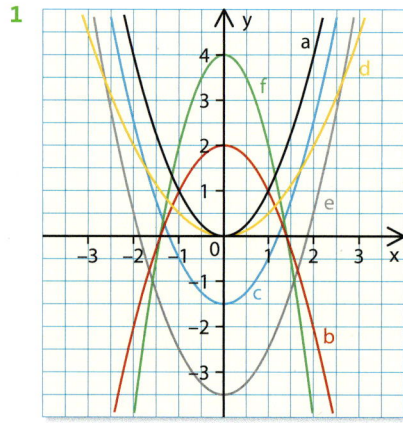

Wertetabellen sind erforderlich für **d** und **f**.

2 a S(0|1)
Die Normalparabel wurde verschoben und sie ist nach oben geöffnet.

b S(0|0); Die Parabel ist gestreckt und nach oben geöffnet.

c S(0|2); Die Parabel ist gestaucht und nach unten geöffnet.

d S(0|4)
Die Normalparabel wurde verschoben und sie ist nach unten geöffnet.

e S(0|−2); Die Parabel ist gestreckt und nach unten geöffnet.

f S(0|−3); Die Parabel ist gestaucht und nach oben geöffnet.

3 a P gehört zum Graphen der Funktion.

  b P gehört nicht zum Graphen der Funktion.

  c P gehört zum Graphen der Funktion.

4 $p_1 \leftrightarrow$ ② $p_2 \leftrightarrow$ ⑥ $p_3 \leftrightarrow$ ⑤ p_4: $y = 2x^2$ p_5: $y = -x^2 + 2$

5 a P(3|**5**); Q(−1|−**3**)   **b** P(−1|**3**); Q(0|**1**)   **c** P(**3**|8); Q(−**3**|8)

6 a $y = \mathbf{2}x^2$ **b** $y = x^2 - \mathbf{4}$ **c** $y = \frac{1}{4}x^2 - 3$ **d** $y = 2x^2 + \mathbf{8}$

7 a x-Werte der Stützpfeiler: $x_1 = -20\,\text{m}$; $x_2 = 20\,\text{m}$ **b** Die Stützpfeiler sind 12,5 m hoch.

8

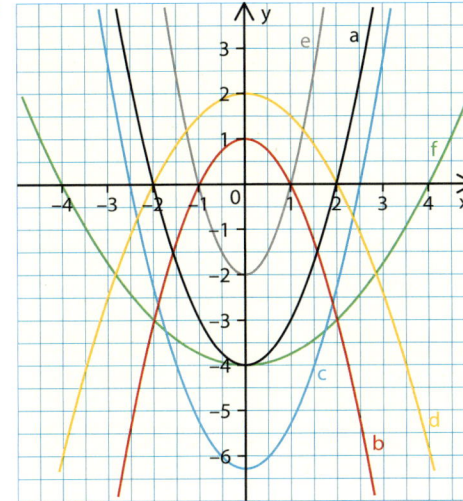

  a $N_1(2|0)$; $N_2(-2|0)$
  b $N_1(1|0)$; $N_2(-1|0)$
  c $N_1(2,5|0)$; $N_2(-2,5|0)$
  d $N_1(2|0)$; $N_2(-2|0)$
  e $N_1(1|0)$; $N_2(-1|0)$
  f $N_1(-4|0)$; $N_2(4|0)$

9 a $x_1 = 9$; $x_2 = -9$ **c** $x_1 = 8$; $x_2 = -8$ **e** $x_1 = 3$; $x_2 = -3$
  b $x_1 = 10$; $x_2 = -10$ **d** $x_1 = 1$; $x_2 = -1$ **f** $x_1 = 1,5$; $x_2 = -1,5$

10 a $x^2 \cdot 2 - 12 = 60$ $x_1 = 6$; $x_2 = -6$ **b** $x^2 : 4 + 10 = 14$ $x_1 = 4$; $x_2 = -4$

Seite 178

11

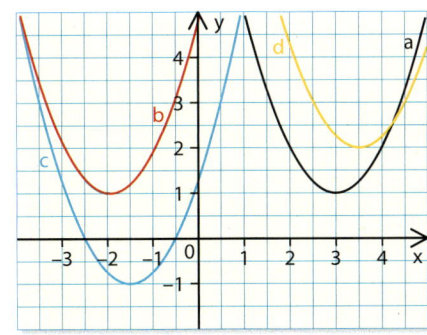

12 a Die Normalparabel ist um eine Einheit nach links und um eine Einheit nach oben verschoben; S(−1|1).

  b Die Normalparabel ist um vier Einheiten nach rechts und um zwei Einheiten nach oben verschoben; S(4|2).

  c Die Normalparabel ist um 4,5 Einheiten nach links verschoben; S(−4,5|0).

  d Die Normalparabel ist um drei Einheiten nach rechts und um 2,5 Einheiten nach unten verschoben; S(3|−2,5).

13 a $p_1: y = (x - 3)^2 - 1{,}5$
  $p_2: y = (x - 2)^2 + 1$
  $p_3: y = (x + 1)^2 - 2$
  $p_4: y = (x + 1{,}5)^2 + 2$
  $p_5: y = (x + 2{,}5)^2 - 1$

b $P \leftrightarrow p_3;\ Q \leftrightarrow p_5;\ R \leftrightarrow p_1$

c $T(5|\mathbf{10});\ U(-6|\mathbf{11{,}25})$

14 a $y = x^2 + 6x + 8$ **b** $y = x^2 - 10x + 19$ **c** $y = x^2 - 4x + 7$ **d** $y = x^2 + 5x - 0{,}75$

15 a $y = (x + 3)^2 - 3$ **b** $y = (x - 2)^2 - 1$ **c** $y = (x - 1)^2 - 3$ **d** $y = (x + 1{,}5)^2 + 1$

16
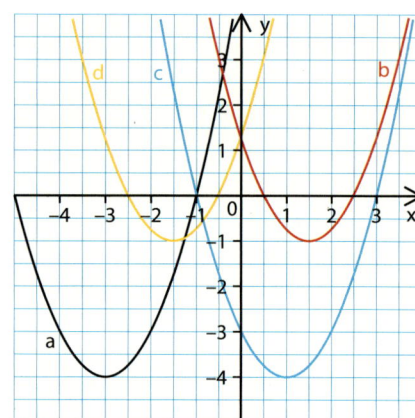

a $N_1(-1|0);\ N_2(-5|0)$
b $N_1(2{,}5|0);\ N_2(0{,}5|0)$
c $N_1(3|0);\ N_2(-1|0)$
d $N_1(-0{,}5|0);\ N_2(-2{,}5|0)$

17 a $x_1 = 2;\ x_2 = -10$ **b** $x_1 = 5;\ x_2 = 1$
  c $x_1 = 2;\ x_2 = -6$ **d** $x_1 = -2;\ x_2 = -4$
  e $x_1 = -1;\ x_2 = -4$ **f** $x_1 = 11;\ x_2 = -1$

18 a $x_1 = -1;\ x_2 = -7$ **b** $x = 1$
  c keine Lösung   **d** $x_1 = 10;\ x_2 = -4$
  e $x_1 = -1;\ x_2 = -7$ **f** $x_1 = 3;\ x_2 = -8$

19 Das Rechteck ist 8 cm lang und 4 cm breit.

20 a $y = x^2 - 6x + \mathbf{11}$ **b** $y = x^2 - \mathbf{2}x + 4$ **c** $y = x^2 - 7x - 3$

21 a $y = x^2 - 6x + 7$ **b** $y = x^2 - 4x + 5$ **c** $y = x^2 + 2x - 1{,}25$ **d** $y = x^2 - 2x + 1$

22 a $T(1|0);\ U(4|3)$ **b** $T(2|2)$ **c** kein Schnittpunkt

23 $[p: y = (x + 1)^2 - 5;\ g: y = x - 2]$
  Koordinaten der Schnittpunkte: $T(-2|-4);\ U(1|-1)$

Kapitel 1

Seite 35

1 **a** $4^2 = 4 \cdot 4 = 16$

   b $10^6 = 10 \cdot 10 \cdot 10 \cdot 10 \cdot 10 \cdot 10 = 1\,000\,000$

   c $19^4 = 19 \cdot 19 \cdot 19 \cdot 19 = 130\,321$

   d $0,5^3 = 0,5 \cdot 0,5 \cdot 0,5 = 0,125$

   e $0,3^8 = 0,3 \cdot 0,3 \cdot 0,3 \cdot 0,3 \cdot 0,3 \cdot 0,3 \cdot 0,3 \cdot 0,3 = 0,00006561$

   f $\left(\frac{2}{5}\right)^3 = \frac{2}{5} \cdot \frac{2}{5} \cdot \frac{2}{5} = \frac{8}{125}$

   g $1,1^2 = 1,1 \cdot 1,1 = 1,21$

   h $\left(\frac{1}{2}\right)^4 = \frac{1}{2} \cdot \frac{1}{2} \cdot \frac{1}{2} \cdot \frac{1}{2} = \frac{1}{16}$

2 **a** 10^2 **b** 10^5 **c** 10^7 **d** 10^{-3} **e** 10^{-6} **f** 10^{-8}

3 **a** 784 →   Die Klammer muss beachtet werden, da das Minuszeichen ebenfalls potenziert wird.

   b $-130\,321$ →   Das Minuszeichen wird nicht potenziert.

   c $-0,0144$ →   Das Minuszeichen wird nicht potenziert.

   d -243 →   Die Klammer muss beachtet werden, da das Minuszeichen ebenfalls potenziert wird.

   e $-10\,556\,001$ →   Das Minuszeichen wird nicht potenziert.

   f $-\frac{3125}{248832}$ →   Die Klammer muss beachtet werden, da das Minuszeichen ebenfalls potenziert wird.

   g $-0,010077696$ →   Die Klammer muss beachtet werden, da das Minuszeichen ebenfalls potenziert wird.

   h $-\frac{2187}{823543}$ →   Das Minuszeichen wird nicht potenziert.

4 **a** $3,5 \cdot 10^5$ **b** $4,59 \cdot 10^8$ **c** $2,1 \cdot 10^{-5}$ **d** $1,7 \cdot 10^{-5}$ **e** $5,67 \cdot 10^9$ **f** $9,87 \cdot 10^{-6}$

5 **a** geg.: Länge des Zauns: 39,5 km

            Länge des Rheins: $1,233 \cdot 10^3$ km

    ges.: Vergleich der Längen

    $1,233 \cdot 10^3$ km $= 1\,233$ km

    $1\,233$ km $- 39,5$ km $= 1193,5$ km

    ⇒ Der Rhein ist um $1,1935 \cdot 10^3$ km länger als der Zaun.

   b geg.: Fläche der Stoffbahnen: 200 000 m²

            Fläche Alexanderplatz: $2 \cdot 10^5$ m²

    ges.: Vergleich der Flächen

    $2 \cdot 10^5$ m² $= 200\,000$ m²

    $200\,000$ m² $= 200\,000$ m²

    ⇒ Die Flächen sind gleich groß.

6 **a** geg.: Geschwindigkeit Licht (im Vakuum): 300 000 km/s; Entfernung zwischen Sonne und Erde: $1,5 \cdot 10^8$ km

    ges.: Wie lange braucht das Sonnenlicht zur Erde?

    $1,5 \cdot 10^8$ km $= 150\,000\,000$ km

    $150\,000\,000$ km : 300 000 km/s $= 500$ s   oder $1,5 \cdot 10^8$ km : $3 \cdot 10^5$ km/s $= 5 \cdot 10^2$ s

    500 s : $60 \approx 8$ min ⇒ Das Sonnenlicht braucht ungefähr 8 min zur Erde.

   b geg.: Geschwindigkeit Jet: 2 000 km pro Stunde; Entfernung zwischen Sonne und Erde: $1,5 \cdot 10^8$ km

    ges.: Flugdauer des Jets zur Sonne

    $1,5 \cdot 10^8$ km $= 150\,000\,000$ km

    $150\,000\,000$ km : 2 000 km/h $= 75\,000$ h   oder $1,5 \cdot 10^8$ km : $2 \cdot 10^3$ km/h $= 7,5 \cdot 10^4$ h

    Ein Jet bräuchte 75 000 h. Das entspräche 3 125 Tagen, also mehr als 8 Jahren.

7 **a** 3, da $3^2 = 9$ **b** 5, da $5^2 = 25$ **c** 9, da $9^2 = 81$ **d** 11, da $11^2 = 121$

   e 12, da $12^2 = 144$ **f** 14, da $14^2 = 196$ **g** 1,2, da $1,2^2 = 1,44$ **h** 0,8, da $0,8^2 = 0,64$

   i 0,2, da $0,2^2 = 0,04$ **j** $\frac{2}{4}$, da $\left(\frac{2}{4}\right)^2 = \frac{4}{16}$ **k** $\frac{11}{15}$, da $\left(\frac{11}{15}\right)^2 = \frac{121}{225}$ **l** $\frac{16}{21}$, da $\left(\frac{16}{21}\right)^2 = \frac{256}{441}$

8 **a** 20   **b** 200   **c** 60   **d** 600

   e 90   **f** 0,9   **g** 0,3   **h** 0,03   **i** 0,02

9 **a** $a = \sqrt{81}$ m $= 9$ m   **b** $A = 72\,cm^2 : 2 = 36\,cm^2$ $\Rightarrow$ $a = \sqrt{36}$ cm $= 6$ cm
  c $r = \sqrt{78,54 : \pi}$ cm ≈ 5 cm   **d** $A = 200\,cm^2 : 8 = 25\,cm^2$ $\Rightarrow$ $a = \sqrt{25}$ cm $= 5$ cm

Seite 36

10 geg.: rechteckige Grundfläche A_R = quadratische Grundfläche A_{Qu}
        $a_R = 5,6$ m; $b_R = 2,75$ m
  ges.: a der quadratischen Grundfläche A_{Qu}
  $A_R = a_R \cdot b_R$ $\Rightarrow$ $A_R = 15,4\,m^2$
  $A_{Qu} = a_{Qu}{}^2$ $\Rightarrow$ $a_{Qu} = \sqrt{A_R}$
          $a_{Qu} \approx 3,92$ m
  Die Seitenlänge einer quadratischen Tafel mit demselben Flächeninhalt beträgt ca. 3,92 m.

11 **a** grünes Quadrat: $\sqrt{12,25}$ cm $= 3,5$ cm
    gelbes Quadrat: $\sqrt{20}$ cm $\approx 4,47$ cm
    blaues Quadrat: $\sqrt{40}$ cm $\approx 6,32$ cm

  b
rational (lässt sich als Bruch darstellen)	irrational (lässt sich nicht als Bruch darstellen)
$12,25\,cm^2$; $20\,cm^2$; $40\,cm^2$; $\sqrt{12,25}$ cm	$\sqrt{20}$ cm; $\sqrt{40}$ cm

  c individuelle Lösungen

12 **a** $\sqrt{25} = 5$
  b $3 < \sqrt{11} < 4$
  c individuell, z. B.

Wurzeln, die man …		
… genau bestimmen kann.	… nur ungefähr bestimmen kann.	… nicht bestimmen kann.
$\sqrt{25}$; $\sqrt{16}$; $\sqrt{121}$	$\sqrt{2}$; $\sqrt{12}$; $\sqrt{20}$	$\sqrt{-81}$; $\sqrt{-25}$; $\sqrt{-4}$

13 **a** $\sqrt{5}$; $\sqrt{6}$; $\sqrt{7}$; $\sqrt{8}$ **b** $\sqrt{12}$ **c** $\sqrt{15}$ **d** $\sqrt{18}$

14 geg.: Flächeninhalt Ziffernblatt: $A = 1\,452\,m^2$
  ges.: Durchmesser d
  $A = \pi \cdot r^2$ $\Rightarrow$ $r = \sqrt{1452 : \pi}$ m
          $r \approx 21,5$ m $\Rightarrow$ $d \approx 43$ m $\Rightarrow$ Der Durchmesser des Ziffernblattes beträgt ungefähr 43 m.

15 **a** $\sqrt{2 \cdot 50} = \sqrt{100} = 10$ → Zuerst die Radikanden multiplizieren, dann die Wurzel ziehen.
  b $2\sqrt{4} = 2 \cdot 2 = 4$ → Zuerst zusammenfassen, dann Wurzel ziehen und berechnen.
  c $\sqrt{\frac{16}{4}} = \sqrt{4} = 2$ → Zuerst die Radikanden dividieren, dann die Wurzel ziehen.
  d $4\sqrt{9} = 4 \cdot 3 = 12$ → Zuerst zusammenfassen, dann Wurzel ziehen und berechnen.
  e $\sqrt{3 \cdot 75} = \sqrt{225} = 15$ → Zuerst die Radikanden multiplizieren, dann die Wurzel ziehen.
  f $\sqrt{\frac{48}{3}} = \sqrt{16} = 4$ → Zuerst die Radikanden dividieren, dann die Wurzel ziehen.
  g $4 + 4 = 8$ → Zuerst die Wurzel ziehen, dann addieren.
  h $\sqrt{0,72 \cdot 2} = \sqrt{1,44} = 1,2$ → Zuerst die Radikanden multiplizieren, dann die Wurzel ziehen.
  i $\sqrt{\frac{484}{4}} = \sqrt{121} = 11$ → Zuerst die Radikanden dividieren, dann die Wurzel ziehen.

16 **a** $9\sqrt{2}$ **b** $16\sqrt{5}$ **c** $3\sqrt{11}$ **d** $7\frac{1}{4}\sqrt{15}$

17 **a** $\sqrt{5vw \cdot 5vx} = \sqrt{25v^2wx} = 5v\sqrt{wx}$ **b** $\sqrt{\frac{256x}{x}} = \sqrt{256} = 16$ **c** $\sqrt{\frac{25x^2y}{36y \cdot 16x}} = \frac{5}{6 \cdot 4}\sqrt{x} = \frac{5}{24}\sqrt{x}$

  d $2\sqrt{x}$ **e** $24\sqrt{d^2e^2} = 24de$ **f** $\frac{1}{2}\sqrt{a + b}$

Seite 37

18 geg.: Flächeninhalt ursprüngliches Quadrat: $A_{Qu1} = 121\,cm^2$

Flächeninhalt kleines Teilquadrat: $A_{Qu2} = 16\,cm^2$

ges.: Zerlegung in zwei Quadrate und zwei Rechtecke: Flächeninhalt; Seitenlängen

ursprüngliches Quadrat $\quad a_1 = \sqrt{A_{Qu1}} \quad \Rightarrow \quad a_1 = 11\,cm$

grünes Quadrat $Qu_2 \quad\quad a_2 = \sqrt{A_{Qu2}} \quad \Rightarrow \quad a_2 = 4\,cm$

rotes Rechteck $R_4 \quad\quad\quad a_4 = 11\,cm - 4\,cm = 7\,cm;\ b_4 = a_2 = 4\,cm$

$\quad\quad\quad\quad\quad\quad\quad\quad\quad A_{R4} = a_4 \cdot b_4 \quad \Rightarrow \quad A_{R4} = 28\,cm^2$

blaues Rechteck $R_5 \quad\quad\quad a_5 = 11\,cm - 4\,cm = 7\,cm;\ b_5 = a_2 = 4\,cm$

$\quad\quad\quad\quad\quad\quad\quad\quad\quad A_{R5} = a_5 \cdot b_5 \quad \Rightarrow \quad A_{R5} = 28\,cm^2$

gelbes Quadrat $Qu_6 \quad\quad a_6 = 11\,cm - 4\,cm = 7\,cm;\ b_6 = a_4 = 7\,cm$

$\quad\quad\quad\quad\quad\quad\quad\quad\quad A_{Qu6} = a_6 \cdot b_6 \quad \Rightarrow \quad A_{R5} = 49\,cm^2$

Die Flächeninhalte der Quadrate betragen $16\,cm^2$ sowie $49\,cm^2$ und die der Rechtecke $28\,cm^2$.

19 geg.: $v_0 = 10\,m/s;\ t = 0{,}4\,s;\ g = 9{,}81\,m/s^2$

ges.: Geschwindigkeit v beim Aufprall

$v = \sqrt{v_0{}^2 + g^2 \cdot t^2}$

$v \approx 10{,}74\,m/s \quad \Rightarrow \quad$ Die Geschwindigkeit beim Aufprall lag bei ungefähr $10{,}74\,m/s$.

20 **a** $\sqrt{2 \cdot 9} = 3\sqrt{2}$ $\quad$ **b** $\sqrt{6 \cdot 9} = 3\sqrt{6}$ $\quad$ **c** $\sqrt{2 \cdot 16} = 4\sqrt{2}$ $\quad$ **d** $\sqrt{3 \cdot 25} = 5\sqrt{3}$

e $\sqrt{2 \cdot 49} = 7\sqrt{2}$ $\quad$ **f** $\sqrt{0{,}03 \cdot 4} = 2\sqrt{0{,}03}$ $\quad$ **g** $\sqrt{0{,}05 \cdot 9} = 3\sqrt{0{,}05}$ $\quad$ **h** $\sqrt{0{,}5 \cdot 9} = 3\sqrt{0{,}5}$

21 **a** $\frac{1 \cdot \sqrt{3}}{\sqrt{3} \cdot \sqrt{3}} = \frac{1}{3}\sqrt{3}$ $\quad$ **b** $\frac{3 \cdot \sqrt{5}}{\sqrt{5} \cdot \sqrt{5}} = \frac{3}{5}\sqrt{5}$ $\quad$ **c** $\frac{8 \cdot \sqrt{4}}{\sqrt{4} \cdot \sqrt{4}} = 2\sqrt{4}$

d $\frac{6 \cdot \sqrt{3}}{2\sqrt{3} \cdot \sqrt{3}} = \sqrt{3}$ $\quad$ **e** $\frac{28 \cdot \sqrt{7}}{4\sqrt{7} \cdot \sqrt{7}} = \sqrt{7}$ $\quad$ **f** $\frac{12 \cdot \sqrt{3}}{5\sqrt{3} \cdot \sqrt{3}} = \frac{12}{15}\sqrt{3} = \frac{4}{5}\sqrt{3}$

22 **a** $\sqrt{4 \cdot 5} + \sqrt{9 \cdot 5} = 2\sqrt{5} + 3\sqrt{5} = 5\sqrt{5}$ $\quad$ **b** $\sqrt{4 \cdot 3} + 6 = 2\sqrt{3} + 6$

c $\sqrt{9 \cdot 7} - \sqrt{4 \cdot 7} = 3\sqrt{7} - 2\sqrt{7} = \sqrt{7}$ $\quad$ **d** $\sqrt{100 \cdot 5} - \sqrt{4 \cdot 5} = 10\sqrt{5} - 2\sqrt{5} = 8\sqrt{5}$

23 **a** $\frac{(3 + \sqrt{2}) \cdot \sqrt{2}}{\sqrt{2} \cdot \sqrt{2}} = \frac{3 \cdot \sqrt{2} + \sqrt{2} \cdot \sqrt{2}}{2} = \frac{3\sqrt{2} + 2}{2} = \frac{3}{2}\sqrt{2} + 1$ $\quad$ **b** $\frac{(\sqrt{2} + 7) \cdot \sqrt{2}}{\sqrt{2} \cdot \sqrt{2}} = \frac{\sqrt{2} \cdot \sqrt{2} + 7 \cdot \sqrt{2}}{2} = \frac{2 + 7\sqrt{2}}{2} = 1 + \frac{7}{2}\sqrt{2}$

c $\frac{(\sqrt{5} - 2) \cdot \sqrt{3}}{\sqrt{3} \cdot \sqrt{3}} = \frac{\sqrt{5} \cdot \sqrt{3} - 2 \cdot \sqrt{3}}{3} = \frac{\sqrt{15} - 2\sqrt{3}}{3} = \frac{1}{3}\sqrt{15} - \frac{2}{3}\sqrt{3}$ $\quad$ **d** $\frac{(4 - \sqrt{8}) \cdot \sqrt{8}}{\sqrt{8} \cdot \sqrt{8}} = \frac{4 \cdot \sqrt{8} - \sqrt{8} \cdot \sqrt{8}}{8} = \frac{4\sqrt{8} - 8}{8} = \frac{1}{2}\sqrt{8} - 1$

e $\frac{(\sqrt{6} + 4) \cdot \sqrt{6}}{\sqrt{6} \cdot \sqrt{6}} = \frac{\sqrt{6} \cdot \sqrt{6} + 4 \cdot \sqrt{6}}{6} = \frac{6 + 4\sqrt{6}}{6} = 1 + \frac{2}{3}\sqrt{6}$ $\quad$ **f** $\frac{(11 - \sqrt{13}) \cdot \sqrt{13}}{\sqrt{13} \cdot \sqrt{13}} = \frac{11 \cdot \sqrt{13} - \sqrt{13} \cdot \sqrt{13}}{13} = \frac{11\sqrt{13} - 13}{13} = \frac{11}{13}\sqrt{13} - 1$

24 **a** $y\sqrt{5}$ $\quad$ **b** $b^2\sqrt{b}$ $\quad$ **c** $y^2\sqrt{x}$ $\quad$ **d** $6\sqrt{a}$ $\quad$ **e** $4x\sqrt{z}$

f $3w\sqrt{2}$ $\quad$ **g** $0{,}3a\sqrt{b}$ $\quad$ **h** $11d^2e\sqrt{d}$ $\quad$ **i** $12a^3b^2$

25 **a** $\frac{4 \cdot \sqrt{b}}{\sqrt{b} \cdot \sqrt{b}} = \frac{4}{b}\sqrt{b}$ $\quad$ **b** $\frac{3 \cdot \sqrt{y}}{\sqrt{y} \cdot \sqrt{y}} = \frac{3}{y}\sqrt{y}$ $\quad$ **c** $\frac{4 \cdot \sqrt{x}}{5\sqrt{x} \cdot \sqrt{x}} = \frac{4}{5x}\sqrt{x}$

d $\frac{2 \cdot \sqrt{3a}}{\sqrt{3a} \cdot \sqrt{3a}} = \frac{2}{3a}\sqrt{3a}$ $\quad$ **e** $\frac{x \cdot \sqrt{x}}{\sqrt{x} \cdot \sqrt{x}} = \sqrt{x}$ $\quad$ **f** $\frac{3a \cdot \sqrt{a}}{\sqrt{a} \cdot \sqrt{a}} = 3\sqrt{a}$

26 **a** 8 $\quad$ **b** 10 $\quad$ **c** 0,6 $\quad$ **d** $\frac{2}{3}$ $\quad$ **e** $\frac{1}{5}$ $\quad$ **f** $\frac{4}{9}$

27 **a** $a = \sqrt[3]{4913}\,m = 17\,m$ $\quad$ **b** $a = \sqrt[3]{125}\,cm = 5\,cm$

c $a = \sqrt[3]{2197}\,cm = 13\,m$ $\quad$ **d** $a = \sqrt[3]{0{,}729}\,cm = 0{,}9\,cm$

28 geg.: Volumen des Würfelmodells: $64\,cm^3$

1 m Draht

ges.: addierte Länge der Drahtstücke

$V = a^3 \Rightarrow a = \sqrt[3]{V}$

$a = 4\,cm \quad 4\,cm \cdot 12 = 48\,cm \Rightarrow$ Die Drahtrolle ist lang genug.

Kapitel 2

Seite 63

1 **a** 228 Kinder haben den Zoo besucht.

b 14,5 % aller Tage in diesem Jahr waren Sonntage.

c Es sind 25 Schüler in der Klasse 9c.

2 **a** Kohlenhydrate: 38,5 %

Fett: 29,5 %

Eiweiß: 27,8 %

Mineralstoffe und Spurenelemente: 4,2 %

Vitamine: ca. 0,08 %

b

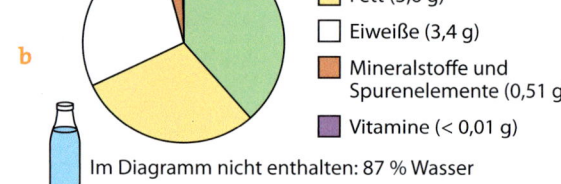

100 g Milch enthalten:

- Kohlenhydrate (4,7 g)
- Fett (3,6 g)
- Eiweiße (3,4 g)
- Mineralstoffe und Spurenelemente (0,51 g)
- Vitamine (< 0,01 g)

Im Diagramm nicht enthalten: 87 % Wasser

3 **a** Es werden Jahreszinsen in Höhe von 326,25 € fällig.

b Nach fünf Monaten werden $4\,500\,€ \cdot 0,0725 \cdot \frac{5}{12} = 135,94\,€$ fällig.

(nach 8 Monaten 217,50 €; nach 11 Monaten 299,06 €)

4 **a** 4,80 € · 52 = 249,60 €; Abo: 209,66 €

Herr Cem kann durch ein Abo vierteljährlich 9,99 € sparen.

b Einzelausgaben: 4,80 € · 104 = 499,20 €

Zweijahres-Abonnement: 209,66 € · 2 − 15 € = 404,32 €

Bei einem Zweijahresabonnement spart Herr Cem insgesamt 19 %.

5 **a** Im Streifendiagramm werden die einzelnen Anteile deutlicher, da alle Anteile in der gleichen Form dargestellt sind. Lediglich die Anschaulichkeit spricht für die „Turnschuh"-Darstellung.

Herstellungs-kosten

Sportschuhmarke

Löhne

Steuer-abgaben

Transport und Zölle

Einzelhandel

b Anteile am Turnschuh-Preis von 59,99 € (79,99 €):

Löhne:	0,24 € (0,32 €)	Herstellungskosten:	7,20 € (9,60 €)
Steuerabgaben:	9,60 € (12,80 €)	Einzelhandel:	18,96 € (25,78 €)
Transport und Zölle:	4,20 € (5,60 €)	Sportschuhmarke:	19,80 € (26,40 €)

Durch das Runden der Ergebnisse ergeben sich bei der Probe höhere Verkaufspreise.

6 315 € : 0,021 = 15 000 € entsprechen 75 % der Gewinnsumme.

⇒ Herr Schirmer hat 20 000 € gewonnen.

7 $483,50\,€ \cdot 0,095 \cdot \frac{10}{360} = 1,28\,€ \Rightarrow$ Herr Göhler bezahlt 1,28 € Zinsen.

8 a Im Jahr 2015 sind pro Person 457,4 kg Haushaltsmüll angefallen.

b Die Müllmenge ist von 2014 bis 2016 um 1,3 % gestiegen.

c

Zusammensetzung Müll 2014

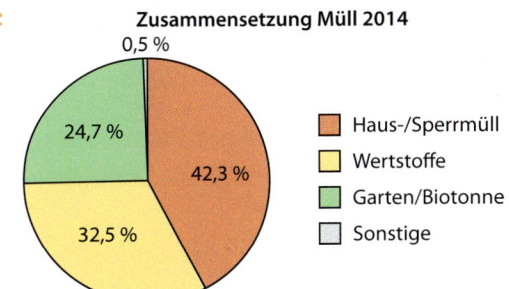

Im Kreisdiagramm werden die einzelnen Anteile deutlicher. In der Darstellung bei der Aufgabe steht die Größe der Kreise nicht im korrekten Verhältnis zum prozentualen Anteil der gesamten Müllmenge.

Seite 64

9 Herr Knödler soll sich für das Angebot ② entscheiden. Hier bezahlt er die niedrigsten Zinsen in Höhe von 54,82 €. Falls Herr Knödler keine Zeit hat, um mit der Bank zu sprechen, sollte er das Angebot ③ wählen. Auf keinen Fall sollte er zum ersten Angebot greifen, da die Überziehungszinsen (327,57 €) zu hoch sind.

10 a q = 0,75; neuer Preis: 37,49 €

b q = 1,07; neuer Benzinpreis: 1,41 €/l

c q = 0,85; neuer Preis: 373,99 €

d q = 1,035; neue Internetgebühren: 25,86 €

11

Ware	Nettopreis	Bruttopreis
Wanderkarte	7,49 €	**8,01 €**
Waschmaschine	668,07 €	**795 €**
Bergkäse	**4,66 €**	4,99 €
Motorroller	**2 092,44 €**	2 490 €

12 a Das Flugticket kostet 134,85 €.

b Die prozentuale Veränderung beträgt 5,7 %.

13 a 200 Kugelschreiben kosten 474,81 €.

b Ein Kugelschreiber ist bei einer Bestellung von 500 Stück gegenüber von 200 Stück um 21 % günstiger.

c Herr Klein sollte 200 Kugelschreiben bestellen, da diese Menge gegenüber der genauen Menge von 150 Stück einschließlich Mehrwertsteuer um 46,41 € günstiger ist.

14 a 2010 auf 2011: 3,3 %   2011 auf 2012: 8,1 %   2012 auf 2013: 4,5 %

b Im Jahr 2015 beträgt der Unterschied auch 20 %.

c Der Mietpreis lag 2017 für eine Vorzugswohnlage bei 9,33 €/m².

Seite 65

15

	Endkapital
a	9 284,33 €
b	8 941,16 €
c	8 644,63 €
d	8 390,97 €

16 a Nora erhält nach vier Jahren 1 263,63 €.

b Paul erhält nach sechs Jahren 1 304,39 €.

17

	Anfangskapital	Endkapital	Laufzeit
a	4 400 €	**4 560,31 €**	3 Jahre
b	**7 200 €**	7 642,49 €	5 Jahre
c	2 500 €	**2 717,71 €**	7 Jahre
d	**8 500 €**	9 576,88 €	10 Jahre

18 Der Einzahlungsbetrag lag bei 6 402,64 €.

19 a Lulu-Bank: 6 599,31 € nach 6 Jahren
Nana-Bank: 6 560,66 € nach 6 Jahren
Das Angebot der Lulu-Bank ist für Frau Kopp günstiger.

b Bei fünf Jahren Laufzeit ist das Angebot der Nana-Bank (6 463,70 €) nur um 12 ct teurer, also fast gleich.

20 a Sprint-Bank: 6 927,76 €; Garten-Bank: 6 934,60 €

Bei der Sprint-Bank muss Herr Kimmich weniger anlegen, um nach fünf Jahren die 7 500 € anzusparen.

b Sprint-Bank: 6 818,66 €; Garten-Bank: 6 818,69 €

Vermutlich würde er bei sechs Jahren Anspardauer die gleiche Wahl treffen, da die Sprint-Bank dann immer noch um 3 ct. günstiger ist. Womöglich würden aber andere Gründe den Ausschlag für die Wahl der Bank geben (Kundenfreundlichkeit, Erreichbarkeit …).

21 Antonia hatte im Jahr 2018 1 355,99 € auf dem Konto bei einem Zinssatz von 1,6 %.

22 Betrag nach 4 Jahren: 2 936,84 €; Zinsen für 2 Monate: 5,87 €

⇒   Betrag nach 4 Jahren und 2 Monaten: 2 942,71 €

23 $900 \cdot q^3 = 957{,}90$

$\qquad q^3 = 1{,}06433 \quad |\sqrt[3]{}$

$\qquad\quad q = 1{,}021 \quad \Rightarrow \quad$ Der Zinssatz betrug 2,1 %

Kapitel 3

Seite 94

1 Leslie: $\frac{7}{12} = 58{,}3\,\%$

Luca: 40 %

Jonas: $\frac{9}{15} = 60\,\%$

⇒   Jonas hat die beste Trefferquote.

2
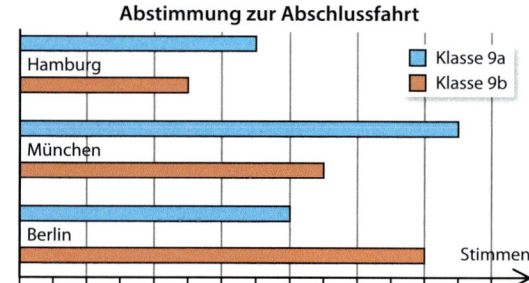
Abstimmung zur Abschlussfahrt

3
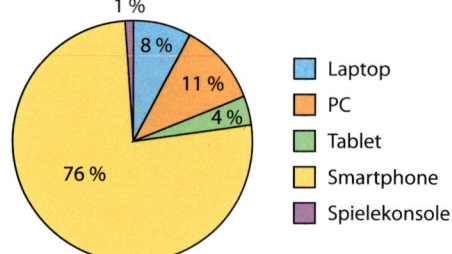
Geräte für den Internetzugang

4 a 481 Jugendliche vertrauen am ehesten der Tageszeitung.

b Ja, es haben 1 173 Jugendliche an der Befragung teilgenommen.

5
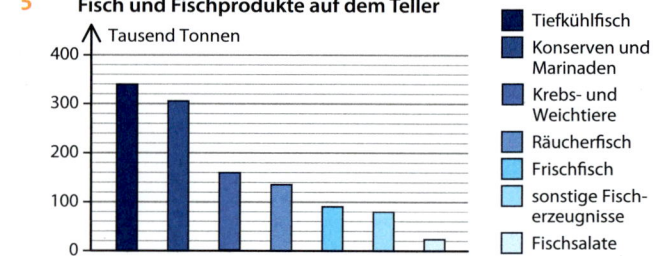
Fisch und Fischprodukte auf dem Teller

c Es waren Mehrfachnennungen möglich. 1 015 Personen wurden befragt, die 2 182 Antworten gegeben hatten.

6 a individuelle Lösung

b

Sonne	Wind	Biogas	Gas	Kohle	Uran
731	619	396	274	111	51
72 %	61 %	39 %	27 %	11 %	5 %

Seite 95

7 a 0; 1; 1; 1; 2,8; 7; 7; 9; 11,5; 15,2

Zentralwert:	4,9
arithmetisches Mittel:	5,55
Modalwert:	1

b 1; 7; 8; 9; 9; 9; 9; 11; 15; 35; 54; 60; 76; 76; 80

Zentralwert:	11
arithmetisches Mittel:	30,6
Modalwert:	9

8 a 1; 3; 32; 38; 42; 49; 57; 58; 58; 67; 71; 90; 90

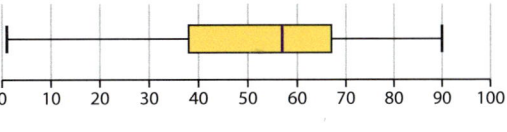

b 10; 11,3; 12,8; 29,2; 31,4; 34,1; 35,9; 41; 51,4; 64,6; 80,8; 95

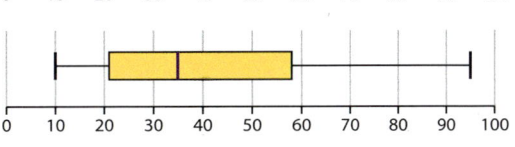

c 0,5; 0,6; 0,65; 0,7; 0,7; 0,9; 1; 1,1; 1,1; 1,3

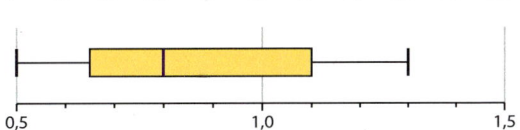

9 a Mittelwert (arithmetisches Mittel): 163 €
Zentralwert (Median): 155 €
Der Zentralwert ist in diesem Fall aussagekräftiger, da der Mittelwert durch Ausreißer (hier 194 €) stark in eine Richtung beeinflusst sein kann.

b Der Modalwert (155 €) hat hier eine Bedeutung, da er einen „sehr üblichen" Preis angibt.

10 a

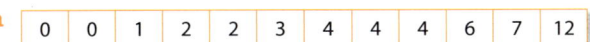

0	0	1	2	2	3	4	4	4	6	7	12

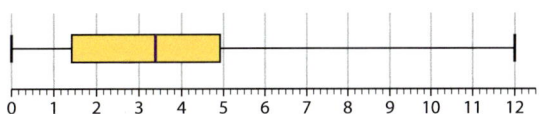

b Achim hat siebenmal gewonnen. Dadurch erhalten Zentralwert und Mittelwert jeweils den Wert 4.

11 geordnete Temperaturdaten Januar: −5,9; −3,6; −2,8; −2,6; −2,6; −2,2; −0,3; −0,1; 0,1; 0,2; 0,9; 1; 1; 1,2; 1,5; 2; 2,4; 2,5; 2,5; 2,5; 2,6; 3; 3,5; 3,7; 4,8

geordnete Temperaturdaten Februar: −6,4; −2,4; −2,2; −1,9; −1; −0,7; −0,5; −0,3; −0,3; −0,2; 0,4; 0,5; 2,1; 2,3; 2,4; 2,9; 3,4; 3,7; 3,8; 4; 4,1; 4,3; 4,6; 5; 5,7

a Mittelwert im Januar: 0,61 °C
Mittelwert im Februar: 1,33 °C ⇒ Im Februar war es von 1986 bis 2010 um 0,72 °C wärmer als im Januar.

b Durchschnittstemperaturen im Januar   Durchschnittstemperaturen im Februar

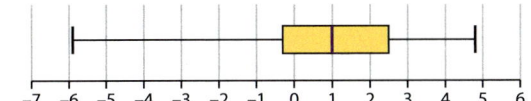 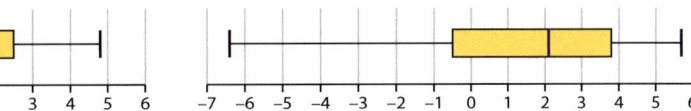

c mögliche Aussagen zum Vergleich der beiden Diagramme:
• Die höchste Durchschnittstemperatur wurde im Februar gemessen.
• Die niedrigste Durchschnittstemperatur wurde im Februar gemessen.
• Bezogen auf den Zentralwert ist im Mittel im Februar mit kälteren Temperaturen zu rechnen als im Januar.
• Im Januar ist in der Regel mit weniger Temperaturschwankungen zu rechnen.

d Die Bestimmung des Modalwertes ist hier wenig sinnvoll, dieser Wert nicht unbedingt die deutlichste Temperaturhäufung in einem bestimmten Temperaturbereich angibt.
Beispiel: Würde der Jahresdurchschnitt viermal bei −2 °C, aber sonst nie in diesem Bereich liegen, jedoch je dreimal bei 0,9 °C, 1 °C und 1,1 °C, so läge eine größere Temperaturhäufung im Bereich von 1 °C vor.

12 **a** Klasse 7

0; 0; 0; 0; 0; 0; 0; 0; 1; 1; 1; 1; 1; 1; 1; 1; 1; 1; 1; 1; 1; 1; 1; 1; 2; 2; 2; 2; 2; 2; 2; 2; 2; 2;
2; 2; 2; 2; 2; 2; 2; 2; 2; 2; 2; 2; 2; 2; 2; 2; 2; 2; 2; 2; 3; 3; 3; 3; 3; 3; 3; 3; 3; 3; 3; 4;
4; 4; 4; 4; 4; 4; 4; 4; 4; 4; 4; 4; 4; 4; 4; 5; 5; 5; 5; 6

Klasse 9

0; 0; 0; 1; 1; 1; 1; 1; 1; 1; 1; 1; 1; 1; 1; 2; 2; 2; 2; 2; 2; 2; 2; 3; 3; 3; 3; 3; 3; 3; 3; 3; 3; 3; 3;
3; 3; 3; 3; 3; 4; 4; 4; 4; 4; 4; 4; 4; 4; 4; 4; 5; 5; 5; 5; 5; 5; 5; 5; 5; 5; 5; 5; 5; 5; 5; 5; 5;
5; 5; 5; 5; 5; 5; 6; 6; 6; 6; 6; 6; 7; 7; 7; 7; 8

Kennwerte für einen Boxplot

	Klasse 7	Klasse 9
Minimum	0	0
q_u	1	2
Median	2	4
q_o	3	5
Maximum	6	8

b

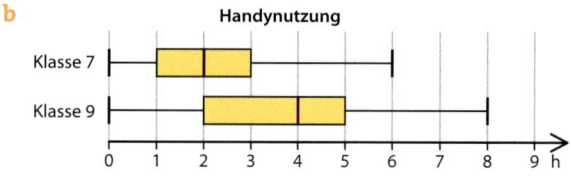
Handynutzung

einige mögliche Erkenntnisse aus dem Nutzungsvergleich:
- In beiden Klassen gibt es Schüler, die das Handy nicht nutzen. In Klasse 7 sind es mehr.
- Im Mittel wird das Handy in Klasse 9 deutlich (ca. 2 h) länger benutzt.
- Die sehr lange Handynutzung (5–8 h) ist in Klasse 9 deutlich stärker zu beobachten.

Seite 96

13 **a** Minimum = 0   Maximum = 6   z = 3 q_u = 1,2 q_o = 5
b Nein, da das Minimum bei 0 liegt, was keine Note ist.
c Eine Umfrage mit Ergebnissen von 0 bis 6 (Beispiel: „Wie viele Stunden schaust du am Tag fern?")

14 **a** Säulendiagramm   **b** Kreisdiagramm (individuelle Schätzung)
c Leon: 35,1 %   Bastian: 13,4 %   Josefine: 41,2 %   Anne: 10,3 %

15 Jannik hat nicht Recht, da insgesamt 405 Schüler befragt wurden und 190 nicht „mehr als die Hälfte" von 415 ist.

16 **a** n = 355   **b** 1998: 33,8 %   heute: 48,2 %

17 **a** z = −3,5 °C; $\bar{x}$ = −2,1 °C
b Beispielwerte: −4 und 0
(Ein Wert muss links und einer rechts vom Rangplatz des Zentralwertes liegen.)

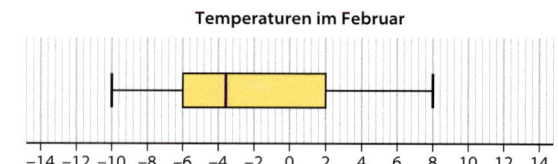
Temperaturen im Februar

18 **a** z = 4 h; $\bar{x}$ = 4,7 h ⇒ Der Mittelwert ist geringfügig größer als der Zentralwert.
b Es kommt ganz darauf an, was man auswerten möchte.
- Im Säulendiagramm kann man leicht ablesen, wie viele Schüler wie viel Zeit im Internet verbringen.
- Der Boxplot gibt Aufschluss über die Verteilungen der Zeiten.
c Die Höhe der Säule sagt etwas darüber aus, wie viele Schüler es betrifft.
Das Maximum der Internetnutzung kann man gut im Boxplot ablesen: Maximum = 12 h

Seite 97

19 a Der Balken für Februar ist scheinbar sechsmal so lang wie der Balken für März.

   b März: 14; Februar: 26 ⇒ Es sind im Februar etwa doppelt so viele Unfälle wie im März.

   c Die x-Achse beginnt bei 12.

20 a Sowohl Länge als auch Breite wurden verdoppelt.

   b

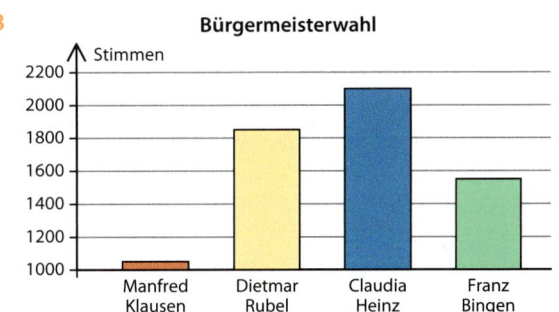

21 a Die x-Achse wurde gestaucht und die y-Achse wurde gedehnt. Dadurch wurde der Anstieg im 4. Monat deutlicher.

   b Diagramm 1: Die Umsätze des letzten halben Jahres blieben konstant. Lediglich im 4. Monat gab es eine leichte Umsatzsteigerung.

        Diagramm 2: Die Umsätze des letzten halben Jahres stiegen an. Im 4. Monat gab es einen starken Anstieg.

22 Diagramm 1 ist das richtige, da es dem Verhältnis 3 : 2 entspricht.

24 a Der Durchmesser wurde vervierfacht. Dadurch versechzehnfacht sich das Volumen.

   b r = 1 cm

23

Bürgermeisterwahl

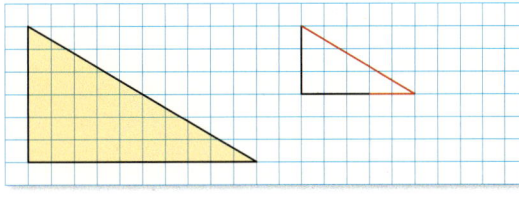

(Balkendiagramm: Stimmen. Manfred Klausen ≈ 1050; Dietmar Rubel ≈ 1850; Claudia Heinz ≈ 2100; Franz Bingen ≈ 1550.)

Kapitel 4

Seite 123

1 a $\frac{3,5}{2,5} = \frac{5,6}{4,0}$ → ähnlich

  b $\frac{1,8}{2,4} = \frac{2,7}{3,6}$ → ähnlich

3 a = 8 cm; b = 12 cm; c = 16 cm

	a'	b'	c'
a	2 cm	3 cm	4 cm
b	2,67 cm	4 cm	5,33 cm
c	12 cm	18 cm	24 cm
d	10 cm	15 cm	20 cm
e	20 cm	30 cm	40 cm
f	1 cm	1,5 cm	2 cm

2 a

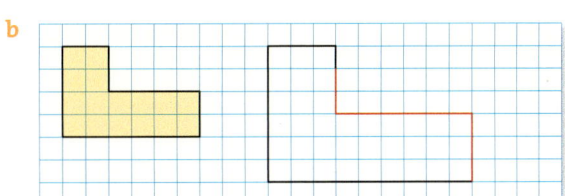

  b

4 a = 7,5 cm
b = 8 cm
c = 10 cm

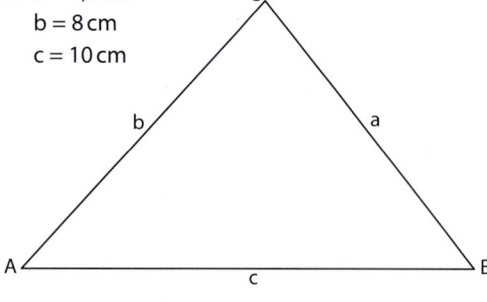

a a' = 3,0 cm → b' = 3,2 cm; c' = 4,0 cm

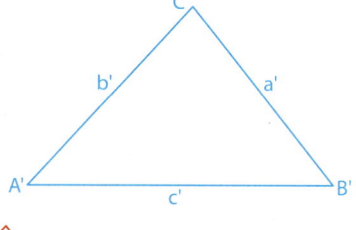

b a' = 9,0 cm → b' = 9,6 cm; c' = 12 cm
c b' = 6,0 cm → a' = 5,625 cm; c' = 7,5 cm
d c' = 12,6 cm → a' = 9,45 cm; b' = 10,08 cm

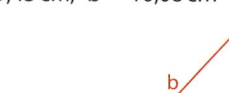

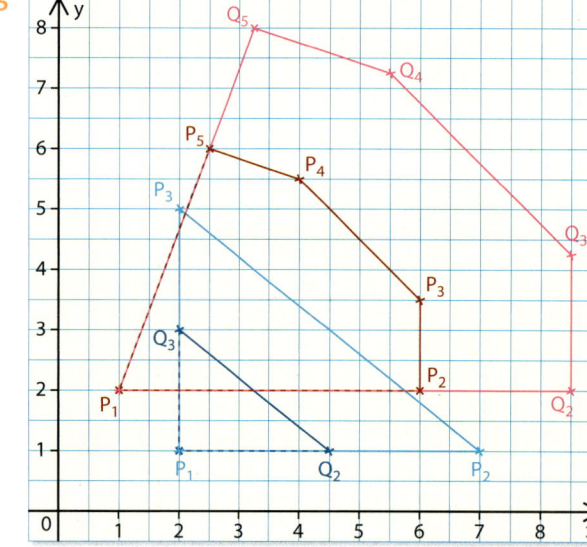

5

a $Q_2(4,5|1)$;
$Q_3(2|3)$

b $Q_2(8,5|2)$;
$Q_3(8,5|4,25)$;
$Q_4(5,5|7,75)$;
$Q_5(3,25|8)$

6 **a** a = 20 m; c = 22,5 m
b b = 1,8 m; e = 3,6 m
c c = 12,1 m; f = 5 m
d d = 4,5 m; e = 8 m

Seite 124

7 **a** a = 5,5 m; b = 4,5 m   **b** f = 10,83 m   **c** b = 7,5 m   **d** a = 11,0 m; f = 8 m

8 $\frac{83}{174,3} = \frac{106}{\overline{AE}}$ ⇒ $\overline{AE} = 222,6$ m
$\overline{AB} = \overline{AE} - 106$ m = 116,6 m ⇒ Der See ist 116,6 m lang.

9 a c = 8,85 dm   **b** b = 7,75 cm   **c** a = 12,24 cm

10

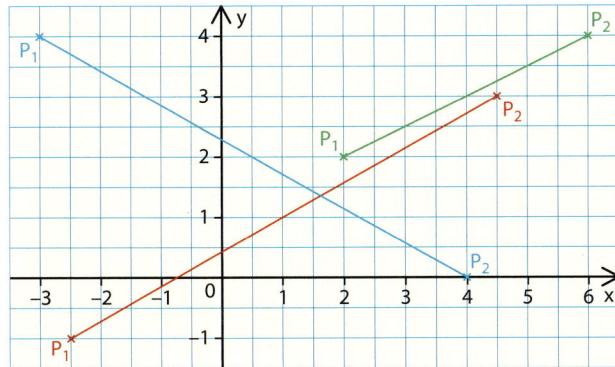

a $\overline{P_1P_2}$ = 4,47 LE
b $\overline{P_1P_2}$ = 8,06 LE
c $\overline{P_1P_2}$ = 8,06 LE

11 d = 76,61 cm

12 a x_1 = 3,27 cm;
x_2 = 6,40 cm;
x = 9,67 cm

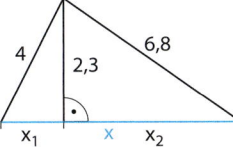

b $x_1 = x_2$ = 1,80 cm;
a = 3,80 cm;
x = 5,37 cm

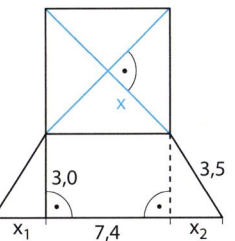

13 Der Balken kann höchstens die Kantenlänge 24,75 cm haben.

14 a u = 2a($\sqrt{13}$ + 1) cm; A = 3a²   **b** u = 3a$\sqrt{2}$ + 2a$\sqrt{5}$ → a(3$\sqrt{2}$ + 2$\sqrt{5}$) cm; A = 4,5a²

15 Die Kugel taucht 4,73 cm tief ein.

Seite 125

16 a x = 4,47 cm
b y = 5,46 cm;
x = 5,97 cm
c x = 6,29 cm
d x = 5,90 cm

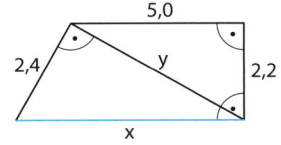

17 a u = 21,11 cm; A = 20,0 cm²
b u = 10,89 cm; A = 5,5 cm²
c u = 16,20 cm; A = 15,0 cm²
d u = 17,84 cm; A = 18,5 cm²
e u = 12,13 cm; A = 10,0 cm²

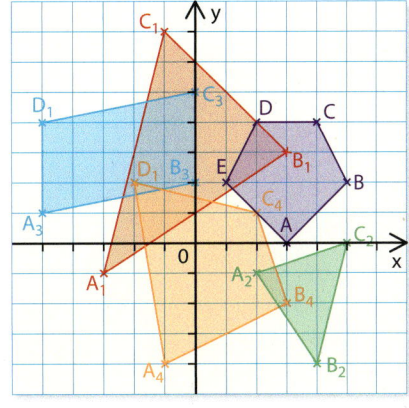

18 a x_1 = 3,74 m ⇒ A_1 = 3,74 · 2,5
                     A_1 = 9,35 m²

    x_2 = 1,31 m ⇒ $A_2 = \frac{(2 \cdot 3,74 + 2 \cdot 1,31) + 2 \cdot 3,74}{2} \cdot 2,7$
                     A_2 = 23,73 m²
Gesamtfläche: A = A_1 + A_2 = 33,08 m²
   ⇒ Kosten für die graue Fläche: 2 481,00 €

b A_3 = (2 · 3,74 + 2 · 1,31) · 17,5 → 176,75 m²
   ⇒ Zusatzkosten für die untere Fassade: 13 256,25 €

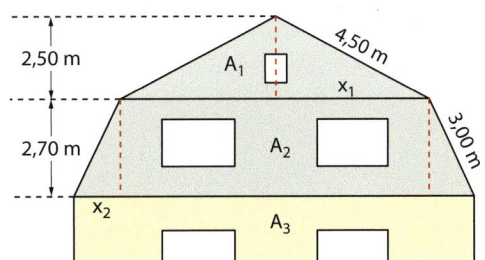

19 **a** e = 10,39 cm   **b** e = 5,20 dm   **c** e = 173,21 mm

20 **a** h_s = 8,38 cm; s = 8,75 cm   **b** h_s = 13 cm; s = 13,93 cm

21 ① d = 9,62 cm; h_s = 8,33 cm; s = 8,99 cm
② a = 5,59 cm; d = 7,90 cm; h = 5,53 cm
③ a = 6,22 cm; h_s = 7,48 cm; h = 6,80 cm

22 l = Raumdiagonale + halbe Seitendiagonals + Strecke von D zu Eckpunkt

$l = a\sqrt{3} + \frac{a}{2}\sqrt{2} + \sqrt{\frac{a^2}{2} + \frac{4a^2}{2}} = a\sqrt{3} + \frac{a}{2}\sqrt{2} + a\sqrt{\frac{5}{2}} = 4{,}02a \quad \Rightarrow \quad l = 32{,}16\,cm$

23 a = b = 5,66 cm

24 Keines der Dreiecke ist rechtwinklig.

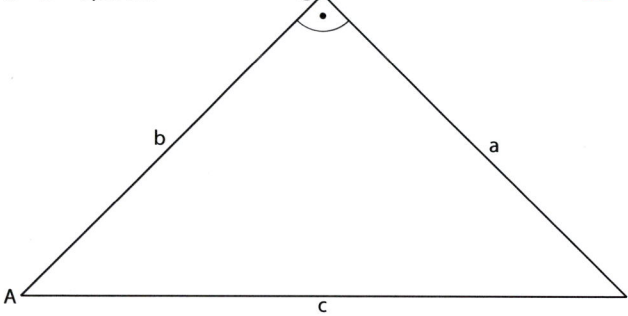

25 **a**

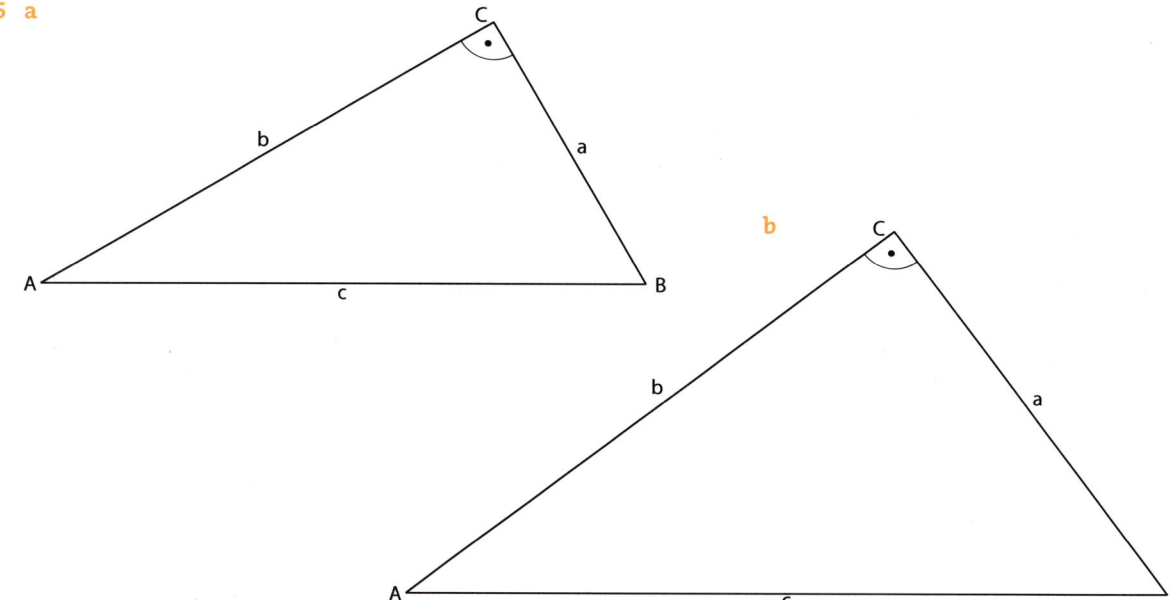

b

Kapitel 5

Seite 147

1 a $G = 10\,cm^2 \;\rightarrow\; V = 60\,cm^3$
$u = 14,47\,cm \;\rightarrow\; O = 106,82\,cm^2$

b $r = 2,25\,cm;\; G = 15,90\,cm^2 \;\rightarrow\; V = 119,25\,cm^3$
$u = 14,14\,cm \;\rightarrow\; O = 137,84\,cm^2$

2 a

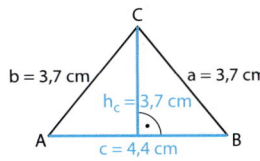

$G = 6,6\,cm^2;$
$u = 11,8\,cm$
$\rightarrow\quad O = 78,1\,cm^2;$
$V = 36,3\,cm^3$

b

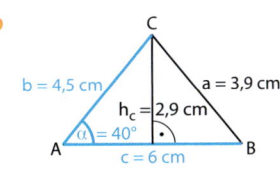

$G = 8,7\,cm^2;$
$u = 14,4\,cm$
$\rightarrow\quad O = 111,0\,cm^2;$
$V = 56,55\,cm^3$

c

$G = 29,5\,cm^2;$
$u = 22,8\,cm$
$\rightarrow\quad O = 230,0\,cm^2;$
$V = 221,25\,cm^3$

d

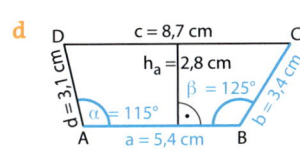

$G = 19,74\,cm^2;$
$u = 20,6\,cm$
$\rightarrow\quad O = 152,78\,cm^2;$
$V = 108,57\,cm^3$

3 a Grundkante $a = 7,7\,cm \;\rightarrow\;$ Länge der Flächendiagonale $z = 10,89\,cm$

b Grundkante $a = 4,2\,cm \;\rightarrow\;$ Länge der Flächendiagonale der Grundfläche $d = 5,94\,cm$
$\rightarrow\;$ Länge der Raumdiagonale $w = 7,76\,cm$

4 a

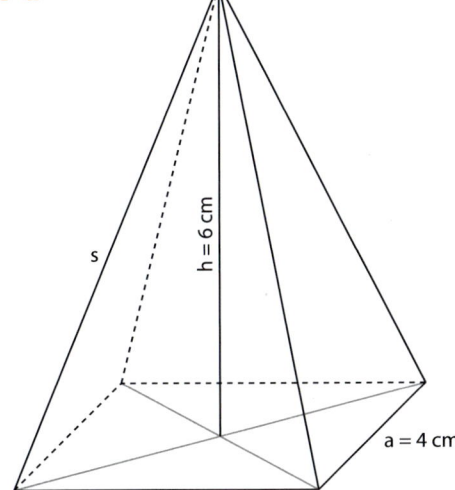

s $h = 6\,cm$ $a = 4\,cm$

b

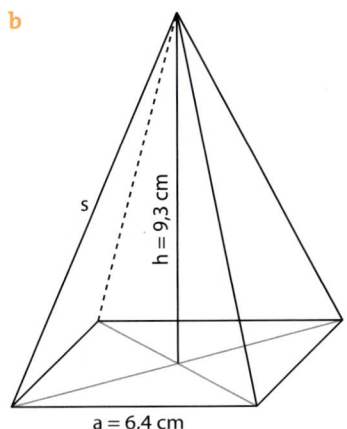

s $h = 9,3\,cm$ $a = 6,4\,cm$
Maßstab 1 : 2

c

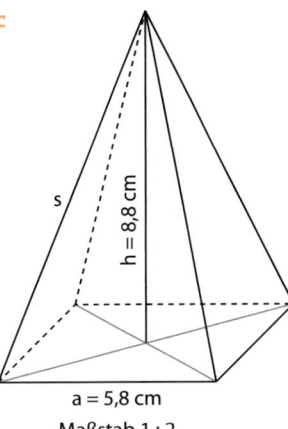

s $h = 8,8\,cm$ $a = 5,8\,cm$
Maßstab 1 : 2

5 a quadratische Pyramide

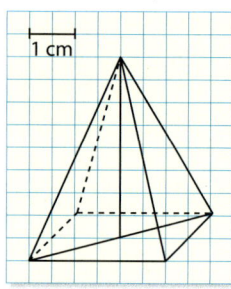

Maßstab 1 : 2

$h_s \approx 4\,cm$

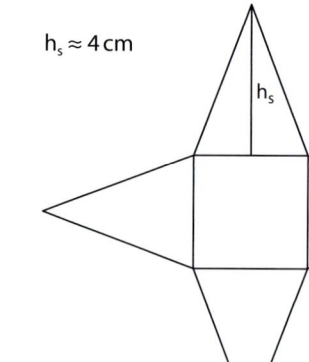

6 $s = 3{,}35\,cm$
Maßstab 1 : 2

b quadratische Pyramide

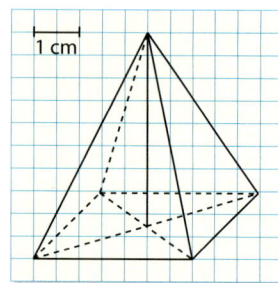

Maßstab 1 : 2

$h_s \approx 4{,}25\,cm$

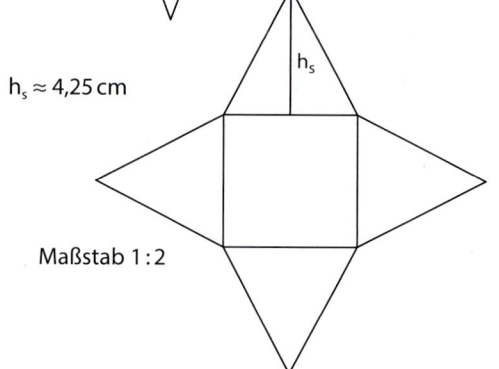

Maßstab 1 : 2

Seite 148

7 a $O = 3\,795\,cm^2$ **b** $O = 327{,}25\,m^2$

8 a $V = 58\,080\,cm^3 = 58{,}08\,dm^3$ **b** $V = 83{,}33\,dm^3$

9 a $V = 1\,137{,}21\,mm^3$
$h_s = 20{,}15\,mm$; $M = 540\,mm^2 \quad \rightarrow \quad O = 719{,}58\,mm^2$

   b $a = 12{,}03\,cm \quad \rightarrow \quad V = 1\,070{,}34\,cm^3$
$M = 553{,}38\,cm^2 \quad \rightarrow \quad O = 698{,}10\,cm^2$

   c $a = 3{,}11\,cm$; $h = 11{,}80\,cm \quad \rightarrow \quad V = 38{,}03\,cm^3$
$h_s = 11{,}90\,cm$; $M = 74{,}01\,cm^2 \quad \rightarrow \quad O = 83{,}68\,cm^2$

   d $a = 5{,}33\,m \quad \rightarrow \quad V = 62{,}50\,m^3$
$h_s = 7{,}12\,m$; $M = 75{,}86\,m^2 \quad \rightarrow \quad O = 104{,}80\,m^2$

   e $a = 6{,}86\,dm$; $h = 0{,}70\,dm$; $G = 47{,}06\,dm \quad \rightarrow \quad V = 10{,}98\,dm^3$
$M = 48{,}01\,dm^2 \quad \rightarrow \quad O = 95{,}05\,dm^2$

   f $a = 31\,cm \quad \rightarrow \quad V = 2\,883\,cm^3$
$h_s = 17{,}92\,cm$; $M = 1\,111{,}04\,cm^2 \quad \rightarrow \quad O = 2\,072{,}04\,cm^2$

10 Hier könnte man sich Rechenarbeit sparen:
Die Grundflächen der Dreieckpyramiden sind gleich groß. Die Grundflächen der Sechseckpyramiden sind sechsmal so groß wie die der Dreieckspyramiden und ebenfalls gleich groß. Daher sind die Volumina der Sechseckpyramiden sechsmal so groß wie die der entsprechenden Dreieckpyramiden.

① $h_s = 38{,}21\,cm$; $G = 84{,}87\,cm^2$ → $V = 1\,075{,}03\,cm^3$
$M = 802{,}50\,cm^2$; $O = 887{,}37\,cm^2$

② $h = 37{,}78\,cm$; $G = 84{,}87\,cm^2$ → $V = 1\,068{,}93\,cm^3$
$M = 798{,}00\,cm^2$; $O = 882{,}87\,cm^2$

③ $h_s = 39{,}89\,cm$; $G = 509{,}22\,cm^2$ → $V = 6\,450{,}16\,cm^3$
$M = 1\,675{,}27\,cm^2$; $O = 2\,184{,}49\,cm^2$

④ $h = 36{,}01\,cm$; $G = 509{,}22\,cm^2$ → $V = 6\,413{,}58\,cm^3$
$M = 1\,596{,}00\,cm^2$; $O = 2\,105{,}22\,cm^2$

11 a ① $h = 5{,}19\,cm$; $G = 97{,}31\,cm^2$ → $V = 681{,}17\,cm^3$
② $G = 364\,cm^2$ → $V = 2\,548\,cm^3$
③ $h = 8{,}27\,cm$; $G = 223{,}29\,cm^2$ → $V = 1\,563{,}03\,cm^3$
④ $a = 5{,}28\,cm$; $G = 224{,}4\,cm^2$ → $V = 1\,570{,}8\,cm^3$

b ① $h_s = 21{,}63\,cm$; $M = 405{,}56\,cm^2$ → $O = 502{,}87\,cm^3$
② $h_s = 23{,}43\,cm$; $M = 820{,}05\,cm^2$ → $O = 1\,184{,}05\,cm^3$
③ $h_s = 22{,}57\,cm$; $M = 609{,}39\,cm^2$ → $O = 832{,}68\,cm^3$
④ $h_s = 22{,}66\,cm$; $M = 598{,}22\,cm^2$ → $O = 822{,}62\,cm^3$

12 a $a = 6{,}3\,cm$; $h_s = 6{,}11\,cm$
b $G = 39{,}69\,cm^2$; $h = 5{,}24\,cm$; $V = 69{,}33\,cm^3$

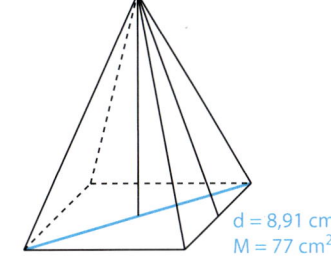

$d = 8{,}91\,cm$
$M = 77\,cm^2$

13 a $h_s = 57{,}5\,cm$ **b** Die Pyramide ist $42{,}62\,cm$ hoch.   **c** $G = 4\,940{,}8\,cm^2$; $V = 70\,192{,}3\,cm^3$

Seite 149

14 ① $V = 320{,}58\,cm^2$
$G = 40{,}07\,cm^2$; $h_s = 24{,}16\,cm$ → $O = 388{,}70\,cm^2$
② $G = 38{,}47\,cm^2$; $h_s = 25{,}19\,cm$ → $O = 350{,}97\,cm^2$
③ $h = 6{,}41\,cm$; $a = 10{,}15\,cm$; $G = 50\,cm^2$; $M = 210{,}25\,cm^2$ → $O = 310{,}25\,cm^2$
④ $h = 8{,}33\,cm$; $G = 38{,}48\,cm^2$; $M = 183{,}19\,cm^2$ → $O = 260{,}15\,cm^2$
⇒ Die quadratische Pyramide (Körper ②) hat die größte Oberfläche.

15 $h_s = 5e$; $M = 60e^2$ **16** $h = 8e$; $V = 384e^2$

17

A $a = 12e$
$h_s = 12e$

② $O = 432e^2$
⑥ $V = 288e^3\sqrt{3}$

B $a = 10e$
$h = 12e$

③ $M = 260e^2$
④ $V = 400e^3$

C $a = 10e$
$h_s = 15e$

① $M = 300e^2\sqrt{5}$
⑤ $V = 1666\frac{2}{3}e^3$

18 a $V_{gesamt} = V_{Pyramide} + V_{Quader}$

$h = 5{,}76\,cm;\ V_{Pyramide} = 176{,}95\,cm^3;\ V_{Quader} = 1\,013{,}76\,cm^3$

$V_{gesamt} = 1\,190{,}71\,cm^3$

$O_{gesamt} = M_{Pyramide} + 4 \cdot A_{Rechteck} + A_{Quadrat}$

$M_{Pyramide} = 144\,cm^2;\ A_{Quadrat} = 92{,}16\,cm^2;\ A_{Rechteck} = 105{,}60\,cm^2$

$O_{gesamt} = 658{,}52\,cm^2$

b $V_{gesamt} = V_{Pyramide} + \frac{1}{2}V_{Zylinder}$

$V_{Pyramide} = 261{,}90\,cm^3;\ V_{Zylinder} = 286{,}27\,cm^3$

$V_{gesamt} = 548{,}17\,cm^3$

$O_{gesamt} = M_{Pyramide} + \frac{1}{2}M_{Zylinder} + A_{Kreis}$

$h_s = 10{,}69\,cm;\ M_{Pyramide} = 192{,}47\,cm^2;\ A_{Kreis} = 63{,}62\,cm^2;\ M_{Zylinder} = 254{,}47\,cm^2$

$O_{gesamt} = 383{,}33\,cm^2$

19 $V_{gesamt} = V_{Zylinder} - V_{Pyramide}$

$M_{Pyramide} = 632{,}07\,cm^2;\ G_{Pyramide} = 162\,cm^2;\ V_{Pyramide} = 1\,296\,cm^3$

$h_{Zylinder} = 33{,}53\,cm;\ V_{Zylinder} = 8\,532{,}09\,cm^3;\ M_{Zylinder} = 1\,896{,}48\,cm^2$

$V_{gesamt} = 7\,236{,}09\,cm^3$

20 a $V_1 = 2\frac{2}{3}e^3;\ V_2 = 4e^3$

$\rightarrow\ V = 6\frac{2}{3}e^3$

b $h_{s1} = e\sqrt{5};\ h_{s2} = e\sqrt{10};\ M_1 = 4e^2\sqrt{5};\ M_2 = 4e^2\sqrt{10}$

$\rightarrow\ O = 4e^2\sqrt{5} + 4e^2\sqrt{10} = 4e^2(\sqrt{5} + \sqrt{10})$

Kapitel 6

Seite 179

1

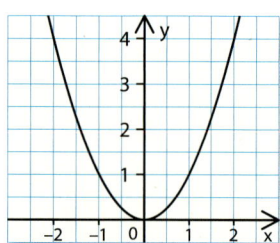

Eigenschaften:
Der Scheitelpunkt der Normalparabel liegt auf dem Koordinatenursprung. Sie ist nach oben geöffnet.
Die y-Achse ist ihre Symmetrieachse.

2

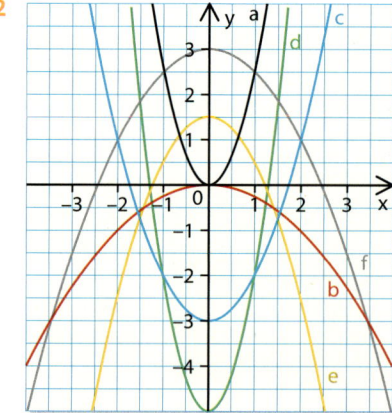

3 In der Gleichung $y = ax^2 + c$ wirkt sich der Parameter a auf die Öffnung der Parabel (nach oben oder nach unten) und auf die Form (gestreckt oder gestaucht) aus.
Der Parameter c bestimmt die Verschiebung der Parabel entlang der y-Achse und somit die Lage des Scheitelpunkts:
$(S(0|c))$.

4 a O gehört zum Graphen der Funktion. **b** P gehört zum Graphen der Funktion.
 c Q gehört nicht zum Graphen der Funktion. **d** R gehört nicht zum Graphen der Funktion.

5 $p_1 \leftrightarrow$ ③ $p_2 \leftrightarrow$ ⑥ $p_3 \leftrightarrow$ ⑦ $p_4 \leftrightarrow$ ④ $p_5 \leftrightarrow$ ⑧

6 a T(−2|**12**) **b** U_1(**3**|7,5) und U_2(−**3**|7,5) **c** W_1(**0,5**|5) und W_2(−**0,5**|5)

7 a $y = \frac{1}{2}x^2 - 6$ **b** $y = 8x^2$ **c** $y = 2x^2 - 7$ **d** $y = -\frac{1}{3}x^2$

8 a Der Bogen ist 68 m hoch.
 b 107 m ist die Höhe der Brücke über der tiefsten Stelle im Tal. Mia hat nur die Höhe des unteren Brückenbogens berechnet.

9 a

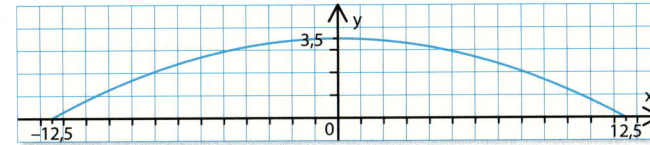

Gleichung: $y = -\frac{14}{625}x^2 + 3{,}5$ bzw. $y = -0{,}0224x^2 + 3{,}5$

 b Der Ball fliegt an dieser Stelle etwa 3,2 m hoch. Der Gegenspieler hat also keine Chance, an den Ball zu kommen.

Seite 180

10

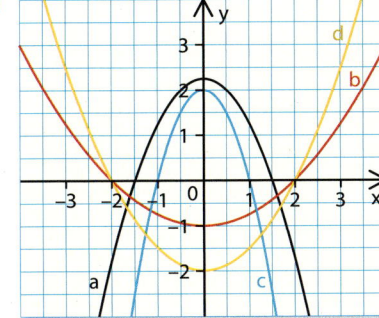

 a N_1(1,5|0); N_2(−1,5|0)
 b N_1(2|0); N_2(−2|0)
 c N_1(1|0); N_2(−1|0)
 d N_1(2|0); N_2(−2|0)

11 a $x_1 = 12$; $x_2 = -12$ **b** $x_1 = 11$; $x_2 = -11$
 c $x_1 = 5$; $x_2 = -5$ **d** $x_1 = 0{,}8$; $x_2 = -0{,}8$
 e $x_1 = 0{,}3$; $x_2 = -0{,}3$ **f** $x_1 = \frac{2}{3}$; $x_2 = -\frac{2}{3}$

12 a $L = \{4; -4\}$ **b** $L = \{13; -13\}$ **c** $L = \{8; -8\}$ **d** $L = \{1; -1\}$
 e $L = \left\{\frac{4}{3}; -\frac{4}{3}\right\}$ **f** $L = \{14; -14\}$ **g** $L = \{6; -6\}$ **h** $L = \{9; -9\}$

13 a Beispiele: $y = x^2 - 9$; $y = -x^2 + 9$; $y = \frac{1}{3}x^2 - 3$
 b Beispiele: $y = x^2 - 6{,}25$; $y = -x^2 + 6{,}25$; $y = -\frac{2}{5}x^2 + 2{,}5$

14 a Der Golfball fliegt 180 m weit.
 b Der Golfball fliegt an dieser Stelle etwa 16,7 m hoch. Die Flughöhe reicht somit aus.

15 Das Quadrat hatte eine Seitenlänge von 25 cm.

16 a

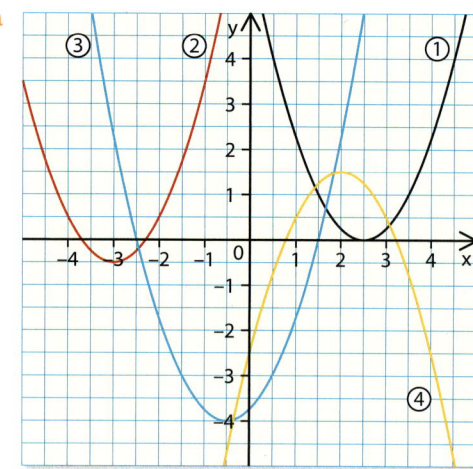

b In der Funktionsgleichung $y = (x - d)^2 + e$ bestimmt der Wert von d die Verschiebung der Normalparabel entlang der x-Achse, der Wert von e gibt die Verschiebung in y-Richtung an:

① Die Normalparabel wurde um 2,5 Einheiten nach rechts verschoben.

② Die Normalparabel wurde um drei Einheiten nach links und um 0,5 Einheiten nach unten verschoben.

③ Die Normalparabel wurde um 0,5 Einheiten nach links und um vier Einheiten nach unten verschoben.

④ Die Normalparabel wurde um zwei Einheiten nach rechts und um 1,5 Einheiten nach oben verschoben.

17 richtig: *Die Parabel mit der Gleichung $y = (x + 1)^2 - 4$ hat den Scheitelpunkt S(−1|−4).*
Der Punkt P(−5|12) gehört zum Graphen.
Die Parabel schneidet die x-Achse in den Punkten N_1(1|0) und N_2(−3|0).
falsch: *Der Punkt Q(3,5|20,5) gehört zum Graphen.*

18 a $y = (x + 2)^2 - 3$ **b** $y = (x + 1)^2 - 4$ **c** $y = (x - 4)^2 - 2$ **d** $y = (x - 1,5)^2 - 6$

19 a $p_1 \leftrightarrow$ ② $p_2 \leftrightarrow$ ⑤ $p_3 \leftrightarrow$ ① $p_4 \leftrightarrow$ ④ $p_5 \leftrightarrow$ ⑥   **b** P(4|**6**); Q(−2|**14,25**)

20 a $y = (x - \mathbf{4})^2$ oder $y = (x - \mathbf{10})^2$ **b** $y = (x + 2)^2 - \mathbf{8}$ **c** $y = (x - \mathbf{5})^2 - 4$ oder $y = (x - \mathbf{7})^2 - 4$

Seite 181

21 a $y = (x + 4)^2 - 2$; $y = x^2 + 8x + 14$
  b $y = (x + 1)^2 - 3$; $y = x^2 + 2x - 2$

22 [S_2(2|−1); p_2: $y = (x - 2)^2 - 1$]
Schnittpunkte mit der x-Achse: N_1(1|0); N_2(3|0);   Schnittpunkt mit der y-Achse: M(0|3)

23

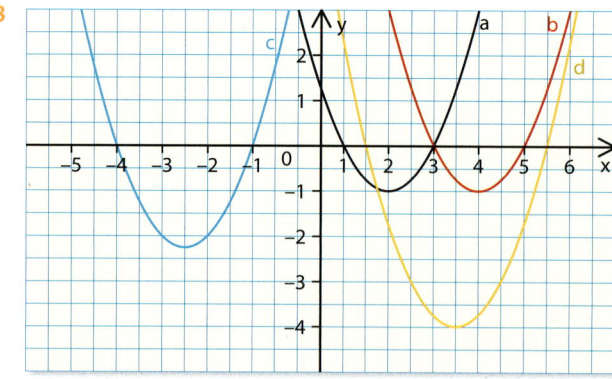

a N_1(1|0); N_2(3|0)
b N_1(3|0); N_2(5|0)
c N_1(−4|0); N_2(−1|0)
d N_1(1,5|0); N_2(5,5|0)

24 **a** $x_1 = 11$; $x_2 = -1$ **b** $x_1 = -1$; $x_2 = -7$ **c** $x_1 = 12$; $x_2 = 6$ **d** $x_1 = 0{,}6$; $x_2 = -0{,}2$

25 **a** $x_1 = 13$; $x_2 = -1$ **b** $x_1 = -3$; $x_2 = -13$ **c** $x_1 = 1$; $x_2 = -21$ **d** $x_1 = 14{,}5$; $x_2 = 0{,}5$

26

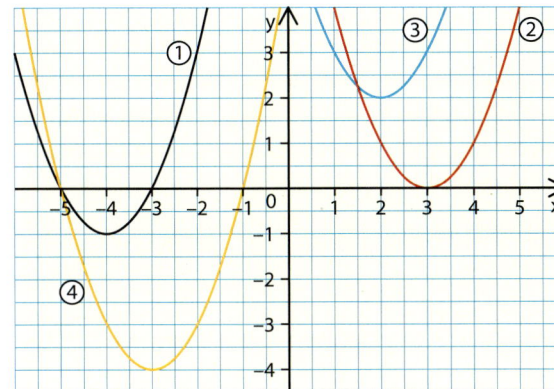

① zwei Lösungen
② eine Lösung
③ keine Lösung
④ zwei Lösungen

27 **a** $x_1 = -1$; $x_2 = -11$ **b** $x_1 = 10$; $x_2 = 1$
　　c $x = 3$ **d** $x_1 = 2$; $x_2 = -4$

28 **a** nicht lösbar   **b** lösbar; eine Lösung   **c** lösbar; zwei Lösungen   **d** nicht lösbar

29 Die Grundkante a des Quaders ist 4 cm lang.

30 **a** $x_{1/2} = -2 \pm \sqrt{4 - q}$;   zwei Lösungen: $q < 4$;   eine Lösung: $q = 4$;   keine Lösung: $q > 4$
　　b $x_{1/2} = 1 \pm \sqrt{1 - q}$;   zwei Lösungen: $q < 1$;   eine Lösung: $q = 1$;   keine Lösung: $q > 1$

31 $y = x^2 - 6x + 4$

32 **a** $T(-0{,}5 \mid 4)$; $U(2{,}5 \mid 1)$ **b** $T(-1 \mid 2)$; $U(3 \mid 18)$ **c** $T(3 \mid 1)$

33 **a** $y = x^2 + 2x - 3$ **b** $N_2(-3 \mid 0)$ **c** $O(2 \mid 5)$; $N_2(-3 \mid 0)$

34 **a** p_1: $y = x^2 - 6x + 5$

x	0	1	2	3	4
y	5	0	−3	−4	−3

b [p_2: $y = -x^2 - 3$]
Die Parabeln haben keine gemeinsamen Punkte.
c $T(4 \mid -3)$; $U(3 \mid -4)$

Kapitel 2

Seite 68

Berechne die Anzahl an Geburten für Deutschland und Algerien im Jahr 2014.
Deutschland: 705 200 Geburten; Algerien: 984 000 Geburten

Die Karte zeigt große Unterschiede bei den Geburtenraten. Was könnten Ursachen dafür sein?
Auf die Geburtenrate haben viele Faktoren einen Einfluss. Neben der Qualität der medizinischen Versorgung können der Bildungsstand und damit einhergehend die sexuelle Aufklärung mögliche Ursachen sein. Eine weitere Ursache können unterschiedliche Kulturen und Lebensweisen sein.

Welche Blutalkoholkonzentration haben eine Frau, die 65 kg wiegt, und ein Mann mit 75 kg nach einem Bier?
Frau: 0,56 ‰; Mann: 0,39 ‰

Wähle zwei weitere Getränke aus und berechne den BAK-Wert für eine Frau und einen Mann mit jeweils 70 kg.

Beispiel 1:   BAK nach einem Glas Sekt
                Frau: 0,23 ‰; Mann: 0,19 ‰

Beispiel 2:   BAK nach einem Glas Wein
                Frau: 0,47 ‰; Mann: 0,28 ‰

Kapitel 4

Seite 128

Woran erkennst du, dass die drei Quader in Wirklichkeit genau die gleiche Höhe haben?
Die wirkliche Höhe der Quader lässt sich an der Anzahl der „Höhenabschnitte" ablesen → Die Höhe jedes Quaders beträgt drei Höheneinheiten, also sind alle Quader gleich hoch.

Erläutere, woran man erkennt, dass die drei schwarzen Figuren an den gleichen Positionen stehen wie die Quader.
Sowohl die Quader als auch die Personen stehen jeweils auf einer Bodenplatte – und diese befinden sich in den beiden Abbildungen an derselben Position.

Wie wirken die drei Figuren? Miss ihre Größe und vergleiche.
Versuche eine Erklärung für die besondere Wirkung zu finden.
Da die Figuren in der Abbildung die genau gleiche Höhe haben, wirken die, die aufgrund der perspektivischen Konstruktion weiter vom Betrachter entfernt stehen, größer.
Gleich große, aber weiter entfernte Figuren müssten aufgrund der Wahrnehmungserfahrung kleiner sein und damit auch weniger hoch. Die „besondere Wirkung" ist eine optische Täuschung.

Bildquellenverzeichnis

S. 15 shutterstock/Oleg Bezrukov; S. 18 ob. re. shutterstock/Rattiya Thongdumhyu; S. 21 ob. li. Museumsstiftung Post und Telekommunikation, Archiv für Philatelie Bonn; S. 23 ob. re. Fotolia/Dean Moriarty; S. 23 un. li. imago stock&people/Hans Blossey; S. 25 re. un. shutterstock/Daniel Korzeniewski; S. 27 un. re. mauritius images/Tom Vezo/Danita Delimont; S. 28 Mi. re. mauritius images/alamy stock photo/Rob Arnold; S. 33 Mi. li. shutterstock/Jun MT; S. 34 un. re. shutterstock/Xtuv Photography; S. 35 un. li. © Christo and Jeanne-Claude: Running Fence, Sonoma and Marin Counties, California, 1972-76, Foto: Wolfgang Volz/laif; S. 36 re. ob. shutterstock/Abrar Sharif; S. 40 ob. re. akg-images/Science Photo Library; S. 42 Fotolia/stockphoto-graf; S. 45 un. li. shutterstock/Sarawut Chamsaeng; S. 45 Mi. re. Fotolia/Schlierner; S. 49 ob. re. Fotolia/i-picture; Fotolia/Pictures news; S. 51 re. un. shutterstock/Nomad_Soul; S. 52 ob. re. Fotolia/ACP prod; S. 54 ob. re. shutterstock/r.classen; S. 55 Cornelsen, Dr. Hans-Peter Waschi/© Microsoft® Office. Nutzung mit Genehmigung von Microsoft; S. 56 ob. re. Fotolia/Konstantinos Moraiti; S. 56 Cornelsen, Dr. Hans-Peter Waschi/© Microsoft® Office. Nutzung mit Genehmigung von Microsoft; S. 57 Mi. li. Fotolia/Daniel Ernst; S. 57 Cornelsen, Dr. Hans-Peter Waschi/© Microsoft® Office. Nutzung mit Genehmigung von Microsoft; S. 58 ob. re. Fotolia/magele-picture; S. 58 Cornelsen, Dr. Hans-Peter Waschi/© Microsoft® Office. Nutzung mit Genehmigung von Microsoft; S. 59 un. re. Fotolia/goodluz; S. 59 ob. re. Fotolia/Eisenhans; S. 59 Cornelsen, Dr. Hans-Peter Waschi/© Microsoft® Office. Nutzung mit Genehmigung von Microsoft; S. 61 un. re. Fotolia/oneinchpunch; S. 61 ob. li. Fotolia/Eisenhans; S. 62 un. li. Fotolia/Zerbor; S. 71 Cornelsen, Dr. Hans-Peter Waschi/© Microsoft® Office. Nutzung mit Genehmigung von Microsoft; S. 73 ob. re. Fotolia/Eugenio Marongiu; S. 75 ob. li. Fotolia/contrastwerkstatt; S. 76 Mi. li. Fotolia/luckybusiness; S. 78 ob. re. Fotolia/Wordley Calvo Stock; S. 81 Cornelsen/Hannes Klein; S. 83 un. li. Fotolia/sebra; S. 84 ob. re. Fotolia/Maridav; S. 86 ob. re. ddp images/Yang Jun; S. 88 ob. re. Fotolia/Igor Borodin; S. 90 re. un. Fotolia/Vladimir Wrangel; S. 91 Mi. li. Fotolia/monropic; S. 91 li. un. Fotolia/avasylenko; S. 91 ob. re. Fotolia/bst2012; S. 91 Mi. re. Fotolia/3djewelry; S. 93 re. un. ddp images; S. 94 ob. li. Fotolia/ARochau; S. 95 ob. re. Fotolia/ah_fotobox; S. 97 Mi. li. Fotolia/Sergey Novikov; S. 97 ob. re. Fotolia/Lisa F. Young; S. 100 ob. Cornelsen/Werner Klingel; S. 108 re. ob. Fotolia/PedroA; S. 116 ob. li. Fotolia/Miroslava Holasová; S. 118 ob. re. Fotolia/hecke71; S. 124 ob. re. www.Colourbox.de; S. 128 un. li. Cornelsen/Dieter Baum (Hrsg.); S. 130 ob. li. www.colourbox.de; S. 130 ob. ob. Fotolia/tussik; S. 130 ob. re. shutterstock/Perlav; S. 130 ob. un. shutterstock/VladaKela; S. 131 Mi. li. www.colourbox.de/Laborant; S. 131 un. li. shutterstock/DSDSK; S. 131 Mi. re. www.colourbox.de; S. 131 un. re. action press/REX FEATURES LTD.; S. 133 ob. Mi. www.colourbox.de/Chakkapong Benjasuwan; S. 133 ob. re. Fotolia/Detlef; S. 136 ob. re. Visum/Alfred Buellesbach; S. 138 ob. re. Fotolia/Ian Dyball; S. 141 shutterstock/2009fotofriends; S. 142 ob. re. Fotolia/Stockr; S. 152 un. re. Fotolia/Detlef; S. 152 Mi. Fotolia/leiana; S. 152 un. li. akg-images/Mel Longhurst; S. 152 ob. li. mauritius images/alamy stock photo/dmac; S. 152 ob. re. mauritius images/alamy stock photo/Bildarchiv Monheim GmbH; S. 156 ob. re. Fotolia/waraphot; S. 158 ob. re. action press/REX FEATURES LTD.; S. 160 Mi. re. shutterstock/RugliG; S. 162 re. Fotolia/Markus Götze; S. 175 un. re. Cornelsen/Hannes Klein; S. 175 ob. li. (2x) shutterstock/Sergii Beck; S. 175 ob. re. Cornelsen, Dr. Hans-Peter Waschi/© Microsoft® Office. Nutzung mit Genehmigung von Microsoft; S. 176 Mi. li. Fotolia/Jose Manuel Dobarro; S. 179 Mi. re. Fotolia/seen0001; S. 180 Mi. li. imago sportfotodienst/Daniel Schvarcz; S. 184 un. re. shutterstock/Rui Alexandre Araujo